Der Besitzerwerb des Erben

Rechtshistorische Reihe

Band 448

Zur Qualitätssicherung und Peer Review der vorliegenden Publikation

Die Qualität der in dieser Reihe erscheinenden Arbeiten wird vor der Publikation durch einen Herausgeber der Reihe geprüft.

Notes on the quality assurance and peer review of this publication

Prior to publication, the quality of the work published in this series is reviewed by one of the editors of the series.

Youn Seok Choi

Der Besitzerwerb des Erben

Historische Entwicklungen, die Lösung des § 857 BGB und ihre Anwendungsprobleme

PL ACADEMIC RESEARCH

Bibliografische Information der Deutschen Nationalbibliothek
Die Deutsche Nationalbibliothek verzeichnet diese Publikation in der Deutschen Nationalbibliografie; detaillierte bibliografische Daten sind im Internet über http://dnb.d-nb.de abrufbar.

Zugl.: Bonn, Univ., Diss., 2013

Die vorliegende Arbeit wurde von
Prof. Dr. Stefan Saar
zur Aufnahme in die Reihe empfohlen.

Umschlagabbildung:
Justitia. Allegorie der Gerechtigkeit.
Druck aus dem 17. Jahrhundert.

D 5
ISSN 1615-0344-290X
ISBN 978-3-631-64562-8 (Print)
E-ISBN 978-3-653-03751-7 (E-Book)
DOI 10.3726/978-3-653-03751-7

PL Academic Research ist ein Imprint der Peter Lang GmbH.

Peter Lang – Frankfurt am Main · Bern · Bruxelles · New York · Oxford · Warszawa · Wien

Dieses Buch erscheint in einer Herausgeberreihe bei PL Academic Research und wurde vor dem Erscheinen peer reviewed.

www.peterlang.com

Meinen Eltern

Vorwort

Die vorliegende Arbeit geht auf eine Anregung meines verehrten Lehrers, Professor Dr. Rolf Knütel, zurück. Dank der Förderung und Unterstützung, die er mir hat zuteilwerden lassen, war es mir möglich, vor dem rechtsgeschichtlichen Hintergrund die vielfältigen gegenwärtigen Probleme um den Erbenbesitz zu erfassen. Die Arbeit verdankt ihm förderliche Denkanstöße.

Mein besonderer Dank gilt auch Herrn Professor Dr. Martin Josef Schermaier für die Erstellung des Zweitgutachtens und für die Unterstützung bei der Publikation. Bei Beginn meines Studiums in Deutschland regte er mich zum Magisterstudium an, wodurch ich einen guten Überblick über das geltende deutsche Recht gewinnen und mich auf das Doktorstudium vorbereiten konnte.

Großen Dank schulde ich auch meinem geschätzten Lehrer, Herrn Professor Dr. Yu-Cheol Shin von der Chungnam-National-Universität in Südkorea. Es waren seine Vorlesungen, die mein Interesse am Zivilrecht geweckt haben, und er hat mir die Gelegenheit eröffnet, meine Studien in Deutschland fortzusetzen.

Darüber hinaus bedanke ich mich bei den Herren Privatdozent Dr. Jakob Fortunat Stagl und Professor Dr. Sebastian Lohsse für ihre Hilfen bei der Erschließung rechtshistorischer Details. Auch bin ich dem Deutschen Akademischen Austauschdienst (DAAD) sehr dankbar für die Gewährung eines Stipendiums, das mir das Studium in Deutschland ermöglicht hat.

Die vorliegende Abhandlung wurde im Wintersemester 2011/2012 von der Rechts- und Staatswissenschaftlichen Fakultät der Rheinischen Friedrich-Wilhelms-Universität Bonn als Dissertation angenommen. Die Literatur wurde bis März 2012 berücksichtigt.

Bonn, im Juni 2013 Youn Seok Choi

Inhaltsverzeichnis

Abkürzungsverzeichnis

ABGB	Allgemeines bürgerliches Gesetzbuch (Österreich, 1811)
Abs.	Absatz
ADHGB	Allgemeines Deutsches Handelsgesetzbuch (1861)
ALR	Allgemeines Landrecht für die Preußischen Staaten (1794)
Anm.	Anmerkung
Art.	Artikel
Bd.	Band
Beschl. v.	Beschluss vom
BGB	Bürgerliches Gesetzbuch (Deutschland, 1896)
BGH	Bundesgerichtshof
BGHZ	Entscheidungen des BGH in Zivilsachen, Amtliche Sammlung
C.	Codex Iustinianus (534)
Cc	Code civil (Frankreich, 1804)
CMBC	Codex Maximilianeus Bavaricus Civilis oder: Baierisches Landrecht (1756)
D.	Digesta Iustiniani (533)
Denkschrift	Denkschrift zum Entwurf eines Bürgerlichen Gesetzbuchs nebst drei Anlagen, ergänzt durch Hinweise auf die Beschlüsse des Reichstages sowie auf die Paragraphen des Bürgerlichen Gesetzbuchs und seiner Nebengesetze von H. Jäntsch (1899)
ders./dies.	derselbe/dieselben
E I	Entwurf eines bürgerlichen Gesetzbuches für das Deutsche Reich, Erste Lesung, ausgearbeitet durch die von dem Bundesrathe berufene Kommission (sog. 1. Entwurf), Amtliche Ausgabe (1888) = Entwurf eines bürgerlichen Gesetzbuches für das Deutsche Reich, ausgearbeitet von der in Folge des Beschlusses des Bundesrathes vom 22. Juni 1874 eingesetzten Kommission, Erste Lesung (1887)

E I-ZustRedKom	BGB-Entwurf in der Paragraphenzählung des E I nach der „Zusammenstellung der Beschlüsse der Redaktions-Kommission“ der 2. Kommission (1891-1895)
E II	Entwurf eines Bürgerlichen Gesetzbuchs für das Deutsche Reich, Zweite Lesung, nach den Beschlüssen der Redaktionskommission (sog. 2. Entwurf) 1. Buch: Allgemeiner Theil (1894) 2. Buch: Recht der Schuldverhältnisse (1894) 3. Buch: Sachenrecht (1894) 4. Buch: Familienrecht (1894) 5. Buch: Erbrecht (1895) 6. Buch: Anwendung ausländischer Gesetze (1895)
E II rev	Entwurf eines Bürgerlichen Gesetzbuchs für das Deutsche Reich - Zweite Lesung (1895; sog. Bundesratsvorlage) = Entwurf eines Bürgerlichen Gesetzbuchs und eines zugehörigen Einführungsgesetzes, in der Fassung der Bundesrathsvorlagen, auf amtliche Veranlassung (1898)
E III	Entwurf eines Bürgerlichen Gesetzbuchs in der Fassung der dem Reichstag gemachten Vorlage (1896; sog. Reichstagsvorlage oder 3. Entwurf)
etc.	*et cetera*
f./ff.	folgende(r/s)/folgende
Fn.	Fußnote(n)
Gai. inst.	Institutionen des Gaius
Gem./gem.	Gemäß/gemäß
Halbbd.	Halbband
HGB	Handelsgesetzbuch (Deutschland, 1897)
Hrsg./hrsg. v.	Herausgeber/herausgegeben von
Iav.	Lucius Iavolenus Priscus
InsO	Insolvenzordnung (Deutschland, 1994)
Inst.	Institutiones Iustiniani (533)
Iul.	Salvius Iulianus
Jg.	Jahrgang
JGS	Justizgesetzsammlung
Jh.	Jahrhundert

KE	Entwurf eines Bürgerlichen Gesetzbuchs in der Fassung der ersten Beratung der 1. Kommission (1884-1887; sog. Kommissionsentwurf) = Entwurf eines bürgerlichen Gesetzbuches für das Deutsche Reich, Erste Berathung, 1. Buch: Allgemeiner Theil (1885) 2. Buch: Recht der Schuldverhältnisse (1885) 3. Buch: Sachenrecht (1885) 4. Buch: Familienrecht (1886) 5. Buch: Erbrecht (1887)
LG	Landgericht
LM	Lindenmaier/Möhring, Nachschlagewerk des BGH
m.	mit
Mot. III	Motive zu dem Entwurfe eines Bürgerlichen Gesetzbuches für das Deutsche Reich, 3. Bd.: Sachenrecht, Amtliche Ausgabe (1888)
Mot. V	Motive zu dem Entwurfe eines Bürgerlichen Gesetzbuches für das Deutsche Reich, 5. Bd.: Erbrecht, Amtliche Ausgabe (1888)
mwN	mit weiteren Nachweisen
n. Chr.	nach Christus
Ner.	Lucius Neratius Priscus
Nr.	Nummer
OLG	Oberlandesgericht
OLGZ	Die Rechtssprechung der Oberlandesgerichte auf dem Gebiete des Zivilrechts
Pap.	Aemilius Papinianus
Paul.	Iulius Paulus
Pomp.	Sextus Pomponius
pr.	principium
Prot. I	Protokolle der Kommission für die zweite Lesung des Entwurfs des Bürgerlichen Gesetzbuchs. Im Auftrage des Reichs-Justizamts, 1. Bd.: Allgemeiner Theil und Recht der Schuldverhältnisse Abschn. I, Abschn. II Tit. I (1897)

Prot. II	Protokolle der Kommission für die zweite Lesung des Entwurfs des Bürgerlichen Gesetzbuchs. Im Auftrage des Reichs-Justizamts, 2. Bd.: Recht der Schuldverhältnisse Abschn. II, Tit. 2-20, Abschn. III, IV (1898)
Prot. III	Protokolle der Kommission für die zweite Lesung des Entwurfs des Bürgerlichen Gesetzbuchs. Im Auftrage des Reichs-Justizamts, 3. Bd.: Sachenrecht (1899)
Prot. V	Protokolle der Kommission für die zweite Lesung des Entwurfs des Bürgerlichen Gesetzbuchs. Im Auftrage des Reichs-Justizamts, 5. Bd.: Erbrecht (1899)
RedVorl	Redaktionsvorlage für den Redaktionsausschuß der 1. Kommission für das Sachenrecht von Johow
RG	Reichsgericht
RGBl.	Reichsgesetzblatt
RGZ	Entscheidungen des RG in Zivilsachen, Amtliche Sammlung
Rz.	Randziffer
S.	Satz oder Seite(n)
sc.	*scilicet*
sog.	sogenannt
StGB	Strafgesetzbuch (Deutschland, 1871)
Teilbd.	Teilband
u. a.	und andere, unter anderem(n)
Ulp.	Domitius Ulpianus
usw.	und so weiter
v.	von (vom)
v. Chr.	vor Christus
vgl.	vergleiche
VorE ErbR	Entwurf eines Rechtes der Erbfolge für das Deutsche Reich nebst dem Entwurfe eines Einführungsgesetzes, Vorlage des Redaktors: von Schmitt (1879)

VorE SaR	Entwurf eines bürgerlichen Gesetzbuches für das Deutsche Reich, Sachenrecht, Vorlage des Redaktors: R. Johow (1880)
VorlZust	„Vorläufige Zusammenstellung" zu einzelnen Materien des Sachenrechts
z. B.	zum Beispiel
ZustSachR	Zusammenstellung der sachlich beschlossenen Bestimmungen des Sachenrechts nach den Beschlüssen des Redaktionsausschusses der 1. Kommission (1884-1885)
Zst. III	Zusammenstellung der gutachtlichen Aeußerungen zu dem Entwurf eines Bürgerlichen Gesetzbuchs gefertigt im Reichs-Justizamt, 3. Bd.: Aeußerungen zum Sachenrecht (1890)
Zst. V	Zusammenstellung der gutachtlichen Aeußerungen zu dem Entwurf eines Bürgerlichen Gesetzbuchs gefertigt im Reichs-Justizamt, 5. Bd.: Aeußerungen zum Erbrecht (1890)

Einleitung

Zum Besitzerwerb bestimmt § 854 Abs. 1 BGB: Der Besitz einer Sache wird durch die Erlangung der tatsächlichen Gewalt über die Sache erworben.

Demnach ist die Erlangung der tatsächlichen Sachgewalt, eine bestimmte faktische Erwerbshandlung, für den Erwerb des Besitzes erforderlich. Dem Wortlaut dieser Vorschrift zufolge scheint der Besitz auf den ersten Blick etwas Tatsächliches zu sein. Zudem wird der Besitz allgemein unter Juristen als tatsächliche Gewalt über die Sache definiert. Der Besitz wird in verschiedenen Zusammenhängen als ein Faktum aufgefasst und mit einer Tatsache in Verbindung gebracht.

Bei einem Erbfall stellt sich die Frage, was mit diesem Faktum geschieht. Es könnte entweder über den Tod des Besitzers hinaus fortbestehen oder mit dessen Tod untergehen. Das BGB gibt eine eindeutige Antwort auf diese Frage.

> § 857 BGB regelt: Der Besitz geht auf den Erben über.

Diese kurze, bündige Vorschrift bestimmt, dass der Erbe ohne jeglichen Erwerbsakt, *ipso iure*, den Besitz an den Erbschaftsgegenständen erlangt. Dieses Ergebnis widerspricht dem in § 854 Abs. 1 BGB aufgestellten Grundsatz, nach dem derjenige den Besitz erwirbt, der die tatsächliche Sachgewalt erlangt. Kann der Erbe während eines Auslandsaufenthalts gem. § 857 BGB trotz mangelnder Kenntnis vom Erbfall oder eigenmächtiger Inbesitznahme eines Dritten den Besitz im Sinne dieser Vorschrift erlangen? Verstirbt der Erblasser während einer Kreuzfahrt mit dem Untergang eines Schiffes im Mittelmeer und versinken seine mit auf die Reise genommenen Sachen unter Wasser, kann in diesem Fall dessen Erbe gem. § 857 BGB den Besitz an den inzwischen im Meer liegenden Sachen erwerben? Diese Fragen können nur durch ein genaues und umfassendes Verständnis über das Verhältnis zwischen dem Besitz im Sinne des § 854 Abs. 1 BGB und dem gem. § 857 BGB beantwortet werden.

In diesem Zusammenhang drängt sich die Frage danach auf, wie der Gedanke über die Vererblichkeit des Besitzes überhaupt entstanden ist und wie er sich bis zur Kodifikation des BGB entwickelt hat. Dafür ist die Untersuchung nach dem Ursprung und der rechtsgeschichtlichen Entwicklung des Besitzes unumgänglich. Diese Fragen führen zurück in die römische Zeit. Zumal generell angenommen wird, dass der heutige Besitz der *possessio* des römischen Rechts entstammt.

Es ist bemerkenswert, dass die römische Rechtswissenschaft nicht anhand Gesetzesrechts, sondern in den Diskussionen der römischen Juristen entwickelt wurde. Die *Institutiones* (Institutionen) des römischen Juristen *Gaius* und die Kodifikation des oströmischen Kaisers *Justinian I.* (482 n. Chr. bis 565 n. Chr.) demonstrieren vor allem diese Entwicklung der römischen Jurisprudenz. *Justinian I.* sammelte für die Zusammenstellung der Digesten vielfältige Schriften der klassischen Juristen. Die Digesten von *Justinian I.* zeigen, dass die klassischen Juristen bereits Stellung zu dem Begriff, der Rechtsnatur, dem Erwerb und Verlust sowie zu der Wirkung der *possessio* und deren Vererblichkeit genommen haben. Ihre Auffassungen dürften die Grundlage für die Auseinandersetzungen mit dem sog. Erbenbesitz und dessen Einführung in das Gesetz bieten.

Von der Bearbeitung der *Littera Florentina* durch *Irnerius* (gegen 1100) bis zur Zusammenfassung von *Glossa ordinaria* mit den etwa 100.000 Glossen, die von *Accursius* Mitte des 13. Jh. n. Chr. verfasst wurde, wurden die römischen Rechtsquellen von den Glossatoren[1] und von etwa 1300 bis gegen 1500 von den Kommentatoren[2], zu denen die zwei berühmten Juristen *Bartolus de Saxoferrato* und *Baldus de Ubaldis* gehören, erschlossen. Ihre rechtswissenschaftlichen Werke von ca. 1100 bis 1500 (zum Ende des Mittelalters) gewannen eine ungeheure Bedeutung und beeinflussten die ganze europäische Jurisprudenz, insbesondere die Entstehung des *ius commune*, so dass die Erläuterungen über die *possessio* und deren Vererblichkeit in diesem Zeitraum aufschlussreich sein werden. Das *ius commune* im 19. Jahrhundert (als gemeines Recht bezeichnet) beherrschte nach der Rezeption des römischen Rechts ab dem 11. Jahrhundert die Rechtspraxis in Europa und die europäische Rechtsanschauung. Es bildete in erster Linie die Grundlage des Schuldrechts und zum Teil auch des Sachen- und Erbrechts[3]. Mit den großen vernunftrechtlichen Kodifikationen (ALR, Cc und ABGB) kam es zur Blütezeit des Vernunftrechts. Die Gesetzbücher enthielten zahlreiche römischrechtliche Elemente und eine Vielzahl von Vorschriften über den Besitz und dessen Vererblichkeit. Daher kommt man um die im 18. und 19. Jahrhundert erfolgten Auseinandersetzungen mit dem Erbenbesitz in den

---

1 Näheres dazu bei *Kaser/Knütel*, S. 9 (Rz. 1.27); *Lange*, RR 1 - insbesondere S. 1 ff. und S. 441 ff.; *Wieacker*, S. 60 ff.

2 Näheres dazu bei *Kaser/Knütel*, S. 9 (Rz. 1.28); *Lange/Kriechbaum*, RR 2; *Wieacker*, S. 80 ff.

3 *Kaser/Knütel*, S. 10 (Rz. 1.30).

großen vernunftrechtlichen Kodifikationen im gemeinen Recht nicht herum. Ferner kann der unmittelbare Einfluss der vielfältigen Ansichten in dieser Zeit auf die Gesetzgebung des BGB nicht in Abrede gestellt werden.

Um die Erläuterung über das Thema der vorliegenden Abhandlung auf den Punkt zu bringen und überflüssige Darstellungen zu vermeiden, beschränkt sich die Untersuchung auf den Besitz und dessen Vererblichkeit im römischen Recht sowie im 18. und 19. Jahrhundert. Zusätzlich werden die *successio in possessionem* (Nachfolge in den Besitz) und die *accessio possessionis* (Einrechnung der Ersitzungszeit) behandelt. Die Vorschriften über die *successio in possessionem* und die *accessio possessionis* in den jeweiligen Gesetzbüchern könnten ein Kriterium für die Beurteilung der Frage bieten, ob das betreffende Gesetzbuch den Besitz als vererblich ansieht. Darüber hinaus ist auf die Auffassungen der Mitglieder der jeweiligen Kommissionen bzw. Redaktionskommissionen zum BGB für die Bearbeitung und Einführung des § 857 BGB näher einzugehen. Ihre Erörterungen über den Besitz und dessen Vererblichkeit stellen die unmittelbare Grundlage für die Einführung der Vererblichkeit des Besitzes in das BGB dar. Daher bedarf es einer ausführlichen und intensiven Auseinandersetzung in einem gesonderten Teil. Dabei ist die Untersuchung der im Rahmen des Gesetzgebungsverfahrens hergestellten öffentlichen Dokumente, Motive und Protokolle unentbehrlich.

Die Darstellung und Erläuterung über den rechtsgeschichtlichen Hintergrund in der vorliegenden Abhandlung sollen dem Gewinn von Vorkenntnissen über die Entwicklung des Erbenbesitzes dienen. Die Auseinandersetzung mit den Problemen des geltenden Rechts erfolgt auf Grundlage dieser Kenntnisse.

Die vorliegende Untersuchung ist in drei Hauptteile gegliedert:

- Teil 1: „Ausgangslage“, der die Ansichten der römischen Juristen über die *possessio* und deren Vererblichkeit enthält, ferner die daran anknüpfenden Regelungen in den während des 18. und 19. Jahrhunderts von den jeweiligen europäischen Staaten erlassenen Gesetzgebungen mit ihren Motiven und schließlich die Entwicklung des Meinungsstands im gemeinen Recht,
- Teil 2: „Gesetzgebungsarbeiten und Entstehung des § 857 BGB“, in dem die Frage nach den Gründen der Einführung der Vererblichkeit des Besitzes in das BGB beantwortet wird, und

- Teil 3: „Probleme des Erbenbesitzes nach § 857 BGB“, in dem zahlreiche im geltenden Recht bestehende (rechtsdogmatische) Probleme bezüglich des § 857 BGB erläutert werden.

Teil 1: Ausgangslage

1. Kapitel: Römisches Recht

§ 1. Ausgangslage

Seit der Gründung der Stadt Rom gegen 753 v. Chr. umfasst die Geschichte des römischen Reichs bis zum Untergang des weströmischen Reichs, 476 n. Chr., etwa 1200 Jahre bzw. bis zur Eroberung Konstantinopels durch die Türken, 1453 n. Chr. rund 2200 Jahre. Gegenstand der römischen Rechtsgeschichte ist die etwa eintausendjährige rechtliche Entwicklung vom Zwölftafelgesetz (gegen 450 v. Chr.) bis zur Kodifikation vom oströmischen Kaiser *Justinian I.* (der von 527 n. Chr. bis 565 n. Chr. regierte). Da die Darstellung der tausendjährigen Entwicklung den Rahmen dieser Untersuchung sprengen würde, ist eine Entscheidung zu treffen, auf welchen Zeitraum sich die Abhandlung beschränkt.

Die Geschichte des römischen Reichs und römische Rechtsgeschichte werden in die folgenden Zeiten unterteilt und charakterisiert[4]:

- Der erste Zeitraum reicht von den Anfängen bis ins 3. Jh. v. Chr. Er umfasst die Königszeit und die ältere Republik. Die Herrschaft des römischen Reichs erreichte mit den Siegen im 1. Punischen Krieg bis zum 3. Punischen Krieg ganz Italien und Staaten um das Mittelmeer. Diese Periode wird als die altrömische Periode bezeichnet. Zu ihr ist die Rechtswissenschaft durch priesterliche Rechtskunde in der Königszeit und Laienjurisprudenz im Zeitalter der älteren Republik gekennzeichnet.

- Der zweite Abschnitt beginnt um die Mitte des 3. Jh. v. Chr. und endet in der späten Mitte des 3. Jh. n. Chr. Er wird in zwei Unterabschnitte gegliedert:

  Der Zeitraum zwischen dem 3. Jh. v. Chr. und dem Jahre 27 v. Chr. stellt das Zeitalter der späteren Republik dar. Dieser Zeitraum wird als die Stufe der Vorbereitung auf das kommende Weltreich des römischen Reichs gekennzeichnet. Die Jurisprudenz dieses Zeitraums wird vorklassische Rechtswissenschaft genannt.

---

4 *Kaser*, RRG², S. 286 ff.; *ders./Knütel*, S. 2 ff. (Rz. 1.3 ff.); *Waldstein/Rainer*, S. 260 ff.; allgemeine Darstellung in: *Wesel*, S. 158; *Wieacker*, RRG 1, S. 19 ff.

Anschließend folgt von 27 v. Chr. bis 284 n. Chr. die Prinzipatszeit. Das römische Reich wurde in diesem Zeitalter zum Weltreich, dessen Grenzen den gesamten Mittelmeerraum, Spanien, Britannien, Kleinasien sowie Teile Germaniens einschlossen. Die Rechtswissenschaft dieser Zeit wird als die klassische Rechtswissenschaft bezeichnet. Sie wird wieder in die folgenden drei Teile unterteilt: die frühklassische Jurisprudenz, die hochklassische Jurisprudenz und die spätklassische Jurisprudenz. Die klassische Rechtswissenschaft stellt den Höhepunkt der römischen Jurisprudenz dar.

– Der dritte Abschnitt endet im 6. Jh. n. Chr. und ist durch den Niedergang des Westreichs und ein Erstarken des Ostreichs, vor allem unter *Justinian I.*, gekennzeichnet. Der Sieg des Christentums im ganzen römischen Reich von *Konstantin* dem Großen durch das Mailänder Toleranzedikt im Jahre 313 n. Chr., die Teilung des Reichs nach dem Tod von Kaiser *Theodosius I.* in zwei Teile, dessen Söhne *Honorius* im weströmischen Reich und *Arcadius* im oströmischen Reich Alleinherrscher wurden, und der Untergang des weströmischen Reichs infolge der Völkerwanderung traten in diesem Zeitalter ein. Es entwickelte sich einerseits die nachklassische Jurisprudenz, die als Vulgarisierung oder Vulgarrecht im weströmischen Reich charakterisiert wird, und andererseits erstarkte das oströmische Reich und es kam zur Kodifikation durch *Justinian I.*

Das erste Kapitel befasst sich mit den Fragen über die rechtsgeschichtliche Entwicklung der römischen *possessio*, die Rechtsnatur der *possessio*, ob der Erbfall deren Verlust seitens des Erblassers und Erwerb auf Seiten des Erben zur Folge hat, und wenn ja, wie Erwerb und Verlust miteinander verknüpft sind. In diesem Zusammenhang ist zu untersuchen, ob nach der Digestenstelle Paul. D. 4,6,30 pr. der Besitz vererblich ist und welches Verhältnis zwischen den Begriffen *successio in possessionem* und *accessio possessionis* und dem Erwerb der *possessio* des Erben beim Erbfall besteht. Diese Fragen werden für die altrömische, die vorklassisch/klassische Periode und das Vulgarrecht im weströmischen Reich sowie die Justinianische Kodifikation im oströmischen Reich während der nachklassischen Periode im Rahmen des gebotenen angesprochen. In der altrömischen Periode ist das Zwölftafelgesetz von entscheidender Bedeutung. Der heutige Text des Zwölftafelgesetzes wird seit langem durch die Sammlung der Bruchstücke, die sich vor allem in der nichtjuristischen römischrechtlichen antiken Literatur vereinzelt finden, wiederhergestellt, so dass der eindeutige Wortlaut nicht feststellbar ist. Dennoch wird das Zwölftafelgesetz als die älteste römischrechtliche Quelle gewürdigt, und dessen Untersuchung ist unentbehrlich.

Die vorklassisch/klassische Periode zeichnet sich durch die vielfältigen Ansichten derzeitiger Juristen aus. Die römische Rechtswissenschaft in der klassischen Zeit wird als Höhepunkt der römischen Jurisprudenz angesehen, und in der Spätklassik hinterließen insbesondere *Domitius Ulpianus* und *Iulius Paulus* sowie der in der Spätantike berühmteste römische Jurist *Aemilius Papinianus* eine bis auf den heutigen Tag hochanerkannte wissenschaftliche Leistung. Im Rahmen der nachklassischen Periode ist die Erläuterung über die jeweiligen Entwicklungen und Änderungen der *possessio* und deren Vererblichkeit im west- und oströmischen Reich erforderlich.

§ 2. Altrömische Periode

I. *Meum esse*, *habere*, *licere*, *usus* und *possidere*

In der altrömischen Periode waren zu Anfang weder die Begriffe von Eigentum, Besitz, beschränktem Sachenrecht noch eine spezielle Bezeichnung für die Sachgewalt bekannt. Es bestand jedoch eine Differenzierung zwischen Eigentum und Besitz sowie zwischen Eigentum und beschränkten Sachenrechten[5], die wiederum keine so scharfe Unterscheidung zwischen dem Besitz und Eigentum darstellt, wie sie im heutigen Recht vorhanden ist.

Aus dieser Zeit ist der uralte Ausdruck *meum esse* (*aio*) überliefert, der Gewaltergreifung und -beherrschung gemeinsam umfasste[6]. Das *meum esse* (*aio*), das beide Parteien Kläger wie Beklagter, zu behaupten hatten, war als Prüfungskriterium des Richters im dinglichen Sakramentsverfahren (*legis actio sacramento in rem*) und später im Vindikationsverfahren (*rei vindicatio*) für die Behauptung des Klägers von großer Bedeutung[7].

Im Vergleich dazu war das Wort *habere* vorhanden. *Habere* war ein reines, zwar von der klassischen *possessio* nach klassischem *ius civile* und *ius honorarium* abweichendes, doch der klassischen *naturalis possessio* nahestehendes, einfaches dingliches Haben[8]. Beispielsweise hatte ein Verkäufer einem Käufer das *habere* der Kaufsache zu verschaffen[9]. Mit dem Erwerb des *habere* durch

---

5 *Kaser*, RP 1^2, S. 121.

6 *Kaser*, RP 1^2, S. 120; doch wird eher die Sachbeherrschung gemeint sein.

7 *Kaser*, Eigentum und Besitz, S. 6 f.; *ders./Knütel*, S. 145 (Rz. 27.3) und S. 146 (Rz. 27.8).

8 *Kaser*, Eigentum und Besitz, S. 13.

9 *Kaser/Knütel*, S. 108 (Rz. 19.5).

den Käufer wurde das *habere* zum *usus*, dem gegebenenfalls zur Ersitzung berechtigenden Nutzungsbesitz des Käufers. Während *habere* als bloße Sachgewalt verstanden wurde, benutzte man das mehrdeutige Wort *licere* für das rechtlich qualifizierte Haben, also das rechtmäßige Haben. *Usus* und *habere* waren als rechtlich nicht qualifizierte Sachgewalt für die Passivlegitimation der *rei vindicatio* von Belang[10].

Bezüglich der Sachgewalt bestand das Wort *usus*.

Zwölftafelgesetz (6, 3)

Usus auctoritas fundi biennium, ceterarum rerum annus (esto)[11].	Die Gewährschaft[shaftung des Veräußerers] für den Gebrauch [durch den Erwerber] soll bei einem Grundstück zwei Jahre, bei den übrigen Sachen ein Jahr dauern[12].

Von diesem Satz des Zwölftafelgesetzes lässt sich der Eigentumserwerb von Grundstücken und anderen Sachen (Fahrnis) durch Ersitzung im klassischen römischen Recht herleiten[13]. Der *usus* des Zwölftafelgesetzes war eine tatsächliche Gewalt des Erwerbers (des Käufers)[14] und er wurde seit der klassischen Zeit als eine Voraussetzung der *usucapio* (Ersitzung) angesehen[15]. Die *possessio civilis* nach klassischem *ius civile* geht auf diesen *usus* zurück, der privatrechtlichen Charakter aufwies[16].

Im Gegensatz zum *usus*-Besitz ist die *possessio* vom öffentlichen Charakter geprägt. Das Wort *possidere* hängt seit alters mit der tatsächlichen Gewalt des einzelnen *paterfamilias* (Hausvater) am öffentlichen Boden zusammen. Der öffentliche Boden wurde in der Frühzeit dem jeweiligen *paterfamilias* vermutlich von den Sippenverbänden (*gentes*) zugewiesen. Nach deren Untergang wurde das Agrarland als *ager publicus populi Romani* (staatliches Agrarland) aufge-

10 *Kaser*, Eigentum und Besitz, S. 14.

11 *Kaser/Knütel*, S. 134 (Rz. 25.2).

12 Übersetzung in: *Kaser/Knütel*, S. 134 f. (Rz. 25.2); vgl. auch *Düll*, S. 40 f.: „[Cicero, top. 4,23:] usus auctoritas fundi biennium est, … ceterarum rerum omnium … annuus est usus." - „Die Wirksamkeit der Ersitzung erfordert bei einem Grundstück zwei Jahre, bei allen übrigen Sachen ein Jahr." und *Flach*, S. 101: „USUS AUCTORITAS FUNDI BIENNIUM …" - „Ersitzung und Besitzstandsgewähr eines Grundstücks (dauern) zwei Jahre …".

13 *Kaser/Knütel*, S. 135 (Rz. 25.2).

14 *Kaser*, RP 1^2, S. 135; *ders./Knütel*, S. 108 (Rz. 19.5).

15 *Kaser*, RP 1^2, S. 140; *ders./Knütel*, S. 108 (Rz. 19.5).

16 *Kaser*, Eigentum und Besitz, S. 315 f.; *ders.*, RP 1^2, S. 385; *ders./Knütel*, S. 108 (Rz. 19.8).

fasst. Daneben entwickelte sich privates im Eigentum des *paterfamilias* stehendes Land, vor allem bei städtischen Grundstücken. In der Republik überließ der Staat sein Ackerland den einzelnen *patresfamilias* zu einer (durch die Möglichkeit des Wiedereinzugs) beschränkten *possessio*. Infolgedessen entstand das Bedürfnis nach dem Schutz dieser *possessio* gegenüber Dritten. Von dieser *possessio* leitet sich die *possessio ad interdicta* (Interdiktenbesitz) des klassischen *ius honorarium* ab. Diese *possessio* wurde sowohl am staatlichen als auch später am privaten Land geschützt, und ihr Anwendungsbereich dehnte sich auf die Fahrnis aus[17].

Die altrömische *possessio* ist von dem *usus*-Besitz begrifflich verschieden[18]. Sie unterscheidet sich nicht nur nach ihrem Ursprung, sondern auch nach dem Gegenstand, auf den sie sich bezieht. Die altrömische *possessio* wurde anfangs als tatsächliche Sachgewalt am *ager publicus*, nachträglich auch am *ager privatus* (privates Agrarland) und an beweglichen Sachen verstanden; dagegen bezieht sich der *usus*-Besitz auf alle ersitzbaren Gegenstände, wie beispielsweise ersitzbare Sachen, *manus*-Gewalt an der Ehefrau, Erbschaft, Kinder, Grundstücke im Privateigentum usw. Doch verschmolzen die altrömische *possessio* und der *usus* während der Republik allmählich zur einheitlichen klassischen *possessio*. Beide haben gemeinsam, dass sie die tatsächliche Sachgewalt voraussetzen[19].

II. Erbfolge

Der Ursprung der altrömischen Erbfolgeordnung ist sehr umstritten. Das altrömische Erbrecht ist schwer verständlich, weil die damalige Erbfolgeordnung kein selbstständiges Recht ist, sondern als Teil des altrömischen Familienrechts aufgefasst wird. Die altrömische Erbfolge lässt sich in die Haus- und Außenerbfolge unterteilen. Die Hauserbfolge beruht auf der Fortsetzung der Familie, die Außenerbfolge geht dagegen aus der Anordnung des positiven Rechts hervor.

Die altrömische Erbfolge trat mit dem Tod des *paterfamilias* ein. Mit dessen Tod übernahmen seine Hauskinder und mit Einschränkungen die *uxor in manu* (in der Ehegewalt befindliche Ehefrau) prinzipiell seine Stelle. Diese Erbfolge wurde als Hauserbfolge zur Bewahrung des Fortbestands der Familie, beispielsweise zum Hausgötterkult und zum Betrieb des Bauernhofs, aufrechterhalten. Mit dem Tod des *paterfamilias* konnte der Hausverband in viele neue Kleinfa-

---

17 *Kaser*, Eigentum und Besitz, S. 239 ff. und S. 314 f.; *ders.*, RP 1^2, S. 140 f.; *ders.*/*Knütel*, S. 108 (Rz. 19.6 f.).

18 *Kaser*, RP 1^2, S. 140.

19 *Kaser*, Eigentum und Besitz, S. 320 ff.

milien, die aus den *sui iuris* (gewaltfrei) gewordenen Mitgliedern bestanden, zersplittert werden. Dabei setzte sich das rechtliche und sakrale Wesen der Familie stets in den Kleinfamilien fort. Bei dem Wunsch ihrer Mitglieder bestand ihr genossenschaftlicher Verband als *consortium* fort; doch trug dieses die Gefahr des Ernährungsmangels und der Disharmonie unter den gleichberechtigten Genossen in sich. Die Zerschlagung des bäuerlichen Besitztums in unrentable Splittergrößen war unvermeidbar, wenn alle Mitglieder des *consortium* das Recht zur Auflösung dieser genossenschaftlichen Gesellschaft geltend machten[20].

Hatte der *paterfamilias* bei seinem Tod keine *sui heredes*, so trat die Außenerbfolge zur Verhinderung des Untergangs des Hausgötterkults seiner Familie und des Verfalls des bäuerlichen Besitztums ein. Nach dem Zwölftafelgesetz fiel die Erbenstellung an den *proximus adgnatus* (den nächsten agnatischen Seitenverwandten), in Ermangelung eines solchen an die *gentiles* (Gentilen). Unter Umständen konnte auch ein beliebiger Hausfremder durch Ersitzung (*usucapio pro herede*) zum Erwerber der Erbschaft und damit Erbe werden. Der Erblasser hatte die Möglichkeit, den Eintritt der Außenerbfolge zu vermeiden, indem er ein Manzipationstestament errichtete und den gesamten Nachlass einem Bedachten zuwandte[21].

III. Schicksal des Besitzes beim Erbfall

In der altrömischen Periode treten die *sui heredes* oder der (einzige) *suus heres* im Augenblick des Todes des *paterfamilias* in dessen Stellung ein (*succedere in locum defuncti*). Alle vererblichen Rechte, das Vermögen und gewisse extrapatrimoniale Rechte gehen auf die Hauserben über. Für den Erwerb der Erbschaft durch die *sui heredes* ist der Antritt nicht erforderlich[22]. Dieser Erbschaftserwerb wird den *sui heredes* aufgezwungen, und deshalb ist ein *suus heres* ein *necessarius heres* (Zwangserbe)[23]. Den *usus* als faktische Gewalt hingegen konnte der *suus heres* wahrscheinlich nur durch Ergreifung der tatsächlichen Sachgewalt erwerben[24].

Im Vergleich dazu erwerben die *ab intestato* oder aufgrund eines (schon zur XII-Tafelzeit geschaffenen) Manzipationstestaments berufenen *extranei heredes*

20 *Kaser*, RP 1^2, S. 91 ff.; *ders./Knütel*, S. 346 f. (Rz. 65.5 f.).
21 *Kaser*, RP 1^2, S. 92 ff.; *ders./Knütel*, S. 347 (Rz. 65.8).
22 *Kaser*, RP 1^2, S. 96.
23 *Kaser*, RP 1^2, S. 714; *ders./Knütel*, S. 369 (Rz. 71.2).
24 Vgl. *Kaser*, SZ 62 (1942), S. 31: „Der Besitz geht nach älterer und wahrscheinlich auch noch nach klassischer Lehre auf die häuslichen Erben über.“

nicht ohne Weiteres mit dem Tod des *paterfamilias* die Erbschaft, sondern erst durch deren Antritt[25]. Die Erbschaft ist in diesem Fall als *hereditas iacens* (ruhende Erbschaft) zwischen dem Tod des *paterfamilias* und dem Erbschaftsantritt durch die *extranei heredes* herrenlos[26]. Es ist anzunehmen, dass die *extranei heredes* ebenfalls nur durch Ergreifung der tatsächlichen Sachgewalt den *usus* erlangten.

§ 3. Klassische Periode

I. *Possessio* und *detentio*

Die klassische *possessio* hat - wie oben bereits aufgeführt - zwei selbstständige Ursprünge; zum einen das *ius civile* und zum anderen das *ius honorarium*.

1. *Possessio* nach *ius civile*

a. Begriff

D. 41,2,1,3 (Paulus libro quinquagensimo quarto ad edictum)	D. 41,2,1,3 (Paulus im 54. Buch zum Edikt)
[···] eam [sc. possessionem] enim rem facti, non iuris esse [···][27].	[···] denn dieser [Besitz] ist ein Faktum und kein Recht [···][28].

Die *possessio* nach *ius civile* (*possessio civilis*) stammt aus dem *usus*-Besitz. Sie ist als Tatbestandsmerkmal der Ersitzung von wesentlicher Bedeutung. D. 41,2,1,3 von *Iulius Paulus*, dem spätklassischen Juristen[29], bestätigt, dass die klassischen Juristen die *possessio* nicht für ein Recht, sondern für ein Faktum hielten.

---

25 *Kaser*, RP 1^2, S. 103; *Sohm/Mitteis/Wenger*, S. 567 f.

26 *Kaser*, RP 1^2, S. 715 f.; *ders./Knütel*, S. 370 (Rz. 71.4) und S. 373 f. (Rz. 72.1).

27 *Mommsen/Krueger*, CIC 1, S. 697.

28 Vgl. auch die Übersetzung von *C. F. F. Sintenis* in: *Otto/Schilling/Sintenis*, CIC 4, S. 277: „[···] denn der Besitz sei [ursprünglich] etwas Thatsächliches und kein Rechtsbegriff [···]“; *Kaser*, RP 1^2, S. 384 m. Fn. 2.

29 *Kunkel/Schermaier*, S. 161 f.; *Wieacker*, RRG 2, S. 138 f.

D. 41,2,12,1 (Ulpianus libro septuagensimo ad edictum)	D. 41,2,12,1 (Ulpian im 70. Buch zum Edikt)
Nihil commune habet proprietas cum possessione [···][30].	Nichts hat das Eigentum mit dem Besitz gemein [···][31].

Die *possessio* nach *ius civile* ist ein Faktum und ein rein faktisches Verhältnis einer Person zu einer Sache. D. 41,2,12,1 von *Domitius Ulpianus*, gleichfalls ein spätklassischer Jurist[32], bringt zum Ausdruck, dass die klassischen Juristen die *possessio* (Besitz) von der *proprietas* (*dominium,* Eigentum) unterschieden. Anders als im altrömischen Recht differenzierten die römischen Juristen der Vorklassik und der Klassik exakt zwischen *possessio* und *proprietas*. Sie fassten *possessio* als tatsächliche Gewalt auf und *proprietas* als rechtliche Vollherrschaft. Außerdem bestimmten sie die *possessio* als Faktum, dagegen die *proprietas* als Recht[33].

b. Erwerb

D. 41,2,3,1 (Paulus libro quinquagensimo quarto ad edictum)	D. 41,2,3,1 (Paulus im 54. Buch zum Edikt)
Et apiscimur possessionem corpore et animo, neque per se animo aut per se corpore. [···][34]	Der Besitz wird durch körperliche Handlung und den Willen erlangt, und weder durch diesen Willen allein, noch durch körperliche Handlung allein. [···][35]

Paul. D. 41,2,3,1 zeigt, dass die klassischen Juristen mit der Erlangung der tatsächlichen Gewalt (*corpus*) und dem Willen, die Sache zu beherrschen (*animus*), zwei Voraussetzungen für den Erwerb der *possessio* aufstellten.

30 *Mommsen/Krueger*, CIC 1, S. 699.

31 *Kaser/Knütel*, S. 107 (Rz. 19.1); vgl. auch die Übersetzung von *Sintenis* in: *Otto/Schilling/Sintenis*, CIC 4, S. 285: „Das Eigenthum hat mit dem Besitz nichts gemein [···]".

32 *Kunkel/Schermaier*, S. 161 f.; *Wieacker*, RRG 2, S. 130 f.

33 *Kaser*, RP 1², S. 384; *ders./Knütel*, S. 107 (Rz. 19.1 und 19.2).

34 *Mommsen/Krueger*, CIC 1, S. 698.

35 Vgl. auch die Übersetzung von *Sintenis* in: *Otto/Schilling/Sintenis*, CIC 4, S. 279: „Den Besitz erlangt man durch körperliche Einwirkung und die Absicht, und nicht durch die erstere allein, oder durch die letztere allein. [···]"

c. Fortdauer und Verlust

Die Fortdauer der *possessio* nach *ius civile* ist die Fortsetzung der tatsächlichen Sachgewalt, die mit dem Besitzwillen ausgeübt wird. Daher führt entweder die Beendigung *corpore et animo*, wenn der Besitzer die tatsächliche Sachgewalt freiwillig aufgibt, oder der Wegfall der tatsächlichen Sachgewalt allein, wenn die tatsächliche Sachgewalt unfreiwillig entzogen wird, oder die Aufgabe des Besitzwillens zum Verlust der *possessio* nach *ius civile*. Eine solche unfreiwillige Beendigung der *possessio* tritt nach *ius civile* grundsätzlich durch den Tod des Possessors ein[36].

2. *Possessio* nach *ius honorarium*

Die *possessio ad interdicta* (Interdiktenbesitz) nach *ius honorarium* geht auf den Schutz des Besitzers am *ager publicus* zurück. Die *possessio ad interdicta* erwächst aus dem Schutz, den der Prätor durch seine Interdikte gewährt. Wegen der Entziehung der *possessio* ist er zwar nicht Possessor nach *ius civile*; doch kann er unter Umständen als Possessor nach *ius honorarium* den Besitzschutz geltend machen. Aufgrund der Anerkennung der *possessio ad interdicta* können sowohl Eigenbesitzer, nämlich *bonae fidei possessor* (gutgläubiger Eigenbesitzer) und *malae fidei possessor* (bösgläubiger Eigenbesitzer), als auch die folgenden vier Fremdbesitzer vor eigenmächtiger Entziehung oder Störung durch Dritte geschützt werden, nämlich Erbpächter, Prekarist, Pfandgläubiger und Sequester[37].

3. *Detentio*

Erfüllte die Art der tatsächlichen Sachgewalt nicht die Voraussetzungen der *possessio* nach *ius civile* oder der *possessio ad interdicta* nach *ius honorarium*, wurde sie von den klassischen Juristen als *naturalis possessio* (oder: *in possessione esse*) bezeichnet. Derjenige, der nur die *naturalis possessio* innehat, ist lediglich Detentor (z. B. der Verwahrer aus *depositum*, der Entleiher aus *commodatum*, Mieter, Beauftragter, Geschäftsführer ohne Auftrag und Werkunternehmer). Ein Detentor war kein Fremdbesitzer im heutigen Sinne. Denn der Besitzschutz stand grundsätzlich dem Possessor zu. Nur ausnahmsweise wurde Fremdbesitzern der Interdiktenbesitz zugeteilt, wie etwa dem Prekaristen. Da-

---

36 *Kaser*, RP 1^2, S. 394 f.; *ders./Knütel*, S. 113 f. (Rz. 20.7); Näheres dazu S. 16 ff.

37 *Kaser*, RP 1^2, S. 387 ff.; *ders./Knütel*, S. 109 ff. (Rz. 19.10 ff.).

rüber hinaus ist die Bezeichnung des Detentors als Fremdbesitzer schief, weil der Detentor gerade nicht Besitzer ist. Er könnte vielmehr als „Besitzhalter“ charakterisiert werden. Dieser Unterschied rechtfertigt den unterschiedlichen Schutz des Detentors und des Possessors in der klassischen Periode[38].

II. Erbfolge

Der römische *heres* nach *ius civile* wird durch Gesetz, Senatsbeschluss oder Kaiserrecht berufen. Daneben besteht die honorarrechtliche *bonorum possessio* (Nachlassbesitz), wodurch gewissen Personen ohne Erbe zu sein, das prätorische Erbrecht erteilt wird[39]. Zur Berufung eines Erben oder *bonorum possessor* bedarf es eines anerkannten Erwerbsgrundes; zum einen *ex testamento* und zum anderen *ab intestato*[40].

1. Zivile Erbfolge

Die Entwicklung der Agrargesellschaft zur Handelsgesellschaft und die Stärkung des Persönlichkeitsbewusstseins in der jüngeren Republik beeinflussten das römische Erbfolgesystem. In der klassischen Zeit trat die testamentarische Erbfolge[41] wegen der zunehmenden Bedeutung der Testierfreiheit für die Erbfolgeordnung, also aufgrund der Freiheit des Erblassers, nach seinem (letzten) Willen einen Erben einzusetzen, in den Mittelpunkt, während das Kernstück der altrömischen Erbfolge die Hauserbfolge als Intestaterbfolge im Zwölftafelgesetz darstellte[42]. Nach dem Prinzip „*nemo pro parte testatus, pro parte intestatus decedere potest* (Niemand kann teils als jemand, der testiert hat, teils als jemand, der nicht testiert hat, sterben)“ schließt die testamentarische Erbfolge die Intestaterbfolge aus und die Intestaterbfolge kann nicht neben der testamentarischen Erbfolge zum Zuge kommen[43].

Stirbt der Erblasser ohne Testament, so tritt die Intestaterbfolge nach *ius civile* ein. Seit alters besteht die Differenzierung zwischen der Erbfolge der Hauserben, *sui heredes*, und der der Außenerben, *extranei heredes*, bei Eintritt der Intestaterbfolge.

38 *Kaser*, RP 1², S. 389 f.; *ders./Knütel*, S. 111 (Rz. 19.16 und 19.17).
39 *Kaser/Knütel*, S. 348 (Rz. 65.16 f.).
40 *Kaser*, RP 1², S. 676 f.; *ders./Knütel*, S. 349 (Rz. 65.22 f.).
41 Näheres dazu bei *Kaser*, RP 1², S. 678 ff.
42 *Kaser/Knütel*, S. 347 (Rz. 65.9 ff.).
43 *Kaser/Knütel*, S. 349 f. (Rz. 65.24 f.).

Die *sui heredes* werden als Erben nach *ius civile* berufen, wenn welche bei Tod des Erblassers vorhanden sind. Sie rücken mit dem Tod ihres Erblassers ohne Antritt der Erbschaft kraft Rechtens an dessen Stelle, so dass sie ohne Weiteres das Vermögen und die vererblichen Rechte des Erblassers erwerben. Ihnen fällt der Nachlass sogar gegen ihren Willen an und deshalb sind sie zivilrechtlich *necessarii heredes*. Doch räumt in klassischer Zeit der Prätor ihnen, solange sie sich nicht in die Erbschaftsangelegenheiten eingemischt haben, ein Ausschlagungsrecht (*beneficium abstinendi*) ein[44].

Die Erbfolge der *extranei heredes* nach *ius civile* tritt ein, wenn keine Hauserben des Erblassers existieren. Zwischen dem Tod des Erblassers und dem Erwerb der Erbschaft durch die Außenerben ist die Erbschaft eine „ruhende" (*hereditas iacens*). In dieser Zwischenzeit sieht man die Erbschaftsgegenstände als herrenlos (*res nullius*) an. Deshalb kann jedermann die ruhende Erbschaft okkupieren. Die *extranei heredes* erwerben die Erbschaft durch einen besonderen Erwerbsakt, den Erbschaftsantritt (*aditio hereditatis*). Sie können durch formloses Verhalten, das den Annahmewillen erkennen lässt (*pro herede gestio,* Handeln als Erbe), oder auch durch förmliche Erklärung (*cretio*) die Erbschaft antreten. Ferner können sie sich durch formfreie Erklärung oder schlüssiges Handeln entscheiden, ob sie die Erbschaft ausschlagen (*repudiare*, *omittere hereditatem*)[45].

2. Prätorische Erbfolge

Nach Honorarrecht wird auf Antrag (*agnitio*) vom Prätor die *bonorum possessio* (Nachlassbesitz) erteilt[46]. Der Prätor kann folgenden Personen den Nachlassbesitz erteilen: denen, die er für die zivilen Erben hält, die von ihm zur Ausfüllung der durch das Fehlen eines zivilen Erben hervorgehenden Lücke berufen werden, und denen, die den Prätor zur Reform des *ius civile* dem zivilen Erben vorzieht, indem er ihnen gegen die *hereditatis petitio* (Erbschaftsklage) des zivilen Erben die *exceptio doli* (Einrede der Arglist) erteilt, falls er, der Prätor, die zivile Erbfolge als unbillig ansieht und die Schutzwürdigkeit des *bonorum possessor* anerkennt. Der im ersten Fall erteilte vorläufige Nachlassbesitz muss dem zivilen Recht weichen (*bonorum possessio sin re*); während im zweiten und letzten Fall die *bonorum possessio* endgültig erteilt wird (*bonorum possessio cum re*)[47]. Je nachdem, ob die *bonorum possessio* nach testamentlosem Erblasser, gemäß

44 *Kaser/Knütel*, S. 369 (Rz. 71.2 f.).
45 *Kaser*, RP 1^2, S. 715 ff.; *ders./Knütel*, S. 370 (Rz. 71.4 ff.) und S. 373 f. (Rz. 72.1).
46 *Kaser/Knütel*, S. 371 (Rz. 71.9).
47 *Kaser*, RP 1^2, S. 675 f.; *ders./Knütel*, S. 348 f. (Rz. 65.17 und 65.19 f.).

dem Testament oder entgegen dem Testament erteilt wird, entsteht jeweils die *bonorum possessio intestati*, *bonorum possessio secundum tabulas* oder *bonorum possessio contra tabulas*[48]. Die Rechtsstellung des *bonorum possessor* entspricht nicht der des *heres*; vielmehr steht er *heredis loco* (anstelle des Erben)[49]. Der *bonorum possessor* wird durch das *interdictum quorum bonorum* (Interdikt 'Von welchem Nachlass') geschützt, mit dem er die Herausgabe von bestimmten Besitzern verlangen kann[50].

III. Schicksal des Besitzes beim Erbfall

1. *Possessio* im Sinne von Iav. D. 41,2,23 pr.

D. 41,2,23 pr. (Iavolenus libro primo epistularum)	D. 41,2,23 pr. (Iavolenus im 1. Buch der Briefe)
Cum heredes instituti sumus, adita hereditate omnia quidem iura ad nos transeunt, possessio tamen nisi naturaliter comprehensa ad nos non pertinet[51].	Wenn wir zu Erben eingesetzt wurden, dann gehen alle Rechte durch den Erbschaftsantritt auf uns über; doch kommt der Besitz uns nicht zu, wenn er nicht tatsächlich ergriffen wurde[52].

---

48 Näheres dazu bei *Kaser/Knütel*, S. 352 f. (Rz. 66.11 ff.), S. 357 f. (Rz. 67.9) und S. 366 (Rz. 70.6 ff.).

49 Gai. inst. 3,32 (vgl. auch die Übersetzung in: *Manthe*, S. 229) = Inst. 3,9,2 (1. Teil) (*Mommsen/Krueger*, CIC 1, Inst., S. 34): „Quos autem praetor solus vocat ad hereditatem, heredes quidem ipso iure non fiunt (nam praetor heredem facere non potest: per legem enim tantum vel similem iuris constitutionem heredes fiunt, veluti per senatus consultum et constitutiones principales): sed cum eis praetor dat bonorum possessionem, loco heredum constituuntur et vocantur bonorum possessores." - Übersetzung von *O. Behrends* in: *Behrends/Knütel/Kupisch/Seiler*, Institutionen^3, S. 162: „Diejenigen aber, die allein der Prätor zur Erbschaft beruft, werden zwar nach Zivilrecht nicht Erben (denn der Prätor kann keinen zum Erben machen; Erbe wird man nämlich nur durch Gesetz oder eine ähnliche Rechtssetzung, zum Beispiel durch Senatsbeschluß oder kaiserliche Konstitutionen). Wenn ihnen aber der Prätor den Nachlaßbesitz erteilt, werden sie in die Stellung von Erben eingesetzt und Nachlaßbesitzer genannt."

50 *Kaser*, RP 1^2, S. 676; *ders./Knütel*, S. 384 (Rz. 75.15).

51 *Mommsen/Krueger*, CIC 1, S. 700.

52 Vgl. auch die Übersetzung von *Sintenis* in: *Otto/Schilling/Sintenis*, CIC 4, S. 289: „Wenn wir zu Erben eingesetzt worden sind, so gehen zwar durch den Erbschaftsantritt alle Rechte auf uns über, allein der Besitz steht uns nur dann zu, wenn er natürlich ergriffen worden ist."; so auch die Ansichten der spätklassischen Juristen: Paul. D. 41,2,30,5 (*Mommsen/Krueger*, CIC 1, S. 701): „Quod per colonum possideo, heres meus nisi ipse nactus possessionem non poterit possidere: retinere enim animo posses-

In diesem Fragment spricht der hochklassische Jurist *Lucius Iavolenus Priscus*[53] mit Hinblick auf einen Außenerben aus, dass dieser nach dem Eintritt des Erbfalls zwar durch Erbschaftsantritt alle Rechte des *paterfamilias* erlangt, aber erst durch Besitzergreifung die *possessio civilis* an den Erbschaftsgegenständen erwirbt. Daraus ergibt sich, dass die *possessio civilis* mit dem Tod des *paterfamilias* endet[54] und der Erbschaftsantritt im Fall der Außenerbfolge nicht die *possessio civilis* umfasst. Diese unterschiedliche Behandlung der *possessio civilis* beruht auf deren faktischer Rechtsnatur.

Der *extraneus heres* ist weder *necessarius heres* noch ein unter der Gewalt des *paterfamilias* stehender Hauserbe. Daher rückt er nicht beim Erbfall ohne Weiteres in den Besitz des Erblassers nach. Der *extraneus heres* hat ein Wahlrecht zwischen der Annahme und der Ausschlagung der Erbschaft. Er kann die Erbschaft dadurch erwerben, dass er durch ein bestimmtes Verhalten (*cretio* oder *pro herede gestio*) seinen Willen erklärt, Erbe zu sein, während er sie nicht erlangt und nicht Erbe wird, wenn er die *cretio* oder die *pro herede gestio* unterlässt oder den Willen zur Ausschlagung der Erbschaft äußert (*repudiare* oder *omittere hereditatem*). Der *extraneus heres* kann durch seine formfreie oder schlüssige Erklärung die Erbschaft mit zivilrechtlicher Wirkung ausschlagen[55].

---

sionem possumus, apisci non possumus. sed quod pro emptore possideo per colonum etiam, usucapiet etiam heres meus." - Übersetzung von *Sintenis* in: *Otto/Schilling/-Sintenis*, CIC 4, S. 292: „Was ich durch meinen Pächter besitze, wird mein Erbe, wenn er den Besitz nicht selbst erlangt hat, nicht besitzen können; denn behalten kann man zwar wohl durch den Willen, nicht aber erlangen. Was ich aber als Käufer besitze, das wird mein Erbe auch durch den Pächter ersitzen." und Ulp. D. 47,4,1,15 (*Mommsen/-Krueger*, CIC 1, S. 825): „Scaevola ait possessionis furtum fieri: denique si nullus sit possessor, furtum negat fieri: idcirco autem hereditati furtum non fieri, quia possessionem hereditas non habet, quae facti est et animi. sed nec heredis est possessio, antequam possideat, quia hereditas in eum id tantum transfundit, quod est hereditatis, non autem fuit possessio hereditatis." - Übersetzung von *Sintenis* in: *Otto/Schilling/Sintenis*, CIC 4, S. 859: „Scaevola sagt, es könne ein Diebstahl am Besitz geschehen, auch sagt er namentlich, dass, wenn kein Besitzer vorhanden sei, auch kein Diebstahl begangen werden könne; darum könne aber eine Erbschaft nicht bestohlen werden, weil die Erbschaft den Besitz nicht hat, welche in einer Thatsache und den Willen beruhet. Dem Erben gehört aber der Besitz, ehe er ihn angetreten, auch nicht, weil die Erbschaft nicht mehr auf ihn übertragen kann, als was zu ihr gehört; und die Erbschaft hatte den Besitz nicht."

53 *Kunkel/Schermaier*, S. 155; *Wieacker*, RRG 2, S. 53 ordnet ihn dagegen als Frühklassiker ein.

54 *Windscheid/Kipp*, Pandekten 1^9, S. 806 m. Fn. 12.

55 Das beneficium abstinendi der sui heredes wirkt nur honorarrechtlich, vgl. etwa Iul. D. 30,89 (*Mommsen/Krueger*, CIC 1, S. 465): „Nam nec emancipatus hereditate omissa legatum ab herede petere prohibetur. praetor enim permittendo his, qui in potestate fuerint, abstinere se hereditate paterna manifestum facit ius se in persona eorum tribuere,

Die Besitzergreifung an den Erbschaftsgegenständen gehört zur *pro herede gestio*, so dass sie grundsätzlich die Annahme der Erbschaft bedeutet[56]. Es genügt für den Erbschaftsantritt, dass der Außenerbe wie oben durch *cretio* die Annahme erklärt[57]. Deshalb kann er unter Umständen ohne Besitzergreifung in die Rechtsstellung des *paterfamilias* einrücken und zugleich die Erbschaft erlangen. Daraus ergibt sich, dass der Erbschaftsantritt von dem Erwerb der *possessio civilis* unterschieden wird und der *extraneus heres* vor Besitzergreifung nicht die *possessio civilis* erwerben kann. Die Besitzergreifung ist für den Außenerben eine notwendige Voraussetzung für den Erwerb der *possessio civilis* an den Erbschaftsgegenständen.

Ob im Fall der Hauserbfolge eine Ausnahme besteht, ist umstritten. Die *sui heredes*, die zu Lebzeiten des *paterfamilias* als *quodammodo domini* eine ruhende Mitberechtigung haben, rücken zugleich mit dem Tod ihres *paterfamilias* als Zwangserben nicht durch Erbschaftsantritt, sondern durch Erbschaftsanfall in die Rechtsstellung des *paterfamilias* ein[58]. An dieser Stelle ist fraglich, welche Auswirkung eine solche „ruhende Mitberechtigung" der Hauserben hat. In Paul. D. 28,2,11 werden die Hauserben schon zu Lebzeiten des Vaters „in gewisser Weise als Herren im Haus" angesehen[59].

D. 28,2,11 (Paulus libro secundo ad Sabinum)	D. 28,2,11 (Paulus im 2. Buch zu Sabinus)
In suis heredibus evidentius apparet continuationem dominii eo rem perducere, ut nulla	Bei den Hauserben wird sehr augenfällig, daß die Fortsetzung des Eigentumsrechts [durch

quod futurum esset, si liberum arbitrium adeundae hereditatis habuissent." - Übersetzung von *R. Knütel* in: *Knütel/Kupisch/Rüfner/Seiler*, CIC 5, S. 311: „Denn auch ein aus der Hausgewalt Entlassener ist, obwohl er die Erbschaft abgelehnt hat, nicht gehindert, ein Vermächtnis vom Erben einzuklagen. Dadurch, daß der Prätor denen, die [beim Tod des Erblassers] in der Hausgewalt standen, gestattet, die väterliche Erbschaft auszuschlagen, gibt er nämlich zu erkennen, daß er ihnen die Rechtsstellung gewährt, die sich ergäbe, wenn sie die freie Entscheidung gehabt hätten, ob sie die Erbschaft antreten wollten."

56 *Kaser*, RP 1^2, S. 717 f.; *ders./Knütel*, S. 370 f. (Rz. 71.5) (Ausnahme bei bloßen Sicherungsmaßnahmen).

57 *Kaser/Knütel*, S. 370 (Rz. 71.6).

58 *Kaser/Knütel*, S. 369 (Rz. 71.2).

59 Vgl. etwa Inst. 2,19,2 (*Mommsen/Krueger*, CIC 1, Inst., S. 22): „[···] sed sui quidem heredes ideo appellantur, quia domestici heredes sunt et vivo quoque patre quodammodo domini existimantur. [···]." - Übersetzung von *H. H. Seiler* in: *Behrends/Knütel/-Kupisch/Seiler*, Institutionen^3, S. 104: „[···] Hauserben heißen sie deshalb, weil sie hausangehörige Erben sind und auch zu Lebzeiten ihres Vaters gewissermaßen als Inhaber des Hausvermögens angesehen werden. [···]."

videatur hereditas fuisse, quasi olim hi domini essent, qui etiam vivo patre quodammodo domini existimantur. unde etiam filius familias appellatur sicut pater familias, sola nota hac adiecta, per quam distinguitur genitor ab eo qui genitus sit. itaque post mortem patris non hereditatem percipere videntur, sed magis liberam bonorum administrationem consequuntur. hac ex causa licet non sint heredes instituti, domini sunt: nec obstat, quod licet eos exheredare, quod et occidere licebat[60].

die Erben] den Eindruck vermittelt, eine Erbschaft habe es nicht gegeben, weil die Hauserben gleichsam schon früher Eigentümer waren, zumal da sie schon zu Lebzeiten des Vaters in gewisser Weise als Herren im Haus angesehen werden. Und deshalb spricht man vom Haussohn wie vom Hausvater, und es wird nur ein weiteres Merkmal hinzugesetzt, um den Erzeuger von dem zu unterscheiden, der gezeugt wurde. Deshalb ergibt sich der Eindruck, daß sie nach dem Tod des Hausvaters nicht eine Erbschaft, sondern eher die freie Verfügungsmacht über das Vermögen erlangen. Aus diesem Grund werden sie Eigentümer, auch wenn sie nicht als Erben eingesetzt sind, und es steht nicht entgegen, daß sie enterbt werden können, weil man sie sogar töten durfte[61].

Ausdrücklich bezieht sich diese Digestenstelle nur auf die Fortsetzung des Eigentumsrechts durch die *sui heredes*; sie schweigt dagegen wie sich die Stellung als *quodammodo domini* besitzrechtlich auswirkt. Ein Hauserbe könnte möglicherweise mit dem Hausvater gemeinschaftlich den Besitz ausüben, was im Erbfall dazu führen würde, dass der Besitz nur noch ihm allein zustehen und sich eine Besitzergreifung erübrigen würde. Hauskinder sind seit alters vermögensunfähig und alles, was sie durch tatsächliche Vorgänge erworben haben, fiel ihrem Hausvater zu[62]. Folglich kann ihnen als Gewaltunterworfene zu Lebzeiten des *paterfamilias* kein Mitbesitz eingeräumt werden. Die ruhende Mitberechtigung allein rechtfertigt nicht den Erwerb der *possessio civilis* der *sui heredes* ohne Ergreifungsakt.

Für den Besitzerwerb der *sui heredes* ohne Besitzergreifung könnte aber sprechen, dass Hauserben beim Erbfall ohne jegliche zeitliche Unterbrechung in die Rechtsstellung ihres Hausvaters eintreten und daher als Besitznachfolger anzusehen seien. Zwischen dem Haus- und Außenerben besteht, abgesehen vom zeitlichen Intervall zwischen dem Erbfall und dem Erbschaftserwerb beim Außenerben, kein wesentlicher Unterschied im Hinblick darauf, dass beide Erben in die Stellung des Erblassers treten. Würde man die Besitzergreifung beim Hauserben für entbehrlich halten, müsste dies auch für den Außenerben gelten, der mit Antritt gleichermaßen die Stellung des Erblassers übernimmt. Iav.

60 *Mommsen/Krueger*, CIC 1, S. 412.

61 Übersetzung von *Knütel* in: *Knütel/Kupisch/Rüfner/Seiler*, CIC 5, S. 16 f.

62 *Kaser/Knütel*, S. 327 (Rz. 60.12) und S. 76 (Rz. 11.4).

D. 41,2,23 pr. verlangt aber eine tatsächliche Ergreifung des *extraneus heres*. Eine automatische Besitznachfolge ist mit der Natur der *possessio*, die im römischen Recht als Faktum erachtet wird und dementsprechend grundsätzlich mit dem Tod einer Person endet[63], unvereinbar. *Paulus* aber könnte in D. 4,6,30 pr. ungeachtet der tatsächlichen Natur des Besitzes vom Erfordernis der Besitzergreifung absehen.

2. *Possessio* im Sinne von Paul. D. 4,6,30 pr. und Gai. inst. 3,201

D. 4,6,30 pr. (Paulus libro duodecimo ad edictum)	D. 4,6,30 pr. (Paulus im 12. Buch zum Edikt)
Cum miles qui usucapiebat decesserit et heres impleverit usucapionem, aequum est rescindi quod postea usucaptum est, ut eadem in heredibus, qui in usucapionem succedunt, servanda sint: quia possessio defuncti quasi iniuncta descendit ad heredem et plerumque nondum hereditate adita completur[64].	Wenn ein Soldat während des Laufs der Ersitzungsfrist verstorben ist und der Erbe die Ersitzung vollendet hat, ist es richtig, daß die nachträglich vollendete Ersitzung aufgehoben wird, wie eben dies bei den Erben zu beachten ist, die in bezug auf die Ersitzung nachrücken, weil der Ersitzungsbesitz des Verstorbenen, gleichsam mit der Erbschaft verbunden, auf die Erben übergeht und die Ersitzung meistens vollendet ist, bevor die Erbschaft angetreten ist[65].

Duncker führt drei Auffassungen der Glossatoren über den Übergang des Besitzes nach Paul. D. 4,6,30 pr. auf[66]:

Nach der ersten Ansicht betrifft Paul. D. 4,6,30 pr. nur den Übergang der *possessio* auf den *suus heres* mit der Folge, dass der Besitz *ipso iure* auf den Hauserben übergeht. Ansonsten werde die *possessio* durch Besitzergreifung von Seiten des Außenerben erworben.

Der zweiten Auffassung zufolge ist die Erwerbshandlung der *possessio* notwendig und Paul. D. 4,6,30 pr. geht demnach von der Besitzergreifung des Erben für den Erwerb des Besitzes an den Erbschaftsgegenständen aus. Daher werde der Übergang der *possessio* auf den Erben als ein mittelbarer Übergang bezeichnet.

Schließlich nimmt *Accursius* an, dass der Besitzerwerb des Erben beim Erbfall grundsätzlich eine Besitzergreifung erfordert und der Übergang der *posses-*

63 Siehe soeben zu Fn. 36.

64 *Mommsen/Krueger*, CIC 1, S. 94.

65 Übersetzung von *G. Schiemann* in: *Behrends/Knütel/Kupisch/Seiler*, CIC 2, S. 423 f.

66 *Duncker*, ZCP 12 (1839), S. 110 f. - insbesondere S. 110 m. Fn. 2.

sio auf den Erben nach Paul. D. 4,6,30 pr. als eine Ausnahme zugunsten der Ersitzung anerkannt wird. Dieser Meinung hätten sich die Nachfolger der Glossatoren angeschlossen und die späteren Juristen hielten diese Ansicht fast einstimmig für richtig.

Darüber hinaus äußert sich *Savigny* wie folgt zu Paul. D. 4,6,30 pr.: „Jene Stelle geht bloß auf die Fiction bey der Usucapion.“[67]

Paulus setzt voraus, dass die *possessio civilis* mit dem Tod des Erblassers *ipso iure* auf den Erben übergeht. Auf den ersten Blick scheint diese Ansicht mit der von *Iavolenus* in D. 41,2,23 pr. im Widerspruch zu stehen. Denn die *possessio civilis* geht nach der erstgenannten Ansicht bereits vor Besitzergreifung durch den Erben auf ihn über. *Paulus* erkennt in der Zeit zwischen dem Erbfall und der Besitzergreifung des Erben dessen *possessio civilis* an. Die *possessio civilis* dauere während der *hereditas iacens* im Fall der Usukapion fort und stehe nach dem Erbschaftsanfall oder -antritt dem Erben zu, obwohl die *possessio civilis* faktischer Natur ist und das Recht dem Erben keine Tatsache schaffen kann. *Paulus* beschränkt sich jedoch nur auf den Fall des Ersitzungsbesitzes. Die Ersitzung verlangt als notwendige Voraussetzung die *possessio civilis* des Ersitzenden. Stellt die *possessio civili*s ein Faktum dar, ist die Fortdauer der Usukapion nicht möglich, weil die *possessio civili*s zugleich mit dem Tod des Possessors erlischt. Die Fortsetzung der Ersitzung kann nur mittels einer künstlichen Hilfskonstruktion erfolgen, nämlich einer „Fiktion“. Die Voraussetzung der Ersitzung wird dadurch erfüllt, dass zugunsten des Erben die *possessio civilis* fingiert wird, allerdings nur für die Ersitzung. Sie gewährt dagegen keinen allgemeinen Besitzschutz, insbesondere schützt sie nicht vor Eingriffen Dritter. Diese Fiktion setzt mit dem Tod des Erblassers ein und sie ist dadurch gerechtfertigt, dass der Eintritt des Erblassers in die Ersitzungslage eine Rechtsposition, etwa eine Anwartschaft, begründet, die als solche auf den Erben übergehen kann. Mit der Erteilung des Nachlassbesitzes wird auch der *bonorum possessor* durch die Fiktion fortwährenden Ersitzungsbesitzes begünstigt. Die vom Erblasser begonnene Ersitzung kann sich in der Zeit zwischen seinem Tod und der Besitzergreifung des Erben nach Paul. D. 4,6,30 pr. vollenden. *Paulus* bedient sich der Fiktion, um dem Erben die Ersitzungszeit auch vor dessen Besitzergreifung an der betreffenden Sache zugutekommen zu lassen. In dieser Hinsicht ist die *possessio civilis* in Paul. D. 4,6,30 pr. eine fingierte, und sie steht der tatsächlichen in Iav. D. 41,2,23 pr. gegenüber. Damit ist zugleich gesagt, dass Paul. D. 4,6,30 pr. kein tauglicher Beleg für die Annahme ist, bei *sui heredes* habe ein automatischer Besitzübergang stattgefunden. Auch wäre im Fall eines automatischen Besitz-

67 *Savigny*, Besitz^{6}, S. 377 Fn. 3.

erwerbs die Fortsetzung der Ersitzung unproblematisch, und *Paulus* hätte sich mit *aequum est* nicht auf die Gerechtigkeit zu berufen brauchen.

Gaius dagegen könnte in Gai. inst. 3,201 von einer unterschiedlichen Behandlung bei Haus- und Außenerben hinsichtlich der Besitzerlangung im Erbfall ausgehen.

Gai. inst. 3,201	Gai. inst. 3,201
Rursus ex diuerso interdum alienas res occupare et usucapere concessum est nec creditur furtum fieri, uelut res hereditarias, quarum heres non est nactus possessionem, nisi necessarius heres extet; nam necessario herede extante placuit nihil pro herede usucapi posse. [···][68].	Weiterhin ist es umgekehrt zuweilen gestattet, fremde Sachen in Besitz zu nehmen und zu ersitzen, und man nimmt an, dass dann kein Diebstahl begangen werde, zum Beispiel bei Erbschaftssachen, deren Erbe keinen Besitz erlangt hat, außer wenn ein Zwangserbe vorhanden ist; denn nach herrschender Meinung kann nichts aufgrund einer Erbschaft ersessen werden, wenn es einen Zwangserben gibt. [···][69].
Gai. inst. 2,58	Gai. inst. 2,58
Suo et necessario tamen herede extante nihil ipso iure pro herede usucapi potest[70].	Wenn allerdings ein Zwangserbe vorhanden ist, so kann schon nach bürgerlichem Recht nichts an Stelle eines Erben ersessen werden[71].

Demnach kann ein Dritter, bevor der Erbe den Besitz an einer zum Nachlass gehörenden Sache ergreift, diese Sache in Besitz nehmen und usukapieren, ohne einen Diebstahl zu begehen. Etwas anderes gelte - wie auch in Gai. inst. 2,58 - im Einklang mit der herrschenden Meinung, wenn ein Zwangserbe an die Stelle des *paterfamilias* tritt. Dies könnte dahingehend ausgelegt werden, dass der Zwangserbe, anders als der Außenerbe, mit dem Erbfall ohne Weiteres den Besitz an den Erbschaftsgegenständen erlangt. Eine solche Schlussfolgerung würde jedoch außer Acht lassen, dass sich Gai. inst. 3,201, so wie auch Paul. D. 4,6,30 pr., auf den Fall der Ersitzung beschränkt und nicht allgemein den Besitzübergang *ipso iure* auf den Hauserben in Erwägung zieht. Lediglich das Ersitzungsverhältnis des Hausvaters, nämlich dessen Ersitzungsbesitz geht mit dem Eintritt des Erbfalls auf den Hauserben über, was beim *extraneus heres* erst durch sei-

68 *Seckel/Kuebler*, S. 183.
69 Übersetzung in: *Manthe*, S. 307.
70 *Seckel/Kuebler*, S. 66.
71 Übersetzung in: *Manthe*, S. 131.

nen Antritt geschieht, so dass ein Dritter in der Zeit zwischen dem Erbfall und dem Erbschaftsantritt unter Umständen die Ersitzung begründen kann[72]. Gai. inst. 3,201 steht daher auf der Linie von Paul. D. 4,6,30 pr. und befreit den Hauserben nicht von der Besitzergreifung für den Besitzerwerb im Erbfall.

3. Schicksal der *interdicta retinendae* und *recuperandae possessionis* beim Erbfall

Die *interdicta retinendae* und *recuperandae possessionis*, die dem *paterfamilias* zu dessen Lebzeiten zustanden, enden mit seinem Tod. Denn der Prätor räumt bei Besitzstörung oder -entziehung dem Besitzer die *interdicta retinendae* und *recuperandae possessionis* ein, damit er gegen den Eingriff eines Dritten seinen Besitzstand schützen kann. Stirbt der Besitzer, so endet sein Besitz. Dessen Erben können nach Iav. D. 41,2,23 pr. nur durch Besitzergreifung den Besitz an den Erbschaftsgegenständen erlangen. Wird dieser Besitz des Erben gestört oder entzogen, dann gewährt der Prätor dieses Mal dem Erben die *interdicta retinendae* und *recuperandae possessionis*. Der beim Erblasser durch Störung oder Entziehung des Besitzes bestehende Zustand ist ein anderer als der beim Erben[73]. Daher sind die *interdicta retinendae* und *recuperandae possessionis* nicht vererblich. Paul. D. 4,6,30 pr. gilt nicht für diese Fälle.

IV. *Successio in possessionem* und *accessio possessionis*

1. *Successio in possessionem*

D. 41,3,40 (Neratius libro quinto regularum)	D. 41,3,40 (Neratius im 5. Buch zu den Grundsätzen)
Coeptam usucapionem a defuncto posse et ante aditam hereditatem impleri constitutum est[74].	Durch kaiserliche Entscheidung ist bestimmt, dass die vom Erblasser angefangene Ersitzung auch vor dem Erbschaftsantritt vollendet werden kann[75].

72 Vgl. *Nelson/Manthe*, S. 180.

73 Vgl. *Albert*, S. 203 ff. zum *interdictum uti possidetis*.

74 *Mommsen/Krueger*, CIC 1, S. 707.

75 So auch die Ansicht des hochklassischen Juristen, Pomp. D. 41,4,6,2 (*Mommsen/-Krueger*, CIC 1, S. 709): „Post mortem eius, qui hominem emerit, expleto tempore, quod defuisset ad usucapionem, quamvis eum hominem heres possidere non coepisset, fiet tamen eius: sed ita hoc, si nemo eum possedisset.“ - Übersetzung von *Sintenis* in: *Otto/Schilling/Sintenis*, CIC 4, S. 330: „Wenn nach dem Tode Dessen, der einen Sclaven gekauft hatte, die an der Ersitzung noch fehlende Zeit abgelaufen ist, so wird der

Lucius Neratius Priscus, der hochklassische Jurist[76], berichtet von einer Kaiserkonstitution, nach der eine vom Erblasser begonnene Usukapion bereits vor dem Erbschaftsantritt vollendet werden kann. Die Usukapion wird zwar nicht durch den Tod des Erblassers unterbrochen, doch durch den Verlust des Besitzes, indem beispielsweise ein Dritter in der Zeit zwischen dem Tod des Erblassers und der Besitzergreifung des Erben den Besitz an den Erbschaftsgegenständen eigenmächtig ergreift[77]. Ner. D. 41,3,40 fungiert mit Paul. D. 4,6,30 pr. als Grundlage der *successio in possessionem.* Auf die beiden klassischen Quellen stützt sich die Anrechnung der Besitzzeit des Erblassers im Fall der Ersitzung des Erben.

Iav. D. 41,2,23 pr. geht davon aus, dass der Erbe (*suus heres* und *extraneus heres*) nur durch seine Besitzergreifung den Besitz an den Erbschaftsgegenständen erlange. Diese Besitzergreifung ist - jedenfalls im Hinblick auf die Ersitzung - kein neuer Besitzerwerb im Sinne der Singularsukzession, sondern die Übernahme bzw. der Übergang des Besitzes auf den Erben. Die in der Zeit zwischen dem Tod des Erblassers und der Besitzergreifung des Erben entstehende Schutzlücke wird durch die Fiktion des Erbenbesitzes überwunden, die allerdings den Erben nur solange schützt, wie kein Dritter den Besitz ergreift. Denn dies würde ja auch dann die Vollendung der Ersitzung verhindern, wenn der Erbe schon tatsächlich (bei noch laufender Ersitzungszeit) den Besitz ergriffen hätte.

Im Fall der Hauserbfolge bedarf es keiner Anrechnung der Besitzzeit des Erblassers, weil dessen Ersitzungsbesitz auf die Hauserben übergeht (Paul. D. 4,6,30 pr. und Gai. inst. 3,201) und sie ihn ohne Unterbrechung fortsetzen. Im Fall der Außenerbfolge kommt der Ersitzungszeit der *extranei heredes* nicht

---

Sclave dem Erben doch gehörig, wenn der Erbe denselben auch gar nicht zu besitzen angefangen; es versteht sich dabei, dass ihn kein Anderer besessen habe." und die Auffassungen der spätklassischen Juristen, Pap. D. 41,3,44,3 (*Mommsen/Krueger*, CIC 1, S. 707): „Nondum aditae hereditatis tempus usucapioni datum est, sive servus hereditarius aliquid comparat, sive defunctus usucapere coeperat: sed haec iure singulari recepta sunt." - Übersetzung von *Sintenis* in: *Otto/Schilling/Sintenis*, CIC 4, S. 322: „Die Zeit vor dem Antritt der Erbschaft ist als zur Ersitzung gehörig bestimmt worden, es mag ein Erbschaftssclave etwas angeschafft, oder der Erblasser zu ersitzen angefangen haben; dies ist jedoch vermöge besondern Rechtens angenommen worden." sowie Paul. D. 41,3,31,5 (*Mommsen/Krueger*, CIC 1, S. 706): „Vacuum tempus, quod ante aditam hereditatem vel post aditam intercessit, ad usucapionem heredi procedit." - Übersetzung von *Sintenis* in: *Otto/Schilling/Sintenis*, CIC 4, S. 317: „Der leere Zwischenraum, der bis zum Erbschaftsantritt, oder nach demselben verstrichen ist, läuft zur Ersitzung für den Erben."; ebenfalls *Windscheid/Kipp*, Pandekten 1^9, S. 931 m. Fn. 9.

76 *Kunkel/Schermaier*, S. 155; *Wieacker*, RRG 2, S. 53 ordnet ihn dagegen als Frühklassiker ein.

77 *Kaser*, RP 1^2, S. 423; *ders./Knütel*, S. 137 (Rz. 25.13).

nur die Besitzzeit des verstorbenen *paterfamilias*, sondern auch die Zeit der ruhenden Erbschaft zugute. Die Fiktion kann sich auch in der Weise auswirken, dass die Ersitzung vor der Besitzergreifung durch den Erben vollendet werden kann[78].

2. *Accessio possessionis* und *temporis*

Inst. 2,6,12/13	Inst. 2,6,12/13
12. Diutina possessio, quae prodesse coeperat defuncto, et heredi et bonorum possessori continuatur, licet ipse sciat praedium alienum: quodsi ille initium iustum non habuit, heredi et bonorum possessori licet ignoranti possessio non prodest. quod nostra constitutio similiter et in usucapionibus observari constituit, ut tempora continuentur.	12. Die Besitzdauer [beim langfristigen Besitz], die bereits dem Verstorbenen zugute gekommen war, setzt sich für den Erben sowie für den Nachlaßbesitzer fort, auch wenn sie selbst wissen, daß es ein fremdes Grundstück ist. Hat aber der Verstorbene den Besitz nicht rechtmäßig begonnen, dann nützt dessen Besitz dem Erben oder dem Nachlaßbesitzer nicht, auch wenn sie keine Kenntnis davon haben. Daß die Besitzzeiten sich fortsetzen, hat unsere [also Justinians] Konstitution auch bei den Ersitzungen [beweglicher Sachen] zur entsprechenden Beachtung vorgeschrieben.
13. Inter venditorem quoque et emptorem coniungi tempora divus Severus et Antoninus rescripserunt[79].	13. Auch die Besitzzeiten von Verkäufer und Käufer werden nach einem Bescheid der vergöttlichten Kaiser Septimius Severus und Antoninus [Caracalla] zusammengerechnet[80].

Im Fall der Singularsukzession musste der Erwerber aufgrund der Veräußerung eine neue Ersitzung beginnen; diesem Erwerber wurde die Besitzzeit des Veräußerers erst in der spätklassischen Zeit (*Septimius Severus* und *Caracalla*) zugerechnet[81]. Seitdem konnte der Erwerber durch die Anrechnung der von dem Veräußerer begonnenen Besitzzeit die Ersitzung vollenden.

78 *Windscheid/Kipp*, Pandekten 1^9, S. 931 m. Fn. 9.

79 *Mommsen/Krueger*, CIC 1, Inst., S. 15.

80 Übersetzung von *Seiler* in: *Behrends/Knütel/Kupisch/Seiler*, Institutionen^3, S. 68 f.

81 *Kaser*, RP 1^2, S. 423; *ders./Knütel*, S. 137 (Rz. 25.13).

§ 4. Nachklassische Periode und die folgende Zeit

I. *Possessio*

Die scharfe Unterscheidung der klassischen Juristen zwischen der *possessio* und der *proprietas* verlor allmählich ihre Kontur. Die Vulgarisierung des klassischen Rechts beeinflusste den Begriff der *possessio*. Schließlich wurde diese Unterscheidung vollständig aufgegeben, so dass die Rechtsquellen seit *Konstantin* dem Großen die *possessio* nicht mehr als tatsächliche Gewalt betrachten, sondern als Bezeichnung des Eigentums oder der beschränkten Sachenrechte verwenden.

Justinian I. kehrte zwar wieder zur klaren Unterscheidung zwischen der *possessio* und der *proprietas* zurück, aber er erreichte keine so präzise Unterscheidung wie die klassischen Juristen. Ihm zufolge ist die wahre *possessio* nur der Besitz mit *animus domini* oder *dominantis*, dem Eigenbesitzwillen des Eigentümers. Der *animus domini* stammt zwar von der *possessio* des Ersitzungsbesitzers nach klassischem *ius civile*, er weicht jedoch von dem klassischen *animus possidendi* ab. Dieser echte Besitz, also der redliche Eigenbesitz ist nicht die klassische *possessio* als reines Faktum, sondern nähert sich einem Recht an[82].

II. Erbfolge

Die klassische Gesamtrechtsnachfolge, der Gedanke der Universalsukzession, verschwand im Westen zwar in der nachklassischen Periode; doch dauerte im Osten die Erbfolgeanschauung als Rechtsnachfolge in ein als Einheit aufgefasstes Vermögen an. Der Gegensatz zwischen der zivilen und der prätorischen Erbfolge ging im Westen allmählich verloren, so dass die *bonorum possessio* im späteren 5. Jahrhundert durch Gesetz (Novellae Valentiniani 21,1,5 aus 446[83]) im Westen aufgegeben wurde. Durch das nachklassische Kaiserrecht galt anfangs zwar dieser Gegensatz bei der testamentarischen Erbfolge und der Intestat-

---

82 *Kaser*, RP 2^2, S. 251 ff.; *ders./Knütel*, S. 112 (Rz. 19.21).

83 Novellae Valentiniani 21,1,5 aus 446 (*Mommsen/Meyer*, S. 109): „[Cuius heres ex edicto divi Hadriani hereditaria corpora consequitur nec bonorum possessionis petendae sustinebit necessitatem, quam generaliter omnibus relaxamus.]“ - übersetzt: „[Dessen Erbe nach dem Edikt des vergöttlichten Kaisers *Hadrian* die Erbschaft erlangt [und] der Notwendigkeit, den Nachlassbesitz zu beantragen, nicht unterliegen wird, die wir allgemein für alle aufheben.]“

erbfolge, doch sprechen die späteren westlichen Quellen nur noch von der *hereditas*. Im Osten schloss *Justinian I.* sich den im klassischen römischen Recht herrschenden Tendenzen an. Er hielt zwar an der Unterscheidung zwischen der *hereditas* und der *bonorum possessio* fest, sah aber regelmäßig denjenigen als *bonorum possessor* an, der *heres* ist. In der Novellengesetzgebung wird die *bonorum possessio* nicht mehr genannt[84].

Das klassische Erbfolgeprinzip „*nemo pro parte testatus, pro parte intestatus decedere potest*" wurde wegen der vielen Ausnahmen in der klassischen Periode abgeschwächt und in der nachklassischen Periode schließlich aufgegeben[85]. Die Restbestände der agnatischen Erbfolgeordnung wurden abgeschafft, und es wurde der Wortformalismus des Testaments aufgegeben, vermutlich schon durch *Konstantin* (C. 6,23,15 aus 339 oder 320[86]). Ferner war die klare

---

84 *Kaser*, RP 2^2, S. 472 f.

85 *Kaser*, RP 2^2, S. 476 f.

86 C. 6,23,15 aus 339 (oder 320, vgl. *Kaser*, RP 2^2, S. 489 Fn. 2) (*Krueger*, CIC 2, S. 254): „*Imp. Constantinus A. ad populum.* Quoniam indignum est ob inanem observationem irritas fieri tabulas et iudicia mortuorum, placuit ademptis his, quorum imaginarius usus est, institutioni heredis verborum non esse necessariam observantiam, utrum imperativis et directis verbis fiat an inflexa. 1 Nec enim interest, si dicatur 'heredem facio' vel 'instituo' vel 'volo' vel 'mando' vel 'cupio' vel 'esto' vel 'erit', sed quibuslibet confecta sententiis, quolibet loquendi genere formata institutio valeat, si modo per eam liquebit voluntatis intentio, nec necessaria sint momenta verborum, quae forte seminecis et balbutiens lingua profudit. 2 Et in postremis ergo iudiciis ordinandis amota erit sollemnium sermonum necessitas, ut, qui facultates proprias cupiunt ordinare, in quacumque instrumenti materia conscribere et quibuscumque verbis uti liberam habeant facultatem. *S. d. k. Febr. Serdiceae Constantio A. et Constante C conss.* [a. 339]" - Übersetzung von *Jungmeister* in: *Otto/Schilling/Sintenis*, CIC 5, S. 947: „Die K. Constantinus, Constantius u. Constans an das (Röm.) Volk. Weil es unwürdig ist, wegen leerer Förmlichkeiten Ungültigkeit der Testamente und letzwilligen Verfügungen Verstorbener eintreten zu lassen, so ist beschlossen worden, diejenigen abzuschaffen, deren man sich nur zum Schein bedient, und bei den Worten der Erbeseinsetzung nicht für ein nothwendiges gesetzliches Erforderniss zu halten, ob sie in befehlenden und direkten (unmittelbaren) oder indirekten (mittelbaren) Worten geschieht. Daher macht es denn gar keinen Unterschied, ob man sich der Worte bedient: ich mache zum Erben, oder: ich setze zum Erben ein, oder: ich will, ich beauftrage, ich wünsche, oder: er sei, oder: er wird sein, - vielmehr soll eine jede Erbeseinsetzung gelten, in welchen Ausdrücken dieselbe auch eingerichtet oder in welche Redeweise sie auch eingekleidet sein mag, sobald daraus die Willensmeinung nur klar erhellt. Auch bedarf es nicht feierlicher Worte, wenn eben eine bereits halberstorbene und stammelnde Zunge sie herausstösst. Auch die Nothwendigkeit, sich bei Errichtung letztwilliger Verordnungen bestimmter feierlicher Worte zu bedienen, wird hiermit aufgehoben; um eben Denen, welche über ihr Vermögen zu bestimmen wünschen, völlige Freiheit zu gewähren, solche auf jedem zu Urkunden

klassische Unterscheidung des Erbschaftserwerbs zwischen den *sui heredes* und den *extranei heredes* seit der nachklassischen Periode nicht mehr vorhanden. Im Gegensatz zum klassischen Recht traten die *sui heredes* nicht ohne Weiteres sofort mit dem Tod des *paterfamilias* an dessen Stelle. Nach dem Vulgarrecht des Westens wurden sie erst mit dem Erbschaftsantritt Erben. Die *sui heredes* waren somit keine Zwangserben mehr. Bei den *extranei heredes* handelte es sich nun um Erben, die nicht zu den nahen Verwandten des Erblassers gehören[87]. Demgegenüber hielt *Justinian I.* an der Unterscheidung zwischen *sui heredes* und *extranei heredes* nach dem klassischen Recht fest. Ferner setzte sich der Gedanke der klassischen ruhenden Erbschaft fort[88].

III. Schicksal des Besitzes beim Erbfall

Das nachklassische Vulgarrecht des Westens geht davon aus, dass es, wie soeben hervorgehoben, des Erbschaftsantritts sowohl bei Hauserben als auch bei Außenerben bedarf. Auch erwarben die Haus- und Außenerben die *possessio* beim Erbfall nicht durch Anfall, sondern erst durch Besitzergreifung des Erben an den Erbschaftsgegenständen.

Im Osten vollzog sich der Erwerb der *possessio* des Erben (Haus- und Außenerbe) beim Erbfall entsprechend dem klassischen Recht durch Besitzergreifung, weil *Justinian I.* diesem Konzept folgte[89].

2. Kapitel: Gesetzgebungen des 18. und 19. Jahrhunderts

§ 1. Ausgangslage

Auf den Humanismus etwa zwischen 1500 und 1650 folgte die Zeit der bald nach 1600 aufgekommenen und bis ca. 1800 währenden Vernunftrechts- oder Naturrechtsschule[90]. Die mit den klassischen philologischen Methoden des 15.

tauglichen Stoffe niederzuschreiben und sich dabei beliebiger Worte zu bedienen. Geg. zu Serdica am 1. Febr. 339, u. d. 2ten C. d. K. Constantius u. d. Constans."

87 *Kaser*, RP 2^2, S. 524 m. Fn. 5.

88 *Kaser*, RP 2^2, S. 464, S. 525 und S. 535; *ders./Knütel*, S. 371 (Rz. 71.8).

89 *Kaser*, RP 2^2, S. 525.

90 *Knütel*, S. 304; *Wieacker*, S. 249.

und 16. Jahrhunderts eng zusammenhängende humanistische Jurisprudenz versuchte das römische Recht historisch zu erfassen, wodurch die Autorität des *corpus iuris* in dem vom *ius commune* geprägten Verständnis abgeschwächt wurde. Diese Abschwächung der Autorität führte zum Aufstieg des *ius patrium* (nationales Recht)[91]. Zugleich trug der im 17. Jahrhundert entstandene und im 18. Jahrhundert in Europa herrschende Rationalismus zur Wandlung der rechtswissenschaftlichen Denkweise entscheidend bei[92]. Das Vernunftrecht und die Aufklärung sind ungleichen Ursprungs[93]. Die Verbindung des Vernunftrechts mit der Aufklärung übte einen bedeutenden Einfluss auf die Entstehung der europäischen Kodifikationen aus[94]. Durch dieses Bündnis von Vernunftrecht und Aufklärung trat ein neues Rechtssystem hervor.

Eine Vorstufe der späteren drei großen Naturrechtskodifikationen bildete die bayerische Privatrechtsgesetzgebung des 18. Jahrhunderts, die den Codex Maximilianeus Bavaricus Civilis (1756) hervorbrachte[95]. Danach traten das Allgemeine Landrecht für die Preußischen Staaten (1794), der Code civil (1804) und das Allgemeine bürgerliche Gesetzbuch für die gesammten Deutschen Erbländer der Oesterreichischen Monarchie (1811) in Kraft[96]. Diese drei großen Naturrechtskodifikationen nehmen bis heute in der europäischen Privatrechtsgeschichte eine große Bedeutung ein[97]. Daher wird die Entstehung des ALR, des Cc und des ABGB mit der des CMBC in diesem Kapitel dargestellt. Dabei ist darzulegen, wie die jeweiligen Gesetzbücher den Begriff bzw. die Rechtsnatur des Besitzes, dessen Erwerb und Verlust regeln und wie sie die Frage der Vererblichkeit des Besitzes beantworten. Zudem ist das Verhältnis zwischen dem Besitzerwerb des Erben beim Erbfall und der Vorschrift der jeweiligen Gesetzbücher über *successio in possessionem* und *accessio possessionis* zu klären. Im Übrigen ist das *ius commune* (Gemeines Recht) verknüpft mit der Rezeption des römischen Rechts zu erörtern.

Das gemeine Recht galt bis zum 1. 1. 1900 für das Deutsche Reich[98]. Neben den drei großen Naturrechtskodifikationen beeinflusste insbesondere das während der Nachrezeption des römischen Rechts geltende gemeine Recht unmittelbar und mittelbar die Gesetzgebung zum BGB. In dieser Zeit wurde die Pandektistik (Pandektenrechtswissenschaft) durch die wissenschaftlichen Bemühungen

---

91 *Coing*, EuPR[1], S. 79.

92 *Coing*, EuPR[1], S. 67 ff.

93 *Wieacker*, S. 312.

94 *Knütel*, S. 307 f.; *Wieacker*, S. 322 f.

95 *Wieacker*, S. 326.

96 Näheres dazu bei *Coing*, EuPR[2], S. 10 ff.; *Knütel*, S. 307 ff.; *Wieacker*, S. 327 ff.

97 *Caroni*, in: HRG 2 (Kodifikation), S. 915.

98 *Wesel*, S. 454 (Abbildung 20).

und Werke der Historischen Rechtsschule begründet. Die Pandektistik schuf das Material und Instrumentarium für die Schaffung des BGB[99].

Die von *Friedrich Carl von Savigny* begründete Historische Rechtsschule bestand aus zwei Gruppen: Romanisten und Germanisten. Die Romanisten versuchten die Pandektistik systematisch auszubauen. Dagegen behandelten die Germanisten das deutsche Recht einerseits nach dem Vorbild der Romantik als Faktor der deutschen Altertumswissenschaft, andererseits fokussierten sie sich auf die Bereiche des Deutschen Privatrechts, die von der Pandektistik vernachlässigt wurden, z. B. das Liegenschaftsrecht, das Handels- und Wertpapierrecht und die Theorie der Verbände, Körperschaften und Gesamthände. Das wissenschaftliche Konkurrenzverhältnis zwischen den Romanisten und Germanisten führte zwar zur wissenschaftlichen Bereicherung; doch verursachte es auch zahlreiche überflüssige dogmatische Auseinandersetzungen[100].

Eine wissenschaftlich weiterführende Diskussion entstand insbesondere im Bereich des Besitzrechts. Romanisten und Germanisten kamen an keiner Stelle überein und vertraten völlig gegenteilige Auffassungen über den Besitz und dessen Vererblichkeit. Die Germanisten führten den Besitz auf die Gewere zurück und stützten die Vererblichkeit des Besitzes auf eine altgermanische Gewohnheit. Deshalb sind Erläuterungen über den Begriff des Besitzes, dessen Rechtsnatur, dessen Erwerb und Verlust und dessen (Un-)Vererblichkeit in diesem Kapitel notwendig. Zudem ist der Standpunkt des gemeinen Rechts über die *successio in possessionem* und *accessio possessionis* darzustellen. Denn dieser Standpunkt könnte ein bedeutendes Kriterium für die Entscheidung über die (Un-)Vererblichkeit des Besitzes darstellen.

In diesem Kapitel beschränkt sich die Erläuterung nur auf den Zeitraum des 18. und 19. Jahrhunderts. Denn das BGB knüpft unmittelbar an die im gemeinen Recht des 19. Jahrhunderts und die in dieser Zeit und die schon im 18. Jahrhundert entstandenen Kodifikationen an. Infolgedessen bleiben die Ansichten der Glossatoren (ca. 1100 bis 1300) und Kommentatoren (ca. 1300 bis 1500), und die während der Frührezeption (1200 bis 1450) und der Hauptrezeption (1450 bis 1600) gegebenen Erläuterungen über den Besitz und dessen Erwerb des Erben beim Erbfall außer Betracht.

---

99 *Knütel*, S. 313 f.

100 *Wieacker*, S. 377 f.

§ 2. Codex Maximilianeus Bavaricus Civilis (CMBC)

I. Entstehung

Der Codex Maximilianeus Bavaricus Civilis von 1756 wird als die erste vom Naturrecht beeinflusste Kodifikation angesehen. Er wurde unter Kurfürst *Maximilian Joseph III.* von seinem Vizekanzler *Wiguleus Xaverius Aloysius von Kreittmayr* kodifiziert. Den Anlass für die Kodifikation des CMBC bot die friderizianische Cabinets-Ordre von 1746 in Preußen. Preußen bemühte sich zu der Zeit um die Vereinheitlichung des territorialen Rechts. Im Jahre 1756 trat der CMBC in Kraft, er wurde im Jahre 1900 aufgrund der Inkraftsetzung des Bürgerlichen Gesetzbuches (BGB) außer Geltung gesetzt[101].

Die Kodifikation des CMBC wird als „ein würdiges Vorspiel der kommenden großen Kodifikationen“ bewertet[102]. Ferner wurde der CMBC zwar von naturrechtlichen Gedanken beeinflusst, doch beschränkte sich dieser Einfluss nach der Ansicht *Kreittmayr*s auf die Idee einer umfassenden Rechtsniederschrift, den Versuch der Rechtssystematisierung und das Streben nach allgemein verstehbarer Formulierung[103]. Bezugnahmen auf das Naturrecht bestehen aber auch außerhalb dieser Bereiche, z. B. bei der Leibeigenschaft[104].

II. Struktur

Der CMBC besteht aus 4 Teilen:

---

101 *Wieacker*, S. 326; *Kobler*, in: HRG 1 (Bayerische Kodifikationen des Naturrechtszeitalters), S. 338.

102 *Wieacker*, S. 327.

103 *Wieacker*, S. 326 f.; *Kobler*, in: HRG 1 (Bayerische Kodifikationen des Naturrechtszeitalters), S. 337.

104 Alle zitierten §§ des CMBC richten sich nach Codex Maximilianeus Bavaricus Civilis oder: Baierisches Landrecht, neue unveränderte Aufl., München 1821; zitiert nach Paragraph, Teil, Kapitel; § 16 I 8 CMBC: „Siebentens gebührt zwar dem Herrn in Kraft der Leibeigenschaft keine Jurisdiction über seinen Leibeigenen, wenn er solche nicht auf eine andere Art über ihn erlangt hat; doch mag er verübte Ungebühr mit mäßiger Züchtigung an ihm bestrafen, und da er flüchtig wird, denselben aller Orten an Gut und Leib angreifen.“; *Danzer*, S. 64: „Die Bestimmungen über Leibeigenschaft sind durch die Constitution von 1808 Tit. I § 3 und die Verfassung von 1818 Tit. IV § 6 aufgehoben.“

- Erster Theil: Von den Rechten und Pflichten der Personen in Ansehen ihrer verschiedenen Stände überhaupt *etc.*,
- Zweyter Theil: Von dem Eigenthume, Von der Verjährung (Usucapione vel Praescriptione), Von dem Inhaben (Possessione) *etc.*,
- Dritter Theil: Von der Succession und Erbschaft überhaupt *etc.*,
- Vierter Theil: Von der Convention und den hieraus entspringenden Pflichten (Obligationibus personalibus) *etc.*

III. Besitz

Der Besitz wird im 5. Kapitel Von dem Inhaben (Possessione) des 2. Teils im CMBC geregelt (§§ 1 ff. II 5 CMBC). Der Gesetzgeber des CMBC bezeichnet den Besitz auch als Inhaben. § 1 II 5 CMBC verlangt nach dem Grundsatz *corpus et animus* tatsächliche Sachgewalt (Gewahrsame) und Besitzwillen (*animus sibi habendi*) als Tatbestand des Inhabens.

§ 1 II 5 CMBC — Besitz oder Inhaben bedeutet eigentlich jenen Zustand, da man eine Sache mit der Absicht solche für sich zu haben (animo sibi habendi) in seiner Gewalt und Gewahrsame hat.

Außerdem unterscheidet § 2 II 5 CMBC zwischen dem wahren und dem Quasi-Besitz, dem gutgläubigen und bösgläubigen Besitz, dem rechtmäßigen und unrechtmäßigen Besitz sowie dem juristischen (Ersitzungsbesitz) und natürlichen Besitz (Detention).

§ 2 II 5 CMBC — Die Possession wird in veram et Quasi, bonae vel malae Fidei, Justam et Injustam, Civilem et Naturalem getheilt. Vera verstehet sich nur von körperlichen, Quasi von unkörperlichen Dingen. Bonae Fidei, wenn der Inhaber billig glaubt, daß ihm die Sache zugehörig sey. Malae Fidei, wenn er wissentlich eine fremde Sache für die seinige behält. Justa, welche auf einen rechtmäßigen Ankunftstitel beruhet. Injusta, welche dergleichen Titel nicht für sich hat. Civilis, da man die Sache nicht leiblicher Weise (Corpore) sondern nur in der Meinung und Absicht allein (solo Animo) inne hat, wie z. E. ein Abwesender, oder da man die Sache Corpore et Animo zugleich, und zwar entweder von Eigenthums- oder wenigst von eines anderen Rechtswegen z. E. von Pfandschaft, Nutzniessung, oder Pachtungsweise inne hat. Naturalis, da man die Sache nur Corpore allein, ohne Absicht solche für sich oder die Seinige zu behalten, inne hat, wie z. E. ein bloßer Anwalt, Depositiarius oder Possessor mere Precarius, welches jedoch nur in uneigentlichem Verstande eine Possession genannt wird, und in der That nichts als eine bloße Detention ist.

Der Besitz im CMBC wird durch die Ergreifung einer Sache mit der Absicht, sie für sich in seiner Gewalt zu haben (*animus sibi habendi*) und dem Gewahrsame erworben.

§ 5 Satz 1 II 5 CMBC — Das Inhaben einer Sache wird 1mo andergestalt nicht erlangt, als wenn man selbe aus hinlänglicher Ursache nach Maaßgabe nächstfolgenden sechsten §s in der Absicht, solche für sich zu behalten, wirklich ergreift.

§ 1 II 5 CMBC bezieht sich auf den *animus sibi habendi*, der die erforderliche Art des Besitzwillens zum Ausdruck bringt. *Roth* legt den Besitzwillen dieser Vorschrift als *animus domini* aus[105].

Daneben bedeutet Besitzergreifung im Sinne des § 6 Satz 1 II 5 CMBC nicht nur die körperliche Berührung, symbolische oder fingierte Apprehension, sondern umfasst die Möglichkeit sofortiger unmittelbarer Einwirkung auf die Sache[106].

§ 6 Satz 1 II 5 CMBC — Die Ergreifung der Possession ist ein solches Factum, wodurch man sich der Sache bemächtiget, und wird in Veram et Fictam getheilt.

Darüber hinaus regelt § 9 Satz 3 II 5 CMBC die verschiedenen Beendigungsgründe des Besitzes bei Lebendigen, wie etwa den freiwilligen Verlust, die Übergabe, die Besitzaufgabe usw.

§ 9 Satz 3 II 5 CMBC — Bey Lebenszeit des Inhabers gehet 3tio die Possession entweder nur Animo oder Corpore allein, oder auf beede Weise zugleich verloren, und zwar solo Animo, z. E. in dem Falle obgedachten Constituti possessorii auf Seite des Constituenten; solo Corpore, wenn man wider Sinn und Willen, z. E. durch gewaltsame Abnahme oder Vertreibung, gänzlichen Verlust oder Untergang der Sache entsetzt oder beraubt wird. Corpore et Animo zugleich, wenn man sich der Possession selbst gutwillig, z. E. durch wirkliche Uebergabe, Dereliction, oder obverstandene Acquiescenz auf gegentheiliges Verbot, und dergleichen begiebt.

IV. Schicksal des Besitzes beim Erbfall

§ 9 Satz 1 II 5 CMBC beantwortet die Frage, ob die *possessio* des Erblassers mit dessen Tod endet.

---

105 *Roth*, BCR 2, S. 112.

106 *Roth*, BCR 2, S. 116.

§ 9 Satz 1 II 5 CMBC	Die Possession gehet 1mo verloren durch den Tod des Inhabers, denn sie ist Facti, und gehet nicht auf die Erben, ehe und bevor selbe nicht auf obgedachte Weise von ihnen ergriffen wird, dessen sie sich doch so lange Possessio vacua bleibt, und Niemand anderer das Praevenire spielt, eigenmächtiger Weise ohne Erwartung gerichtlicher Einweisung zu prävaliren haben.

Diese Vorschrift geht davon aus, dass die *possessio* ein Faktum ist, so dass sie mit dem Tod des Possessors endet, soweit nicht ein anderer die *possessio* durch Besitzergreifung erworben hat[107]. Die *possessio* ist somit nicht vererblich.

Darüber hinaus befindet sich eine Regelung über die Erlangung der Erbschaft des Erben nach dem Tod des Erblassers in § 6 Satz 6 III 1 CMBC.

§ 6 Satz 6 III 1 CMBC	Die Possession der Verlassenschaft wird 6to durch den Antritt, sofern er nur in bloßen Worten bestehet, vor wirklicher Ergreifung derselben nicht erlangt, und ist auch nicht erlaubt, sich eigenmächtiger Weise darein zu setzen, außer so weit solche leer, und noch von Niemanden anderen präoccupirt ist.

Diese Vorschrift stellt klar, dass der Erbe zwar nach dem Antrittsprinzip die Erbschaft erlangen kann, aber die Besitzergreifung des Erben für dessen Erwerb der *possessio* notwendig ist[108]. Dies spricht *Kreittmayr* in seinen Anmerkungen zum CMBC nochmals deutlich aus:

> „[···] wie auch Sachen, welche mehr facti (d) als juris sind, facta enim non transeunt ad haeredem, sed solum jura, derwegen gehet auch die Possession nicht auf den Erben, sofern solche nicht neuerdings von ihm apprehendirt wird. [···] Man muß dabey aditionem et apprehensionem nicht mit einander vermischen, [···]“[109]

Demnach ist der Antritt nicht mit der Apprehension gleichzusetzen und es bedarf - wie oben festgestellt - nach dem Antritt der Besitzergreifung.

V. *Successio in possessionem* und *accessio possessionis*

§ 10 Satz 1 II 4 CMBC bestärkt die Unvererblichkeit des Besitzes.

§ 10 Satz 1 II 4 CMBC	Die einmal angefangene, aber noch nicht gänzlich vollstreckte Verjährung wird 1mo sowohl in Successore universali als singulari, wenn er sich nur in gleichmäßigem Inhaben befindet, allerdings fortgesetzt.

107 Vgl. auch *Danzer*, Anm. § 9 Satz 1 II 5 CMBC, S. 89 f.; *Roth*, BCR 2, S. 124 m. Fn. 7.

108 Vgl. auch *Danzer*, Anm. § 6 Satz 6 III 1 CMBC, S. 122; *Roth*, BCR 3, S. 685 m. Fn. 119.

109 *Kreittmayr*, Anmerkungen 3, S. 28.

Nicht nur dem Einzelnachfolger, sondern auch dem Gesamtnachfolger wird die Besitzzeit des Vorgängers gem. § 10 Satz 1 II 4 CMBC angerechnet[110]. Der Erwerber erlangt einen neuen Besitz, daher ist § 10 Satz 1 II 4 CMBC für die Anrechnung der Besitzzeit des Veräußerers notwendig. Diese Vorschrift umfasst zudem auch die Zeit zwischen dem Erbfall und dem Erbschaftsantritt des Erben, soweit kein anderer die Erbschaftsgegenstände eigenmächtig in Besitz genommen hat[111].

Hätte der Gesetzgeber des CMBC einen Besitzübergang *ipso iure* auf den Erben im Fall der Universalsukzession ins Auge gefasst, dann wäre für ihn die Bezeichnung „*Successore universali*" in der Fassung des § 10 Satz 1 II 4 CMBC überflüssig. Denn nach dem Prinzip des gesetzlichen Besitzübergangs geht der Besitz des Erblassers ohne jegliche Veränderung auf seinen Erben über, so dass dem Erben auch die Besitzzeit des Erblassers ohne Weiteres zugutekommt und es keiner besonderen Regelung wie § 10 Satz 1 II 4 CMBC bei der Universalsukzession bedarf. § 10 Satz 1 II 4 CMBC kommt im Fall der Universalsukzession, von der der Besitz nicht umfasst ist, eine wesentliche Bedeutung zu.

§ 3. Allgemeines Landrecht für die Preußischen Staaten (ALR)

I. Entstehung

In der Mitte des 18. Jahrhunderts erfasste die Kodifikationswelle mit dem Ziel, die in den weit auseinanderliegenden Gebieten geltenden unterschiedlichen Rechte durch eine einheitliche Privatgesetzgebung zu ersetzen, auch Preußen. Die mustergültige Kodifikation, die von der Aufklärung und dem naturrechtlichen Denken beeinflusst wurde, war das Allgemeine Landrecht für die Preußischen Staaten (1794), eine ganz neue Kodifikation, die durch die Aufzeichnung und Erneuerung des gesamten Rechts gekennzeichnet wird.

Vor der Gesetzgebung des ALR bemühte sich *Friedrich Wilhelm I.* um die organisatorische Vereinheitlichung seiner Landesteile[112]. Die Kodifikation zum einheitlichen Recht war als Mittel dieser staatlichen Vereinheitlichung von Belang. In der folgenden Zeit wurde der damalige Chef der Justiz *Samuel von Coc-*

110 Vgl. auch *Danzer*, Anm. § 10 Satz 1 II 4 CMBC, S. 85; *Roth*, BCR 2, S. 221 f. m. Fn. 74.

111 *Kreittmayr*, Anmerkungen 2, S. 495 ff.; *Roth*, BCR 2, S. 212 m. Fn. 75.

112 *Wieacker*, S. 328.

ceji mit dem „Projekt des *Corporis Juris Fridericiani*" von *Friedrich II.* dem Großen beauftragt, doch blieb dieses Projekt erfolglos[113].

In den Jahren 1779 bis 1787 kam es zu dem berühmten Prozess gegen den Müller *Arnold*, in dem *Friedrich II.* sich zu einem nicht unbedenklichen Machtspruch veranlasst sah[114]. Dieser Prozess gab den Anstoß zu der friderizianischen Justizreform und dem Sturz des Großkanzlers *Carl Joseph Maximillian von Fürst und Kupferberg*[115]. Erst mit der Berufung von *Johann Heinrich Casimir von Carmer* als Nachfolger *Fürsts* wurde die Kodifikationsarbeit weitergeführt. Durch Cabinets-Ordre von 1780 wurden die im Jahre 1783 publizierte Hypothecen-Ordnung und die im Jahre 1793 publizierte Gerichts-Ordnung in Auftrag gegeben. Durch Cabinets-Ordre vom 14. 4. 1780 wurden die Richtlinien für ein Allgemeines Landrecht festgelegt. So kam es zur Reform des gesamten Rechtswesens. Die Arbeiten an dem Gesetzeswerk wurden vom Großkanzler *Carmer* und seinen Mitarbeitern *Carl Gottlieb Svarez* und *Ernst Ferdinand Klein* durchgeführt[116]. Von 1780 bis 1782 stellten sie einen Auszug aus dem *Corpus Iuris* nach einer naturrechtlich systematischen Ordnung her[117]. Das römische Recht bildete das Fundament dieser Kodifikation. Die Redaktoren bevorzugten und achteten das römische Recht während dieser Kodifikation hoch, und überprüften den Auszug und verwendeten ihn ferner als Gesetzgebungsmaterial[118]. Auf der Grundlage dieses Auszugs und einer Sammlung der Provinzialrechte und Judikate entstand anschließend im Jahre 1784 der legislatorische Vorentwurf[119]. Nach Verbesserungen durch *Svarez* wurde *Friedrich II.* im Jahre 1785 der Entwurf eines Allgemeinen Gesetzbuchs für die Preußischen Staaten vorgelegt. Doch beanstandete dieser die Dicke und die Weitläufigkeit des Entwurfs. Infolgedessen überarbeitete *Svarez* diesen Entwurf von 1787 bis 1792 durch eine große Debatte in den Jahren 1789 bis 1791. Nach dieser Revision sollte er als Allgemeines Gesetzbuch für die Preußischen Staaten (AGB) am 1. 6. 1792 in Kraft treten. Aufgrund von Einsprüchen von konservativ-klerikaler Seite wurde das Gesetzbuch jedoch suspendiert. Nach einer letzten punktuellen Umarbeitung durch *Svarez* wurde es schließlich als das Allgemeine Landrecht für die Preußischen Staaten am 1. 6. 1794 nach einigen konservativ charakteristischen Über-

113 *Hattenhauer*, S. 11 ff.

114 Näheres dazu bei *Stammler*, S. 411 ff.

115 *Hattenhauer*, S. 14.

116 *Hattenhauer*, S. 19 f.

117 *Wieacker*, S. 330.

118 *Hattenhauer*, S. 20.

119 *Wieacker*, S. 330.

arbeitungen in Kraft gesetzt. Es galt bis zum 1. 1. 1900 in den altpreußischen Landesteilen[120].

II. Struktur

Das ALR, das über 19.000 Paragraphen umfasst, besteht aus der Einleitung und weiteren 2 Teilen:

- Einleitung,
- Erster Theil: Von Sachen und deren Rechten überhaupt, Von Gewahrsam und Besitz, Vom Eigenthume *etc.*,
- Zweyter Theil: Von der Ehe, Vom Bürgerstande, Von den Verbrechen und deren Strafen *etc.*

III. Besitz

Das ALR verlangt für den Besitz den Gewahrsam (*corpus*) und die Absicht, über die Sache für sich selbst zu verfügen (*animus sibi habendi*). Es unterscheidet den juristischen Besitz vom Gewahrsam (Inhabung).

§ 1 I 7 ALR	Wer das physische Vermögen hat, über eine Sache mit Ausschließung Anderer zu verfügen, der hat sie in seiner Gewahrsam, und wird Inhaber derselben genannt[121].
§ 2 I 7 ALR	Auch der ist ein bloßer Inhaber, der eine Sache nur in der Absicht, darüber für einen Andern oder in dessen Namen zu verfügen, in seiner Gewahrsam hat.
§ 3 I 7 ALR	Wer aber eine Sache in der Absicht, darüber für sich selbst zu verfügen, unmittelbar oder durch Andere, in seine Gewahrsam nimmt, der wird Besitzer der Sache.

Der Erwerb des Besitzes bedarf grundsätzlich der Besitzergreifung (§ 48 I 7 ALR) und des Besitzwillens (§ 3 I 7 ALR), so dass der Besitz im ALR durch die Besitzergreifung mit der Absicht zur Verfügung über die Sache erworben wird.

§ 48 I 7 ALR	Ohne Besitzergreifung kann keine Art des Besitzes erlangt werden.

120 *Hattenhauer*, S. 21 f. und S. 29; *Wieacker*, S. 330 f.

121 Alle zitierten §§ des ALR richten sich nach *Koch*, ALR[7]; zitiert nach Paragraph, Teil, Titel.

Insbesondere ist der *animus domini* für die Begründung des Besitzes im ALR nicht erforderlich. Nicht nur Fremdbesitzern und zugleich Interdiktenbesitzern nach römischem Recht, z. B. dem Erbpächter, Prekarist, Pfandgläubiger und Sequester und denjenigen, denen der Besitzschutz nach klassischem *ius honorarium* zustand, obwohl sie keinen *animus domini* hatten, sondern auch bloßen Detentoren, z. B. dem Nießbraucher, Mieter, Pächter, Verwahrer, Entleiher und Beauftragten, wird der Besitzschutz als unvollständige Besitzer im Sinne der §§ 6-9 und 169-174 I 7 ALR eingeräumt[122]. Die Unterscheidung zwischen dem vollständigen und unvollständigen Besitz ist dem römischen Recht sowie dem gemeinen Recht fremd.

§ 6 I 7 ALR	Wer eine Sache oder ein Recht zwar als fremdes Eigenthum, aber doch in der Absicht, darüber für sich selbst zu verfügen, in seine Gewahrsam übernommen hat, der heißt ein unvollständiger Besitzer.
§ 7 I 7 ALR	Vollständiger Besitzer heißt der, welcher eine Sache oder ein Recht als sein eigen besitzt.
§ 8 I 7 ALR	Beruhet dieser Besitz auf einem Rechtsgrunde, durch welchen das Eigenthum erlangt werden kann, so ist ein vollständiger titulirter Besitz vorhanden.
§ 9 I 7 ALR	Der unvollständige Besitzer der Sache ist vollständiger Besitzer des Rechts, dessen er darüber sich anmaßt.
§ 169 I 7 ALR	Der unvollständige Besitzer ist, so lange sein Besitzrecht dauert, keinem Andern, selbst nicht dem vollständigen Besitzer oder dem Eigenthümer, zu weichen schuldig.
§ 170 I 7 ALR	In eben dem Maße ist er auch auf Wiederherstellung seines Besitzes gegen Jeden anzutragen berechtigt.
§ 171 I 7 ALR	Soweit aber derjenige, von welchem sein Besitzrecht herrührt, ihm selbiges zu verleihen nicht befugt war, muß er dem weichen, der gegen ihn ein besseres Recht ausgeführt hat.
§ 172 I 7 ALR	Wenn das Recht desjenigen, welcher ihm sein Besitzrecht verliehen hat, erloschen ist, so muß der unvollständige Besitzer dem weichen, auf welchen das Eigenthum oder vollständige Besitzrecht übergegangen ist.

122 *Dernburg*, PPR 1^5, S. 332.

§ 173 I 7 ALR — Doch kann Niemand, der einem Andern ein unvollständiges Besitzrecht eingeräumt hat, zum Nachtheil desselben sein eigenes Recht einem Dritten übertragen.

§ 174 I 7 ALR — Auch der unvollständige Besitzer muß, wenn nicht sein Besitzrecht, sondern die Sache selbst bei ihm in Anspruch genommen wird, wegen Benennung desjenigen, von welchem er sein Besitzrecht erhalten hat, die Vorschrift §. 165 beobachten.

Ferner ist ein Dieb oder Räuber gem. §§ 96-97 I 7 ALR kein Besitzer.

§ 96 I 7 ALR — Durch Handlungen unerlaubter Privatgewalt kann der Besitz einer Sache niemals erlangt werden.

§ 97 I 7 ALR — Ebenso wenig können durch Gewalt erzwungene, oder durch Betrug veranlaßte Handlungen oder Duldungen den Besitz eines Rechts bewirken.

Das ALR erkennt weder Diebe noch Räuber, die *vi* (gewaltsam), *clam* (heimlich) eine Sache in Besitz nehmen, als Besitzer an, noch Personen, die eine ihnen als *precario* (Bittleihe) überlassene Sache zurückhalten. Sie waren lediglich Inhaber[123].

Außerdem regelt das ALR in den §§ 111 ff. I 7 ALR die Fortsetzung und den Verlust des Gewahrsams und des Besitzes. Der Besitz im ALR wird trotz des Verlustes des Gewahrsams gem. § 112 I 7 ALR oder des Besitzwillens, etwa bei Eintritt einer Geisteskrankheit gem. §§ 114, 115 I 7 ALR, fortgesetzt (§ 113 I 7 ALR), weil nur bei erkennbarem Ausschluss des Willens, den Besitz auszu-

123 *Koch*, ALR[7], S. 323 f. m. Fn. 73 und S. 74; *Coing*, EuPR[2], S. 377: „Jedoch ist nicht Besitzer, wer den Besitz durch unerlaubte Gewalt oder Betrug erlangt hat (§§ 96/97). Dies entspricht einer Lehre des älteren gemeinen Rechts, jedoch nicht dem antiken römischen Recht.“; *Dernburg*, PPR 1[5], S. 331: „Besitz fordert hiernach nicht nothwendig die Absicht, sich wie ein Eigenthümer zu betragen und Niemanden als Besserberechtigten über sich anzuerkennen - den s. g. animus domini. Vielmehr genügt, daß man eine Sache hat, um darüber für sich selbst zu verfügen. Besitzer ist daher auch der Faustpfandgläubiger, der Nießbraucher; nicht minder der Miether und Pächter, welchen das römische Recht bloß Detention zuschrieb. Besitz müßte folgerecht auch der Dieb und Räuber haben, da er die Sache für sich selbst nimmt. Dies war römisches Recht. Das Landrecht hingegen bestimmt, wer eine Sache in formell ungerechtfertigter Weise durch gewaltsame, betrügliche, heimliche Handlungen erwarb, hat keinen Besitz im rechtlichen Sinne.“; zum römischen Recht vgl. *Kaser/Knütel*, S. 107 (Rz. 19.2) und S. 108 f. (Rz. 19.8).

üben, der Besitz entfällt[124]. Es müssen also beide Voraussetzungen gemeinsam wegfallen, sofern nicht der Verlust des Gewahrsams sogleich offenbar wird.

§ 112 I 7 ALR	Aus dem Verluste der Gewahrsam folgt noch nicht der Verlust des Besitzes.
§ 113 I 7 ALR	Vielmehr wird der Besitz so lange für fortgesetzt geachtet, als die geschehene Aufhebung desselben nicht deutlich erhellet.
§ 114 I 7 ALR	Durch eine Veränderung in den persönlichen Eigenschaften des Besitzers wird in der Fortdauer des Besitzes nichts geändert.
§ 115 I 7 ALR	Durch den Verlust der Fähigkeit, etwas zu erwerben, geht der Besitz des vorhin schon Erworbenen noch nicht verloren.

Darüber hinaus geht der Besitz gem. § 116 I 7 ALR durch Untergang der tatsächlichen Verfügungsmacht des Besitzers und gem. § 117 I 7 ALR durch die Erklärung des Besitzers, nicht mehr besitzen zu wollen, verloren.

§ 116 I 7 ALR	Dagegen hört der Besitz auf, wenn es, durch ein die Sache selbst und deren Substanz betreffendes Ereigniß, dem Besitzer unmöglich wird, die verlorne Gewahrsam wieder zu erlangen.
§ 117 I 7 ALR	Desgleichen alsdann, wenn der Besitzer bei Aufgebung der Gewahrsam, durch Worte oder Handlungen deutlich erklärt hat, daß er die Sache verlassen wolle.

Das ALR unterscheidet darüber hinausgehend das Recht des Besitzes von dem Recht zum Besitz.

§ 134 I 7 ALR	Von dem Rechte zum Besitze ist das Recht des Besitzes selbst verschieden.

Diese Vorschrift bestärkt die Ansicht, dass der Besitz eine Tatsache und kein Recht ist. Der Besitz nach dem ALR unterscheidet sich als ein tatsächliches Verhältnis eindeutig von einem Recht. Er wird allerdings als reines Faktum und zugleich als Recht betrachtet. *Koch* zufolge stimmt der Besitz im ALR mit dem Begriff der römischen *possessio* überein. Außerdem sei der Besitz sowohl eine Tatsache als auch ein Recht, das nicht das dingliche Recht umfasst, sondern sich auf das obligatorische Recht beschränke, soweit der Verletzte bei der Besitzver-

124 Vgl. *Förster/Eccius*, PPR 3^6, S. 72.

letzung die possessorische Klage aus einer unerlaubten Handlung geltend mache[125]. Daneben vertreten *Förster/Eccius* die Auffassung, dass das ALR den Besitz an und für sich als ein Recht und ihn zudem ausdrücklich als ein eigentümliches Rechtsverhältnis anerkenne. Das im ALR anerkannte Rechtsverhältnis, das Recht des Besitzes, werde durch § 3 I 7 ALR begründet und der Besitz sei nach dem Konzept des Gesetzes ein Recht. *Förster/Eccius* sehen das äußere Haben einer Sache zwar als Tatsache an, der Besitzwille erhebe jedoch dieses faktische Verhältnis zu einem Rechtsverhältnis. Insbesondere betonen sie, dass der Besitzer neben dem Gewahrsam den Besitzwillen habe, „die Absicht, über die Sache für sich selbst zu verfügen, d. h. im eigenen Interesse darauf körperlich einzuwirken, eine Absicht, die er kraft des Gewahrsams an der Sache bethätigen kann", so dass der Besitz ein Recht, ein Rechtsverhältnis sei. Dieser Besitzwille, nach dem eine Person in ihrer Machtsphäre eine Sache haben und behalten wolle, sei der rechtserzeugende Faktor[126].

Die Verfasser des ALR dehnten gem. § 162 I 7 ALR den Anwendungsbereich des Besitzschutzes bis zur Inhabung aus.

§ 162 I 7 ALR	Der bloße Inhaber kann die seiner Gewahrsam entkommene Sache nur von demjenigen, der sie ohne allen Rechtsgrund im Besitze hat, zurückfordern.

Dem bloßen Inhaber stand kein Besitzschutz nach klassischem römischen Recht zu. Nur der Eigenbesitzer, der Erbpächter, Prekarist, Pfandgläubiger und Sequester, wurden bei Besitzstörung oder -verletzung durch die *interdicta retinendae* und *recuperandae possessionis* geschützt[127]. Dagegen wird dem Inhaber der Besitzschutz nach dem ALR eingeräumt. Die Besitzklage im ALR lehnt sich dem gemeinrechtlichen *possessorium summariissimum* an[128].

IV. Schicksal des Besitzes beim Erbfall

1. Problemerläuterung

Das ALR bringt nicht deutlich zum Ausdruck, was mit dem Besitz beim Tod des Besitzers geschieht[129]. Der Besitz könnte zunächst der Erbschaft im Sinne des

125 *Koch*, ALR^7, S. 299 m. Fn. 3.
126 *Förster/Eccius*, PPR 3^6, S. 13 f. und S. 16.
127 *Kaser/Knütel*, S. 109 ff. (Rz. 19.10 ff.) und S. 115 (Rz. 21.3 f.).
128 *Coing*, EuPR^2, S. 378; *Dernburg*, PPR 1^5, S. 351.
129 *Dernburg*, PPR 1^5, S. 348 m. Fn. 13.

§ 350 I 9 ALR angehören und gem. § 367 I 9 ALR beim Erbfall *ipso iure* auf seinen Erben übergehen, der nach § 368 I 9 ALR ohne Besitzergreifung das Eigentum an der Erbschaft, nebst allen damit verbundenen Rechten erwirbt.

§ 350 I 9 ALR	Die Erbschaft eines Verstorbenen oder für todt Erklärten besteht aus dem Inbegriffe aller seiner hinterlassenen Sachen, Rechte und Pflichten.

§ 367 I 9 ALR	Sobald der Erblasser verstorben, oder für todt erklärt ist, fällt die Erbschaft an denjenigen, welchen rechtsgültige Willenserklärungen des Erblassers, oder, in deren Ermangelung, die Vorschriften der Gesetze dazu berufen.

§ 368 I 9 ALR	Dieser erlangt das Eigenthum der Erbschaft, nebst allen damit verbundenen Rechten und Pflichten, ohne daß es weiter einer Besitzergreifung bedarf.

Wenn dies nicht der Fall ist, könnte der Besitz so an der Person des Erblassers haften, wie Rechte, Verbindlichkeiten, Lasten und Strafen im Sinne des § 360 I 9 ALR. Er würde dann mit dem Tod des Erblassers enden.

§ 360 I 9 ALR	Rechte, Verbindlichkeiten, Lasten und Strafen, welche bloß an der Person des Erblassers haften, sind zu seiner Erbschaft nicht zu rechnen. (Einleit. §. 106; Tit. 2 §. 40.)

Infolgedessen müsste der Erbe durch Besitzergreifung den Besitz an den Erbschaftsgegenständen, den der Erblasser vor dessen Tod innehatte, erlangen. § 48 I 7 ALR verlangt die Besitzergreifung als notwendige Voraussetzung für die Besitzerlangung.

§ 48 I 7 ALR	Ohne Besitzergreifung kann keine Art des Besitzes erlangt werden.

Dagegen könnte gegebenenfalls die Auslegung des § 49 I 7 ALR als Ausnahme von § 48 I 7 ALR zu einem anderen Ergebnis führen. Der Besitz des Erblassers würde beim Erbfall durch Sukzession in den Besitz ohne Weiteres auf den Erben übergehen, so dass es keiner Besitzergreifung bedürfte.

§ 49 I 7 ALR	Wer jedoch einem Andern in einem Inbegriff von Sachen oder Rechten nachfolgt, der bedarf keiner Besitzergreifung, in Ansehung der einzelnen unter dem Inbegriff enthaltenen Sachen und Rechte.

Das ALR schweigt hinsichtlich dieser Frage[130], so dass sich eine heftige Auseinandersetzung an diesem Problem entzündet.

130 *Koch*, PE, S. 77.

2. Meinungsstand

a. Besitzübergang *ipso iure*

Randa vertritt die Auffassung, dass der Besitz durch Rechtsgeschäfte, durch Vertrag oder durch Erbgang (Erbschaft oder Vermächtnis), nicht übertragen werde. Durch Rechtsnachfolge als Universalsukzession im Fall der Erbschaft oder Singularsukzession im Fall des Vermächtnisses trete der Erbe beim Erbfall zwar in die Stellung des Erblassers ein, doch gehe der Besitz nicht *ipso iure* auf den Erben über. Denn der Besitz sei kein Recht, sondern ein Faktum. Der Erbe könne nur durch Besitzergreifung den Besitz erlangen[131]. Im ALR sei dagegen der Besitzübergang *ipso iure* geregelt. Dieser Besitzübergang liege dem § 49 I 7 ALR mit Rücksicht auf § 368 I 9 ALR zugrunde. Ferner sehe die herrschende Praxis die Besitzergreifung zum Besitzerwerb nicht als erforderlich an[132].

Cosack versucht lediglich durch Auslegung der allgemeinen Vorschriften über den Besitz im 7. Titel des 1. Teils des ALR die Vererblichkeit des Besitzes zu verstehen. Er ist der Ansicht, dass der Besitz nicht durch das Fehlen eines von den genannten zwei Tatbestandsvoraussetzungen des Besitzes (§§ 112, 114 I 7 ALR) verloren gehe, sondern durch den Verlust beider Faktoren. Der Verlust des Besitzwillens durch den Tod des Erblassers führe nicht zum Besitzverlust. Außerdem setze sich der Besitz trotz des Todes des Erblassers fort, weil sich keine positive Bestimmung über den Besitzverlust durch den Tod im ALR befinde. Deshalb existiere kein Grund im ALR, die Vererblichkeit des Besitzes zu verneinen. Der Erbe folge dem ununterbrochenen Besitz des Erblassers nach. Darüber hinaus hält *Cosack* und ihm folgend auch *Michel*[133] § 49 I 7 ALR für eine Ausnahme gegenüber § 48 I 7 ALR. Er betont, dass die Universalsukzession von § 48 I 7 ALR ausgenommen und in § 49 I 7 ALR anerkannt werde. § 49 I 7 ALR sei überflüssig, weil er nur eine reine Wiederholungsvorschrift des § 53 I 7 ALR sei.

§ 53 I 7 ALR	Wer in der Absicht, einen Inbegriff von Sachen in Besitz zu nehmen, einzelne Stücke desselben in seine Gewalt nimmt, der hat dadurch den Besitz des Ganzen ergriffen.

Es bedürfe nämlich bereits nach § 53 I 7 ALR keiner Besitzergreifung an den einzelnen Gegenständen. Die Meinung, nach der die Besitzergreifung nötig ist,

131 *Randa*, S. 475.
132 *Randa*, S. 484.
133 *Michel*, S. 8 f.

gehe davon aus, dass es bei der Auslegung des § 49 I 7 ALR keiner Besitzergreifung an den einzelnen Gegenständen bedarf, aber einer Besitzergreifung an dem Inbegriff. Den beiden Vorschriften sei gemeinsam, dass kein Bedürfnis der Besitzergreifung an den einzelnen Gegenständen besteht, insoweit würden sich die beiden Vorschriften überschneiden. Daraus schließt *Cosack*, dass § 49 I 7 ALR nur dann eine Existenzberechtigung hat, wenn es nach der Auslegung des § 53 I 7 ALR weder einer Besitzergreifung an dem Inbegriff noch einer an den einzelnen Gegenständen bedarf. *Cosack* gelangt zu dem Schluss, dass der Erwerb des Erbenbesitzes ein derivativer Besitzerwerb ist und der Erbenbesitz selbstverständlich im ALR anerkannt ist. *Cosack* legt § 49 I 7 ALR dahingehend aus, dass der Besitz des Erblassers ohne Besitzergreifung im Wege der Universalsukzession auf den Erben übergeht[134].

Dernburg ist der Ansicht, dass die tatsächliche Natur des Besitzes allein die Beendigung des Besitzes aufgrund des Todes des Besitzers nicht rechtfertige. Der Tod des Besitzers führe nicht zur Aufhebung der tatsächlichen Zugehörigkeit des Besitzes zum Nachlass. Die Annahme des Besitzverlusts in Folge des Todes des Besitzers sei vielmehr eine unbegründete Schlussfolgerung aus Iav. D. 41,2,23 pr. und entspreche nicht dem praktischen Erfordernis, weil der Besitz in einer solchen Konstellation in besonderem Maße schutzbedürftig sei. Die deutschen volkstümlichen Auffassungen und das französische Recht schlössen sich wohl dem altgermanischen Rechtsprinzip le mort saisit le vif (Der Tote erbt den Lebendigen) an. Das ALR schweigt zwar darüber, doch dürfte es diesem folgen[135].

Burchardi geht davon aus, dass die in der Erbschaft enthaltene Gewere als Besitz an den Erbschaftsgegenständen *ipso iure* nach dem altgermanischen Rechtsprinzip le mort saisit le vif auf den Erben übergehe. Das ALR habe dieses Rechtsprinzip ohne Weiteres adoptiert. Deshalb stehe dem Erben in der Zeit zwischen dem Erbfall und der Besitzergreifung die possessorische Klage auf Wiederherstellung oder Schutz des Besitzes zu[136].

b. Besitzergreifung

Das preußische königliche Ober-Tribunal traf im Jahre 1849 die Entscheidung[137], dass dem Erben wegen der Besitzstörung oder -entziehung, die in der

134 *Cosack*, S. 100 ff.

135 *Dernburg*, PPR 1^5, S. 348 f. m. Fn. 13; so auch *Cosack*, S. 104 f.; *Heusler*, S. 68.

136 *Burchardi*, Krit. Vjschr. 1 (1859), S. 607.

137 Plenar-Beschlüsse (Praj. 2161) vom 7. 11. 1849, in: Entscheidungen des Königlichen Ober-Tribunals, hrsg. v. Seligo/Kuhlmeyer/Wilke I., 18. Bd. (1850) Nr. 1, S. 3 ff.

Zeit zwischen dem Tod des Erblassers und der Besitzergreifung des Erben entstanden ist, die possessorische Klage auf Wiederherstellung oder Schutz des Besitzes von Erbschaftsgegenständen nicht zustehe. Der Erbe könne nur durch Besitzergreifung den Besitz an den Erbschaftsgegenständen erlangen:

> „Der Erbe hat nicht die possessorische Klage auf Wiederherstellung oder Schutz des Besitzes von Erbschafts-Sachen, wenn die Störung seines Rechts zum Besitze nach dem Anfalle, jedoch vor der Besitznahme der Erbschaft vorgekommen ist."

Koch behauptet, dass der Besitz unter § 360 I 9 ALR falle[138]. Er hält den Besitz für ein tatsächliches Verhältnis des Erblassers. Dieser Besitz könne nach dem Tod des Erblassers nicht fortdauern, er ende vielmehr mit dessen Tod und es erfolge kein Besitzübergang auf den Erben. Daher müsse der Erbe beim Erbfall durch Besitzergreifung an den Erbschaftsgegenständen den Besitz erwerben[139], und er könne in der Zeit zwischen dem Tod des Erblassers und der Besitzergreifung nicht die possessorische Klage auf Wiederherstellung oder Schutz des Besitzes an den Erbschaftsgegenständen geltend machen[140]. Der wahre Erbe erlange zwar durch Besitzergreifung den Besitz an der ganzen Erbschaft; doch könne er damit den Besitz an einem bestimmten Teil der Erbschaftssachen, den ein Nichterbe oder ein Anderer schon in Besitz genommen hat, nicht erwerben. Deshalb könne der echte Erbe gegen den Nichterben nicht aufgrund der Besitzverletzung oder -störung die possessorische Klage auf Herausgabe der Gegenstände erheben, wenn der Nichterbe vor Besitzergreifung des echten Erben bereits Gegenstände aus einer liegenden Erbschaft in Besitz genommen hat[141].

Gruchot nimmt an, dass das Eigentum an der Erbschaft, nebst allen damit verbundenen Rechten und Pflichten mit dem Tod des Erblassers nach § 368 I 9 ALR ohne Besitzergreifung auf den Erben übergeht. Für den Erwerb des Eigentums und der Erbschaft des Erben bedürfe es keiner Besitzergreifung. Doch der Besitz gehe nicht ohne Weiteres mit dem Erbschaftsanfall auf den Erben über. Der Besitzübergang auf den Erben beim Erbfall sei dem römischen Recht fremd. Daher trete der Erbe beim Eintritt des Erbfalls nicht *ipso iure* in den Besitz des Erblassers[142].

Ferner gehen *Förster/Eccius* davon aus, dass zwar die Erbschaft mit dem Tod des Erblassers nach dem Anfallsprinzip (§ 367 I 9 ALR) *ipso iure* auf den Erben übergehe, aber der Erbe durch Besitzergreifung den Besitz an den Erb-

---

138 *Koch*, ALR^7, S. 501 f. m. Fn. 11.

139 *Koch*, PE, S. 77.

140 *Koch*, ALR^7, S. 503 m. Fn. 26.

141 *Koch*, ALR^7, S. 308 m. Fn. 30.

142 *Gruchot*, S. 48 f.

schaftsgegenständen neu erlangen müsse. Der Besitz des Erblassers ende sofort mit dem Eintritt des Erbfalls und die Erbschaftsgegenstände seien von diesem Zeitpunkt an herrenlos. Dazu vertrete das ALR den Standpunkt, dass die Entziehung der Erbschaftsgegenstände in der Zeit zwischen dem Erbfall und der Besitzergreifung des Erben nicht zu einer Besitzverletzung des Erben führe[143].

3. Stellungnahme

Das Besitzrecht des ALR mag im Zusammenhang mit dem Besitzwillen und dem Besitzschutz Unterschiede zum römischen Recht aufweisen. Es weicht jedoch nicht vom grundsätzlichen Wesen der *possessio* ab[144].

In Ansehung des Unterschiedes zwischen Besitz und Recht ist § 350 I 7 ALR so auszulegen, dass der Besitz nicht von dieser Vorschrift erfasst wird. Daraus lässt sich folgern, dass der Besitz des Erblassers nicht zur Erbschaft gehört[145]. Dagegen gehört das Recht zum Besitz, das mit dem Tod des Erblassers auf den Erben übergeht, als Recht zum Nachlass[146]. § 360 I 9 ALR bestärkt ein derartiges Verständnis. Rechte, Verbindlichkeiten, Lasten und Strafen, die an der Person des Erblassers haften, überleben nicht den Tod des Erblassers. Mit Rücksicht auf § 360 I 9 ALR, der von einem Rechtsverhältnis der Person zur Sache ausgeht, gehört der Besitz nicht zu der Erbschaft im Sinne des § 350 I 9 ALR, so dass er mit dem Tod des Besitzers erlischt.

Der Sinn und Zweck des § 49 I 7 ALR liegt darin, die Umständlichkeiten bei der Besitzergreifung zahlreicher einzelner Nachlassgegenstände zu vermeiden. *Cosack* hält aber den § 49 I 7 ALR für eine Ausnahme von § 48 I 7 ALR und verneint das Erfordernis der Besitzergreifung sowohl an den einzelnen Gegenständen als auch an dem Inbegriff zum Besitzerwerb. § 49 I 7 ALR stellt nach seinem Wortlaut nicht zwingend eine Ausnahme von § 48 I 7 ALR dar.

---

143 *Förster/Eccius*, PPR 3^6, S. 90.

144 Vgl. *Bruns*, S. 431: „Bei weitem tiefer durchdacht und durcharbeitet, darum aber auch viel selbstständiger und vom gemeinen Rechte abweichender, als das Besitzrecht des Bairischen L.R., ist das des Preußischen.“; *Coing*, $EuPR^2$, S. 378: „Das ALR hat aber das römische Besitzrecht in bestimmten Punkten auch verändert und von historischen Besonderheiten befreit.“; *Cosack*, S. 100: „Der preußische Besitzbegriff ist dem römischen ganz nah verwandt.“; *Koch*, ALR^7, S. 299 m. Fn. 3: „Dieser Begriff des Besitzes stimmt mit dem Begriffe der röm. possessio überein.“; *Roth*, BCR 2, S. 98: „Während in den vorstehenden Categorien das gemeine und das Preußische Recht in der Hauptsache übereinstimmen, weichen sie darin von einander ab, daß das letztere nach der Willensrichtung vollständigen und unvollständigen Besitz unterscheidet, [···]“

145 *Koch*, PE, S. 77 f.

146 *Förster/Eccius*, PPR 4^6, S. 522.

Denn es ist den Vorschriften gemeinsam, dass sie die Besitzergreifung zum Besitzerwerb verlangen. Außerdem hält *Cosack* den Erbenbesitz für einen derivativen Besitz, weil der Besitz durch den Tod des Erblassers nicht aufgehoben werde. § 49 I 7 ALR gelte nur im Fall des derivativen Besitzerwerbs. Ein Verstorbener kann über eine Sache keine Verfügungsgewalt ausüben. Er hat kein Bewusstsein, keine Absicht, über die Sache für sich selbst zu verfügen. Mithin bestehen keinerlei Anhaltspunkte im ALR, die Vererblichkeit des Besitzes anzuerkennen. Vielmehr erhält das ALR kontinuierlich den Grundsatz der Unvererblichkeit des Besitzes nach § 48 I 7 ALR aufrecht. § 49 I 7 ALR verzichtet nicht auf die Besitzergreifung an dem Inbegriff der Erbschaft. Der Besitz des Erblassers endet mit dessen Tod, so dass der Besitzerwerb des Erben im ALR ein originärer ist[147].

Darüber hinaus sind die Auffassungen von *Dernburg* und *Burchardi* nicht unzweifelhaft, weil die Gewere, die der altgermanischen Gewohnheit le mort saisit le vif entstammt, wie der Entstehungsgeschichte des ALR zu entnehmen ist, keine Bedeutung für den Besitzbegriff des ALR hat.

Dass der Besitz mit dem Tod des Besitzers endet und der Erbe nicht automatisch den Besitz des Erblassers erwirbt, bestärken auch die Vorschriften des ALR zur *successio in possessionem.*

V. *Successio in possessionem* und *accessio possessionis*

Häufig gibt es Fälle der Ersitzung, in denen es bei dem Nachfolger des Besitzers durch Einzel- oder Gesamtnachfolge der Fortdauer des Ersitzungsbesitzes bedarf. § 613 I 9 ALR regelt die Anrechnung der Besitzzeit sowohl im Fall der Singular- als auch der Universalsukzession.

§ 613 I 9 ALR	Jeder Nachfolger im Besitze, er sei Erbe, oder nicht, kann die Verjährung seines Vorfahren fortsetzen, in sofern er nur selbst ein redlicher Besitzer ist.
§ 616 I 9 ALR	Dem Erben, welcher die Verjährung des Erblassers fortgesetzt, kommt bei der Berechnung des Zeitraums auch die gesetzliche Ueberlegungsfrist zu Statten.

§ 613 I 9 ALR ermöglicht einerseits, dass die Besitzdauer des Veräußerers dem Erwerber durch *accessio possessionis*[148] im Fall der Singularsukzession zugerechnet wird. Der Erwerber erlangt bei der Übertragung der Kaufsache einen neuen Besitz, deshalb ist die Anrechnungsregelung für die Ersitzung des Erwer-

147 *Förster/Eccius*, PPR 3^6, S. 45.
148 *Förster/Eccius*, PPR 3^6, S. 244 f.; *Roth*, BCR 2, S. 212.

bers notwendig. Andererseits dient er der Fortdauer der Ersitzung zugunsten des Erben. Das ALR hat keine selbstständige Regelung über den Übergang des Besitzes *ipso iure* auf den Erben. Daher sind die besonderen Vorschriften über *successio in possessionem* erforderlich, damit die Besitzzeit für die vom Erblasser begonnene Ersitzung dem Erben zugutekommt, einschließlich des Zeitraums der gesetzlichen Überlegungsfrist nach § 616 I 9 ALR. Der Umstand, dass der Erbe den Besitz ergreifen muss, um die Ersitzung fortzusetzen, legt die Annahme nahe, dem Erben die ganze Zwischenzeit vom Tod des Erblassers bis zur eigenen Besitzergreifung mit der Besitzzeit des Erblassers zuzurechnen[149].

§§ 613, 616 I 9 ALR belegen unmittelbar, dass das ALR die Beendigung des Besitzes durch den Tod des Besitzers anerkennt. Würde das ALR das Rechtsprinzip aufrechterhalten, nach dem der Besitz trotz des Todes des Besitzers bei seinem Gesamtnachfolger ohne Unterbrechung fortdauert, dann wäre die Vorschrift überflüssig. Wie oben bereits erläutert, geht das ALR also davon aus, dass der Besitz durch den Tod des Besitzers endet und der Erbe nur durch Besitzergreifung den Besitz des Erblassers erwerben kann. Daran ändert (wie im römischen Recht) der Umstand nichts, dass auch nach dem ALR der Erbe die vom Erblasser begonnene Ersitzung fortsetzen kann und ihm auch die Zeit vom Erbfall bis zu seinem Erwerb der Erbschaft (praktisch also die Zeit der *hereditas iacens*) als Besitzzeit angerechnet wird (§ 616 I 9 ALR). Dass hieraus nicht auf ein Fortbestehen des Besitzes in anderen Beziehungen geschlossen werden darf, wird von *Koch*[150] treffend hervorgehoben.

§ 4. Code civil (Cc)

I. Entstehung

Die Französische Revolution in der Zeit von 1789 bis 1799, die die Einheit des Staates, die Freiheit des Individuums, die Gleichheit der Bürger und die Trennung von Staat und Kirche forderte, führte zum Erlass des revolutionären französischen Code civil[151]. Durch die vom naturrechtlichen (vernunftrechtlichen) Denken beeinflusste Kodifikation des Cc wurde die Montesquieusche und Voltairesche Gesetzesidee durchgesetzt. Der Rechtskreis von Frankreich, der bis 1789 in die pays du droit écrit (römisches Recht) im Süden von Frankreich und

---

149 *Förster/Eccius*, PPR 3^6, S. 245 Fn. 87.
150 *Koch*, ALR^7, S. 586 Fn. 6.
151 *Coing*, $EuPR^2$, S. 12.

in die pays du droit coutumier (fränkisch-germanische Gewohnheit) im Norden von Frankreich zerfiel und sich durch zahlreiche königliche Ordonnances fortgebildet hat[152], wurde durch diese Kodifikation und wichtige weitere, wie den Code de commerce (1807), den Code de Procédure civile (1807), den Code pénal (1810) und den Code de la procéduri pénale (1818), vereinheitlicht[153].

Die am 12. 8. 1799 eingesetzte Kommission zum Entwurf des Cc bestand aus *Jean-Étienne-Marie Portalis*, Regierungskommissär beim Conseil des prises, Vertreter des droit écrit, *François Denis Tronchet*, Präsident des Kassationsgerichts, Vertreter des droit coutumier, *Félix-Julien-Jean Bigot de Préameneu*, Regierungskommissär beim Kassationsgericht und *Jacques de Maleville*, Richter am Kassationsgericht. Die Ausarbeitung des Entwurfs des Cc endete in nur 4 Monaten. Dieser Entwurf wurde am 21. 1. 1800 gedruckt, nach der Prüfung des Gerichts und der Beratung des Staatsrates der Gesetzgebenden Versammlung vorgelegt[154]. Der Cc wurde durch *Napoléon Bonaparte* am 21. 3. 1804 eingeführt und als Code civil des Français von 1804 verkündet und in den Jahren 1807 bis 1813 und 1853 bis 1871 in Code Napoléon umbenannt[155].

Ferner ist das Badische Landrecht von 1810, das mit dem Cc fast identisch ist, von großer Bedeutung für die deutsche Kodifikationsgeschichte. Das Badische Landrecht von 1810 war das Zivilgesetzbuch des Großherzogtums Baden, das am 1. 1. 1810 in Kraft trat und bis zum 1. 1. 1900 galt. Mit einigen Änderungen und Zusätzen wurde der Cc auch für das linke Rheinufer erlassen; ebenfalls mit Wirkung ab 1. 1. 1810 wurde er für das ehemalige Großherzogtum Berg (zugleich mit der für das Königreich Westfalen genehmigten deutschen Übersetzung) in Geltung gesetzt[156].

II. Struktur

Der Cc geht in seinem System auf das Institutionensystem zurück; er folgt dem von *Robert-Joseph Pothier* übernommenen vernunftrechtlichen System. Er besteht aus dem Einleitungstitel und 3 Büchern:

TITRE PRÉLIMINAIRE. DE LA PUBLICATION, DES EFFETS ET DE L'APPLICATION DES LOIS EN GÉNÉRAL.	Einleitung. Von der Bekanntmachung, den Wirkungen und der Anwendung der Gesetze im Allgemeinen.

152 *Leiser*, in: HRG 1 (Code Civil), S. 619.
153 *Wieacker*, S. 342.
154 *Leiser*, in: HRG 1 (Code Civil), S. 620.
155 *Wieacker*, S. 342; *Leiser*, in: HRG 1 (Code Civil), S. 620.
156 *Wieacker*, S. 342; *Leiser*, in: HRG 1 (Code Civil), S. 622.

LIVRE PREMIER. DES PERSONNES.	Erstes Buch. Von den Personen.
LIVRE II. DES BIENS, ET DES DIFFÉRENTES MODIFICATIONS DE LA PROPRIÉTÉ.	Zweytes Buch. Von den Gütern und den verschiedenen Modificationen des Eigenthums.
LIVRE III. DES DIFFÉRENTES MANIÈRES DONT ON ACQUIERT LA PROPRIÉTÉ.	Drittes Buch. Von den verschiedenen Arten, Eigenthum zu erwerben[157].

III. Besitz

Der Cc enthält kein selbstständiges Besitzrecht, sondern regelt nur in Bezug auf die Ersitzung die „possession" in Art. 2228-2235 Cc. Er hält den Besitz für eine Tatsache, an die bestimmte Rechtsfolgen geknüpft werden. Art. 2228 Cc unterscheidet zwischen dem Besitz (possession) und der Inhabung (détention), und zwischen dem Sach- und Rechtsbesitz[158], Art. 2228 Cc:

La possession est la détention ou la jouissance d'une chose ou d'un droit que nous tenons ou que nous exerçons par nous-mêmes, ou par un autre qui la tient ou qui l'exerce en notre nom[159].	Der Besitz ist das Innehaben (detentio), oder der Genuß einer Sache, welche wir selbst in unsrer Gewalt haben, oder eines Rechts, welches wir selbst ausüben, oder durch einen Andern bewahren und ausüben lassen[160].

Die Unterscheidung zwischen dem Besitz und der Inhabung hängt davon ab, ob man die Inhabung mit dem Besitzwillen als Eigentümer oder als Inhaber eines dinglichen Rechts ausübt. Dieser juristische Besitz wird durch Klagen geschützt. Er setzt im Gegensatz zur Inhabung vor allem den *animus rem sibi habendi* voraus.

Ferner bestimmt der Cc in Art. 2230, dass der Besitzer als Eigentümer vermutet wird, Art. 2230 Cc:

On est toujours présumé posséder pour soi, et à titre de propriétaire, s'il n'est prouvé qu'on a commencé à posséder pour un autre.	Es wird stets angenommen, man besitze für sich; es wird stets vorausgesetzt, man besitze unter dem Rechtstitel des Eigenthums, soweit nicht erwiesen ist, man habe den Besitz in fremdem Namen angetreten[161].

157 Vgl. Übersetzung in: *Erhard*, S. III ff. (Inhalt).

158 Vgl. auch *Zachariä/Crome*, S. 454 f.

159 Alle zitierten Art. des Cc richten sich nach Code civil des Français von 1804.

160 Übersetzung in: *Erhard*, S. 613.

161 Übersetzung in: *Erhard*, S. 613.

Darüber hinaus enthält der Cc keine unmittelbare Vorschrift über den Besitzschutz. Stattdessen enthält das französische Zivilprozessrecht (Code de procédure civile, 1807) Regelungen über Besitzklagen (actions possessoires) in Art. 23 bis 27[162]. Nach dem Cc steht der Besitzschutz dem Eigentumsbesitzer an Immobilien und dem Besitzer von gewissen Dienstbarkeiten zu, während der Schutz des Besitzes an Mobilien nicht vorgesehen ist. Art. 2279 Cc schweigt bezüglich Besitzklagen[163], Art. 2279 Cc:

En fait de meubles, la possession vaut titre.	In Ansehung beweglicher Gegenstände gilt der Besitz Statt alles Rechtstitels.
Néanmoins celui qui a perdu ou auquel il a été volé une chose, peut la revendiquer pendant trois ans, à compter du jour de la perte ou du vol, contre celui dans les mains duquel il la trouve ; sauf à celui-ci son recours contre celui duquel il la tient.	Indeß kann derjenige, der eine Sache verloren hat, oder dem sie gestohlen worden ist, dieselbe binnen drey Monaten vom Tage des Verlusts oder Diebstahls an gerechnet, von demjenigen vindiciren, in dessen Händen sie sich befindet; doch bleibt diesem sein Regreß an denjenigen, von welchem er sie erhielt[164].

IV. Schicksal des Besitzes beim Erbfall

Art. 724 Cc ordnet an, dass die Erben mit dem Tod des Erblassers in dessen Rechtsstellung einrücken, so dass das Eigentum, der Besitz, die vererblichen Rechte und alle Lasten der Erbschaft in diesem Zeitpunkt *ipso iure* auf den Erben übergehen[165], Art. 724 Cc:

Les héritiers légitimes sont saisis de plein droit des biens, droits et actions du défunt, sous l'obligation d'acquitter toutes les charges de la succession : les enfans naturels, l'époux survivant et la République[166], doivent se faire envoyer en possession par justice dans les formes qui seront déterminées.	Die rechtmäßigen Erben treten, kraft des Gesetzes (ipso iure), in Besitz der Güter, Rechte und Foderungen des Verstorbenen, unter der Verbindlichkeit, alle Oblasten der Erbschaft zu übernehmen; natürliche Kinder aber, so wie der überlebende Ehegatte und der Staat müssen sich in der unten (Art. 769. 770.) bestimmten Form gerichtlich in den Besitz einweisen lassen[167].

162 *Coing*, EuPR^2, S. 379; *Zachariä/Crome*, S. 458.

163 Vgl. auch *Zachariä/Crome*, S. 455.

164 Übersetzung in: *Erhard*, S. 623.

165 Vgl. auch *Brauer*, Art. 724 Cc S. 27 f. und *Zachariä*, S. 68.

166 Statt „la République" „l'état" im Code Napoléon von 1808 und „l'Etat" im geltenden französischen Code civil.

167 Übersetzung in: *Erhard*, S. 192.

Diese Vorschrift erkennt die *successio in possessionem* ausdrücklich an, wie auch durch Art. 1006 Cc deutlich wird, Art. 1006 Cc:

Lorsqu'au décès du testateur il n'y aura pas d'héritiers auxquels une quotité de ses biens soit réservée par la loi, le légataire universel sera saisi de plein droit par la mort du testateur, sans être tenu de demander la délivrance.	Sind beym Absterben des Testators keine Erben vorhanden, denen ein Pflichttheil gebührt: so tritt der Universallegatar durch den Tod des Testators in den Besitz des Vermögens gesetzlich (ipso iure) ein, ohne dessen Auslieferung begehren zu müssen[168].

Es bedarf grundsätzlich der tatsächlichen Sachgewalt und des Eigenbesitzwillens als Tatbestandsmerkmal im Cc. Der Erwerb, die Fortsetzung sowie Erhaltung des Besitzes hängen von diesen Voraussetzungen ab. Demnach würde prinzipiell der Besitz des Erblassers nach dessen Tod aufgrund des Wegfalls der genannten Voraussetzungen enden. Gem. Art. 724 Cc geht der Besitz des Erblassers aber sofort nach dessen Tod *ipso iure* auf dessen Erben (Universal-legatar[169] im Fall des Art. 1006 Cc) über. Die Regelung wurde dadurch erweitert, dass ab 1896 auch die nichtehelichen Kinder und ab 1958 der überlebende Ehegatte zu den Erben hinzugezogen wurden, denen die Erbschaft *ipso iure* anfällt, so dass heutzutage nur der Staat als gesetzlicher Erbe (Art. 768 ff. Cc) die Einweisung in den Besitz beantragen muss.

Renaud geht davon aus, dass es seit langem von deutschen Rechtsgelehrten anerkannt sei, dass der römische Civilcodex nicht nur auf einer römischen, sondern auch wesentlich auf einer altgermanischen Grundlage basiere. Ferner hält er den Besitz für die Gewere und die Regelung des Art. 724 Cc beruhe auf der altgermanischen Gewohnheit le mort saisit le vif, die dem droit contumier entstamme[170]. Art. 318 Coutume de Paris bringe diese Gewohnheit beispielsweise wie folgt zum Ausdruck:

„Le mort saisit le vif son plus prochain héritier habile à lui succéder."[171]

---

168 Übersetzung in: *Erhard*, S. 270.

169 Unter Universallegatar ist der Universalvermächtnisnehmer zu verstehen, dem der Erblasser gem. Art. 1003 Cc die Gesamtheit seines bei seinem Tod zu hinterlassenden Vermögens zuwendet. Näheres dazu bei *Ferid/Ferid* III, S. 554 ff.

170 *Renaud*, Krit.Zs.Rechtsw.Ausland 19 (1847), S. 99 f.; siehe auch *Zachariä*, S. 68 f. m. Fn. 2.

171 *Renaud*, Krit.Zs.Rechtsw.Ausland 19 (1847), S. 124 m. Fn. 2; zu dem Rechtssprichwort siehe etwa *Roland/Boyer*, S. 451 ff. - Nr. 232 „Mort (Le) saisit le vif son hoir plus proche et habile à lui succéder (Coutume de Paris, 318. - C. civ., art. 724)".

Die französische Rechtsregel „le mort saisit le vif" wird übersetzt als „Der Tote erbt den Lebendigen". Das Verb „saisir" hat die Ausgangsbedeutung von „fassen, ergreifen" und meint in dem hier gegebenen Zusammenhang so viel wie „erben" oder „vererben". Man versteht das Sprichwort in dem Sinne: „Der Tote vererbt seine Gewere auf den Lebenden." Zu den vererblichen Gegenständen gehört die Gewere an den Erbschaftsgegenständen nach altgermanischer Gewohnheit. Da die Erbschaft alle Rechte und auch die Gewere umfasst, geht diese auf den Erben über. Die zur Erbschaft gehörende vererbliche Gewere ist die „rechte" (auch: juristische) Gewere[172].

Es ist allerdings fraglich, ob dieser Rechtsgedanke des Anfallsprinzips schlechthin auf die altgermanische Gewohnheit zurückzuführen ist. Das Anfallsprinzip im Cc gilt aufgrund der positiven Anordnung in Art. 724 Cc nicht nur für die Erbschaft, sondern nach allgemeinem Verständnis auch für den Besitz. Einen solchen Besitzübergang *ipso iure* kannte bereits das römische Recht, freilich nur im Hinblick auf den Usukapionsbesitz[173].

V. *Successio in possessionem* und *accessio possessionis*

Art. 2235 Cc bestimmt:

Pour compléter la prescription, on peut joindre à sa possession celle de son auteur, de quelque manière qu'on lui ait succédé, soit à titre universel ou particulier, soit à titre lucratif ou onéreux.	Zur Ergänzung der Verjährung kann man seinen Besitz an den Besitz desjenigen anknüpfen, in dessen Rechte man getreten ist (auctoris); man mag nun unter einem allgemeinen oder besondern, unentgeltlichen oder lästigen Rechtstitel an dessen Stelle gelangt seyn[174].

Da Art. 724 Cc selbstständig die *successio in possessionem* regelt, bedarf es an sich keiner Anrechnungsregelung für den Universalsukzessor. Daher könnte

172 *Stobbe*, DPR II/1, S. 206 f.; *Renaud*, Krit.Zs.Rechtsw.Ausland 19 (1847), S. 109. - Dass es auch Fälle unvererblichen Gewere gibt, etwa im Lehnsrecht, kann hier dahinstehen.

173 Dasselbe soll nach *Zachariä/Crome*, S. 600 auch im Cc gelten: „Ob der gegenwärtige Besitzer aber auch seinerseits in condicione usucapiendi ist, wird (arg. Art. 2237. 2238) allerdings durch seine Qualität als Universal- oder Singularsuccessor wesentlich beeinflusst. Ersterer succedirt nur in die Ersitzung seines Vorgängers (successio in usucapionem); letzterer beginnt eine neue Ersitzung und kann sich nur die Besitzeszeit seines Autors anrechnen (accessio possessionis)."

174 Übersetzung in: *Erhard*, S. 614.

Art. 2235 Cc auf die Anrechnung der Besitzzeit zugunsten eines Singularsukzessors zu beschränken sein. Der Wortlaut („à titre universel") spricht jedoch dagegen[175].

§ 5. Allgemeines bürgerliches Gesetzbuch für die gesammten Deutschen Erbländer der Oesterreichischen Monarchie (ABGB)

I. Entstehung

Die mit der Habsburger Monarchie verbundenen Königreiche (Böhmen, Ungarn), Erzherzogtümer (Nieder- und Oberösterreich), Herzogtümer (Steiermark, Kärnten u. a.), Länder und Herrschaften hatten ihre eigenen Landrechte. Wegen dieser rechtlichen Verschiedenheit bedurfte es einer Vereinheitlichung.

Am 14. 2. 1753 setzte *Maria Theresia* zur Vereinheitlichung aller Rechte der Erbländer eine Kompilationskommission des *Codex Theresianus* ein, der die Vertreter von Böhmen, Mähren, Österreich, Steiermark, Schlesien und Vorderösterreich angehörten. *Joseph Azzoni* entwickelte als Hauptreferent dieser Kommission den Rahmen für das Gesetzbuch. Durch seinen Nachfolger, *Johann von Zencker*, flossen Aspekte des gemeinen Rechts in das Gesetzbuch ein. Bis zum Jahre 1766 erfolgte die Abfassung des Entwurfs zum *Codex Theresianus*, der anschließend dem Staatsrat zur Überprüfung vorgelegt wurde. *Maria Theresia* befahl, auch um das geplante Gesetzbuch von einem Lehrbuch zu unterscheiden, eine kürzende und vereinfachende Überarbeitung des Entwurfs unter Vermeidung aller Unbestimmtheit und Undeutlichkeit und unter Zugrundelegung der natürlichen Billigkeit. *Johann Bernhard Horten* trug zu der Umarbeitung des *Codex Theresianus* entscheidend bei. Trotz des Abbruchs der Beratungen des Entwurfs *Horten* im Jahre 1776 publizierte *Joseph II.* durch Patent vom 1. 11. 1786, JGS 591 den ersten Teil des Entwurfs *Horten* als den ersten Teil des Allgemeinen bürgerlichen Gesetzbuchs. Der erste Teil dieses Gesetzbuchs trat am 1. 1. 1787 als Josephinisches Gesetzbuch in Kraft. Doch endete die Beratung der zwei anderen Teile im Jahre 1787 und *Leopold II.* löste im Jahre 1790 die Kompilationskommission auf und setzte eine neue Hofkommission in Gesetzessachen ein. Unter dem Vorsitzenden *Karl Anton von Martini*, dem einzigen Mitglied der alten Kompilationskommission, wurde der Entwurf *Martini* als West-

---

175 Auch *Ferid/Sonnenberger* II, S. 650 Rz. 3 C 334 sprechen im Rahmen des Art. 2235 Cc sowohl vom Gesamtnachfolger als auch vom Einzelnachfolger.

galizisches Gesetzbuch mit Patent vom 13. 2. 1797, JGS 337, und als Ostgalizisches mit Patent vom 18. 9. 1797, JGS 373 bekannt gemacht. Der Entwurf *Horten* war eine kürzere Fassung des *Codex Theresianus*, während der Entwurf *Martini* (sog. Urentwurf) eine ganz neue vom naturrechtlichen Denken beeinflusste Fassung darstellte. Diesen Urentwurf beriet erneut eine Kommission unter den Vorsitzenden *Rottenhan* und *Franz Anton Felix von Zeiller*, dem Nachfolger *Martinis*, dem das Referat anvertraut wurde. *Zeiller*, der von der Philosophie *Kant*s beeinflusst war, leitete diese neue Kommission. Nach zweimaligen siebenjährigen Revisionen wurde der neue Entwurf im Jahre 1808 gebilligt. Erst mit der dritten Lesung im Jahre 1810 wurde das ABGB durch Patent vom 1. 6. 1811, JGS 946 kundgemacht, und es trat am 1. 1. 1812 in den Deutschen Erbländern der Österreichischen Monarchie in Kraft[176].

II. Struktur

Das ABGB von 1811 folgt zwar dem naturrechtlichen System, doch bleibt es im Gegensatz zum ALR ein reines Privatrechtsgesetzbuch. Es schließt sich an das Institutionensystem (*personae*, *res*, *actiones*) wie der Code civil an und besteht aus der Promulgationsklausel, der Einleitung: Von den bürgerlichen Gesetzen überhaupt und 3 weiteren Teilen:

- Erster Theil: Von dem Personen-Rechte,
- Zweyter Theil: Von dem Sachenrechte (Besitz, Eigentum, Erbrecht *etc.*),
- Dritter Theil: Von den gemeinschaftlichen Bestimmungen der Personen- und Sachenrechte (Verjährung und Ersitzung *etc.*)

Das Sachenrecht des ABGB umfasst nicht nur das Sachenrecht im heutigen Sinne, sondern auch das Erbrecht sowie das Schuldrecht.

III. Besitz

Das ABGB enthält umfassende Vorschriften über den Besitz in den §§ 309-352 im 1. Hauptstück der 1. Abteilung des Sachenrechts. Der Besitz ist im ABGB kein Recht, sondern ein Faktum, an das Rechte anknüpfen. An den Besitz werden durch das positive Recht bestimmte Rechtswirkungen geknüpft; doch be-

---

176 Näheres zu dieser Gesetzgebungsgeschichte bei *Zeiller* I, S. 6 ff.; *Coing*, EuPR², S. 10 und S. 12; *Klein-Bruckschwaiger*, in: HRG 1 (Allgemeines Bürgerliches Gesetzbuch), S. 93 ff.; *Wieacker*, S. 335 ff.

wirkt diese Verbindung keine Veränderung seiner Rechtsnatur als Faktum in ein Recht. Außerdem sind Erwerb und Verlust des Besitzes von dem zugrunde liegenden Recht unabhängig[177].

§ 309 ABGB unterscheidet zwischen dem Besitz und der Inhabung.

§ 309 ABGB Wer eine Sache in seiner Macht oder Gewahrsame hat, heißt ihr Inhaber. Hat der Inhaber einer Sache den Willen, sie als die seinige zu behalten, so ist er ihr Besitzer[178].

Für die Inhabung ist nur die tatsächliche Sachgewalt nötig. Für den Besitz im ABGB ist dagegen sowohl die tatsächliche Sachgewalt, „ein solches Verhältniß zur Sache, vermöge dessen man willkürlich und ausschließend über dieselbe zu verfügen im Stande ist, die Inhabung (detentio oder corpus)", erforderlich, als auch „der Wille, die Sache als die seinige zu behalten (der animus domini, rem sibi habendi)"[179].

§ 312 ABGB führt die Arten des Besitzerwerbs an beweglichen, unbeweglichen und unkörperlichen Sachen auf.

§ 312 ABGB Körperliche, bewegliche Sachen werden durch physische Ergreifung, Wegführung oder Verwahrung; unbewegliche aber durch Betretung, Verrainung, Einzäunung, Bezeichnung oder Bearbeitung in Besitz genommen. In den Besitz unkörperlicher Sachen oder Rechte kommt man durch den Gebrauch derselben im eigenen Namen.

Demnach ist für den Besitzerwerb an beweglichen Sachen die Erlangung der tatsächlichen Gewalt vonnöten.

Der Besitz an körperlichen Sachen kann gem. § 349 ABGB freiwillig oder unfreiwillig beendet werden.

§ 349 ABGB Der Besitz einer körperlichen Sache geht insgemein verloren, wenn dieselbe ohne Hoffnung, wieder gefunden zu werden, in Verlust gerät; wenn sie freiwillig verlassen wird; oder, in fremden Besitz kommt.

---

177 *Randa*, S. 97.

178 Alle zitierten §§ des ABGB richten sich nach Manz Große Ausgabe der Österreichischen Gesetze, 2. Bd.: Das Allgemeine bürgerliche Gesetzbuch, I. Bd.: ABGB, 37. Aufl., Wien 2009.

179 *Stubenrauch*, Commentar 1^8, § 309 ABGB S. 378; vgl. auch KBB/*Eccher*, § 309 ABGB Rz. 1; Rummel/*Spielbüchler*, § 309 ABGB Rz. 1; Schwimann/*Klicka*, § 309 ABGB Rz. 1; *Koziol*/*Welser* I, S. 257; *Randa*, S. 2.

Der Besitz im Sinne des § 309 ABGB wird besitzrechtlich geschützt. Der Inhaber genießt dagegen keinen Besitzschutz[180]. Soweit das ABGB den juristischen Besitz von der Inhabung unterscheidet, können Prekarist, Sequester und Pfandgläubiger als Inhaber nicht geschützt werden. Außerdem genießt lediglich der tatsächliche Besitzer Besitzschutz, der Tabularbesitz hingegen entfaltet keine Besitzwirkung, so dass er nicht vom Schutz umfasst wird[181].

Das ABGB kennt zwei Besitzklagen: die Besitzklage wegen Störung des Besitzes (*interdictum retinendae possessionis*) und die Besitzklage wegen Entsetzung aus dem Besitz (*interdictum recuperandae possessionis*)[182].

§ 339 ABGB Der Besitz mag von was immer für einer Beschaffenheit sein, so ist niemand befugt, denselben eigenmächtig zu stören. Der Gestörte hat das Recht, die Untersagung des Eingriffes, und den Ersatz des erweislichen Schadens gerichtlich zu fordern.

§ 346 ABGB Gegen jeden unechten Besitzer kann sowohl die Zurücksetzung in die vorige Lage, als auch die Schadloshaltung eingeklagt werden. Beides muß das Gericht nach rechtlicher Verhandlung, selbst ohne Rücksicht auf ein stärkeres Recht, welches der Geklagte auf die Sache haben könnte, verordnen.

IV. Schicksal des Besitzes beim Erbfall

Der Tod einer Person ist in § 349 ABGB als Beendigungsgrund des Besitzes nicht enthalten. Die mit dem Tod einer Person entstehende ruhende Erbschaft, die nach heutiger herrschender Ansicht im österreichischen Recht[183] eine juristische Person darstellt, wird zur Herrin des Nachlasses[184]. Der Erbe erlangt mit dem Tod des Erblassers gem. § 320 ABGB zunächst einen gültigen Titel. Dieser gültige Titel, zu dem Kauf, Schenkung, Erbrecht und Vermächtnis gehören, begründet nicht den Besitz, sondern nur ein Recht zum Besitz (die Möglichkeit des Besitzes).

§ 320 ABGB Durch einen gültigen Titel erhält man nur das Recht zum Besitze einer Sache, nicht den Besitz selbst. Wer nur das Recht zum Besitze hat, darf sich im Verweigerungsfalle nicht eigenmächtig in den Besitz setzen; er muß ihn von dem ordentlichen Richter mit Anführung seines Titels im Wege Rechtens fordern.

---

180 *Randa*, S. 176.

181 *Stubenrauch*, Commentar 1[8], § 322 ABGB S. 392.

182 *Koziol/Welser* I, S. 275; *Randa*, S. 175 f.

183 *Koziol/Welser* II, S. 566; KBB/*Sailer*, § 797 ABGB Rz. 8; Rummel/*Welser*, § 547 ABGB Rz. 2.

184 *Koziol/Welser* II, S. 566; Rummel/*Welser*, § 547 ABGB Rz. 3 ff.

Der Erbe, der das Recht zum Besitz erworben hat, erlangt nicht ohne Weiteres den Besitz an den Erbschaftsgegenständen. Er muss vielmehr den Besitz vor einem ordentlichen Richter mit Anführung des Rechts zum Besitz im Wege eines Abhandlungsverfahrens fordern[185].

Bis zur Erbantrittserklärung des Erben (§§ 799 ff. ABGB) im Verlassenschaftsverfahren wird nach dem Wortlaut des § 547 ABGB der Erblasser als Besitzer der Verlassenschaft angesehen.

§ 547 ABGB Der Erbe stellt, sobald er die Erbschaft angenommen hat, in Rücksicht auf dieselbe den Erblasser vor. Beide werden in Beziehung auf einen Dritten für eine Person gehalten. Vor der Annahme des Erben wird die Verlassenschaft so betrachtet, als wenn sie noch von dem Verstorbenen besessen würde.

Sowohl die Rechtsprechung als auch der überwiegende Teil der Literatur gehen jedoch davon aus, dass der Besitz mit dem Tod des Erblassers auf den ruhenden Nachlass als Rechtssubjekt übergeht[186].

In der Zwischenzeit darf gem. § 797 ABGB niemand die Erbschaft eigenmächtig in Besitz nehmen und erst durch den Beschluss des Verlassenschaftsgerichts, die Einantwortung (gerichtliche Übergabe in den rechtlichen Besitz), wird die Erbschaft dem Erben überlassen.

§ 797 ABGB Niemand darf eine Erbschaft eigenmächtig in Besitz nehmen. Das Erbrecht muß vor Gericht verhandelt und von demselben die Einantwortung des Nachlasses, das ist, die Übergabe in den rechtlichen Besitz, bewirkt werden.

Mit der Rechtskraft der Einantwortung findet die Universalsukzession zugunsten des Erben statt. Damit endet auch das Ruhen der Erbschaft. Schließlich geht der „rechtliche Besitz" an dem Nachlass durch die Einantwortung auf den Erben über[187]. Der „rechtliche Besitz", auch „Besitzrecht" oder „Ersitzungsbesitz" genannt, ist ein qualifizierter Besitz, der mit Rechtmäßigkeit, Redlichkeit und

---

185 Vgl. auch KBB/*Eccher*, § 320 ABGB Rz. 1; Schwimann/*Klicka*, § 320 ABGB Rz. 1; *Stubenrauch*, Commentar 1^8, § 320 ABGB S. 390.

186 KBB/*Apathy*, § 547 ABGB Rz. 1; Rummel/*Welser*, § 547 ABGB Rz. 3.

187 KBB/*Sailer*, § 797 ABGB Rz. 1: „S 1 konkretisiert nur das allgemeine Selbsthilfeverbot, S 2 definiert das staatliche Verfahren der gerichtlichen Einantwortung [···] als die gesetzliche Form des Erbschaftserwerbs, der *Übergabe des Nachlasses in den rechtlichen Besitz des Erben.*"; Rummel/*Welser*, § 797 ABGB Rz. 5: „Mit Rechtskraft der Einantwortung tritt die Universalsukzession des Erben nach dem Erblasser ein. Der Zustand des ruhenden Nachlasses hört auf. Besitz, Eigentum, Forderungen u sonstige Rechte gehen über, der Erbe erlangt die volle Herrschaft über den Nachlaß [···]"; *Zeiller* II/2, § 797 ABGB S. 832; geschichtlicher Hintergrund bei *Stubenrauch*, Commentar 1^8, § 797 ABGB S. 972 ff. m. Anm. 3; *Koziol*/*Welser* II, S. 573 f.

Echtheit ausgestattet ist[188]. Er wird im ABGB als ein besonderes dingliches Recht gedacht[189]. Bedenklich ist, ob darunter auch der als ein Faktum angesehene Besitz gem. § 309 ABGB zu verstehen ist. Abgesehen von dieser Frage gehört nach der Auffassung *Welser*s der Besitz zur Erbschaft gem. § 531 ABGB[190].

§ 531 ABGB Der Inbegriff der Rechte und Verbindlichkeiten eines Verstorbenen, insofern sie nicht in bloß persönlichen Verhältnissen gegründet sind, heißt desselben Verlassenschaft oder Nachlaß.

Demnach ginge der Besitz durch die mit der Einantwortung stattfindende Universalsukzession auf den Erben über. Die faktische Natur des Besitzes steht jedoch einer solchen Annahme entgegen. Gegen die Kontinuität des Besitzes im Erbfall spricht zudem der Wortlaut des § 547 ABGB, nach dem Erblasser und Erbe in Beziehung auf einen Dritten für eine Person gehalten werden. Im Umkehrschluss ergibt sich daraus, dass die beiden im Innenverhältnis gerade keine Einheit bilden.

Auch *Randa* hält den Besitz für eine Tatsache[191], die grundsätzlich mit dem Tod des Besitzers erlischt, weil der verstorbene Besitzer weder die tatsächliche Sachgewalt ausüben noch den Eigenbesitzwillen haben kann[192]. § 547 ABGB fingiere bis zum Erbschaftsantritt die Persönlichkeit der ruhenden Erbschaft, die lediglich ein unpersönliches Vermögen darstelle und keinen Besitz auszuüben vermöge[193]. Durch die Einantwortung werde dem Erben der Besitz weder wirklich noch symbolisch übergeben. Denn unter „Uebergabe in den rechtlichen Besitz“ im Sinne von § 797 ABGB sei nur die schriftliche Einantwortung des Nachlasses, durch die das Gericht bloß den Erben anerkenne, zu verstehen[194].

Weil der rechtliche Besitz im Sinne des § 797 ABGB nicht mit dem Besitz gem. § 309 ABGB identisch ist und die gerichtliche Einantwortung nicht zum Besitzübergang *ipso iure* führt, kann der Erbe die Nachlassgegenstände nur gem. § 312 ABGB durch Ergreifung in Besitz nehmen.

188 *Koziol*/*Welser* I, S. 263.
189 *Ehrenzweig*, ÖPR I/2, S. 55.
190 Rummel/*Welser*, § 531 ABGB Rz. 4.
191 *Randa*, S. 475.
192 *Randa*, S. 583 m. Fn. 2.
193 *Randa*, S. 477.
194 *Randa*, S. 475 f.

V. *Successio in possessionem* und *accessio possessionis*

Den Standpunkt des ABGB über die *successio in possessionem* und die *accessio possessionis* bestimmt § 1493 ABGB.

§ 1493 ABGB — Wer eine Sache von einem rechtmäßigen und redlichen Besitzer redlich übernimmt, der ist als Nachfolger berechtigt, die Ersitzungszeit seines Vorfahrers mit einzurechnen (§ 1463). Ebendieses gilt auch von der Verjährungszeit. Bei einer Ersitzung von dreißig oder vierzig Jahren findet diese Einrechnung auch ohne einen rechtmäßigen Titel, und bei der eigentlichen Verjährung selbst ohne guten Glauben, oder schuldlose Unwissenheit statt.

§ 1493 ABGB hängt mit dem Fall der Singular- und Universalsukzession zusammen[195]. Würde das ABGB eine selbstständige Vorschrift über den Übergang des Besitzes *ipso iure* auf den Erben enthalten, dann wäre § 1493 ABGB im Zusammenhang mit dem Fall der Universalsukzession überflüssig. Aus der Verweisung des § 1493 ABGB auf § 1463 ABGB[196], der sich sowohl auf Nachfolger als auch auf Erben bezieht, ergibt sich, dass § 1493 ABGB im Fall der Singular- sowie der Universalsukzession zur Anwendung kommt. Deshalb bezweckt § 1493 ABGB, dass die Besitzzeit des Rechtsvorgängers dem Singularsukzessor nach *accessio possessionis* und dem Universalsukzessor nach *successio in possessionem* angerechnet wird[197]. Die Anrechnungsvorschrift des § 1493 ABGB umfasst auch die Zeit zwischen dem Tod des Erblassers und dem rechtlichen Besitzerwerb des Erben durch Einantwortung gem. § 797 ABGB[198].

---

195 KBB/*Dehn*, § 1493 ABGB Rz. 1; Rummel/*M. Bydlinski*, § 1493 ABGB Rz. 1; Schwimann/*Mader*, § 1493 ABGB Rz. 2; *Stubenrauch*, Commentar 2^8, § 1493 ABGB Anm. 1 S. 960.

196 § 1463 ABGB: Der Besitz muß redlich sein. Die Unredlichkeit des vorigen Besitzers hindert aber einen redlichen Nachfolger oder Erben nicht, die Ersitzung von dem Tage seines Besitzes anzufangen (§ 1493).

197 *Randa*, S. 477.

198 Klang/*Klang*, § 1493 ABGB 3. b); KBB/*Dehn*, § 1493 ABGB Rz. 1; Rummel/*M. Bydlinski*, § 1493 ABGB Rz. 1.

§ 6. *Ius commune* (Gemeines Recht)

I. Besitz

1. Zur Gewere[199] des deutschen Rechts

Im 19. Jahrhundert versuchte ein Teil der Vertreter aus der altgermanisch-gewohnheitlichen Gewere den Begriff des Besitzes zu erfassen. *Albrecht* begann mit der hauptsächlichen Untersuchung der Gewere. Durch sein Werk „Die Gewere, als Grundlage des ältern deutschen Sachenrechts" von 1828 wurde die Theorie der Gewere systematisch strukturiert. Zudem entwickelte *Heusler* in seiner Abhandlung „Die Gewere" von 1872, die die Entwicklung der Gewere seit der fränkischen Zeit darstellt und die römischrechtliche *possessio* kritisiert, die Lehre der Gewere weiter. *Heusler* geht davon aus, dass das römische Recht dem unjuristischen Besitz einen juristischen Sinn erteile, indem eine *possessio* ohne tatsächliche Sachherrschaft anerkannt oder die *possessio* trotz vorhandener physischer Sachgewalt abgelehnt werde. In diesem Hinblick bestehe eine Ähnlichkeit zwischen dem Begriff dieser *possessio* und der altgermanisch-gewohnheitlichen Gewere[200]. Ferner ersetze die Gewere die römischrechtliche *possessio*, und sie liege der deutschrechtlichen Besitzlehre zugrunde:

> „Die zwei Begriffe possessio und Gewere decken sich allerdings nicht vollständig, obschon sie einander viel näher stehen, als die allgemeine Meinung annimmt. Aber die Stelle, welche die possessio im römischen Rechtssysteme einnimmt, ist im deut-

---

199 Die folgenden Verfasser suchen die Herkunft des Besitzes im Begriff der „Gewere": *Albrecht*; *Beseler*, BR, S. 309 ff. (Zweites Buch „Das allgemeine bürgerliche Recht" - Zweiter Abschnitt „Das Sachenrecht" - Zweites Kapitel „Der Besitz" - § 78 „Die Gewere"); *Eichhorn*, S. 405 ff. (Drittes Buch „Rechte an Sachen" - Erste Abtheilung „Von der Natur des Eigenthums und den verschiedenen Arten der Rechte an Sachen" - Zweites Kapitel „Vom Eigenthum nach älterem Recht"); *Gerber/Cosack*, S. 124 ff. (Zweiter Theil „Die einzelnen Privatrechte" - Erstes Buch „Die Rechte an Sachen" - Zweites Capitel „Der Besitz"); *Gierke*, DPR 2, S. 187 ff. (Zweiter Abschnitt „Sachenrecht" - Zweites Kapitel „Gewere, Besitz und Grundbuchrecht" - § 113 „Die Gewere"); *Heusler*; *Mittermaier*, GDPR 1^{6}, S. 398 ff. (II. Buch „Von den dinglichen Rechten und von den Beschränkungen durch Regalität oder Oberaufsichtsrechte des Staats in Bezug auf Sachen" - I. Abtheilung „Vom Eigenthum und der Erwerbung desselben" - § 150 „Ansichten des deutschen Rechts von der Gewer"); *Reyscher*, S. 169 ff. (Erstes Buch „Von den Privatrechten und Verbindlichkeiten überhaupt. (Allgemeiner Theil)" - Drittes Kapitel „Von dem Besitz und der Ausübung der Rechte").

200 *Heusler*, S. 58 f.

> schen Recht durch die Gewere ausgefüllt; die Besitzlehre, die das römische Recht auf seinen „juristischen Besitz“ gebaut hat, entwickelt sich im deutschen Recht aus dem Begriff der Gewere. Es kann nur zur Abklärung der Anschauungen dienen, wenn wir diese Analogien etwas näher betrachten.“[201]

Darauf bezogen stellt *Gierke* fest, dass sich die *possessio* und die Gewere nicht erschöpfend decken würden, und betont, dass *Heusler* zu weit gehe[202]. Insbesondere kritisiert *Gierke* die Aufnahme der römischrechtlichen *possessio* in das deutsche Recht:

> „Mit der Aufnahme der fremden Rechte drang in Deutschland der römische Begriff des Besitzes (possessio) ein. Das römische Recht wurde jedoch in der Umbildung aufgenommen, die es durch die italienische Doktrin unter starker Mitwirkung des kanonischen Rechts erfahren hatte. Hierbei war mit den römischen Anschauungen und Sätzen eine Fülle germanischer Anschauungen und Sätze, die dem System der Gewere entstammten, zu einem teilweise wenig harmonischen Ganzen verwoben worden. Weitere germanische Bestandteile wurden der Besitzlehre in Deutschland eingefügt. Diese Anpassung an das überkommene einheimische Recht erleichterte den Sieg des Besitzesbegriffes. Er war so vollständig, daß selbst der Name der Gewere verschwand.“[203]

In jüngerer Zeit definieren *Mitteis/Lieberich* die Gewere als „die Erscheinungsform der dinglichen Rechte“[204] und als den Besitz des deutschen Rechts. Außerdem werde nicht scharf zwischen Besitz und Eigentum oder sonstigem dinglichem Recht im deutschen Recht unterschieden. Daher sei die Gewere nicht nur ein Faktum, sondern auch ein Recht[205]. Der Begriff der Gewere sei umfassender als der der *possessio*[206].

Die Lehre der Gewere geht davon aus, dass die Gewere dem Publizitätsprinzip diene. Unter Berücksichtigung der Äußerung „Einkleidung in den Besitz, Kleid des Sachenrechts“[207] wird der Inhaber der Gewere solange als der dinglich Berechtigte vermutet, bis dieser Inhaber durch den Beweis eines stärkeren dinglichen Rechts als der dinglich Nicht-Berechtigte nachgewiesen wird[208].

---

201 *Heusler*, S. 59 f.

202 *Gierke*, DPR 2, S. 189 m. Fn. 11; so auch *Ogris*, in: HRG 1 (Gewere), S. 1667.

203 *Gierke*, DPR 2, S. 209 ff.

204 *Mitteis/Lieberich*, S. 89.

205 *Mitteis/Lieberich*, S. 90.

206 *Gierke*, DPR 2, S. 190; *Ogris*, in: HRG 1 (Gewere), S. 1667.

207 *Ogris*, in: HRG 1 (Gewere), S. 1658; so ähnlich *Mitteis/Lieberich*, S. 90; *Gierke*, DPR 2, S. 187 f.

208 *Mitteis/Lieberich*, S. 91 f.

Die Gewere entwickelte sich hinsichtlich des beweglichen und unbeweglichen Vermögensrechts unterschiedlich. Die sog. Fahrnisgewere bezieht sich nur auf die tatsächliche Sachgewalt an beweglichen Sachen, während sich die sog. Liegenschaftsgewere nicht nur auf die Sachherrschaft an unbeweglichen Sachen, sondern auch auf die unkörperliche oder ideelle Sachherrschaft bezieht. Die Fahrnisgewere wird durch die leibliche und körperliche Inhabung erworben, und sie erlischt durch den Verlust der Inhabung. Im Fall der Liegenschaftsgewere hat - anders als bei der Fahrnisgewere - derjenige die leibliche oder körperliche Gewere inne, der das Vermögen benutzt oder gebraucht. Die Entwicklung der Liegenschaftsgewere begründete sowohl die mittelbare Liegenschaftsgewere als auch die ohne Sachherrschaft anerkannte ideelle Gewere und Rechtsgewere[209]. Die Anerkennung dieser ideellen Gewere könnte den Besitzübergang auf den Erben *ipso iure* beeinflusst haben. Der mögliche Einfluss wird im Abschnitt „II. Schicksal des Besitzes beim Erbfall“[210] erläutert.

2. *Possessio*

Das im Jahre 1803 veröffentlichte Werk „Das Recht des Besitzes“ von *Friedrich Carl von Savigny* nahm im Bereich des Besitzrechts im 19. Jahrhundert eine souveräne Stellung ein. Nach der Veröffentlichung seines Werks wurde über 50 Jahre hinweg kein Einwand gegen die Auffassung von *Savigny* erhoben. *Ernst Immanuel Bekker* zufolge beruht der Besitz im Entwurf für ein Bürgerliches Gesetzbuch zweifelsfrei auf *Savigny*s Besitzlehre[211]. Die Besitzlehre von *Savigny* liegt der herrschenden Meinung des gemeinen Rechts über den Besitz zugrunde. Außerdem wurde das umfassende Ergebnis über die gemeinrechtliche Besitzlehre von *Bernhard Windscheid* in seinem „Lehrbuch des Pandektenrechts“ (ab 1862, 1865/66) systematisiert.

a. Unterscheidung zwischen dem juristischen Besitz und der Detention

Es sei zwischen dem juristischen Besitz und der Detention zu unterscheiden[212]. *Savigny* betont, dass die Detention an sich kein Gegenstand der Gesetzgebung sei, während der juristische Besitz als Gegenstand der Gesetzgebung eine recht-

209 *Gierke*, DPR 2, S. 190 ff.; *Mitteis/Lieberich*, S. 91; *Ogris*, in: HRG 1 (Gewere), S. 1660 ff.

210 Siehe unten S. 70 ff.

211 *Bekker*, S. 353 f.; *ders.*, Jher. Jahrb 30 (1891), S. 240.

212 *Savigny*, Besitz^{6}, S. 2 f. und S. 59; *Arndts*, S. 231; *Dernburg*, Pandekten 1^{7}, S. 404; *Puchta*, S. 185; *Vangerow*, S. 348; *Windscheid/Kipp*, Pandekten 1^{9}, S. 745.

liche Bedeutung habe[213]. Es bestehe ein Unterschied zwischen den Rechten des Besitzes (*ius possessionis*), die der bloße Besitz gibt[214], und dem Recht zum Besitz (*ius possidendi*), das mit dem Eigentum zusammenhängt[215]. Außerdem stünden alle Arten des juristischen Besitzes mit der Usukapion und den Interdikten im Zusammenhang und die juristische *possessio* (*possessio civilis*, *possessio ad interdicta*) beruhe auf Usukapion und Interdikten[216].

b. Rechtsnatur des Besitzes

> „Was das erste betrifft, so ist es klar, daß der Besitz an sich, seinem ursprünglichen Begriffe nach, ein bloßes Factum ist: eben so gewiß ist es, daß rechtliche Folgen damit verbunden worden sind. Demnach ist er Factum und Recht zugleich, eigentlich seinem Wesen nach Factum, in seinen Folgen einem Rechte gleich, und dieses zweyfache Verhältniß ist für das ganze Detail ungemein wichtig."[217]

> „Nämlich der Besitz ist Factum, insofern ihm ein bloß factisches, unjuristisches Verhältniß (die Detention) zum Grunde liegt: darum hatte in jenen Fällen der Kauf, der Pacht *etc.* auf den Erwerb des Besitzes nicht den geringsten Einfluß. Aber der Besitz ist ein Recht, insofern mit dem bloßen Daseyn jenes factischen Verhältnisses Rechte verbunden sind: darum konnte die Rücksicht auf ihn sowohl, als die auf das Eigenthum, dem Kauf und anderen Verträgen Gültigkeit geben. So ist also der Besitz (in dem oben bestimmten Sinne) Factum und Recht zugleich."[218]

Savigny beharrt auf seinem Standpunkt, dass der Besitz ursprünglich ein bloßes Faktum sei. Daher würden die Bestimmungen, die im Zusammenhang mit dem Erwerb und Verlust des Rechts stehen, keinerlei Einfluss auf den Besitz ausüben. Dazu habe die Nichtigkeit eines Rechtsgeschäftes keinen Einfluss auf den Erwerb und Verlust des Besitzes. Kein Besitzer werde zum Nachfolger des Rechtsvorgängers, sondern der Erwerber würde vom Rechtsvorgänger einen neuen Besitz erlangen[219]. Diese Ansicht von *Savigny* setzt voraus, dass der Besitz ein Verhältnis einer Person zu einer Sache darstellt[220] und die Existenz des Besitzes von dem Schicksal dieses Verhältnisses abhängt. Die Unterbrechung

---

213 *Savigny*, Besitz[6], S. 2 f.
214 *Savigny*, Besitz[6], S. 34.
215 *Savigny*, Besitz[6], S. 4.
216 *Savigny*, Besitz[6], S. 110 f.; vgl. auch oben S. 11 ff.
217 *Savigny*, Besitz[6], S. 25 f.
218 *Savigny*, Besitz[6], S. 30.
219 *Savigny*, Besitz[6], S. 26 f.
220 Vgl. auch *Baron*, Pandekten[9], S. 217; *Brinz*, S. 492; *Dernburg*, Pandekten 1[7], S. 392; *Windscheid/Kipp*, Pandekten 1[9], S. 735.

dieses Verhältnisses würde zur Beendigung des Besitzes führen. Daneben vertritt *Savigny* die Auffassung, dass die possessorischen Interdikte bei Verletzung des Besitzes durch verbotene Eigenmacht begründet würden. Das Recht der possessorischen Interdikte, das das Recht des Besitzes (*ius possessionis*) umfasse, gehöre in das Obligationenrecht. Der verletzte Besitzer habe den Anspruch auf die Interdikte und in diesem Anspruch bestehe das *ius possessionis*. Diese possessorischen Interdikte bezwecken den Schutz vor Besitzverletzungen in Form der Besitzstörung, -entziehung usw. Die possessorischen Interdikte als Klagen aus Delikt beruhen auf der Besitzverletzung durch unerlaubte Handlung[221].

Im gemeinen Recht besteht Einigkeit darüber, dass der Besitz kein Recht, sondern ein bloßes Faktum ist[222], an das rechtliche Folgen geknüpft werden, so dass der Besitz lediglich in seinen Folgen ein Recht ist[223].

c. Erwerb, Fortdauer und Verlust des Besitzes

> „Es beruht nämlich aller Besitz einer Sache auf dem Bewußtseyn unbeschränkter physischer Herrschaft. Damit dieses Bewußtseyn entstehe, muß der Wille (animus) vorhanden seyn, die Sache als eigen zu haben: zugleich müssen die physischen Bedingungen der Möglichkeit vorhanden seyn, deren Bewußtseyn entstehen soll (corpus). Fortgesetzt wird der Besitz durch die Fortsetzung derselben Bedingungen (corpore et animo), wodurch der Besitz erworben wurde: aber es ist sehr natürlich, daß hier zur Fortdauer des Besitzes nicht die unmittelbare physische Herrschaft nöthig ist, die zum Anfang desselben erfordert wurde; vielmehr kommt es bloß auf die fortdauernde Möglichkeit an, jenes unmittelbare Verhältniß nach Willkür zu reproduciren. Darum verlieren wir nicht durch bloße Entfernung von der Sache den Besitz, den wir uns einmal zugeeignet haben, obgleich das physische Verhältniß, in welchem wir nun in der That zu dieser Sache stehen, durchaus nicht hinreichen würde, uns den Besitz allererst zu verschaffen: welcher Unterschied unter den physischen Bedingungen des Erwerbs und der Fortdauer ohne jene Beziehung auf das Bewußtseyn des Besitzers durchaus nicht erklärbar wäre."[224]

*Savigny*s Besitzlehre setzt voraus, dass aller Erwerb des Besitzes zum einen „ein körperliches Handeln (corpus oder Factum)" und zum anderen „ein bestimmtes

221 *Savigny*, Besitz^{6}, S. 34; vgl. auch *Coing*, EuPR^{2}, S. 375.

222 Wie auch im römischen Recht, siehe oben S. 11 f.

223 *Savigny*, Besitz^{6}, S. 25 f.; *Brinz*, S. 493; *Dernburg*, Pandekten 1^{7}, S. 391; *Puchta*, S. 183; *Windscheid/Kipp*, Pandekten 1^{9}, S. 752; vgl. auch *Vangerow*, S. 348.

224 *Savigny*, Besitz^{6}, S. 269 f.

Wollen (animus)" benötige[225]. *Windscheid/Kipp* bezeichnen die beiden Elemente als „tatsächliche Gewalt und Aneignungswillen"[226]. Der Besitz kann zweifelsfrei durch das Ergreifen bei beweglichen Sachen[227], durch die körperliche Gegenwart oder unmittelbare Nähe bei Grundstücken[228], und durch fremde Handlungen[229] erworben werden. Der Erwerb des Besitzes durch fremde Handlung bedarf der tatsächlichen Sachherrschaft und des Willens eines willensfähigen Inhabers, die Sache für den anderen (Besitzer) zu besitzen[230]. *Savigny* behauptet, dass es für den Erwerb des Besitzes normalerweise der „körperlichen Berührung" bedürfe. Wer ein Stück Geld in der Hand halte, der sei Besitzer an diesem Geld. Trotzdem könne nicht nur die „körperliche Berührung" allein als Voraussetzung des Besitzerwerbs angesehen werden, weil der Besitzer an dem Grundstück beispielsweise nicht immer das ganze Grundstück betreten könne. Daraus könne sich daher ergeben, dass „eine körperliche Handlung" „die physische Möglichkeit, auf die Sache unmittelbar zu wirken, und jede fremde Wirkung auf sie auszuschließen" sei[231]. Außerdem teilen auch *Windscheid/Kipp* die Auffassung, dass die Erlangung der tatsächlichen Sachgewalt weder die körperliche Berührung der Sache noch die Gegenwart bei der Sache verlange, sofern eine beliebige Einwirkungsmöglichkeit des Besitzers auf die Sache durch ein anderes Verhältnis gewährt sei[232].

Jhering ist der Ansicht, dass *Savigny*s Definition der Apprehension „physische Möglichkeit gewähren müsse, unmittelbar auf die Sache zu wirken und jede fremde Wirkung auf sie auszuschließen" widersprüchlich sei, und stellt zugleich die Möglichkeit des Beweises des Apprehensionsbegriffs von *Savigny* durch Interpretation in Abrede[233].

Zudem sei der Wille für den Besitzerwerb erforderlich. *Savigny* ist der Ansicht, dass der Besitz den Willen erfordere, die Sache als eine eigene zu behandeln. Dieser Wille entspreche dem *animus domini*, der von der *opinio domini* abweiche. Doch komme der Begriff *animus domini* in den Fällen des abgeleite-

---

225 *Savigny*, Besitz^6, S. 225; so auch *Brinz*, S. 501 f.; *Dernburg*, Pandekten 1^7, S. 409 „Die Apprehension" und S. 414 „Der Besitzwille"; Puchta, S. 191 f.; *Vangerow*, S. 361, S. 362 „Apprehension" und S. 364 „Animus"; *Windscheid/Kipp*, Pandekten 1^9, S. 748.

226 *Windscheid/Kipp*, Pandekten 1^9, S. 760; wie auch im römischen Recht, siehe oben S. 12.

227 *Savigny*, Besitz^6, S. 240.

228 *Savigny*, Besitz^6, S. 235 f.

229 *Savigny*, Besitz^6, S. 350 ff.; *Arndts*, S. 239; *Dernburg*, Pandekten 1^7, S. 416 ff.; *Puchta*, S. 192; *Vangerow*, S. 375; *Windscheid/Kipp*, Pandekten 1^9, S. 748.

230 *Windscheid/Kipp*, Pandekten 1^9, S. 772.

231 *Savigny*, Besitz^6, S. 232; so ähnlich *Arndts*, S. 237.

232 *Windscheid/Kipp*, Pandekten 1^9, S. 760 f.

233 *Jhering*, Besitzschutz^2, S. 161 f.

ten Besitzes, den bereits das römische Recht kenne, nicht zur Geltung. In diesem Fall des abgeleiteten Besitzes sei anstatt des *animus domini* der *animus possidendi* für die Begründung des Besitzes notwendig[234]. *Savigny* unterscheidet zwischen dem ursprünglichen Besitz und dem abgeleiteten Besitz. Jener werde durch Detention und *animus domini* begründet, während dieser auf dem ursprünglichen Besitz einer anderen Person basiere, und durch Detention und *animus possidendi* begründet werde[235]. Abgeleitete Besitzer, z. B. Pfandgläubiger, Prekarist und Sequester, werden in bestimmten Fällen als juristische Besitzer anerkannt[236].

Dagegen kritisiert *Dernburg* an dem Begriff des abgeleiteten Besitzes von *Savigny*, dass römische Rechtsquellen weder den abgeleiteten Besitz des Prekaristen oder des Pfandgläubigers noch die Identifizierung von juristischem Besitz und von Eigentumsbesitz kennen würden. Der Begriff des abgeleiteten Besitzes sei künstlich und bilde eine den Rechtsquellen fremde juristische Konstruktion[237].

Savigny nennt folgende Beendigungsgründe des Besitzes: die Unmöglichkeit der willkürlichen Einwirkung des Besitzers auf bewegliche und unbewegliche Sachen[238] sowie die bewusste Aufgabe des *animus*[239]. Auch besagen *Windscheid/Kipp*, dass der Besitz nicht durch vorläufige Unterbrechung des erforderlichen körperlichen Verhältnisses, sondern durch das feste Nichtvorhandensein dieses Verhältnisses ende[240]. Ferner falle die vorläufige Unterbrechung des *animus* und der Eintritt einer geistigen Störung des Besitzers nicht unter die Beendigungsgründe des Besitzes. Der Besitz ende dadurch, dass der Besitzer den Willen zur Besitzaufgabe hat[241]. Im Fall des Besitzverlusts durch einen Vertreter erkennen *Windscheid/Kipp* die folgenden Verlustgründe an: die Willensaufgabe des Vertretenen, den Verlust der tatsächlichen Sachgewalt des Vertreters und die Willensaufgabe des Vertreters, die Sache für den Vertretenen zu besitzen. Doch heben sie hervor, dass der Tod des Vertreters, die Willensunfähigkeit des Vertre-

---

234 *Savigny*, Besitz^{6}, S. 279 f.

235 *Savigny*, Besitz^{6}, S. 126.

236 *Arndts*, S. 228; *Puchta*, S. 187; *Windscheid/Kipp*, Pandekten 1^{9}, S. 768 f.

237 *Dernburg*, Pandekten 1^{7}, S. 401 f.

238 *Savigny*, Besitz^{6}, S. 395 f.

239 *Savigny*, Besitz^{6}, S. 416 f.

240 *Windscheid/Kipp*, Pandekten 1^{9}, S. 801 f.

241 *Savigny*, Besitz^{6}, S. 416 f.; *Windscheid/Kipp*, Pandekten 1^{9}, S. 805; wie auch im römischen Recht, siehe oben S. 13.

ters, die Aufgabe des Besitzes durch den Vertreter ohne Wahrnehmung des Zustands des Besitzers keinen Beendigungsgrund des Besitzes darstellen[242].

Savigny vertritt die Auffassung, dass der Tod des Besitzers selbstverständlich zu den Beendigungsgründen des Besitzes gehöre, so dass diese Erläuterung überhaupt nicht nötig sei[243].

d. Besitzschutz

Durch die Interdikte, die einen unmittelbaren Befehl oder ein Verbot des Prätors enthalten, wurden alle Arten des juristischen Besitzes im römischen Recht geschützt und diese Interdikte unterschieden sich von der *actio*. Doch dieser Unterschied zwischen der *actio* und den Interdikten war in der Periode des späteren gemeinen Rechts nicht mehr vorhanden[244], so dass die possessorischen Interdikte, die auf der Verletzung des Besitzes beruhen, dem Besitzer Klagschutz boten[245].

In Bezug auf die Grundlage des Besitzschutzes werden die relative und die absolute Theorie vertreten, die von unterschiedlichen Prämissen ausgehen. Die relative Theorie nimmt an, dass nicht der Besitz an sich, sondern andere verschiedene Faktoren dem Besitzschutz zugrunde liegen. Die Besitzverletzung wird im römischen Recht als Unrecht angesehen und dem verletzten Besitzer werden die possessorischen Interdikte zugesprochen, die einen Anspruch auf Wiederherstellung des vorherigen Zustands begründen[246]. Außerdem kennt das römische Recht das Prinzip, dass der unrechtmäßige Besitzer, der ohne Rechtfertigungsgrund den fremden Besitz innehat, insoweit also bereichert ist, dem vorherigen Besitzer seinen Besitz wieder einräumen muss[247]. *Jhering* versucht den Grund für den Schutz des Besitzes aus der ökonomischen Notwendigkeit des Besitzes herzuleiten. Ökonomisch sei der Besitz ebenso notwendig wie das Eigentum. Dabei sei der Besitz die Tatsächlichkeit des Eigentums[248]. Der Besitz sei mit dem Eigentum verbunden, der Besitzschutz beruhe auf dem Eigentum und der Besitz werde „im Interesse der notwendigen Ergänzung des Eigentumsschutzes“ geschützt:

---

242 *Windscheid/Kipp*, Pandekten 1^{9}, S. 806 ff.

243 *Savigny*, Besitz^{6}, S. 396; vgl. auch *Dernburg*, Pandekten 1^{7}, S. 425; *Windscheid/Kipp*, Pandekten 1^{9}, S. 806.

244 *Savigny*, Besitz^{6}, S. 34.

245 *Puchta*, S. 195 f.; *Savigny*, Besitz^{6}, S. 446 und S. 452.

246 *Windscheid/Kipp*, Pandekten 1^{9}, S. 742.

247 *Windscheid/Kipp*, Pandekten 1^{9}, S. 744.

248 *Jhering*, Besitzschutz^{2}, S. 5; vgl. auch *Dernburg*, Pandekten 1^{7}, S. 395.

„[···] der Schutz des Besitzes als der Thatsächlichkeit des Eigenthums ist eine nothwendige Vervollständigung und Ergänzung des Eigenthumsschutzes, eine dem Eigenthümer zugedachte Beweiserleichterung, die aber nothwendigerweise auch dem Nichteigenthümer zu Gute kommt.“[249]

Vor diesem theoretischen Hintergrund kritisiert *Jhering Savignys* Besitzlehre:

„Der Grundirrthum Savigny's besteht in meinen Augen darin, daß er den Besitzbegriff mit dem der factischen Herrschaft über die Sache identificirt, ohne zu bemerken, daß dem letzteren Gesichtspunkt nur eine relative, beschränkte Wahrheit zukommt. Dadurch versetzt er sich in die Lage, denselben in einer Weise zu spannen, daß derselbe alle und jede Wahrheit verliert und in eine Carricatur seiner selber ausartet.“[250]

Die Ansichten von *Savigny* und *Jhering* fallen unter die relative Theorie, obwohl deren Begründungen völlig voneinander abweichen.

Im Gegensatz dazu hat die absolute Theorie einen ganz anderen Ansatzpunkt: Der Grund des Besitzschutzes liege im Besitz selbst. *Puchta* vertritt die Auffassung, dass der Besitzschutz weder auf dem Eigentum noch auf sonstigem Recht des Besitzers beruhe, sondern auf dessen Persönlichkeit, die sich in dem Besitz entfalte[251]. Er sucht die Rechtsnatur des Besitzes im Recht der Persönlichkeit, das die tatsächliche Gewalt des Besitzers rechtlich garantiert; die Verletzung des Besitzes führe zur Persönlichkeitsverletzung:

„[···] und diese selbstständige rechtliche Natur des Besitzes, die ihn über die Eigenschaft einer bloßen Eigenthumsbefugniß hinaushebt und dem Eigenthum als ein besonderes Recht gegenüberstellt, entlehnt er von dem Recht der Persönlichkeit, das schon der factischen Gewalt, welche die Person ausübt, eine rechtliche, nur der auf rechtlichem Weg nachgewiesenen und entschiedenen rechtlichen Macht über die Sache weichende Garantie verleiht: der Besitzer, der in seinem Besitz als solchem geschützt seyn will, gründet sein Verlangen nicht auf sein Eigenthum oder sonstiges Recht an der Sache (das er vielmehr noch ganz dahin gestellt seyn läßt), sondern auf seine Persönlichkeit, die in dem Besitz thätig geworden ist, und dieses factische Verhältniß mit einem rechtlichen Charakter bekleidet.“[252]

Daneben ist *Bruns* der Meinung, dass der Wille an sich seiner Natur nach absolut frei sei und diese Freiheit unter dem gesamten Rechtssystem anerkannt und

249 *Jhering*, Besitzschutz^2, S. 45.

250 *Jhering*, Besitzschutz^2, S. 161.

251 *Puchta*, S. 183.

252 *Puchta*, S. 183.

aufrechterhalten werde. Der durch verbotene Eigenmacht verursachte Eingriff gegen diesen Willen führe zum Unrecht. Deshalb sei der Wille schutzbedürftig[253].

II. Schicksal des Besitzes beim Erbfall

Über die Frage, was mit dem Besitz beim Tod des Besitzers geschieht, gehen die Antworten auseinander.

1. Meinungsstand

a. Besitzübergang *ipso iure*

Diejenigen, die von dem Besitzübergang *ipso iure* auf den Erben ausgehen[254], suchen den Ansatz des Übergangs im Begriff der Gewere und in der altgermanischen Gewohnheit le mort saisit le vif.

Pfeiffer hingegen bejaht den Besitzübergang *ipso iure* nur bezüglich des rechtlichen Besitzes, nicht aber hinsichtlich des Naturalbesitzes. Ersterer sei in Paul. D. 4,6,30 pr.[255], letzterer in Iav. D. 41,2,23 pr.[256] gemeint. Er widerspricht der Ansicht *Savignys*, indem er versucht zu belegen, dass sich die letzte Stelle nicht auf die Usukapion, sondern auf den „rechtlichen Besitz" beziehe. Ferner beginne die Usukapion, die den juristischen Besitz voraussetze, sofort mit dem Erbschaftsantritt. Auch die possessorischen Rechtsmittel (*remedia recuperandae possessionis*) gingen mit dem Erbschaftsantritt vor der tatsächlichen Besitzergreifung auf den Erben über[257]. Dies führe zu dem Ergebnis, dass der juristische Besitz eines Verstorbenen unmittelbar auf den Erben übergehe, und einer besonderen Apprehension nur bedürfe, um den Naturalbesitz und dessen Wirkungen zu erlangen[258]. Seine Ausführungen weichen von der Auffassung *Savignys*

253 *Bruns*, S. 490 f.; vgl. auch *Dernburg*, Pandekten 1^7, S. 396.

254 *Albrecht*, S. 32 f.; *Beseler*, LR, S. 562; *Cosack*, S. 33; *Eichhorn*, S. 795 f.; *Gengler*, S. 649; *Gierke*, DPR 2, S. 240; *Heusler*, S. 68; *Mittermaier*, GDPR 2^6, S. 568 f.; *Pfeiffer*, S. 203; *Phillips*, S. 415; *Sandhaas*, S. 128 ff.; *Stobbe*, DPR V, S. 31; *Walter*, S. 464 f.; *Zachariä*, S. 68; *Phillips*, ZGRW 7 (1831), S. 6; *Renaud*, Krit.Zs.Rechtsw.-Ausland 19 (1847), S. 104, vgl. auch S. 279 und S. 407; *Reyscher*, ZfdeuR.deuRW. 5 (1841), S. 206.

255 Siehe oben S. 20.

256 Siehe oben S. 16.

257 *Pfeiffer*, S. 203 f.

258 *Pfeiffer*, S. 205 f.

im Grunde genommen aber nur insoweit ab, dass statt Ersitzungsbesitz von rechtlichem Besitz die Rede ist.

b. Besitzergreifung

Die Vertreter der Meinung, nach der es der Besitzergreifung für den Besitzerwerb des Erben bedarf, gehen von der Prämisse aus, dass der Besitz auf der römischrechtlichen *possessio* beruhe. Es wird zwischen dem Erwerb des Besitzes und dem des Rechts unterschieden. Außer den Rechten, die an der Person des Erblassers haften, gehen alle übrigen Rechte des Erblassers mit dessen Tod *ipso iure* auf den Erben über. Der Besitz sei von dem gesetzlichen Übergang ausgenommen. Die Besitzergreifung sei sowohl für den *extraneus heres* als auch für den *suus heres* erforderlich. Daher werde der Besitz nach dem Erbfall nur durch Besitzergreifung des Erben erworben[259]. Dieses Ergebnis entspricht den obigen Ausführungen zum römischen Recht[260].

Ferner tritt die *hereditas iacens* in der Zeit zwischen dem Eintritt des Erbfalls und dem Erbschaftsantritt des als Erben Berufenen ein. In dieser Zwischenzeit sind die Erbschaftsgegenstände herrenlos (*res nullius*). Die Unterbrechung des Besitzes in dieser Zwischenzeit erfolgt unabhängig von der Debatte im gemeinen Recht, ob die *hereditas iacens* als selbstständiges Rechtssubjekt angesehen werden kann[261], ob die Personifizierung der *hereditas iacens* zur Fortsetzung des Besitzes durch die Erbschaft führt und ob schon der Antritt der Erbschaft den Besitzerwerb des Erben begründet.

---

259 *Dernburg*, Pandekten 1^7, S. 425; *Heimbach*, S. 574; *Koeppen*, S. 175; *Fr. Mommsen*, S. 59 - § 249: „Der Besitz an den erbschaftlichen Sachen und Rechten geht ohne Besitzergreifung durch die Antretung der Erbschaft auf den Erben nicht über; jedoch bedarf es nicht einer besonderen Besitzergreifung in Betreff der einzelnen Sachen und Rechte, insofern nicht ein Anderer inzwischen den Besitz erworben hat.“, vgl. § 250: „Besitzklagen, welche dem Erblasser bei seinem Tode zustanden, gehen auf den Erben über. Besitzklagen, welche gegen den Erblasser zustanden, können gegen den Erben nur angestellt werden, wenn derselbe die Besitzstörung, beziehungsweise Bestreitung des Besitzes fortsetzt oder wenn und soweit gegen den Erblasser ein Anspruch auf Schadensersatz begründet war.“; *Puchta*, S. 729; *Savigny*, Besitz^6, S. 376 f.; *Seuffert*, S. 213 f.; *Windscheid/Kipp*, Pandekten 3^9, S. 477 Fn. 5; *Duncker*, ZCP 12 (1839), S. 106 und S. 109.

260 Siehe oben S. 16 ff.

261 Vgl. *Savigny*, System II, S. 363 ff.; *Windscheid/Kipp*, Pandekten 3^9, S. 196 - insbesondere Fn. 10.

c. Stellungnahme

Die Lehre der Gewere setzt voraus, dass die „leibliche, körperliche, hebbende Gewere" im deutschen Recht unter Berücksichtigung der Funktion der Gewere der Detention im römischen Recht und die „ideelle, unkörperliche, juristische Gewere" der *possessio* im römischen Recht entsprechen würden. Doch ist diese Gleichstellung völlig unzutreffend. Die ideelle, unkörperliche, juristische Gewere wird, anders als die römischrechtliche *possessio*, als dingliches Recht angesehen.

Die Gewere gehe mit dem Tod des Erblassers *ipso iure* auf den Erben über. Der Erbe erwerbe mit dem Eintritt des Erbfalls die Gewere an der Erbschaft, ohne sie zu ergreifen. Sowohl ältere als auch jüngere Germanisten folgen diesem Prinzip. Die Anerkennung der ideellen Gewere rechtfertige daher die Grundlage des Besitzübergangs *ipso iure* auf den Erben nach der altgermansichen Gewohnheit le mort saisit le vif. Auch diese Anerkennung beruht auf der unzutreffenden Prämisse, dass die Gewere der *possessio civilis* gleichzusetzen sei. Wie oben bereits dargelegt, bietet nicht die deutsche Gewohnheit allein einen Ansatz für den Übergang des Besitzes *ipso iure*. Vielmehr ist auf das der deutschen Gewohnheit vorangegangene römische Recht zurückzugreifen.

Ferner erfolge der Übergang der Gewere *ipso iure* nach dem Anfallsprinzip, so dass die tatsächliche Ergreifung der Erbschaft für die Erlangung der Gewere überflüssig ist. Das Anfallsprinzip bezog sich im römischen Recht nicht auf Tatsachen. Die Vertreter der Gewere hingegen sehen die Gewere als ein Recht an, das von der Erbschaft erfasst wird. Dies verdeutlicht die Unvergleichbarkeit der Gewere mit der *possessio*.

Die Erklärung der Verfechter der Gewere erscheint als ein Versuch der sog. Germanisten, sich gegen das römische Recht im deutschen Rechtskreis durchzusetzen. Sie verkennen dadurch die geschichtliche Entwicklung des Besitzübergangs *ipso iure*, dessen Grundlage nicht ein gewohnheitlich anerkannter Grundsatz bildet, sondern auf römische Rechtsquellen zurückzuführen ist. Im deutschrechtlichen Rechtsgebiet wurde der Begriff der Gewere ganz verdrängt[262], so dass sie für das gemeine Recht keine Rolle spielt. Es ist daher *Savigny* zuzustimmen, dass zahlreiche neue Partikulargesetze, die nach der altgermanischen Gewohnheit le mort saisit le vif den Übergang des Besitzes *ipso iure* vorschreiben, auf einem Missverständnis des römischen Rechts aufbauen.

262 *Heusler*, S. 463.

„Mehrere neue Gesetzgebungen haben bey Erben überhaupt sehr inconsequent das Gegentheil bestimmt, was wohl aus einer mißverstandenen Stelle [Paul. D. 4,6,30 pr.] des Römischen Rechts selbst entstanden seyn mag.“[263]

Folglich ist im gemeinen Recht für den Besitzerwerb des Erben im Erbfall dessen Besitzergreifung an dem Nachlass, so wie im römischen Recht, erforderlich.

2. Schicksal der *interdicta retinendae* und *recuperandae possessionis* beim Erbfall

Aller Besitz wird nach dem römischen Recht durch *interdicta* geschützt[264]. *Interdicta retinendae* und *recuperandae possessionis* gehen, soweit sie sich gegen den Erblasser als Störer richten, nicht mit dem Tod des Erblassers auf dessen Erben über[265], sondern erlöschen. Denn die *interdicta retinendae* und *recuperandae possessionis* gehören zu den *interdicta*, die einen bestimmten Befehl oder ein Verbot des Prätors gegen unbefugte Störer oder Entzieher des Besitzes enthalten, so dass der Tod dieses Störers oder Entziehers zu der Ungültigkeit der *interdicta retinendae* und *recuperandae possessionis* des Prätors führt.

Doch war die vom römischen Recht anerkannte Unterscheidung zwischen *actiones* und *interdicta* im gemeinen Recht nicht mehr vorhanden, weshalb sich der Besitzschutz nicht auf diese *interdicta* beschränkte. *Savigny* geht davon aus, dass die possessorischen Interdikte zu den *obligationes ex delictis* gehören[266]. Bemerkenswert ist, dass der Besitzschutz zugunsten des Erben erweitert wurde, indem die *actiones* aus Delikt, die dem Erblasser zu dessen Lebzeiten zustanden, auf den Erben übergingen. Dies ist darauf zurückzuführen, dass im gemeinen Recht die Interdikte als *actiones* angesehen wurden.

III. *Successio in possessionem* und *accessio possessionis*

Im gemeinen Recht wird die Anrechnung der Besitzzeit im Fall der Universalsukzession insbesondere im Zusammenhang mit der Ersitzung behandelt. Der Besitz endet mit dem Tod des Erblassers. Doch dauert das Ersitzungsverhältnis nach dem Tod des Erblassers im Fall der Universalsukzession fort, soweit die vom Erblasser besessene Sache zu der Erbschaft gehört und kein anderer diese

263 *Savigny*, Besitz^6, S. 377.
264 *Savigny*, Besitz^6, S. 446; *Kaser/Knütel*, S. 114 (Rz. 21.1).
265 *Jhering*, Besitzschutz^2, S. 85.
266 *Savigny*, Besitz^6, S. 34.

Sache in Besitz genommen hat. Dieser Rechtsgedanke basiert auf dem römischen Recht. Die *hereditas iacens* tritt grundsätzlich zwischen dem Eintritt des Erbfalls und dem Erbschaftsantritt des Erben ein. Trotzdem setzt sich das Ersitzungsverhältnis während der *hereditas iacens* fort und die Ersitzung kann sogar sowohl in diesem Zeitraum als auch in der Zeit zwischen dem Erbschaftsantritt und der Besitzergreifung des Erben (und natürlich auch danach) vollendet werden. Das bedeutet aber nicht, dass der Besitz insgesamt und auch in anderen Zusammenhängen als dem der Ersitzung über den Tod einer Person hinaus fortdauert[267]. Es ergeben sich in dieser Hinsicht keine Unterschiede zum römischen Recht[268].

Dagegen erlangt der Erwerber bei der Übertragung einer Kaufsache einen neuen Besitz an dieser Sache. Die vom Veräußerer begonnene Besitzzeit wird dem Erwerber im Fall der Singularsukzession nach der *accessio possessionis* zugerechnet[269]. Dieser Rechtsgedanke beruht ebenfalls auf dem römischen Recht[270].

267 *Windscheid/Kipp*, Pandekten 1^9, S. 806 - insbesondere Fn. 12 und 13.

268 Siehe oben S. 23 ff.

269 *Windscheid/Kipp*, Pandekten 1^9, S. 931.

270 Siehe oben S. 25.

Teil 2: Gesetzgebungsarbeiten und Entstehung des § 857 BGB

1. Kapitel: Gesetzgebungsverfahren und Materialien

In der Zeit vom Ende des 18. Jahrhunderts bis zum 19. Jahrhundert empfanden die europäischen Staaten die Notwendigkeit für eine Kodifikation. Für die Organisation der erstarkenden Nationalstaaten Europas spielte die Schaffung eines leistungsfähigen Rechtswesens und damit die rationale Gesamtregelung wichtigster Bereiche durch Kodifikationen eine ausschlaggebende Rolle als eine Voraussetzung für die jeweiligen vereinten Staaten. Insbesondere waren sie sich der Notwendigkeit einer Kodifikation im Bereich des Privatrechts bewusst, auch im Hinblick auf die Förderung von Handel und Wirtschaft. Dieses Bewusstsein mündete in den Willen, ein für die Situation des einzelnen europäischen Staates geeignetes Gesetzbuch zu schaffen. Folglich entstanden das Allgemeine Landrecht für die preußischen Staaten (1794), der Code civil (1804) und das Allgemeine bürgerliche Gesetzbuch für die gesammten Deutschen Erbländer der Oesterreichischen Monarchie (1811), danach wurden das Bürgerliche Gesetzbuch (1896), das Schweizerische Obligationenrecht (1881) und das Schweizerische Zivilgesetzbuch (1907), die auf der Arbeit der Pandektisten beruhten, erlassen.

Das Gesetzgebungsverfahren zum BGB erfolgte bis zur Ausfertigung von Kaiser *Wilhelm II.* nicht problemlos. Nach Anstößen in der Debatte über die Notwendigkeit eines allgemeinen bürgerlichen Gesetzbuchs am Anfang des 19. Jahrhunderts begann erst ab 1873 das höchst komplizierte Gesetzgebungsverfahren in Deutschland. Während der zahlreichen Diskussionen und Verhandlungen zum BGB standen sich die Länder aufgrund ihrer eigenen Interessen in vielen Fragen gegenüber. In der Tat wurde das Gesetzgebungsverfahren für das deutsche Bürgerliche Gesetzbuch durch politische Interessenunterschiede zwischen den Ländern nicht unerheblich beeinflusst.

Im Folgenden werden die Gesetzgebungsarbeiten zum BGB, der Ablauf des Gesetzgebungsverfahrens, das Ziel der einzelnen Kommissionen und das Resultat der Arbeiten erläutert.

§ 1. Gesetzgebungszuständigkeit des Deutschen Reichs für die Zivilgesetzgebung

Ausgangspunkt des Kodifikationsstreits in Deutschland ist die Debatte über die Notwendigkeit eines Zivilgesetzbuchs zwischen *Anton Friedrich Justus Thibaut* und *Friedrich Carl von Savigny*.

Im Jahre 1814 entzündete die Veröffentlichung der berühmten Flugschrift von *Thibaut* „Ueber die Nothwendigkeit eines allgemeinen bürgerlichen Rechts für Deutschland" den Kodifikationsstreit in Deutschland:

> „Ich bin dagegen der Meynung, daß unser bürgerliches Recht (worunter ich hier stets das Privat- und Criminal-Recht, und den Proceß verstehen werde) eine gänzliche schnelle Umänderung bedarf, und daß die Deutschen nicht anders in ihren bürgerlichen Verhältnissen glücklich werden können, als wenn alle Deutschen Regierungen mit vereinten Kräften die Abfassung eines, der Willkür der einzelnen Regierungen entzogenen, für ganz Deutschland erlassenen Gesetzbuchs zu bewirken suchen."[271]

> „So ist also unser ganzes einheimisches Recht ein endloser Wust einander widerstreitender, vernichtender, buntschäckiger Bestimmungen, ganz dazu geartet, die Deutschen von einander zu trennen, und den Richtern und Anwälden die gründliche Kenntniß des Rechts unmöglich zu machen."[272]

Thibaut wies also auf die Probleme des damals uneinheitlichen, als unzeitgemäß empfundenen deutschen Rechts und die Notwendigkeit, ein gemeindeutsches bürgerliches Gesetzbuch zu schaffen, hin. Er bezeichnete ein zu erlassendes neues Gesetzbuch als ein einfaches National-Gesetzbuch, mit Deutscher Kraft im Deutschen Geist gearbeitet, und es werde Richter und Anwälte in die Lage versetzen, dass ihnen für jeden Fall das Recht lebendig gegenwärtig ist[273]. Für ihn war eine Kodifikation zum bürgerlichen Recht die Verkörperung der geistigen und ideellen Einheit der Deutschen, die ihnen auf dem politischen Gebiet abgesprochen wurde[274].

Savigny war entschieden anderer Meinung. In demselben Jahr griff er die Ansicht *Thibauts* in seiner Schrift „Vom Beruf unsrer Zeit für Gesetzgebung und Rechtswissenschaft" an. Er ging davon aus, dass das Recht mit dem Volk wachse, es sich aus dessen Volksgeist bilde und schließlich absterbe, so wie das

---

271 *Thibaut*, Notwendigkeit, S. 12 (= S. 41).

272 *Thibaut*, Notwendigkeit, S. 14 (= S. 42).

273 *Thibaut*, Notwendigkeit, S. 26 (= S. 45).

274 *Schubert*, S. 4.

Volk seine Eigentümlichkeit verliere. Außerdem sei der eigentliche Sitz des Rechts das gemeinsame Bewusstsein des Volkes. Alles Recht werde erst durch Sitte und Volksglaube erzeugt, dann durch Jurisprudenz, überall also durch innere, stillwirkende Kräfte, nicht durch die Willkür eines Gesetzgebers:

> „Das Recht wächst also mit dem Volke fort, bildet sich aus mit diesem, und stirbt endlich ab, so wie das Volk seine Eigenthümlichkeit verliert. Allein diese innere Fortbildung auch in der Zeit der Cultur hat für die Betrachtung eine große Schwierigkeit. Es ist nämlich oben behauptet worden, daß der eigentliche Sitz des Rechts das gemeinsame Bewußtseyn des Volkes sey."[275]

Das deutsche bürgerliche Recht sei sehr von dem gemeinen Recht abhängig, ohne Einfluss des römischen Rechts sei eine ungestörte Fortbildung des deutschen Rechts unmöglich[276]. Aufgrund der geringen Zahl von großen Juristen und des Mangels am sprachlichen Fortschritt sei die Schaffung eines Gesetzbuches derzeit unmöglich:

> „Ein wichtiger Punkt ist noch zu bedenken, die Sprache nämlich. Ich frage jeden, der für würdigen, angemessenen Ausdruck Sinn hat, und der die Sprache nicht als eine gemeine Geräthschaft, sondern als Kunstmittel betrachtet, ob wir eine Sprache haben, in welcher ein Gesetzbuch geschrieben werden könnte. Ich bin weit entfernt, die Kraft der edlen Deutschen Sprache selbst in Zweifel zu ziehen; aber eben daß sie jetzt nicht dazu taugt, ist mir ein Zeichen mehr, daß wir in diesem Kreise des Denkens zurück sind."[277]

Darüber hinaus sei es seiner Zeit unwahrscheinlich, in einer eigenständigen Form den Inhalt anschaulich darzustellen. Dies beruhe darauf, dass unter den damaligen Juristen der historische und systematische Sinn kaum zu finden sei. *Savigny* betonte, dass die Schaffung eines BGB bis zum Ende des 19. Jahrhunderts vorbehalten werden sollte.

Feuerbach, *Pfeiffer* und *Gönner* standen auf der Seite *Thibaut*s. Doch die Kodifikation eines Zivilgesetzbuchs unterblieb, weil die meisten deutschen Fürsten keineswegs die rechtliche Einheit wünschten[278].

Am 28. 3. 1849 wurde die Verfassung des Deutschen Reiches von 1849 (sog. Paulskirchenverfassung) von der Frankfurter Nationalversammlung verkündet und am 28. 4. 1849 im Reichsgesetzblatt veröffentlicht[279]. Doch stieß die

---

275 *Savigny*, Beruf, S. 11 (= S. 67).

276 *Savigny*, Beruf, S. 37 f. (= S. 76 f.).

277 *Savigny*, Beruf, S. 52 (= S. 82).

278 *Schubert*, S. 5.

279 RGBl. 1849, S. 101 ff.

Durchsetzung dieser Verfassung auf den Widerstand des preußischen Königs Friedrich *Wilhelm IV*. und der Fürsten im Deutschen Bund, die dessentwegen letztlich scheiterte[280].

§ 64 Verfassung des Deutschen Reiches	Der Reichsgewalt liegt es ob, durch die Erlassung allgemeiner Gesetzbücher über bürgerliches Recht, Handels- und Wechselrecht, Strafrecht und gerichtliches Verfahren die Rechtseinheit im deutschen Volke zu begründen.

Demnach wäre die Gesetzgebungskompetenz des Reichs auf das gesamte Gebiet des bürgerlichen Rechts erweitert worden, wenn die Paulskirchenverfassung von 1849 in Kraft getreten wäre.

Ende 1847 schlug der Zollverein in Leipzig vor, eine aus Vertretern aus 29 Mitgliedsstaaten bestehende Kommission die Allgemeine Deutsche Wechselordnung entwerfen zu lassen. Sie trat im Zeitraum vom 14. 12. 1848 bis zum 15. 7. 1850 für etwa 2 Jahre in allen deutschen Staaten außer Luxemburg und Limburg in Kraft. Sie wurde von der Nationalsammlung zu Frankfurt am 25. 11. 1848 mit der Bestimmung beschlossen, dass sie zum 1. 5. 1849 in ganz Deutschland Gesetzeskraft entfaltet. Es ist zweifelhaft, ob die Nationalversammlung überhaupt die Kompetenz dafür hatte[281]. Der deutsche Bund initiierte, dass eine Kommission auf der Grundlage eines preußischen Entwurfs vom 15. 1. 1857 bis zum 12. 3. 1861 den Entwurf für das bis 1869 in fast allen deutschen Staaten eingeführte Allgemeine Deutsche Handelsgesetzbuch (1861) vorlegen sollte. Im Jahre 1862 beschloss er trotz der Ablehnung Preußens die Ausarbeitung eines Obligationenrechts und einer Zivilprozeßordnung, weil das ADHGB damals ohne ein gemeinsames Schuldrecht und Zivilprozeßrecht in Kraft trat. In der Zeit vom 5. 1. 1863 bis zum 28. 5. 1866 wurde der Entwurf eines allgemeinen deutschen Gesetzes über Schuldverhältnisse (Dresdner Entwurf) durch die Zusammenarbeit der Vertreter aus Bayern, Hannover, Österreich, Sachsen, Württemberg und einigen weiteren kleineren Staaten ausgearbeitet. Zwar trat der Dresdner Entwurf aufgrund des Auseinanderbrechens des Deutschen Bundes nicht in Kraft, doch beeinflusste er die Gesetzgebungsarbeit der 1. Kommission zum BGB[282].

Da die Gesetzgebungskompetenz des Bundes bei Gründung des Norddeutschen Bundes noch nicht auf das gesamte Zivilrecht ausgedehnt war, stellte *Johannes von Miquel* 1867 den Antrag, die Reichskompetenz auf „die gemeinsame Gesetzgebung über das bürgerliche Recht, das Strafrecht, und das gerichtliche

280 *Wesel*, S. 438 f.
281 *Stobbe*, S. 491 f.
282 *Schubert*, S. 10.

Verfahren" zu erweitern. Im Gegensatz dazu wünschte die Norddeutsche Regierung, die Bundesgesetzgebungskompetenz auf das Handels-, Wechsel-, Konkurs- und Zivilprozeßrecht zu beschränken. Die Mehrheit der Abgeordneten des Norddeutschen Bundes lehnte den Antrag *Miquel*s ab[283].

Andererseits stellte der nationalliberale Abgeordnete *Eduard Lasker* in demselben Jahr den Antrag, durch Beschluss des Reichstags des Norddeutschen Bundes die Gesetzgebungskompetenz des Bundes auf das Obligationenrecht auszudehnen. Zur Verhinderung einer unterschiedlichen Entwicklung des Handelsrechts aufgrund der verschiedenen deutschen Privatrechtssysteme war ein gesamtdeutsches Obligationenrecht erforderlich[284]. Das Plenum des Reichstags des Norddeutschen Bundes nahm 1867 den Antrag *Lasker*s an und beschloss, dass die Bundeskompetenz nach Art. 4 Ziffer 13 der Norddeutschen Bundesverfassung „die gemeinsame Gesetzgebung über das Obligationenrecht, Strafrecht, Handels- und Wechselrecht und das gerichtliche Verfahren" umfassen soll[285].

Im Jahre 1869 stellte *Miquel* zusammen mit *Lasker* den Novellierungsantrag für die Verfassung im Reichstag, die gemeinsame Gesetzgebung über das gesamte bürgerliche Recht, das Strafrecht und das gerichtliche Verfahren, einschließlich der Gerichtsorganisation dem Bund zuzuweisen[286]. Der Reichstag des Norddeutschen Bundes nahm diesen Antrag im Mai 1869 mit absoluter Mehrheit an[287]. Am 3. 4. 1873 nahm der Reichstag des 1871 gegründeten Deutschen Reichs den Antrag auf die entsprechende Verfassungsänderung an. In der Sitzung vom 4. 12. 1873 fasste der Bundesrat (trotz der Ablehnung beider Mecklenburg und von Reuß ältere Linie) den Beschluss über die Verfassungsänderung und die Einsetzung der Kommission zum BGB. Aufgrund des zustimmenden Beschlusses des Reichstags und des Bundesrates wurde die Gesetzgebungskompetenz des Bundes auf das gesamte bürgerliche Recht ausgedehnt[288].

§ 2. Vorkommission

I. Zusammensetzung

Der Bundesrat beauftragte mit der Zustimmung zur Verfassungsänderung am 4. 12. 1873 den Justizausschuss, „über die Einsetzung einer solchen Kommissi-

283 *Laufs*, JuS 1973, S. 742.

284 *Schubert*, S. 11.

285 *Jakobs/Schubert*, Materialien, S. 27; *Laufs*, JuS 1973, S. 742.

286 *Schubert*, S. 11 f.

287 *Laufs*, JuS 1973, S. 743.

288 RGBl. 1873, S. 379; *Schubert*, S. 13; *Jakobs/Schubert*, Materialien, S. 32 f.

on und über die sonst zur Aufstellung eines Entwurfs eines deutschen bürgerlichen Gesetzbuchs zu treffenden Einleitungen baldthunlichst Vorschläge zu machen"[289].

Am 28. 2. 1874 wies er einer aus 5 Juristen bestehenden Kommission die Aufgabe zu, „über Plan und Methode, nach welcher bei Aufstellung des Entwurfs eines Deutschen bürgerlichen Gesetzbuchs zu verfahren sei, gutachtliche Vorschläge zu machen"[290]. Diese sog. Vorkommission zum BGB wurde mit der Annahme des Vorschlags von *Gerhard Adolf Wilhelm Leonhardt* mit der Mehrheit des Justizausschusses eingesetzt. Zugleich stellte *Leonhardt* den Antrag, eine Kommission einzusetzen. Sie bestand aus den Mitgliedern *Franz Förster*, vortragender Rat im Preußischen Justizministerium, sowie aus den Präsidenten der obersten Gerichte von Bayern, Sachsen und Württemberg und *Levin Goldschmidt* bestehen sollte, als der einzige Theoretiker des Handelsrechts in der nur aus Praktikern bestehenden Vorkommission, *Ludwig Ritter von Neumayr*, Präsident des Bayerischen Oberappellationsgerichts, *Franz Philipp Friedrich von Kübel*, Obertribunalsdirektor in Stuttgart, und *Anton von Weber*, Präsident des Sächsischen Oberappellationsgerichts in Dresden. Das Plenum beschloss am 20. 2. 1874, da das Ausscheiden *Förster*s aus dem Justizministerium feststand und *Leonhardt* es vorschlug, *Meyer*, den ersten Präsidenten des Paderborner Appellationsgerichts, als Mitglied der Vorkommission zu berufen. Doch ersetzte der Bundesrat am 19. 3. 1874 *Meyer* wegen seiner Krankheit durch *Ludwig Hermann von Schelling*, den damaligen Präsidenten des Appellationsgerichts in Halberstadt[291].

Am 18. 3. 1874 begann die Beratung der Vorkommission unter der Leitung des Vorsitzenden *Schelling*. In der Beratung ging es um die Zusammensetzung der Hauptkommission, die erforderliche Mitgliederzahl und um die Frage, ob das von der Hauptkommission zu entwerfende Gesetzbuch das bestehende Recht aufrechterhalten oder neu aufbauen sollte. Die Vorkommission erstellte ein Gutachten mit Vorschlägen über die Grundsätze der Abfassung eines gesamtdeutschen Bürgerlichen Gesetzbuchs und unterzeichnete es am 15. 4. 1874, danach wurde es vom Bundesrat am 19. 4. 1874 dem Justizausschuss zur Überprüfung überwiesen. Der Justizausschuss stimmte dem Gutachten zu und leitete es mit einem zusätzlichen Gutachten mit ergänzenden Vorschlägen wieder dem Bundesrat zu[292].

---

289 *Jakobs/Schubert*, Materialien, S. 33.

290 *Jakobs/Schubert*, Materialien, S. 163; vgl. auch *Schubert*, S. 13.

291 *Jakobs/Schubert*, Materialien, S. 34.

292 *Schubert*, S. 13; *Jakobs/Schubert*, Materialien, S. 36.

Am 22. 6. 1874 billigte der Bundesrat die Gutachten der Vorkommission und des Justizausschusses, die auf die Arbeit der 1. Kommission Einfluss ausgeübt haben. Anschließend sollte die Wahl der Mitglieder erfolgen[293].

II. Aufgaben

Die Vorkommission fasste ein Gutachten ab. Sie arbeitete das Gutachten unter Berücksichtigung des festen Willens des Deutschen Reichs über die Rechtseinheit und dessen Wirkung im ganzen Deutschen Reich aus. In der Tat sollten die Vorkommission und der Bundesratsausschuss sich nicht auf eine nur Teil-Kodifikation beschränken, sondern ein gesamtdeutsches Bürgerliches Gesetzbuch entwerfen, weil der Erlass von Einzelgesetzen für das ganze Deutsche Reich nicht förderlich sei[294]. Entscheidend war die Verständigung in der Vorkommission dahin, dass die zu erarbeitende Kodifikation sich dem geltenden Recht eng anschließen[295] und dem damaligen Stand der Wissenschaft entsprechen sollte[296].

Dieses Gutachten enthielt im ersten Teil detaillierte Vorschläge über den Inhalt und Umfang einer gesamtdeutschen Zivilrechtskodifikation und im zweiten Teil solche für das Verfahren und die Arbeitsweise einer zur Ausarbeitung eines Bürgerlichen Gesetzbuches einzusetzenden Kommission[297]. Das Gutachten der Vorkommission ging davon aus, dass die Lösung von Streitigkeiten im geltenden Recht von der Entscheidung des Gesetzgebers abhängig war und die Rechtseinheit der Reichseinheit folgen sollte. Dabei berücksichtigten die Gutachter Bedürfnis und Zweckmäßigkeit[298]. Sie entschieden, welche Materien aufgenommen werden oder ausscheiden sollten. Ferner waren die Gutachter sich einig, einen Allgemeinen Teil des BGB zu schaffen. Nur durch ein solches System des Gesetzbuches sei es möglich, der (damaligen) neuen Literatur und den Kodifikationen Folge zu leisten. Es sei geboten, nicht von dem Allgemeinen zum Besonderen Teil herabzusteigen, sondern ausgehend von dem Besonderen das Allgemeine auszuscheiden[299]. Was den sprachlichen Aspekt des neuen Gesetzbuches angeht, sollte es kurz und bündig abgefasst werden, so dass es für einen durchschnittlichen Bürger verständlich ist, jedoch auch hinreichend be-

293 *Jakobs/Schubert*, Materialien, S. 36.
294 *Schubert*, S. 14 f.
295 *Jakobs/Schubert*, Materialien, S. 35.
296 *Schubert*, S. 15.
297 *Schubert*, S. 14.
298 *Benöhr*, JuS 1977, S. 80.
299 *Jakobs/Schubert*, Materialien, S. 179.

stimmt und exakt. Die Bestimmtheit bezog sich nicht darauf, ein Gesetzbuch mit Einzelfallregelungen zu entwerfen. Das zu schaffende BGB sollte leitende Prinzipien aufstellen und die wichtigsten Ausnahmeregelungen treffen. Die nicht geregelten Sonder- und Einzelfälle seien vielmehr der Praxis zu überlassen[300].

§ 3. 1. Kommission

I. Zusammensetzung

Nach der Billigung des Gutachtens der Vorkommission und des Justizausschusses durch den Bundesrat wählte der Bundesrat im Plenum am 2. 7. 1874 elf Persönlichkeiten zu Mitgliedern der 1. Kommission und betraute am 22. 7. 1874 diese 1. Kommission mit der Ausarbeitung des Entwurfs zum BGB. Die elf Mitglieder waren: *Paul Rudolf von Roth*, Germanist und ordentlicher Professor, *Gottfried Ritter von Schmitt*, damals bayerischer Ministerialrat, *Anton von Weber*, sächsischer Oberappellationsgerichtspräsident, der schon am sächsischen BGB mitgewirkt hatte, *Franz Philipp Friedrich von Kübel*, Obertribunalsdirektor, der bereits an der Ausarbeitung des Dresdner Entwurfs von 1866 teilgenommen hatte, *Heinrich Eduard Pape*, Präsident des Reichs-Oberhandelsgerichts, *Reinhold Heinrich Sigismund Johow*, Obertribunalspräsident, *Karl Dietrich Adolf Kurlbaum*, Vortragender Rat beim preußischen Justizministerium, *Gottlieb Karl Georg Planck*, damals Oberappellationsgerichtsrat, *Bernhard Windscheid*, Romanist und ordentlicher Professor in Heidelberg, *Albert Gebhard*, Ministerialdirektor, und *Gustav Theodor Friedrich Derscheid*, damaliger Appellationsgerichtsrat[301]. Die 1. Kommission bestand aus 6 Richtern, 3 Ministerialbeamten und 2 Professoren. Preußen schickte in die Kommission *Johow*, *Kurlbaum*, *Pape* und *Planck*, Bayern *Roth* und *Schmitt*, Baden *Gebhard* und *Windscheid*, Württemberg *Kübel*, Sachsen *Weber* und Elsaß-Lothringen *Derscheid*. In dem Gebiet des gemeinen Rechts hatten *Schmitt*, *Kübel* und *Planck* ihren Ursprung, in dem Gebiet des ALR *Pape*, *Kurlbaum* und *Johow*, in dem Gebiet des französischen Rechts *Derscheid* und *Gebhard*, und letztlich in dem Gebiet des sächsischen Rechts *Weber*. Bei alldem wurden bedeutende Professoren, wie etwa *Beseler*, *Bruns*, *Dernburg* und *Jhering* vom Bundesrat nicht miteinbezogen. *Pape* führte den Vorsitz der 1. Kommission[302].

---

300 *Schubert*, S. 17.

301 E I (1888), S. III f.; *Jakobs/Schubert*, Materialien, S. 37.

302 *Schubert*, S. 19.

II. Aufgaben

In der Zeit vom 17. 9. 1874 bis zum 28. 9. 1879 fanden Vorbereitungssitzungen über die Entscheidung des Umfangs des Entwurfs und des technischen Ablaufs der Kommissionsarbeiten statt. Die 1. Kommission war der Meinung, den Entwurf zum BGB in zwei Teilen abzufassen, in einen Allgemeinen und einen Besonderen Teil. Der Letztere sollte wiederum in 4 Teilen, Sachenrecht, Schuldrecht, Familienrecht und Erbrecht, unterteilt werden. Außerdem entschied sie, die Ausarbeitung der Vorentwürfe ihren Mitgliedern zu überlassen. Die Aufgabenverteilung erfolgte wie folgt: *Gebhard* war für den Allgemeinen Theil zuständig, *Kübel* für das Recht der Schuldverhältnisse, *Johow* für das Sachenrecht, *Planck* für das Familienrecht und *Schmitt* für das Erbrecht. Die 1. Kommission wählte *Johow* und *Planck* aus Preußen zu Redaktoren, während sie jeweils nur einen Redaktor aus Bayern, Württemberg und Baden berief. Sie war der Ansicht, dass der Allgemeine Teil zunächst abgefasst werden und ein Redaktor allein den Vorentwurf des Sachenrechts ausarbeiten sollte, womit *Johow* betraut wurde. Die Mitglieder der 1. Kommission, die unbefriedigend zusammenarbeiteten, legten jeweils unterschiedliche Fassungen der Vorentwürfe vor. *Pape* trug viel zu der vergleichsweise einheitlichen Zusammenfassung dieser Vorentwürfe bei[303]. Schließlich wurden die Vorentwürfe des Sachen- und Familienrechts in der Zeit von 1879 bis 1880 ausgearbeitet. Da *Kübel* verstarb, kam es nicht zum Abschluss des Vorentwurfs des Schuldrechts; auch gelang es *Gebhard* nicht, bis Ende 1880 den Vorentwurf des Allgemeinen Teils fertig zu stellen. Dessen Vervollständigung erfolgte vielmehr im Laufe der Hauptberatungen[304].

Am 4. 10. 1881 begann die 1. Kommission mit den Hauptberatungen trotz mangelnder Fertigstellung des Vorentwurfs des Allgemeinen Teils und des Schuldrechts. Für den unvollendeten Vorentwurf des Schuldrechts zog die 1. Kommission die Regelungen des Dresdner Entwurfs in die Beratung mit ein. Die Beratungen der Kommission erfolgten nach ihrer Geschäftsordnung, der zufolge nach Abschluss der jeweiligen Beratung eine Abstimmung stattfand. Im Fall der Stimmengleichheit entschied die Stimme des Vorsitzenden[305]. Am 1. 10. 1883 schied *Windscheid* aus der Kommission aus. Dies geschah - wie aus einem Brief an *Bismarck* deutlich wird - trotz der Bemühungen des Kommissionsvorsitzenden *Pape*, ihn von diesem Schritt abzuhalten[306]. *Windscheid* hatte bereits einen großen Beitrag zur Arbeit der Kommission geleistet, insbesondere durch

---

303 *Schubert*, S. 24.

304 *Schubert*, S. 25.

305 *Schubert*, S. 30 f.

306 *Jakobs/Schubert*, Materialien, S. 47 m. Fn. 94.

seine rechtstechnischen Fähigkeiten als Romanist. Die Einfachheit und Genauigkeit der Formulierungen der Rechtssätze waren sein primäres Ziel, die auch entsprechend im Entwurf zum Ausdruck kamen. Die Beratungen über die Vorentwürfe fanden vom 4. 10. 1881 bis Ende September 1887 statt. Die 1. Kommission überarbeitete vom 30. 9. 1887 bis zum 16. 12. 1887 den Kommissionsentwurf. Nach Vervollständigung des 1. Entwurfs kam es auch zur Fertigstellung des Entwurfs des Einführungsgesetzes, der Grundbuchordnung, des Zwangsversteigerungsgesetzes und des Zwangsverwaltungsgesetzes. *Johow* wurde nach dem Tod von *Pape* am 8. 9. 1888 der Kommissionsvorsitzende. Die 1. Kommission legte am 12. 1. 1888 den 1. Entwurf mit einem Begleitschreiben *Pape*s vom 27. 12. 1887 dem Bundesrat vor, der ihn sofort an den Justizausschuss weiterleitete. Die Veröffentlichung des 1. Entwurfs nebst Motiven wurde vom Justizausschuss dem Plenum am 24. 1. 1888 nahegebracht. Dem stimmte am 31. 1. 1888 der Bundesrat zu[307]. Die publizierten Motive von 1888 sind eine Privatarbeit der Hilfsarbeiter der Redaktoren[308].

§ 4. 2. Kommission

I. Zusammensetzung

Am 4. 12. 1890 fasste der Bundesrat den Beschluss, eine zweite Lesung des 1. Entwurfs vorzunehmen und setzte die 2. Kommission ein, die zunächst aus 22 Mitgliedern und alsbald aus 24 Mitgliedern bestand. Über den Umfang und die Grundsätze der Abänderung des 1. Entwurfs bestanden keine näheren Vorgaben. Am 4. 12. 1894 wählte die 2. Kommission elf ständige und dreizehn nicht ständige Mitglieder. Die Beteiligung der Letzteren war nur im Fall der Sonderanordnung des Vorsitzenden erforderlich.

Die ständigen Mitglieder waren der Vorsitzende der Kommission, hessischer Ministerialrat *Emil Gerhard Dittmar* aus Darmstadt, *Hermann Gustav Eichholz*, preußischer Oberjustizrat, *Johann Josef Eduard Hanauer*, Direktor des Reichsjustizamtes, *Karl August Ritter von Jacubezky*, bayerischer Oberregierungs- und späterer Ministerialrat, *Oscar Rudolph Küntzel*, preußischer Oberregierungsrat, *Konrad Wilhelm von Rüger*, Vortragender Rat im sächsischen Justizministerium, *Isaac Wolffson*, Rechtsanwalt aus Hamburg, *Gottlieb Karl Georg Planck*, Appellationsgerichtsrat in Celle, und die Professoren *Albert*

307 E I (1888), S. VI f.; *Schubert*, S. 34.
308 *Enneccerus/Nipperdey*, S. 45.

Gebhard aus Baden und *Johann Gustav Karl von Mandry* aus Württemberg, die bereits Mitglieder der 1. Kommission waren. *Planck* wurde zum Generalreferenten bestellt und vertrat das vollendete Werk dann auch im Reichstag als Kommissar des Bundesrates.

Als nichtständige Mitglieder der 2. Kommission wurden die Professoren *Ludwig von Cuny*, *Rudolf Sohm*, und *Johannes Ernst Conrad*, die preußischen Richter *Julius Adolph Hoffmann* und *Peter Spahn*, der Rechtsanwalt *Richard Karl Wilke*, die Rittergutsbesitzer *Friedrich Balduin von Gagern*, *Otto Heinrich von Helldorff-Bedra* und *Otto Carl Gottlob von Manteuffel-Crossen*, der Oberbergrat und Hüttendirektor *Ernst Leuschner*, der Brauereidirektor *Friedrich Goldschmidt*, der Landforstmeister *Bernhard Engelbert Joseph Danckelmann* und der Präsident der Berliner Discontogesellschaft *Emil Russell* ausgewählt. Von ihnen waren *Manteuffel-Crossen* und *Helldorff* (Konservative Partei), *Gagern* (Zentrum), *Cuny* (Nationalliberale Partei), *Goldschmidt* (Deutsch-Freisinnige Partei) und *Leuschner* (Reichspartei) Abgeordnete des Reichstags[309].

Die Kommissare der Reichsregierung waren der Kammergerichtsrat *Alexander Georg Achilles*, der vortragende Rat im sächsischen Justizministerium *Karl Heinrich Börner* und der vortragende Rat im Reichsjustizamt *Hermann Carl Sigismund Struckmann*, die bereits in der 1. Kommission als Hilfskräfte mitgewirkt hatten. Nachdem der Vorsitzende *Julius Robert Bosse* Ende März 1892 aus der Kommission ausschied, ersetzte ihn *Struckmann*. Am 31. 3. 1895 wurde *Börner* durch *Rüger* ersetzt.

Vorsitzender der 2. Kommission war bis Mitte 1893 der jeweilige Staatssekretär des Reichsjustizamtes. Vom 15. 12. 1890 war *Otto Karl von Oehlschläger* als Vorsitzender tätig, von April 1891 bis Ende März 1892 übernahm *Bosse* und von April 1892 bis Ende April 1893 *Hanauer* die Stellung des Vorsitzenden. Der Reichskanzler löste Mitte 1893 die Führung des Vorsitzes vom Amt des Staatssekretärs. Dadurch nahm der bisherige stellvertretende Vorsitzende *Küntzel* die Position des Vorsitzenden der 2. Kommission ein[310].

Die Besonderheit der 2. Kommission lag darin, dass sie anders als die 1. Kommission zusammengesetzt wurde und seinerzeit amtierende Richter im Gegensatz zur 1. Kommission von der Berufung als Mitglied der 2. Kommission ausgeschlossen wurden. Es ist bemerkenswert, dass von den politischen Parteien gestellte nichtjuristische Vertreter zu Mitgliedern der 2. Kommission bestellt wurden. Doch übten sie keinen erheblichen Einfluss auf die Ausarbeitung des 2. Entwurfs aus[311].

---

309 Prot. I, S. V f.; *Schubert*, S. 47 m. Fn. 232 und 233.

310 Prot. I, S. VII; *Schubert*, S. 46 f.

311 *Schubert*, S. 47.

II. Aufgaben

In der Vorbereitungssitzung zur 2. Kommission vom 15. 12. 1890 wurde der Vorsitzende *Planck* als Generalreferent berufen. Als Spezialreferenten wurden *Gebhard*, *Jacubezky*, *Küntzel*, *Mandry* und *Rüger* ausgewählt. Die Aufgabenverteilung erfolgte wie folgt: *Gebhard* war für den Allgemeinen Theil, *Jacubezky* für das Recht der Schuldverhältnisse, *Küntzel* für das Sachenrecht, *Mandry* für das Familienrecht und *Rüger* für das Erbrecht zuständig. An demselben Tag gab sich die 2. Kommission eine Geschäftsordnung[312].

Nach der Vorberatung des Vorsitzenden mit den jeweiligen Referenten begann am 1. 4. 1891 die Kommissionsarbeit der 2. Kommission. Der durch deren Arbeit am 27. 3. 1895 zustande gebrachte 2. Entwurf wurde im Zeitraum vom 5. 6. bis zum 19. 6. 1895 revidiert. Anschließend erschienen der Allgemeine Teil (1892), das Schuldrecht (1892 bis 1893), das Sachenrecht (1894), das Familienrecht (1894) und das Erbrecht (1895). Die Veröffentlichung erfolgte im Jahre 1898. Am 21. 10. 1895 fand die Schlussredaktion statt und der 2. Entwurf wurde am 22. 10. 1895 dem Reichskanzler übergeben. Zusätzlich erfolgten vom 14. 10. 1895 bis zum 8. 2. 1896 Beratungen über das Einführungsgesetz, die Zivilprozessordnung und die Konkursordnung[313]. Die Protokolle der 2. Kommission wurden 1897 bis 1899 von *Achilles*, *Gebhard* und *Spahn* angefertigt[314].

§ 5. Bundesrat

Am 24. 10. 1895 übernahm der Bundesrat den 2. Entwurf, der anschließend dem Justizausschuss vorgelegt wurde. Die Beratung im Justizausschuss, der durch Vertreter der Länder besetzt war, führte zu nicht wenigen Änderungen. Der Justizausschuss hielt sich jedoch an den Rahmen und die Grundprinzipien des ihm vorgelegten Entwurfs. Die Änderungen betrafen hauptsächlich das Vereinsrecht und das Internationale Privatrecht. Der Bundesrat erteilte am 16. 1. 1896 einstimmig - trotz Bedenken Mecklenburgs - seine Zustimmung[315].

---

312 Prot. I, S. VII f.; *Schubert*, S. 48 m. Fn. 236.

313 Prot. I, S. X f.; *Schubert*, S. 48 ff.

314 Prot. I, S. XIV; *Jakobs/Schubert*, Materialien, S. 22 f.

315 Prot. I, S. XI; *Schubert*, S. 52; *Jakobs/Schubert*, Materialien, S. 62 ff. - Zur abschließenden Abstimmung am 14. 7. 1896 siehe sogleich.

§ 6. Reichstag

Der vom Justizausschuss abgeänderte und vom Bundesrat beschlossene 3. Entwurf wurde am 17. 1. 1896 mit einer Denkschrift des Reichsjustizamtes dem Reichstag zugeleitet. Die erste Lesung erfolgte vom 3. 2. bis zum 6. 2. 1896, die zweite vom 19. 6. bis zum 27. 6. 1896 und die dritte vom 30. 6 bis zum 1. 7. 1896, an deren letzten Tag eine Abstimmung stattfand. In der ersten Lesung widersprachen die Sozialdemokraten dem Entwurf, da er den Interessen der Arbeitnehmer und darüber hinaus dem Schutz der einkommensschwachen Bevölkerung nicht hinreichend Rechnung trage. Auch *Arnold Nieberding*, *Planck* und *Sohm* hatten im Hinblick auf formelle Aspekte Zweifel an dem Entwurf. Trotz ihrer Bedenken gingen sie jedoch davon aus, dass die Annahme des Entwurfs die derzeitig einzige Möglichkeit sei, der Rechtszersplitterung entgegenzuwirken. Alle Redner sahen im Entwurf ebenfalls das Bedürfnis nach Änderungen und Verbesserungen. Dennoch wurde, um das Ziel der Rechtseinheit zu erreichen, der Entwurf im Ausschuss unter Leitung von *Spahn* nur unwesentlich abgeändert. Dieser abgeänderte Entwurf war Gegenstand der 2. Lesung. Bei der Schlussabstimmung über den 3. Entwurf stimmten 222 der anwesenden Abgeordneten von 288 für, 48 gegen den Entwurf und 18 enthielten sich ihrer Stimme[316].

Letztlich stimmte auch der Bundesrat dem Entwurf in der vom Reichstag beschlossenen Fassung am 14. 7. 1896 zu. Am 18. 8. 1896 fertigte Kaiser *Wilhelm II.* das Gesetz aus. Es wurde am 24. 8. 1896 im Reichsgesetzblatt unter der Bezeichnung „Bürgerliches Gesetzbuch" veröffentlicht und trat am 1. 1. 1900 in Kraft[317].

2. Kapitel: Die Vorentwürfe zum BGB

§ 1. Vorentwurf zum Sachenrecht

I. Verfasser des Vorentwurfs zum Sachenrecht, *Johow*

Reinhold Johow wurde am 30. 5. 1823 in Berlin geboren, studierte zuerst Theologie und Philosophie, sodann Rechtswissenschaft an der Universität Berlin. Im

316 Prot. I, S. XI f.; *Schubert*, S. 52 ff.

317 Prot. I, S. XII; *Schubert*, S. 56; *Jakobs/Schubert*, Materialien, S. 68.

Jahre 1845 trat er als Auskultator in den preußischen Justizdienst und er gehörte ihm bis 1889 an. Nach dem Bestehen der Assessorprüfung war er als Gerichtsassessor im Kreisgericht in Kyritz tätig. Danach wurde er an das Kreisgericht in Sigmaringen versetzt. Von 1857 bis 1860 übernahm er das Amt eines Staatsanwalts in Hechingen, erhielt im Jahre 1860 eine Ratsstelle am Appellationsgericht in Posen und wechselte dann von Posen zum Obertribunal in Berlin. Zwischen 1867 und 1869 war er als Hilfsarbeiter im preußischen Finanzministerium und im preußischen Justizministerium tätig. Als Stellvertreter *Pape*s führte *Johow* den Vorsitz in den Redaktionskonferenzen der 1. Kommission von 1875 bis 1879 und nach dem Tod *Pape*s in der Gesamtkommission von Anfang September 1888 bis zum 31. 3. 1889. Mit der Reorganisation der preußischen Justiz im Jahre 1879 wurde ihm nur eine Stelle als Kammergerichtsrat zugeteilt[318].

II. Stellungnahme *Johow*s

1. Besitz

a. Begriff

Bei der Ausarbeitung des Vorentwufs zum Sachenrecht von *Johow* ist die Frage danach, ob der Besitz ein Faktum, ein Faktum und Recht zugleich, oder ein Recht an einer Sache ist, ebenso wie die Frage nach dem Grund des Besitzschutzes problematisch gewesen. *Johow* meint, dass die Aufgabe der Gesetzgebung von diesem Streit unabhängig sei. Trotzdem verwendet er die Ausdrücke wie „die faktische Beherrschung einer Sache“[319] und „die thatsächliche Natur des Besitzes“[320]. Außerdem erscheine der Besitz nicht als ein selbstständiges Rechtsinstitut, sondern als ein Rechtsverhältnis, das in Bezug auf anderen Tatsachen mit dem Erwerb, Verlust und Schutz von Rechten verbunden sei. Ferner legt *Johow* seiner Ausarbeitung über den Besitz das römische Recht zugrunde und berücksichtigt zugleich das deutsche Rechtsleben:

> „Der vorl. Entw. wird hierdurch genöthigt, die römische Besitztheorie, wie sie sich in unseren Kodifikationen wiederspiegelt, überall zum Ausgangspunkte zu nehmen, jedoch mit dem stets wachen Bewußtsein, daß es gilt, ein den Bedürfnissen des heutigen deutschen Rechtslebens entsprechendes Besitzrecht aufzustellen.“[321]

---

318 VorE SaR I, S. XXI f.; *Jakobs/Schubert*, Materialien, S. 74.
319 VorE SaR I, S. 476.
320 VorE SaR I, S. 479.
321 VorE SaR I, S. 476.

Daraus ergibt sich, dass der Besitz *Johow* zufolge wie auch im römischen und gemeinen Recht ein Faktum ist, obwohl er dies nicht ausdrücklich erwähnt.

Daneben definiert *Johow* den Besitz wie folgt:

§ 48 VorE SaR	Wer eine Sache mit seinem Willen in thatsächlicher Gewalt hat, ist Inhaber. Hat der Inhaber den Willen, die thatsächliche Gewalt nur für einen Anderen zu üben, der Andere aber den hiermit übereinstimmenden Willen, so ist dieser Andere Besitzer. In allen übrigen Fällen ist der Inhaber Besitzer[322].

Johow unterteilt den Fall des § 48 VorE SaR in zwei Gruppen. Eine Gruppe bezieht sich auf den Fall der Vertretung im Besitz und die andere Gruppe auf alle anderen Fälle. Der erste Fall hat die Vertretung im Besitz im Auge:

> „Regelmäßig ist der Inhaber auch Besitzer. Der Inhaber stellt sich als Nichtbesitzer in dem Falle dar, daß er Vertreter einer anderen Person ist und dieser nach den Regeln über die Erwerbung und die Fortsetzung des Besitzes durch Mittelspersonen der Besitz zugeschrieben, damit aber in anderen Personen geleugnet werden muß. Diese Negation leitet sich mithin aus der Lehre von der Vertretung im Besitze her und reicht soweit wie die Zusprechung des Besitzes an den Vertretenen. Diese Zusprechung ist positiven Rechtens, per procuratorem adquiri possessionem utilitatis causa receptum est."[323]

Der „Besitzer" im Sinne des § 48 Abs. 1 S. 2 VorE SaR entspricht dem „Vertretenen" der rechtsgeschäftlichen Vertretungslehre und der „Inhaber" im Sinne des § 48 Abs. 1 S. 2 VorE SaR dem „Vertreter". In diesem Fall unterscheidet sich der Besitzer von dem Inhaber. *Johow* bezeichnet diesen Inhaber absichtlich als „Stellvertreter"[324], um den Inhaber im Sinne des § 48 Abs. 1 S. 2 VorE SaR nach der Vertretung im Besitz von dem Inhaber im Sinne des § 48 Abs. 2 VorE SaR, der dem Besitzer in den übrigen Fällen gleichkommt, abzugrenzen. Im Fall der Vertretung im Besitz steht die Wirkung des Besitzes nur dem Vertretenen bzw. dem Besitzer zu. Doch in allen übrigen Fällen ist der Inhaber im Sinne des § 48 Abs. 2 VorE SaR Besitzer.

Die Bedeutung des Inhabers im Sinne des § 48 VorE SaR muss von der der *naturalis possessio* im römischen Recht und der Detention im gemeinen Recht unterschieden werden. Der Begriff des Inhabers im Sinne des § 48 Abs. 2 VorE

322 Alle §§ des VorE SaR richten sich nach *Schubert*, VorE SaR I.

323 VorE SaR I, S. 481 (unter Hinweis auf Pauli sententiae 5,2,2: Dass wir durch einen Verwalter den Besitz erwerben können, ist aus Gründen der Zweckmäßigkeit anerkannt worden).

324 VorE SaR I, S. 504.

SaR ist von besonderer Bedeutung, soweit der erste Fall der Vertretung im Besitz durch diesen Begriff von den übrigen Fällen abgegrenzt und die Bezeichnung „Inhaber“ nur dann verwendet wird, wenn dessen Willensrichtung eine entscheidende Rolle spielt:

> „Nur die bewußte und gewollte thatsächliche Gewalt hat rechtliche Folgen; die blos zuständliche Möglichkeit, über eine Sache zu verfügen, kommt rechtlich nicht in Betracht. Wenn in dem Entwurfe der Gewalthaber als solcher Inhaber genannt wird (§. 48 Abs. 1), so geschieht dies zu dem Zweck, um für das Gesetzbuch einen Ausdruck zu gewinnen, der die bewußte und gewollte thatsächliche Gewalt überall da bezeichnet, wo es auf die besondere Richtung des Willens nicht ankommt.“[325]

Ferner behauptet *Johow*, dass das ALR durch die Unterscheidung zwischen dem vollständigen Sachbesitz und dem unvollständigen Rechtsbesitz, der dem abgeleiteten Besitz gleichstehe, das Problem über den gemeinrechtlichen Besitzwillen löse. Er lobt diese Lösung des ALR und meint zugleich, dass die Konstruktion durch den Begriff des unvollständigen Rechtsbesitzes und des abgeleiteten Besitzes in seinem Entwurf nicht nötig sei. Denn der Entwurf setze die Lösung durch die Vertretung im Besitz voraus[326].

Darüber hinaus ist *Johow* der Ansicht, dass die Bedeutung der Ersitzung als eine originäre Erwerbungsart des Eigentums mit der Beschränkung der Ersitzung auf ein eigenes Gebiet im Entwurf verlorengehe, soweit die Willensrichtung des Besitzers im Hinblick auf den Besitz als ein werdendes Eigentum im Wege der Ersitzung nicht der Willensrichtung des Eigentümers entsprechend behandelt werden müsse.

Die Besitzvorteile würden dem bloßen Inhaber ohne Aneignungswillen deswegen eingeräumt, weil der Inhaber gegen den Begehrenden der Sache, der ein Recht an der Sache hat, den Beweisvorteil habe, solange der Begehrende sein Recht beweisen müsse. Auch die Notwehrlage stehe dem bloßen Inhaber sogar gegen den Eigentümer zu. Ferner sei der rechtliche Ausgleich durch den vom Entwurf nicht angenommenen Rechtsbesitzschutz möglich, obwohl der Sachbesitzschutz dem Inhaber ohne Aneignungswillen nicht zugesprochen werde. Schließlich sei die Inhabung außer im Fall der Vertretung im Besitz mit dem Besitz identisch[327].

---

325 VorE SaR I, S. 478.
326 VorE SaR I, S. 479.
327 VorE SaR I, S. 480 f.

b. Erwerb

Im Vorentwurf von *Johow* ist für den Besitzerwerb die Erlangung der tatsächlichen Gewalt (Besitzergreifung) mit dem Besitzwillen erforderlich[328].

§ 53 VorE SaR	Die thatsächliche Gewalt über eine bewegliche Sache wird erlangt durch die Herstellung eines solchen Verhältnisses zu der Sache, in welchem die unmittelbare Beherrschung der Sache durch den Erwerber gegeben ist oder nach Sitte und Gebrauch als vorhanden gilt (Gewahrsam).

Die Erlangung der tatsächlichen Gewalt wird bei unbeweglichen Sachen als „Besitzhandlung" bezeichnet.

§ 54 VorE SaR	Die thatsächliche Gewalt über ein Grundstück wird, außer dem Fall der Uebergabe (§. 57), durch Besitzhandlungen erlangt. Für eine Besitzhandlung ist jede Handlung zu erachten, welche auf dem Grundstück in der Absicht vorgenommen ist, über dasselbe für sich oder für einen Anderen zu verfügen.

Die Besitzergreifung verlange nicht „die körperliche Berührung der Sache" und das Wesen der tatsächlichen Gewalt umfasse den fingierten oder symbolischen Besitzerwerb, der in den neueren Kodifikationen teilweise aufzufinden sei, und die Möglichkeit der Ausschließung fremder Einwirkung auf die Sache, die wiederum auf der Theorie von *Savigny* beruhe[329].

Daneben bedarf es des Willens, die Sache für sich zu haben[330].

§ 55 VorE SaR	Willensunfähige können nicht durch eigene Handlungen Besitz erwerben. Die Erwerbung des Besitzes für sie durch ihre Vertreter wird nach deren Handlung und Willen beurtheilt.
§ 56 VorE SaR	Wer in dem besonderen Auftrage oder innerhalb der Grenzen eines allgemeinen Auftrages eines Anderen für denselben die thatsächliche Gewalt über eine Sache erlangt, erwirbt dadurch dem Auftraggeber den Besitz.

Als *argumentum e contrario* ergibt sich aus den §§ 55, 56 VorE SaR, dass ein Willensfähiger als Rechtssubjekt der Inhabung im Sinne des § 48 VorE SaR durch seine eigene Erwerbshandlung und mit dem Willen, die Sache für sich zu haben, die Inhabung erlangen kann. Dagegen hängt der Besitzerwerb im Fall der

328 VorE SaR I, S. 496.
329 VorE SaR I, S. 496 ff.
330 VorE SaR I, S. 503.

Vertretung im Besitz davon ab, für wen der Vertreter im Besitz die Inhabung hat. Entscheidend ist in diesem Fall die Willensrichtung. In Bezug auf den Besitzerwerb unterteilt *Johow* zwar nach der Willensrichtung den Besitz in die oben aufgeführten zwei Fälle, doch folgt er überwiegend dem Standpunkt des gemeinen Rechts, soweit es sich um den Umfang der tatsächlichen Gewalt und die Besitzergreifung handelt.

c. Fortdauer und Verlust

Johow ist der Ansicht, dass der Besitzerwerb zwar von dem Zusammentreffen der zwei Voraussetzungen des Besitzes, der tatsächlichen Sachgewalt und dem Willen, die Sache zu beherrschen, abhängig sei, aber die Fortdauer des Besitzes hänge nicht damit zusammen. Der Besitz ende sofort mit dem Eintritt eines Beendigungsgrundes des Besitzes. Die Willensunfähigkeit des Besitzers habe jedoch keinen Einfluss auf seinen Besitz[331]. Auf diesem Gedanken beruht § 63 VorE SaR.

§ 63 VorE SaR — Der erworbene Besitz dauert fort bis zu dem Eintritt einer Thatsache, welche den Verlust des Besitzes bewirkt.

Durch den Verlust der Fähigkeit Besitz zu erwerben, geht der erworbene Besitz nicht verloren.

Darüber hinaus verliere ein Mensch mit dem Tod seine Rechtsstellung als Rechtssubjekt und dies führe zur Beendigung seines Besitzes. Daher gehe es bei einem Erbfall nicht mehr um den Besitz des verstorbenen Menschen, sondern um dessen Fortdauer und Übergang zugunsten einer anderen Person:

> „Da der Mensch mit dem Tode aufhört, Rechtssubjekt zu sein, kann nach dem Tode des Besitzers einer Sache von seinem Besitze nicht mehr die Rede sein, sondern nur noch davon, ob der Besitz zu Gunsten einer andern Person fortdauere, auf dieselbe übergehe. Als solche andere Person kann nur der Gesammtrechtsnachfolger des Verstorbenen, vor Allem der Erbe, in Betracht kommen."[332]

Der Besitzbegriff von *Johow* beruht auf dem römischrechtlichen und gemeinrechtlichen Besitz. Vor diesem Hintergrund kann der Besitz beim Tod des Besitzers weder ununterbrochen fortdauern noch vererblich sein. Der Verstorbene könne weder die tatsächliche Gewalt beibehalten noch den Besitzwillen haben.

331 VorE SaR I, S. 531.
332 VorE SaR I, S. 532.

Zudem sah er den Tod des Besitzers nicht als Beendigungsgrund des Besitzes in den §§ 64-71 VorE SaR vor.

§ 64 VorE SaR

Der Besitz geht durch den veränderten Zustand der Sache verloren,
wenn eine bewegliche Sache vernichtet oder ihre rechtliche Selbstständigkeit aufgehoben wird;
wenn die Vornahme von Besitzhandlungen auf einem Grundstücke dauernd unmöglich gemacht wird.

§ 65 VorE SaR

Mit dem Willen des Besitzers endigt der Besitz, außer dem Falle der Uebergabe, durch Aufgeben desselben.
Der Besitz ist aufgegeben, wenn der Besitzer in der Absicht, die Sache nicht mehr haben zu wollen, sich der thatsächlichen Gewalt über dieselbe entäußert.

§ 66 VorE SaR

Der Besitz des Veräußerungsunfähigen kann nicht von ihm selbst, wohl aber von seinem Vertreter aufgegeben werden.
Der freiwillige Stellvertreter kann eigenmächtig den Verlust des Besitzes nicht schon durch das Aufgeben desselben herbeiführen.

§ 67 VorE SaR

Ohne den Willen des Besitzers geht der Besitz verloren, wenn die Sache seiner thatsächlichen Gewalt entzogen wird.

§ 68 VorE SaR

Eine bewegliche Sache wird dem Gewahrsam des Besitzers insbesondere dann entzogen,
wenn die Sache an einen unzugänglichen Ort geräth;
wenn der Besitzer dieselbe verliert;
wenn ein Anderer für sich oder für einen Dritten die Sache in seinen Gewahrsam nimmt.
Für nicht entzogen ist der Gewahrsam zu erachten,
wenn der Besitzer die Sache innerhalb eines Raumes, von dessen Zugang er Andere auszuschließen berechtigt ist, verlegt hat;
wenn der Besitzer die Sache an einem ihm zugänglichen fremden Orte in der Absicht, sie wieder an sich zu nehmen, zurückgelassen hat.

§ 69 VorE SaR

Für eine Entziehung der thatsächlichen Gewalt über ein Grundstück ist es zu erachten, wenn auf demselben ein Anderer für sich oder für einen Dritten Besitzhandlungen vornimmt.

§ 70 VorE SaR

Die durch einen Stellvertreter ausgeübte thatsächliche Gewalt wird dem Besitzer dadurch entzogen,
1. daß ein Dritter die thatsächliche Gewalt für sich oder für einen Anderen als den bisherigen Besitzer erlangt;
2. daß der Stellvertreter dem Besitzer die Sache ableugnet oder demselben gegenüber den Willen erklärt, die Sache für sich oder für einen Dritten zu haben.

Die thatsächliche Gewalt wird dem Besitzer aber nicht schon dadurch entzogen, daß der Stellvertreter stirbt oder handlungsunfähig wird, oder sich der thatsächlichen Gewalt entäußert, oder den Entschluß faßt, die thatsächliche Gewalt für sich oder für einen Dritten zu üben.

§ 71 VorE SaR Verschafft der Besitzer oder dessen Stellvertreter sich die ohne seinen Willen verlorene thatsächliche Gewalt sofort nach erlangter Kenntniß wieder, so gilt der Besitz als nicht verloren.

2. Schicksal des Besitzes beim Erbfall

Bei der Ausarbeitung *Johow*s sind teils erbrechtliche, teils sachenrechtliche Elemente in Betracht gezogen worden. In Bezug auf die erbrechtlichen Elemente sind §§ 318, 342, 343, 345 VorE ErbR berücksichtigt worden, denen zufolge die Erbschaft neben den Vermögensrechtsverhältnissen nach dem Erbschaftsanfall auf den Erben übergehen, jedoch der Erbe nur durch Besitzergreifung den Besitz an den Erbschaftsgegenständen erlangen kann, der Erbe die dem Erblasser zugestandene Besitzklage erheben kann und die Besitzklage dem Erben gegen denjenigen zusteht, der in der Zeit zwischen dem Erbfall und der Besitzergreifung des Erben einen Erbschaftsgegenstand in Besitz genommen hat. *Johow* meint, dass diese erbrechtlichen Entwürfe dem Wesen des Besitzes entsprechen[333].

Ferner werde die Erbschaft zwischen dem Erbfall und dem Erbschaftsantritt nach dem römischen Recht selbst als ein selbstständiges Rechtssubjekt, ruhende Erbschaft, behandelt. Doch die ruhende Erbschaft habe keinen Besitz, weil sie weder tatsächliche Gewalt noch Besitzwillen haben könne. Der Erbe könne zwar durch Erbschaftsantritt die Erbschaft erwerben, aber er könne nur durch Besitzergreifung den Besitz an den Erbschaftsgegenständen erlangen[334]. Diesem Standpunkt des römischen Rechts entsprechend vertritt *Johow* die Auffassung, dass der Besitz des Erblassers mit dessen Tod ende und niemand zugleich die Erbschaftsgegenstände besitzen könne, soweit ein Dritter sie eigenmächtig in Besitz genommen hat, und dass sein Erbe erst mit der Besitzergreifung den Besitz an den Erbschaftsgegenständen erwerben könne:

> „In Wirklichkeit ist die Folge des Todes des Besitzers, daß die zum Nachlaß gehörigen Sachen zunächst unbesessen sind, und der Erbe, um im wahren Sinne des Wortes Besitzer zu sein, den Besitz erst ergreifen muß.“[335]

333 VorE SaR I, S. 535 f.
334 VorE SaR I, S. 532.
335 VorE SaR I, S. 536.

Zudem sollen dem Erben die Besitzklagen, für die in der Zeit zwischen dem Erbfall und dessen Besitzergreifung der Grund gelegt wurde, eingeräumt werden. Denn die rechtswidrige verbotene Eigenmacht des Besitzergreifers stelle den gesetzgeberischen Grund der Ansprüche dar:

> „Es ist aber auch ein rechtlicher Anlaß nicht ersichtlich, dem Erben diejenigen Ansprüche zu versagen, welche dem Erblasser gegen den eigenmächtigen Besitzergreifer zustehen würden, wenn er noch lebte, denn der gesetzgeberische Grund dieser Ansprüche ist, wie später bei der Begründung derselben zu zeigen ist, die rechtswidrige Eigenmacht des Besitzergreifers."[336]

Die Besitzvorteile dürften nicht dem eigenmächtigen Besitzergreifer zustehen, nur weil der Erbe in dieser Zeit den Besitz noch nicht durch Besitzergreifung erlangt hat.

Darüber hinaus betont *Johow*, dass im römischen Recht die Ersitzung nach dem Tod des Erblassers und sogar während der *hereditas iacens* fortdauere[337].

3. *Successio in possessionem* und *accessio possessionis*

§ 140 Abs. 2 VorE SaR	Dem Nachmanne wird der Besitz der Vormänner, dem Erben der Besitz des Erblassers zugerechnet.

§ 140 Abs. 2 VorE SaR regelt sowohl die *successio in possessionem* im Fall der Universalsukzession als auch die *accessio possessionis* im Fall der Singularsukzession. *Johow* geht davon aus, dass der Besitz mit dem Tod des Erblassers endet und dessen Erbe nur durch Besitzergreifung den Besitz an den Erbschaftsgegenständen erlangen kann. Vor diesem Hintergrund ist § 140 Abs. 2 VorE SaR eine selbstverständliche Folge.

§ 2. Vorentwurf zum Erbrecht

I. Verfasser des Vorentwurfs zum Erbrecht, *von Schmitt*

Gottfried Ritter von Schmitt wurde am 30. 9. 1827 in Hofheim/Unterfranken als Sohn des Gastwirts *Joseph Schmitt* geboren und starb am 25. 8. 1908. Er be-

336 VorE SaR I, S. 536 f.
337 VorE SaR I, S. 536.

suchte das Gymnasium in Münnerstadt und studierte vom Wintersemester 1846/47 bis zum Sommersemester 1851 Rechtswissenschaft in Würzburg. Im Jahre 1852 bestand er mit „ausgezeichneter Befähigung“ (Note I 64/84) die Concursprüfung, und seine Promotion erfolgte vermutlich im Jahre 1856. Anschließend war *Schmitt* als Akzessist am Kreis- und Stadtgericht sowie am Wechselgericht in Würzburg und als Bezirksgerichtssekretär in Augsburg tätig. Außerdem wurde er am 1. 2. 1858 als Bezirksgerichtsassessor in Kempten und im Jahre 1862 als Bezirksgerichtsrat in Nürnberg berufen. Ferner wurde er 1866 an das Bezirksgericht Würzburg (oder Bamberg)[338] versetzt und wurde am 11. 1. 1869 zum Appellationsgerichtsrat des bayerischen Staatsministeriums der Justiz ernannt und war bis 1886 zugleich als Mitglied des Justizministeriums tätig. Von 1863 bis 1869 war er liberales Mitglied des bayerischen Abgeordnetenhauses und des Gesetzgebungsausschusses. Nachdem *Schmitt* die Aufgabe der Einführung der bayerischen Civilprozeßordnung von 1869 übertragen worden war, wurde er zum Mitglied der Civilprozeßordnung-Kommission des Bundesrates gewählt. Mit dem Tod von *Leonhardt* trat *Schmitt* an seine Stelle, so dass er als stellvertretender Vorsitzender der Bundesrat-Kommission für den Entwurf der Civilprozeßordnung von 1869 der Abfassung dieses Entwurfs beitrug. An den Beratungen über den preußischen Entwurf einer deutschen Gemeinschuldordnung, einer Konkursordnung und eines Gerichtsverfassungsgesetzes nahm er als Mitglied der Reichskommission teil. Am 27. 2. 1874 wurde er zum Ministerialrat ernannt und am 2. 7. 1874 zusammen mit *Roth* als Vertreter Bayerns als Mitglied der 1. Kommission zum BGB gewählt. Doch lehnte er die Mitarbeit in der 2. Kommission ab. Seit dem 23. 9. 1872 war *Schmitt* als Rat am obersten Gerichtshof in München beschäftigt; er wurde am 1. 3. 1874 zum Ministerialrat, im Jahre 1883 als OLG-Präsident *extra statum* und am 1. 9. 1886 zum Präsidenten des OLG Nürnberg bestellt. Vom 1. 1. 1891 bis zum 16. 10. 1899 war er Präsident des Obersten Landesgerichts München.

Die Vorkommission sah in ihrem Gutachten vor, dass die Abfassung des ehelichen Güterrechts und des Erbrechts einem Redaktor allein anvertraut werden sollte, doch versagte die 1. Kommission ihr in diesem Punkt die Gefolgschaft und teilte dem Redaktor für Familienrecht das eheliche Güterrecht zu. *Schmitt* wurde zum Redaktor für das Erbrecht auf Vorschlag des Vorsitzenden der 1. Kommission *Pape* ernannt. Die Ergebnisse der Redaktionsarbeiten von *Schmitt* waren: Vorlagen zur Ordnung der Verwandtenerbfolge, zur Testierfreiheit, zur Form letztwilliger Verfügungen (1875), zum Erbanfall (1876), zum

338 VorE ErbR I, S. XV; *Jakobs/Schubert*, Materialien, S. 85. Es werden zwei unterschiedliche Orte genannt, so dass unklar ist, ob *Schmitt* im Jahre 1866 an das Bezirksgericht Würzburg oder Bamberg versetzt wurde.

Erbeinsetzungsvertrag (1877), zum Erbrecht des überlebenden Ehegatten (1877; zusammen mit *Planck*) und zum Familienfideikommiss (1878; zusammen mit *Johow*), ferner der Entwurf eines Rechtes der Erbfolge einschließlich der Vorschläge zum Einführungsgesetz mit einer Begründung und zwei Anlagen (1879) und Änderungsvorschläge zum Entwurf von 1879 einschließlich der Motive (1886)[339].

II. Stellungnahme *Schmitts*

Schmitt geht davon aus, dass das gemeine Recht dem Prinzip des Erbschaftsantritts folge und eine mit dem Tod des Erblassers eintretende Sukzession in den Besitz des Erben verneine. Vielmehr ende der Besitz des Erblassers sofort mit dessen Tod. Zwar komme es in der Zeit zwischen dem Tod des Erblassers und der Besitzergreifung des Erben zu einer ruhenden Erbschaft, doch könne dieselbe aufgrund ihrer Willensunfähigkeit die Nachlassgegenstände nicht besitzen.

Außerdem stünden die *interdicta retinendae* und *recuperandae possessionis*, die der Erblasser schon zu dessen Lebzeit in Anspruch nehmen konnte, dem Erben mit dem Tod des Erblassers zu. Die *interdicta retinendae* und *recuperandae possessionis* seien nach dem gemeinen Recht vererblich und die Praxis ergänze den wohl unvollkommenen Schutz durch die *interdicta quorum bonorum* und *quod legatorum*. Doch könne sich der Erbe keiner Besitzklagen gegen denjenigen bedienen, der in der Zeit zwischen dem Tod des Erblassers und seiner Besitzergreifung die Erbschaftsgegenstände ergriffen oder gestohlen hat[340].

§ 302 VorE ErbR	Mit dem Anfalle geht der Nachlaß als ein Ganzes oder Bruchtheilganzes (Erbschaft, Erbtheil) kraft des Gesetzes, jedoch vorbehaltlich des Rechtes der Entschlagung, auf den oder die Berufenen über. Erwerbung der Erbschaft[341].
§ 318 VorE ErbR	Mit der Erwerbung der Erbschaft tritt der Erbe in alle nicht durch den Eintritt des Erbfalles nach gesetzlicher Bestimmung erloschenen Vermögens-Rechtsverhältnisse des Erblassers unmittelbar, jedoch unbeschadet der Befugniß ein, das Inventarrecht in Anspruch zu nehmen. Erbfolge.
§ 342 VorE ErbR	Den Besitz an Nachlaßgegenständen erlangt der Erbe nur durch Besitzergreifung.

339 VorE ErbR I, S. XI und S. XV ff.; *Jakobs/Schubert*, Materialien, S. 85.

340 VorE ErbR II, S. 205.

341 Alle §§ des VorE ErbR richten sich nach *Schubert*, VorE ErbR I.

§§ 302, 318 VorE ErbR schließen sich im Gegensatz zum gemeinen Recht dem Erbschaftsanfallsprinzip an. Mit dem Erbfall fallen alle Rechte, Verbindlichkeiten, Vermögensrechtsverhältnisse usw. dem Erben an. Allerdings sind die Rechte der Entschlagung im Sinne des § 302 VorE ErbR, die nicht durch den Eintritt des Erbfalls durch gesetzliche Bestimmung erloschenen Vermögensrechtsverhältnisse des Erblassers im Sinne des § 318 VorE ErbR und Rechtsverhältnisse, die mit dem Tod des Erblassers enden, ausgeschlossen. Insbesondere geht der Besitz nicht durch Erbschaftsanfall auf den Erben über. § 342 VorE ErbR basiert auf der faktischen Natur des Besitzes. *Schmitt* geht davon aus, dass der Besitz als ein faktisches Verhältnis einer Person zu einer Sache mit dem Tod des Besitzers ende[342]. Dieser Standpunkt über den Besitz von *Schmitt* stimmt mit dem von *Johow* überein. Die Begründung des Vorentwurfs zum Erbrecht von *Schmitt* verdeutlicht seine Ansicht:

> „Der Entwurf schließt sich prinzipiell dem gemeinen Rechte an. Der Besitz ist das bewußte Haben des Besitzenden, ein thatsächlich persönliches Verhältniß, welches als solches existirt, oder nicht existirt, folgerecht beim Erben nicht als der Besitz des Erblassers existiren, nicht durch Uebertragung erworben oder verloren werden kann."[343]

Eine Regelung wie die des § 342 VorE ErbR ist beim Erbfall für den Besitzerwerb des Erben unentbehrlich, da der Besitz des Erblassers durch dessen Tod sein Ende findet.

Wie oben bereits aufgeführt wurde, setzt der Begriff des Besitzes von *Johow* voraus, dass der Besitz mit der tatsächlichen Sachgewalt und dem Besitzwillen erworben wird, bis zum Eintritt eines Beendigungsgrunds des Besitzes fortdauert und mit dem Tod des Besitzers endet, der Besitz im Fall der Ersitzung fingiert wird, als ob der Erbe schon durch Ergreifung den Besitz an den Erbschaftsgegenständen erlangt hätte. *Johow* hält den Besitz für ein tatsächliches persönliches Verhältnis, das von dem menschlichen Bewusstsein, welches mit dem Tod des Menschen endet, abhängig sei. Daneben könne der Verstorbene mangels Besitzwillens nicht mehr besitzen, und das faktische Verhältnis erlösche folglich mit dem Tod des Erblassers. Grundsätzlich folgt *Schmitt* so wie *Johow* dem Begriff des Besitzes nach dem römischen Recht und dem gemeinen Recht und entwarf aus diesem Grund § 342 VorE ErbR.

> „Von denjenignen Gesetzgebungen, welche dem Prinzipe der Antretungserwerbung folgen, verneint das gemeine Recht [···] den Uebergang des Besitzes mit dem Erb-

---

342 Vgl. VorE ErbR II, S. 206.
343 VorE ErbR II, S. 208.

schaftsübergange. Der Besitz des Erblassers endigt mit dessen Tod, die ruhende Erbschaft kann als willensunfähig nicht besitzen, der Erbe erst durch eigene Ergreifung den Besitz erlangen, [···]. Die Fragen, ob nicht die bereits dem Erblasser zugestandenen interdicta retinendae und recuperandae possessionis, ferner dieselben Klagen gegen jene, welche an Nachlaßgegenständen vor der Besitzergreifung des Erben sich vergriffen, oder den Besitz ergriffen haben, auch dem Erben zustehen, werden gemeinrechtlich in ersterer Beziehung bejaht, in letzterer verneint, wobei die Praxis auf die (wohl unvollkommene) Aushülfe des interdictum quorum bonorum und des interdictum quod legatorum verweist, [···]."[344]

Schmitt behauptet, dass der Schutz des Erben im gemeinen Recht ebenso wie im preußischen Recht ungenügend sei, da der Erbe bei Störungen und eigenmächtig vorgenommenen Besitzergreifungen Dritter in der Zeit zwischen dem Eintritt des Erbfalls und der Besitzergreifung des Erben auf die *hereditatis petitio* und das *interdictum quorum bonorum etc.* und auf die „Singular-Eigenthums- und Publizianische Klage" beschränkt sei. Daher sei es erforderlich, dass die possessorischen Singularklagen (*interdicta retinendae et recuperandae possessionis*) dem Erben nicht nur, wenn sie dem Erblasser bereits zu seinen Lebzeiten zustanden, sondern auch, wenn Störungen und eigenmächtige Besitzergreifungen Dritter in dieser Zwischenzeit stattfinden, eingeräumt werden. Diesen Bedürfnissen entsprechend entwarf *Schmitt* § 343 Abs. 1 und Abs. 2 VorE ErbR.

§ 343 Abs. 1 VorE ErbR — Dem Erblasser zustehende Klagen wegen Störung oder Entreißung des Besitzes an Gegenständen, welche zum Nachlasse gehören, können von dem Erben erhoben und fortgesetzt werden.

§ 343 Abs. 2 VorE ErbR — Gegen denjenigen, welcher nach Eintritt des Erbfalles und vor der Besitzergreifung des Erben an Nachlaßgegenständen den Besitz ergriffen, oder sich vergriffen hat, stehen dem Erben wie dem Nachlaßvertreter dieselben Rechtsmittel zu, wie wenn er bei Vornahme jener Handlungen Besitzer gewesen wäre.

§ 343 Abs. 1 VorE ErbR folgt dem gemeinen Recht. Dagegen weicht § 343 Abs. 2 VorE ErbR vom gemeinen Recht ab. Da sich der Erbe aufgrund § 343 Abs. 2 VorE ErbR der Besitzschutzklagen bedienen kann, wird der Schutzbereich zugunsten des Erben im Vorentwurf zum Erbrecht von *Schmitt* im Vergleich zum gemeinen Recht erweitert. *Schmitt* stützt seinen Standpunkt auf einen Fall der Ersitzung. Das gemeine Recht räume dem Erben gewisse Vorteile in Bezug auf die Ersitzung ein. Die Ersitzung dauere als ein Rechtsverhältnis (im Sinne des § 318 VorE ErbR) nach dem Eintritt des Erbfalls fort, so dass die vor dem Tod des Erblassers begonnene Ersitzung sogar während der *hereditas*

344 VorE ErbR II, S. 205.

iacens vollendet werden könne und der Erbe als Ersitzungsbesitzer fingiert werde. In dieser Hinsicht betont *Schmitt*, dass die possessorischen Klagen im Sinne des § 343 Abs. 1 VorE ErbR und die Rechtsmittel im Sinne des § 343 Abs. 2 VorE ErbR nach dem Erbfall dem Erben eingeräumt werden sollten. Die Besitzschutzmittel müssten dem Erben, dem das Eigentum der Erbschaft bzw. Erbrecht zusteht, generell gestattet werden. Diesem Ergebnis steht nicht entgegen, dass der Erbe durch petitorische Rechtsschutzmittel seine Erbschaft zurückerlangen kann, wenn ein Dritter die Erbschaftsgegenstände rechtswidrig eigenmächtig ergriffen hat. Zugleich ist *Schmitt* der Meinung, dass § 343 Abs. 1 und Abs. 2 VorE ErbR dem französischen Recht nur im Klagschutz entspreche. Abweichungen sind dagegen bei materiellrechtlichen Wirkungen möglich, z. B. „abhandenkommen" als Sperre des gutgläubigen Erwerbs wäre nach § 343 Abs. 2 VorE ErbR nicht gewährleistet, anders bei entsprechenden Voraussetzungen (sofern es sie gibt) in Frankreich und verschiedenen Partikularrechten, und § 343 Abs. 1 und Abs. 2 VorE ErbR trug durch die Ausdehnung des Anwendungsbereichs der possessorischen Klagen zum Schutz des Erben bei[345]. Folglich nahm *Schmitt* für die Besitzerlangung des Erben den Standpunkt des gemeinen Rechts ein. Seine Ansicht folgt nicht der Auslegung des französischen Rechts.

Darüber hinaus regelt § 343 Abs. 3 VorE ErbR die Passivlegitimation des Erben.

§ 343 Abs. 3 VorE ErbR — Die vorstehenden Bestimmungen gelten auch von jenem Dritten, welcher sich eigenmächtig in den Besitz der ihm gehörigen, aber in dem Nachlasse befindlichen Gegenstände gesetzt hat. Jedoch steht bei der Geltendmachung dinglicher Ansprüche und der Ansprüche gegen den jeweiligen Besitzer in Ansehung von in der Nachlaßmasse befindlichen Gegenständen der Klage des Dritten der Umstand nicht entgegen, daß der Erbe oder Nachlaßpfleger von dem Nachlasse noch nicht Besitz ergriffen hat.

§ 343 Abs. 3 VorE ErbR ermöglicht dem Dritten die Erhebung der Besitzklage. Er bezweckt sowohl den Schutz der Verkehrssicherheit als auch den des Gläubigers, der vor dem Eintritt des Erbfalls gegen den Erblasser einen Anspruch hatte, anders die Fälle der § 343 Abs. 1 und Abs. 2 VorE ErbR, die den Schutz des Erben zu erreichen suchen.

345 Vgl. VorE ErbR II, S. 205.

3. Kapitel: Der erste Entwurf zum BGB

§ 1. Besitz

I. Begriff und Erwerb

Während der 294. Sitzung, in der *Planck* den folgenden Vorschlag unterbreitete, wurde über § 48 VorE SaR verhandelt.

Vorschlag von *Planck*: Der Besitz einer Sache wird erworben durch die Erlangung der thatsächlichen Gewalt über die Sache (Inhabung) verbunden mit der (ausdrücklichen oder stillschweigenden) Willenserklärung des Erwerbers, die Sache als die seinige (oder: für sich) haben zu wollen.

Die Vorschriften über Rechtsgeschäfte finden auf den Besitzerwerb (entsprechende) Anwendung.[346]

Dieser von *Planck* vorgelegte Besitzbegriff entspricht dem von der 1. Kommission verbesserten Entwurf[347]:

> „Der Besitz einer Sache wird erworben durch die Erlangung der thatsächlichen Gewalt über die Sache (Inhabung) verbunden mit dem Willen des Erwerbers, die Sache als die seinige (oder: für sich) haben zu wollen."[348]

Doch die 1. Kommission stellt die folgenden Unterschiede zwischen § 48 VorE SaR, Vorschlag (Antrag 2) von *Planck* und dem verbesserten Entwurf fest. Es bedürfe nach dem Antrag des Beweises des *animus domini*, während nach dem verbesserten Entwurf der Beweis des Besitzwillens, dass die tatsächliche Gewalt gewollt sei, erforderlich sei. Nach § 48 VorE SaR sei ein Inhabungswille notwendig, während ein solcher nach dem Antrag von *Planck* entbehrlich sei. Denn die Inhabung könne vor der Kenntnisnahme und der Willenskundgebung gem. § 48 VorE SaR beginnen und ein Willensunfähiger ohne Vertreter könne keine Besitzschutzmittel geltend machen. Ferner gelte der Satz *ignoranti non acquiritur possessio* nicht mehr für den verbesserten Entwurf. Dafür sei die Ausnahme dieses Satzes, z. B. im Fall des Besitzerwerbs durch Stellvertreter, in den Entwurf eingeführt und „das Erforderniß des eigenen Wollens" aufgegeben worden. *Johow* geht davon aus, dass der Besitzer nach § 48 VorE SaR im Fall der Vertre-

346 *Jakobs/Schubert*, Sachenrecht, § 854 S. 104.

347 So auch Mot. III, S. 80 = *Mugdan* III, S. 44.

348 *Jakobs/Schubert*, Sachenrecht, § 854 S. 104.

tung im Besitz seinen eigenen Besitzwillen und der Inhaber den Willen, für den Besitzer, die tatsächliche Gewalt auszuüben, haben muss. Der Besitzwille von *Johow* richtet sich auf eine bestimmte Person. Der verbesserte Entwurf verzichtet auf das eigene Wollen und lässt den Besitzwillen für *incerta persona* ausreichen. Die Aufgabe des eigenen Wollens bedeutet daher nicht die Preisgabe des Besitzwillens. Letztlich werde im Entwurf von *Johow* der Besitz definiert, während im Antrag von *Planck* lediglich der Besitzerwerb anstelle einer Definition des Besitzes vorgesehen werde. Denn die Voraussetzungen, die im Augenblick des Besitzerwerbs erfüllt sein müssen, stimmen keineswegs mit denen überein, die für die Fortsetzung des Besitzes von Bedeutung sind. Ein Schlafender oder Wahnsinniger könne zwar den Besitz nicht erwerben, doch ihn fortsetzen. Würde der Entwurf die Fortsetzung und den Verlust des Besitzes regeln, erkenne er selbst seine Unvollständigkeit der Definition des Besitzes an. Ferner werde durch die Aufnahme der Regelung über den Besitzerwerb die Frage berüht, ob der Besitz ein Recht im subjektiven Sinne oder ein fortgesetztes tatsächliches Verhältnis ist[349].

§ 1 VorlZust, der als § 786 ZustSachR übernommen wurde[350], lautet:

> „Der Besitz einer Sache wird erworben durch die Erlangung der thatsächlichen Gewalt über die Sache (Inhabung) in Verbindung mit dem Willen des Inhabers, die Sache als die seinige zu haben (Besitzwille).“[351]

Der E I regelt den Besitzerwerb, anstatt den Besitz und die Inhabung zu definieren:

§ 797 E I	Der Besitz einer Sache wird erworben durch die Erlangung der thatsächlichen Gewalt über die Sache (Inhabung) in Verbindung mit dem Willen des Inhabers, die Sache als die seinige zu haben (Besitzwille).

Der E I erhält die Besitzlehre, nach der für den Besitz tatsächliche Sachgewalt und Eigenbesitzwille wie im klassischen römischen Recht und gemeinen Recht erforderlich sind, aufrecht. Dies verdeutlichen die Motive zum E I:

> „Seit dem römischen Rechte wird zu der Erwerbung des Besitzes das Zusammentreffen des Besitzwillens mit der thatsächlichen Gewalt über die Sache, corpus und animus, gefordert.“[352]

349 *Jakobs/Schubert*, Sachenrecht, § 854 S. 105 f.; so auch Mot. III, S. 81 ff.
350 *Jakobs/Schubert*, Sachenrecht, § 856 S. 126.
351 *Jakobs/Schubert*, Sachenrecht, § 856 S. 124.
352 Mot. III, S. 80.

Der „Besitz“ im Sinne des § 797 E I bezieht sich auf den „Eigenbesitz“, der sich von der Inhabung, die sich nur auf die tatsächliche Sachgewalt bezieht, unterscheidet.

II. Verlust

In den §§ 64-71 VorE SaR werden die Beendigungsgründe des Besitzes erschöpfend aufgezählt. Der Tod des Besitzers ist darin nicht enthalten. Während der 299. Sitzung vom 10. 3. 1884 der 1. Kommission wurde näher auf die genannten Bestimmungen eingegangen. *Planck* schlug vor, hinter § 70 VorE SaR folgende Bestimmung als § 70a VorE SaR einzufügen:

§ 70a VorE SaR — Der Besitz endigt durch den Tod des Besitzers. (Die Bestimmungen des Erbrechts über die den Erben und dem Vertreter eines Nachlasses in Betreff des Besitzes und der Inhabung erbschaftlicher Gegenstände zustehenden Rechte werden hierdurch nicht berührt.)[353]

Sein Vorschlag gewann jedoch keine Zustimmung und wurde abgelehnt. Der Besitz und die Inhabung würden selbstverständlich mit dem Tod des Besitzers und Inhabers enden. Dies sei so offensichtlich, dass es entbehrlich sei, diesen Satz als Beendigungsgrund des Besitzes und der Inhabung ausdrücklich im Gesetz zu verankern. Der von *Planck* vorgeschlagene Satz (§ 70a VorE SaR) komme durch die Existenz des § 342 VorE ErbR hinreichend zum Ausdruck. § 342 VorE ErbR ergänze folglich die Vorschriften über den Verlust des Besitzes (§§ 64-71 VorE SaR). Außerdem sei die Einführung dieses Satzes in Ansehung des Besitz- und Inhabungsschutzes unangemessen, wenn der Erbe und der Nachlassvertreter hinsichtlich der Klagen so angesehen werden, als hätten sie im Augenblick des Todes des Erblassers schon den Besitz und die Inhabung erlangt. Denn dies würde bedeuten, dass der Besitz des Erblassers mit dessen Tod zwar tatsächlich endet, *rechtlich*[354] jedoch als fortdauernd anzusehen ist. Die von *Planck* vorgeschlagene Bestimmung meine dies zwar nicht, könnte eine solche Interpretation jedoch veranlassen. Es wäre dann besser vorzusehen, dass Besitz

---

353 *Jakobs/Schubert*, Sachenrecht, § 856 S. 148.

354 *Jakobs/Schubert*, Sachenrecht, § 856 S. 149 - Der Passus bei *Jakobs/Schubert* ist missverständlich und deshalb kursiv. Der Besitz des Erblassers ist rechtlich als nicht fortdauernd anzusehen, sondern er wird nur im Zusammenhang mit dem Besitzschutz durch den § 343 Abs. 2 VorE ErbR fingiert.

und Inhabung *ipso iure* auf seinen Erben übergehen[355] - was, wie zu ergänzen ist, aber gerade nicht gewollt sei.

§ 2. Schicksal des Besitzes beim Erbfall

Bei den Sitzungen der 1. Kommission wurden wichtige Fragen hinsichtlich des Besitzerwerbs des Erben beim Erbfall behandelt. Die Frage, ob der Besitz und die Inhabung des Erblassers mit dessen Tod enden; zweitens, ob nicht der Besitz und die Inhabung des Erblassers nur durch Besitzergreifung des Erben erlangt werden können; drittens, ob die wegen Störung oder Entreißung des Besitzes bereits dem Erblasser zustehenden Besitzklagen und die Klagen gegen denjenigen, der zwischen dem Tod des Erblassers und der Besitzergreifung des Erben den Besitz an Nachlassgegenständen ergriffen oder diese gestohlen hat, dem Erben eingeräumt werden, als ob der Erbe bereits bei Vornahme jener Handlungen Besitzer gewesen wäre; letztens, ob mit dem Eintritt des Erbfalls der Erbe aus den bereits zu Lebzeiten des Erblassers gegen ihn begründeten Besitzklagen passivlegitimiert wird.

Die 1. Kommission beschloss zunächst die §§ 342, 343 VorE ErbR unter Berücksichtigung des Zusammenhangs mit anderen erbrechtlichen Vorschriften, insbesondere den über die Erbschaftsklage, unverändert im Teil des Erbrechts zu platzieren. Die Aufnahme des § 342 VorE ErbR bezwecke die Unterscheidung zwischen dem „wirklichen Besitz“ und der „wirklichen Inhabung“, deren Vorhandensein nach Maßgabe der §§ 48, 56 VorE SaR beurteilt wird, und zwischen dem „fingierten Besitz“ und der „fingierten Inhabung“, die dem Erben gem. § 343 VorE ErbR zustehen würden. Ferner würden den Erben erst nach der Besitzergreifung Verpflichtungen treffen, die des Besitzes oder der Inhabung bedürfen[356].

§ 343 VorE ErbR werde in den Entwurf aufgenommen, um diejenigen Rechte, die dem Erblasser zu dessen Lebzeiten gegen denjenigen, der durch Ausübung verbotener Eigenmacht den Besitz oder die Inhabung gestört oder entzogen hat, eingeräumt wurden, mit dem Eintritt des Erbfalls auf den Erben übergehen zu lassen. Denn Selbsthilfe und Besitzklagen würden ursprünglich die tatsächliche Gewalt in der Hand des Inhabers voraussetzen, so dass sie mit dem Tod des Inhabers erlöschen würden. Sie erhielten in der Hand des Erben aber eine andere Funktion, indem sie nicht wie üblich dem Zweck der Bewahrung

355 *Jakobs/Schubert*, Sachenrecht, § 856 S. 148 f.
356 *Jakobs/Schubert*, Sachenrecht, § 857 S. 157.

oder Wiedererlangung der Inhabung (*interdicta retinendae* und *recuperandae possessionis*), sondern der Erlangung der Inhabung (*interdictum adipiscendae possessionis*) dienen. Daher gewinne die Einräumung dieser Besitzschutzmittel zugunsten des Erben eine große Bedeutung. Zugleich sei es unbillig, dass ein gegen den Erblasser vorbotene Eigenmacht ausübender Dritter wegen des Todes des Erblassers von der Bedrohung durch Selbsthilfe und von Besitzklagen befreit werde. Wäre der Erblasser zu der Zeit der Ausübung verbotener Eigenmacht Dritter nicht verstorben, so würden ihm die Ansprüche aus Besitzverletzung zweifellos zustehen. Diese ihm gebührenden Klagemöglichkeiten sollen - nach seinem Tod und vor Besitzergreifung des Erben - seinem Erben eingeräumt werden. Das Gesetz könne befehlen, dass ein Dritter in dieser Zwischenzeit die Antastung der Erbschaftsgegenstände unterlassen müsse. Die Ansprüche, die gegen den Erblasser aus einer von diesem ausgeübten verbotenen Eigenmacht entstanden sind, würden nach dem Tod des Erblassers fortdauern und dessen Erbe könne in Anspruch genommen werden. Denn die Fehlerhaftigkeit des Besitzes des Erblassers setze sich von dessen Tod an für den Erben fort und die Erbschaftssachen würden gegenwärtig zur Erbschaft gehören, so dass die Erhebung der Besitzklagen gegen den Erben möglich sei, obwohl der Erbe noch nicht durch Besitzergreifung den Besitz an den Erbschaftsgegenständen erlangt habe. Insbesondere dauere „eine gegründete Befürchtung künftiger Störungen oder die Fortdauer eines störenden Zustandes" als Voraussetzung der Besitzstörungsklage noch fort, weshalb die Besitzstörungsklage auch gegen den Erben erhoben werden könne. Es sei unangemessen, den Erben nur haften zu lassen, ohne ihm possessorischen Schutz vor seiner Besitzergreifung zuzusprechen[357].

Die Verhandlung über die §§ 342, 343 VorE ErbR wurde in der 653. Sitzung vom 13. 4. 1887 fortgesetzt. Die 1. Kommission beschloss während dieser Sitzung, dass diese Vorschriften an den Erbschaftserwerb zu knüpfen seien und sie in dem mit dem Erbschaftserwerb zusammenhängenden Abschnitt zu platzieren. Die Streichung des § 342 VorE ErbR sei unangemessen und es sei der Frage, ob Besitz und Inhabung des Erblassers mit dessen Tod enden oder auf seinen Erben übergehen, eine Antwort zu leisten. Der Tod des Erblassers stelle einen Beendigungsgrund des Besitzes dar, obwohl er in § 795 KE[358] nicht ausdrücklich als Beendigungsgrund aufgeführt werde. Aus § 342 VorE ErbR sei zu folgern, dass der Tod des Erblassers zum Beendigungsgrund gehöre. Ferner behandle der Entwurf den Besitz getrennt von der Inhabung, weil der Erwerb des Besitzes mehr verlange als der der Inhabung, für den die Erlangung der tatsächlichen

357 *Jakobs/Schubert*, Sachenrecht, § 857 S. 157 ff.

358 § 795 KE: Der Besitz dauert fort bis zu dem Eintritte einer Thatsache, welche nach den Bestimmungen der §§. 796 bis 802 die Beendigung des Besitzes bewirkt.

Gewalt genüge. Die 1. Kommission entscheidet sich ferner unter Berücksichtigung der einfacheren Ausdrucksweise und der angemessenen Anschließung an § 2003 VorlZust statt einer positiven Fassung des § 342 VorE ErbR für eine negative Fassung, nach der Besitz und Inhabung an den betroffenen Sachen nicht ohne Weiteres auf den Erben übergehen. Darüber hinaus werde hinsichtlich der Besitzklage ohne Beanstandung dem Beschluss über § 343 VorE ErbR von *Schmitt* gefolgt. Schließlich wurden die folgenden Bestimmungen in die RedVorl, ZustSachR und KE aufgenommen[359]:

§ 2004 KE Der Besitz und die Inhabung der zur Erbschaft gehörenden Sachen gehen nicht kraft des Gesetzes auf den Erben über.
[= § 2003a 1 RedVorl = § 2003a ZustSachR]

§ 2005 KE Rechte und Verbindlichkeiten aus verbotener Eigenmacht, welche in Ansehung von Sachen gegen den Erblasser oder von demselben verübt ist, gehen auf den Erben über.
[= § 2003b RedVorl = § 2003b ZustSachR]

§ 2006 KE Hat ein Dritter in Ansehung einer Sache, welche bei dem Tode des Erblassers in dessen Besitze oder Inhabung war, bevor der Erbe Besitzer oder Inhaber geworden ist, eine Handlung vorgenommen, welche, wenn der Besitz oder die Inhabung mit dem Erbfalle auf den Erben übergegangen wäre, verbotene Eigenmacht gewesen sein würde, oder hat ein Dritter den Besitz oder die Inhabung einer solchen Sache vor dem Erben erlangt, so stehen dem Erben gegen den Dritten dieselben Rechte zu, wie wenn der Erbe mit dem Erbfalle Besitzer oder Inhaber der Sache geworden wäre.
[= § 2003c RedVorl = § 2003c ZustSachR]

In § 2003a 1 RedVorl werde die Vererblichkeit des Besitzes und der Inhabung nicht anerkannt und der Erbe könne nur durch besondere Handlungen nach Maßgabe der allgemeinen Rechtsgrundsätze den Besitz und die Inhabung erlangen.

Dazu seien die possessorischen Rechtsmittel, die in der Person des Erblassers zu dessen Lebzeiten begründet waren, nach § 2003b RedVorl vererblich, so dass der Erbe aktiv- sowie passivlegitimiert sei. Der aufgrund der verbotenen Eigenmacht in Anspruch zu nehmende Erbe sei so verantwortlich, als ob die fehlerhafte Inhabung des Erblassers auf den Erben übergegangen wäre. Der Erbe sei selbst anspruchsberechtigt, als würde die Störung der Inhabung des Erblassers die Störung seiner eigenen Inhabung darstellen.

Dem Erben würden auch die possessorischen Rechtsmittel gegen einen Dritten zustehen, wenn dieser in der Zeit zwischen dem Erbfall und der Besitzergrei-

359 *Jakobs/Schubert*, Sachenrecht, § 857 S. 162 ff.

fung des Erben den Besitz oder die Inhabung an den Erbschaftsgegenständen ergriffen habe. Zugleich sei zwar eine Fiktion im Fall des § 2003c RedVorl erforderlich, damit der Ausdruck „verbotene Eigenmacht verüben" in der Zeit zwischen dem Erbfall und der Besitzergreifung des Erben trotz mangelnder Inhabung anerkannt werde, doch sei die Einfügung einer Fiktion in die Fassung in Ansehung der Komplikation der Formulierung des Paragraphen ausgeschlossen.

Schließlich wurden die §§ 2052-2054 E I unter Berücksichtigung der Änderung des KE abgefasst. § 2003a ZustSachR (= § 2003a 1 RedVorl) wurde zu § 2052 E I (= § 2004 KE), § 2003b ZustSachR (= § 2003b RedVorl) mit der Änderung des Ausdrucks „dem letzteren" zu „demselben" zu § 2053 E I (= § 2005 KE) und § 2003c ZustSachR (= § 2003c RedVorl) zu § 2054 E I (= § 2006 KE)[360].

Die Motive des E I gehen davon aus, dass, wenn eine natürliche Person stirbt oder juristische Person endet, die Person des Besitzers wegfalle. Die Beendigung des Besitzes der nicht mehr vorhandenen Personen werde nicht ausdrücklich als Beendigungsgrund des Besitzes in den erschöpfenden Beendigungsgründen erwähnt, doch gehöre der Tod einer besitzenden Person zweifellos zum Beendigungsgrund des Besitzes. Der Besitzbegriff des römischen Rechts, der nachfolgenden Gesetzgebungen und des Entwurfs würden keine Fortdauer des Besitzes in dem Sinne kennen, dass er bei einem Subjektwechsel forbesteht und im Wege der Universalsukzession auf den Erben übergehe[361].

In der Zeit zwischen dem Tod des Erblassers und der Ergreifung des Besitzes oder der Inhabung durch den Erben sei für das Rechtsverhältnis des Erben der Umstand von Bedeutung, dass der Erblasser in dem Augenblick seines Todes Besitzer oder Inhaber gewesen ist oder dass aufgrund verbotener Eigenmacht eines Dritten begründete Rechte zu diesem Zeitpunkt dem Erblasser zustanden. Ferner sei es rechtswidrig, dass ein Nichterbe eigenmächtig die Nachlasssachen in Besitz nimmt, wenn auch der Erbe derzeit noch nicht den Besitz und die Inhabung erlangt habe. Deshalb sei es gerechtfertigt, dass die für oder gegen den Erblasser vor dessen Tod entstandenen possessorischen Ansprüche durch dessen Tod nicht beeinträchtigt und durch den Tod des Erblassers die von diesem innegehabten oder besessenen Sachen nicht dem eigenmächtigen Zugriffe Dritter preisgegeben werden. Die §§ 2052-2054 E I würden wegen der speziellen rechtlichen Stellung des Erben im Erbrecht geregelt. Diese Vorschriften würden die sich auf die Beendigung des Besitzes beziehenden Bestimmungen

360 *Jakobs/Schubert*, Sachenrecht, § 857 S. 165.

361 Mot. III, S. 100 f. = *Mugdan* III, S. 55 f.

ergänzen, soweit der Tod des Besitzers als Beendigungsgrund für den Besitz nicht erwähnt werde und folglich eine gewisse Unvollständigkeit gegeben sei[362].

Die Motive des E I besagen, dass sich die Erlangung des Besitzes und der Inhabung des Erben deutlich von dem Erwerb der Rechte und vermögensrechtlichen Verbindlichkeiten unterscheide, und dass der Erwerb des Besitzes und der Inhabung durch den Erben getrennt erwähnt würden, weil § 797 E I begriffsmäßig zwischen Besitz und Inhabung differenziere und es des Besitzwillens für den Besitzerwerb anders als für den Erwerb der Inhabung bedürfe. Außerdem enthalte § 2052 E I keine positive, sondern eine negative Formulierung, weil diese negative Fassung eine einfachere Ausdrucksweise gestattet und § 2052 E I sich der Bestimmung des § 2051 E I nur in dieser Form anpassen lasse. Verpflichtungen, die Besitz und Inhabung voraussetzen, würden durch die Ergreifung des Besitzes und der Inhabung auf den Erben übergehen, soweit das Gesetz nicht etwas anderes regelt. § 2052 E I werde wegen dessen Zusammenhangs mit dem § 2051 E I nicht in das Sachenrecht, sondern in das Erbrecht aufgenommen. Der Zweck der Normierung des § 2052 E I liege darin, der im geltenden Recht und in der Theorie bestehenden Auseinandersetzung, ob der Besitz und die Inhabung des Erblassers mit dessen Tod enden und durch die Ergreifung des Erben auf ihn übergehen, eine klare Antwort zu verschaffen[363]. Auch diene dieser Satz der Ergänzung der §§ 807-813 E I:

§ 807 E I Der Besitz wird beendigt, wenn er in Gemäßheit des §. 798 unmöglich wird.

§ 808 E I Der Besitz wird dadurch beendigt, daß der Besitzer den Willen erklärt, die Sache nicht mehr als die seinige zu haben (Aufgeben des Besitzes).

§ 809 E I Auf das Aufgeben des Besitzes durch eine geschäftsunfähige oder in der Geschäftsfähigkeit beschränkte Person finden die Vorschriften über das Aufgeben von Rechten durch ein von einer solchen Person vorgenommenes Rechtsgeschäft, auf das Aufgeben des Besitzes durch einen Vertreter die Vorschriften über das Aufgeben von Rechten durch ein von dem Vertreter vorgenommenes Rechtsgeschäft entsprechende Anwendung.

§ 810 E I Der Besitz wird beendigt, wenn dem Besitzer die thatsächliche Gewalt über die Sache entzogen wird.
Durch eine ihrer Natur nach nur vorübergehende Behinderung, die thatsächliche Gewalt auszuüben, wird der Besitz nicht beendigt.

---

362 Mot. III, S. 101 = *Mugdan* III, S. 56.

363 Mot. V, S. 530 f. = *Mugdan* V, S. 283.

§ 811 E I Der Besitz wird dadurch nicht beendigt, daß ein Anderer die thatsächliche Gewalt über die Sache mit dem Willen erlangt, die Gewalt für den Besitzer auszuüben.

§ 812 E I Der Besitz eines Grundstückes wird dadurch, daß ein Anderer die thatsächliche Gewalt über dasselbe ausübt, nicht beendigt, wenn der bisherige Besitzer oder, sofern dieser das Grundstück nicht selbst innehatte, der bisherige Inhaber sofort nach erlangter Kenntniß von den Besitzhandlungen des Anderen die thatsächliche Gewalt sich wieder verschafft.

§ 813 E I Wird die thatsächliche Gewalt für den Besitzer durch einen Anderen ausgeübt, so wird der Besitz dadurch nicht beendigt, daß der Inhaber stirbt oder geschäftsunfähig wird.

Solange der Inhaber die thatsächliche Gewalt behält, wird durch eine Handlung desselben der Besitz nur dann beendigt, wenn der Inhaber gegenüber dem Besitzer den Willen erklärt, die thatsächliche Gewalt nicht mehr für den Besitzer, sondern für sich oder für einen Dritten auszuüben.

§ 3. Kritik am E I

Der Standpunkt des 1. Entwurfs über den Besitzerwerb des Erben beim Erbfall stieß auf weitverbreitete Kritik.

Bähr war der Meinung, dass der Erbe prinzipiell nicht mit dem Tod des Erblassers *ipso iure* dessen Besitz erwerbe. Nur erlange er ein ausschließliches Recht, den Besitz an der ruhenden Erbschaft zu ergreifen, das nicht nur die Stellung des Erben charakterisiere, sondern auch das Recht sei, durch das der Besitz geschützt werde. Doch habe der Erbe nicht dasselbe Recht und er könne nicht einen Dritten, der ein zum Nachlass gehörendes Grundstück besitzt, mit der Faust ohne Weiteres vertreiben. Faustkämpfe ständen zwischen verschiedenen Erbprätendenten offen, wenn das Recht zur Besitzentreißung bei Besitzergreifung Dritter dem Erben zustehe. Das Recht müsse akzeptieren, dass der Nachlass des verstorbenen Erblassers zunächst besitzlos sei. Die Ausübung der im § 2054 E I erwähnten Besitzklage sei deshalb nicht erforderlich, weil die Erbschaftsklage (*hereditatis petitio*) dem Erben Möglichkeiten, die die Besitzergreifung an den bereits vom Erblasser besessenen Sachen Dritter verhindern können, mit dem Tod des Erblassers gewährt. Aus diesen Gründen seien die §§ 2052-2054 E I zu streichen. Im Hinblick darauf schlug *Bähr* folgende Vorschriften über den Besitzübergang des Erblassers auf den Erben vor[364]:

364 *Bähr*, ArchBürgR 3 (1890), S. 156 f.

§ 1 des Entwurfs *Bährs*	Mit dem Erwerbe der Erbschaft gehen sämmtliche Vermögensrechte und -Verbindlichkeiten des Erblassers, soweit sie nicht mit dessen Tod erlöschen, auch die Rechte nicht etwa Gegenstand von Vermächtnissen sind, auf den Erben über. Es gehören dazu auch Besitzklagen, die dem Erblasser wider Andere oder Anderen wider ihn zustanden.
§ 2 des Entwurfs *Bährs*	Der Erbe allein ist befugt, von dem ruhenden Nachlasse Besitz zu ergreifen.

Daneben geht *Baron* davon aus, dass das Erfordernis des im § 2052 E I erwähnten Ergreifungsakts nicht lediglich auf „das räumliche Verhalten der Erben zu den erbschaftlichen Sachen", sondern auf „die rechtliche Betrachtung der Dinge" aufmerksam machen solle. Wie jeder weiß, habe der Besitz zwei rechtliche Bedeutungen: „Schutz gegen Eigenmacht" und „Durchgangsstufe zum dinglichen Recht, namentlich zum Eigenthum". Der Besitzer werde also gegen verbotene Eigenmacht geschützt und der Besitz habe als Voraussetzung für den Erwerb des Eigentums durch *occupatio*, *traditio* und *usucapio* eine große Bedeutung. § 2054 E I schütze den Erben vor Eigenmacht, als wären der Besitz und die Inhabung des Erblassers bereits mit dessen Tod auf den Erben übergegangen, obwohl der Erbe sie noch nicht erlangt hat. Dem Erben werde die *condictio possessionis* (Besitzkondiktion) eingeräumt. Nach § 885 E I laufe die Ersitzungsfrist im Hinblick auf die erbschaftlichen Sachen mit dem Tod des Erblassers ohne Unterbrechung fort, soweit Dritte nicht den Besitz an den Erbschaftsgegenständen erlangt haben. Dabei werde die Zeit zwischen dem Tod des Erblassers und der Besitzergreifung des Erben in die Ersitzungsfrist eingerechnet. Das römische Recht habe die Fortdauer des Ersitzungsbesitzes des Erblassers trotz dessen Tod anerkannt, so dass § 2052 E I inhaltslos sei. Verpflichtungen, die Besitz und Inhabung zur Voraussetzung haben, könnten erst dann auf den Erben übergehen, wenn der Erbe den Besitz und die Inhabung erworben hat. Angenommen einem Dritten stehe die *rei vindicatio* gegen den Erblasser zu. Der Dritte könnte nur dann gegen den Erben vorgehen, wenn der Erbe durch Besitzergreifung (Apprehensionsakt) den Besitz an dem betroffenen Gegenstand erworben hat. Diese Folge verstöße jedoch offensichtlich gegen Ulp. D. 6,1,9[365].

365 Ulp. D. 6,1,9 (*Mommsen/Krueger*, CIC 1, S. 120 f. = *Behrends/Knütel/Kupisch/Seiler*, CIC 2, S. 559): „Officium autem iudicis in hac actione in hoc erit, ut iudex inspiciat, an reus possideat: nec ad rem pertinebit, ex qua causa possideat: ubi enim probavi rem meam esse, necesse habebit possessor restituere, qui non obiecit aliquam exceptionem. quidam tamen, ut Pegasus, eam solam possessionem putaverunt hanc actionem complecti, quae locum habet in interdicto uti possidetis vel utrubi. denique ait ab eo, apud

Denn durch Besitzergreifung soll dem Erben die *facultas restituendi* (faktische und rechtliche Herausgabemöglichkeit) verschafft werden, welche ihm aber auch ohne Besitzergreifung zustehen könne. Folglich beruhe der § 2052 E I auf einem Irrtum. *Baron* betont, dass er nicht die Wichtigkeit der Ansicht verkenne, nach der der Erbe nur durch Besitzergreifung den Besitz an den Nachlassgegenständen erwerben kann und er schlug zur Beseitigung des Widerspruchs des § 2052 E I mit dem Gesetzbuch eine Abänderung des § 2052 E I vor:

> „Besitz und Inhabung der erbschaftlichen Sachen sind als auf den Erben übergegangen anzusehen."[366]

Im Fall der Abänderung des § 2052 E I seien die §§ 885, 2054 E I überflüssig. Eigentlich hätten die Redaktoren des E I seinen Vorschlag sowohl im Schlusssatz des § 2052 E I als auch im zweiten Satz des § 818 E I[367] angenommen, weshalb beispielsweise eine fehlerhafte Inhabung des Erblassers ohne Weiteres als auf den Erben übergegangen anzusehen sei[368].

Ferner meint *Gierke*, dass der E I durch die Normierung der §§ 2051, 2053 E I die germanische Gewohnheit le mort saisit le vif aufnehme. Desto trotz wer-

---

quem deposita est vel commodata vel qui conduxerit aut qui legatorum servandorum causa vel dotis ventrisve nomine in possessione esset vel cui damni infecti nomine non cavebatur, quia hi omnes non possident, vindicari non posse. puto autem ab omnibus, qui tenent et habent restituendi facultatem, peti posse." - Übersetzung von *C. Wollschläger* in: *Behrends/Knütel/Kupisch/Seiler*, CIC 2, S. 559: „Bei dieser Klage ist es aber die Pflicht des Richters zu prüfen, ob der Beklagte besitzt. Es ist unerheblich, aus welchem Grunde er besitzt. Sobald ich nämlich bewiesen habe, daß die Sache mir gehört, muß der Besitzer sie zurückgewähren, wenn er nicht eine Einrede vorgebracht hat. Einige aber, wie Pegasus, sind der Ansicht, die Klage erfasse nur denjenigen Besitz, der im Interdikt 'Wie ihr besitzt' oder 'Auf welcher Seite' vorausgesetzt wird. Zum Beispiel sagt er, könne man nicht von jemandem vindizieren, dem die Sache zur Verwahrung gegeben oder geliehen worden ist, der über sie einen Miet-, Pacht-, oder Werkvertrag abgeschlossen hat, der zwecks Sicherung von [bedingten oder befristeten] Vermächtnissen, wegen einer Mitgift oder für eine Leibesfrucht in ihren Besitz gesetzt ist, auch nicht von jemandem, dem keine Sicherheit wegen künftigen Schadens geleistet ist, weil nämlich alle diese nicht besitzen. Ich meine indessen, man kann gegen alle klagen, weil sie die Sache innehaben und zur Rückgewähr in der Lage sind."

366 *Baron*, AcP 75 (1889), S. 265.

367 § 818 E I: Die durch verbotene Eigenmacht erlangte Inhabung ist fehlerhaft. Fehlerhaft ist auch die Inhabung des Erben desjenigen, dessen Inhabung fehlerhaft war. Die Inhabung eines sonstigen Nachfolgers des letzteren ist nur dann fehlerhaft, wenn der Nachfolger bei Erlangung der Inhabung die Fehlerhaftigkeit der Inhabung seines Vorgängers gekannt hat.

368 *Baron*, AcP 75 (1889), S. 263 ff.

de die Einführung dieses Prinzips und der Erbengewere in § 2052 E I abgelehnt[369]. Die Vererblichkeit des Besitzes sei mit dem Besitzbegriff des römischen Rechts und des E I unvereinbar. Deshalb werde für die Anrechnung der Besitzzeit des Erblassers zugunsten des Erben[370] gewagt auf die Hilfskonstruktion der Fiktion zurückgegriffen, anstatt den Grundsatz der Unvererblichkeit des Besitzes aufzugeben[371]. Diese unbefriedigende Lage werde dadurch beseitigt, dass der E I die Vererblichkeit der aufgrund verbotener Eigenmacht begründeten Rechtsmittel in § 2053 E I anerkennt und dem Erben gegen denjenigen, der in der Zeit zwischen dem Erbfall und dem Besitzerwerb des Erben rechtswidrig den Besitz erlangt hat, die Besitzschutzmittel einräumt. Durch § 2054 E I werde der Erbe als Besitzer und Inhaber fingiert, obwohl er weder den Besitz noch die Inhabung erlangt hat.

> „[···] Und schon die wahrhaft ungeheuerliche Fassung des § 2054 nebst den Erläuterungen der Motive (S. 533) verrät eine derartige Befangenheit im Romanismus und eine solche Abwendung von unserem volkstümlichen Rechtsbewußtsein, daß ein Paktieren mit dem vorgeschlagenen System als ausgeschlossen erscheint. [···]“[372]

Darüber hinaus nimmt *Jhering* an, dass die Römer beim Erbfall den Sachbesitz wie den Rechtsbesitz als *ipso iure* auf den Erben übergegangen hielten, soweit sie die Person des Erben mit der des Erblassers identifizieren konnten. Der Grund liege darin, dass die Erbschaftsklage die possessorischen Interdikte ersetze und die Ersitzung des Erblassers mit dessen Tod ohne Unterbrechung fortdauere. *Jhering* ist der Meinung, dass kein praktisches Interesse existiere, zwischen dem Übergang des Sachbesitzes und dem des Rechtsbesitzes auf den Erben zu unterscheiden. Praktisch verhalte sich die Sache so, als ob der Besitz während der ruhenden Erbschaft fortdauere und auf den Erben übergehe. Die Rechtsstellung des Erben bezüglich des Rechtsschutzes und der Usukapion, sei so anzusehen, als ob der Erbe schon während dieser Zeit Besitzer gewesen wäre. Es sei nur das theoretische Interesse, den hergebrachten von den römischen Juristen überkommenen Besitzbegriff aufrechtzuerhalten, den Besitz nach dem Erbfall fortdauern und mit Antritt der Erbschaft auf den Erben übergehen zu lassen. Die Existenz der *hereditatis petitio* lasse den Besitzschutz des Erben durch possessorische Interdikte nicht entfallen. Die Jurisprudenz erkenne hinsichtlich der Usukapion und des Rechtsschutzes die Fortdauer des Besitzes und den Übergang *ipso iure* auf den Erben an. Eine große Abnormität liege nicht bei Be-

---

369 *Gierke*, Entwurf, S. 66.
370 *Gierke*, Entwurf, S. 342.
371 *Gierke*, Entwurf, S. 306.
372 *Gierke*, Entwurf, S. 553.

rücksichtigung der Fälle des ohne Willen den Besitz fortsetzenden Wahnsinnigen und des *ipso iure* durch Besitzübergang den Besitz erlangenden Erben vor. Das französische Recht, das mit Freiheit den Besitzbegriff behandle, verwirkliche durch Gesetzgebung die Rechtstheorie, den Besitz wie das Eigentum kraft Gesetzes auf den Erben übergehen zu lassen[373]. *Jhering* bestreitet nicht, dass der Besitz nach römischem Recht mit dem Tod des Besitzers endet und der Erbe durch Besitzergreifung den Besitz erwirbt, und dass die Erbschaftsklage und die Fortdauer der Ersitzung während der *hereditas iacens* die Lücke in der Rechtsstellung des Erben ausfüllen. Die römischen Juristen hielten an der dem Rechtsgedanken von *corpus et animus* folgenden Besitztheorie fest. Der E I mache einen unglücklichen Kompromiss mit dem römischen Recht und erhalte dessen Grundsätze nominell aufrecht; tatsächlich habe er sie jedoch aufgegeben. Dadurch, dass der E I dem Erben außer der *hereditatis petitio* die Besitzschutzmittel und sogar das Selbsthilferecht des Besitzers einräumt, mache er den Nichtbesitzenden-Erben tatsächlich zum Besitzer. Doch entspreche dieser Gesichtspunkt des E I nicht der Rechtslogik, die weder einen Besitz ohne Besitzer noch einen Besitzübergang ohne Willensakt dulde. Die Anerkennung der Fortdauer des Besitzes eines Wahnsinnigen sei hingegen ein geringerer Verstoß gegen diese Rechtslogik. Der Wahnsinnige entspreche nicht dem Erblasser nach der juristischen Willenstheorie[374].

Wendt ist der Ansicht, dass das römische Recht nicht einheitlich die unterschiedlichen Rechtsfolgen des Besitzes behandle, weil die vom Erblasser begonnene Ersitzung nach dem Tod des Erblassers bei dem Erben fortdauere, indem der Ersitzungsbesitz des Erblassers ohne Weiteres auf den Erben übergehe. Sowohl die *condicio usucapiendi* als auch der Ersitzungsbesitz gehen *ipso iure* auf den Erben über. Dies unterscheide sich davon, dass der Besitz mit dem Tod des Besitzers ende und dass der Erbe nach dem römischen Recht grundsätzlich nur durch besondere Ergreifungshandlung den Besitz und die Inhabung erwerbe. Ferner würden der Besitzschutz, die *interdicta retinendae* und *recuperandae possessionis* nach römischem Recht nicht durch Erbschaftsantritt auf den Erben übergehen, sondern er erlange sie erst durch eigene Besitzergreifung.

§ 885 Abs. 1 E I[375] regelt, dass die Ersitzung zwar durch den Verlust des Besitzes unterbrochen werde, doch diese Unterbrechung im Fall des Todes nicht eintrete. Die Ersitzung werde also nicht durch den Tod des Erblassers, sondern dadurch unterbrochen, dass ein Anderer als der Erbe den Nachlassbesitz ergrei-

373 *Jhering*, Besitzwille, S. 32 f.

374 *Jhering*, Besitzwille, S. 498 f.

375 § 885 Abs. 1 E I: Die Ersitzung wird durch den Verlust des Besitzes und im Falle des Todes des Besitzers dadurch unterbrochen, daß ein Anderer als der Erbe den Besitz der Sache ergreift.

fe. Der Tod des Besitzers sei kein Beendigungsgrund des Besitzes. Dann sei das Festhalten an § 882 Abs. 2 E I[376] entbehrlich, weil es eine selbstverständliche Konsequenz des § 885 Abs. 1 E I darstelle.

Schließlich werde die Weitschweifigkeit der Fassung dadurch herbeigeführt, dass der E I den Tod des Besitzers als Beendigungsgrund des Besitzes anerkenne. Es sei widersprüchlich, dass der E I in § 2052 einerseits die Unvererblichkeit des Besitzes und der Inhabung zugrunde lege und andererseits in § 2054 die Vererblichkeit des Besitzes und der Inhabung akzeptiere. Es bedürfe nach § 2052 E I der Besitzergreifung durch den Erben zum Erwerb des Nachlassbesitzes, während § 2054 E I dem Erben ohne Besitzergreifung die possessorischen Rechtsmittel dadurch einräume, indem er den Erben zwischen dem Tod des Erblassers und der Besitzergreifung als Besitzer fingiere. Was gegen die Erbschaft geschehe, geschehe auch gegen den Erben und die Besitzklage solle dem Erben beim Spolium der Erbschaft ohne Berücksichtigung der Frage zustehen, ob der Erbe den Nachlassbesitz erlangt hat. Gleichzeitig macht *Wendt* einen Gegenvorschlag, eine Bestimmung in das Gesetz aufzunehmen, nach der die vom Besitz abzuleitenden Rechtsfolgen auch durch den Tod des Besitzers nicht ausgeschlossen werden. Durch diese Abänderung des § 2052 E I sei § 2054 E I überflüssig[377].

Zusammenfassend gesagt teilten die meisten Kritiker am E I die Ansicht, dass die Ersitzungsfrist nach dem Tod des Erblassers nach § 882 E I ohne Unterbrechung fortdauert und dass der Ersitzungsbesitz nach § 882 Abs. 2 E I in der Zeit zwischen dem Tod des Erblassers und der Besitzergreifung des Erben ohne Weiteres auf den Erben übergeht, sowie dass der Tod des Erblassers angesichts des § 885 E I nicht zum Beendigungsgrund des Besitzes gehört. Daneben steht die Besitzklage in der oben genannten Zwischenzeit nach § 2054 E I dem Erben zu, obwohl er noch nicht durch Besitzergreifung den Besitz an den Erbschaftsgegenständen erworben hat. Deshalb bejahen zahlreiche Kritiker die Vererblichkeit des Besitzes und die Fortdauer des Ersitzungsbesitzes, so dass sie den § 2052 E I als widersprüchlich ansehen. Andererseits sind sie der Ansicht, dass der E I den römischrechtlichen Rechtsgrundsatz dadurch beibehalte, indem er an § 882 E I festhalte, obwohl er in der Tat selbst die römischrechtliche Grundlage aufgebe und die germanische Gewohnheit aufnehme. Denn die Rechtsgrundlage für den § 882 E I stamme aus dem römischen Recht. Mithin

376 § 882 E I: [Abs. 1] Gelangt die Sache durch Rechtsnachfolge in den Besitz eines Dritten, so wird die während des Besitzes des Rechtsvorgängers verstrichene Ersitzungszeit in die Ersitzungsfrist eingerechnet. [Abs. 2] Bei einer in der Person des Erblassers begonnenen Ersitzung ist in die Ersitzungsfrist auch die Zeit zwischen dem Tode des Erblassers und der Ergreifung des Besitzes der Sache durch den Erben einzurechnen.

377 *Wendt*, AcP 74 (1889), S. 168 ff.

verlangten viele Kritiker, den vorgesehenen § 2052 E I im zukünftigen Zivilgesetzbuch so abzuändern, dass der Besitz und die Inhabung mit dem Tod des Erblassers *ipso iure* auf den Erben übergehen oder alternativ zu regeln, dass der Besitz nicht durch den Tod des Erblassers ende[378].

§ 4. *Successio in possessionem* und *accessio possessionis*

In der 329. Sitzung vom 30. 5. 1884 fand die Verhandlung über die Anrechnung der Besitzzeit statt. In dieser Sitzung schlug *Planck* vor, die Fassung des § 140 VorE SaR zu ändern, Antrag 2a:

> „2. a, [···] Die von dem Erblasser begonnene Ersitzung wird in der Person des Erben, auch bevor dieser den Besitz der Sache ergriffen hat, fortgesetzt."[379]

Dieser Vorschlag wurde aus den folgenden Gründen von der Kommission angenommen:

> „Zu 2. [···] Der zweite Absatz der im Antrage 2 a vorgeschlagenen Bestimmung sei erforderlich, weil unterm 17. März 1884, Prot. S. 3541 Ziff. 1, beschlossen sei, daß der Erbe Inhabung und bezw. Besitz der zum Nachlaß gehörenden Sachen erst dadurch erlange, daß er sich die thatsächliche Gewalt über dieselben verschaffe. Zu vgl. auch Prot. S. 3486."[380]

Der Antrag 2a von *Planck* und die Begründung verdeutlichen den Standpunkt, dass der Besitz des Erblassers mit dessen Tod grundsätzlich endet, so dass der Erbe erst mit der Besitzergreifung den Besitz an den Erbschaftsgegenständen erwirbt. Dieses Ergebnis entspricht dem Standpunkt des Vorentwurfs zum Sachenrecht von *Johow* und zum Erbrecht von *Schmitt* und bringt zum Ausdruck, dass die beiden Vorentwürfe selbst die Unvererblichkeit des Besitzes anerkennen.

Darüber hinaus stellt die 1. Kommission durch § 863 KE (= § 864 RedVorl = § 863 ZustSachR) fest, dass die Besitzzeit des Veräußerers im Fall der Singularsukzession dem Erwerber und die des Erblassers in der Zeit zwischen dem Erbfall und der Besitzergreifung des Erben im Fall der Universalsukzession dem Erben angerechnet werden:

---

378 *Schubert*, S. 80; vgl. Zst. V, S. 148 ff.

379 *Jakobs/Schubert*, Sachenrecht, §§ 943, 944 S. 640.

380 *Jakobs/Schubert*, Sachenrecht, §§ 943, 944 S. 641; so auch Mot. III, S. 353.

§ 863 KE Gelangt die Sache während der Ersitzungszeit [RedVorl: Ersitzungsfrist] durch Rechtsnachfolge in den Besitz eines Dritten, so findet der §. 179 entsprechende Anwendung.

Bei einer in der Person des Erblassers begonnenen Ersitzung ist in die Ersitzungszeit [RedVorl: Ersitzungsfrist] auch die Zeit einzurechnen, welche seit dem Tode des Erblassers verstreicht, bevor der Erbe den Besitz der Sache ergreift.[381]

Bei der Revision des KE wurde § 863 KE durch die 1. Kommission aufgrund des Antrags b) von *Gebhard*:

> dem Abs. 1 folgende Fassung zu geben: „Gelangt die Sache durch Rechtsnachfolge in den Besitz eines Dritten, so wird die während des Besitzes des Rechtsvorgängers verstrichene Ersitzungszeit in die Ersitzungsfrist eingerechnet;“[382]

und des Antrags c) von *Mandry*:

> im Abs. 2 zu setzen: „....Ersitzungsfrist auch die Zeit zwischen dem Tode des Erblassers und der Ergreifung des Besitzes der Sache durch den Erben einzurechnen.“[383]

durch § 882 E I ersetzt[384]:

§ 882 E I Gelangt die Sache durch Rechtsnachfolge in den Besitz eines Dritten, so wird die während des Besitzes des Rechtsvorgängers verstrichene Ersitzungszeit in die Ersitzungsfrist eingerechnet.

Bei einer in der Person des Erblassers begonnenen Ersitzung ist in die Ersitzungsfrist auch die Zeit zwischen dem Tode des Erblassers und der Ergreifung des Besitzes der Sache durch den Erben einzurechnen.

4. Kapitel: Der zweite Entwurf zum BGB

Der zweite Entwurf ist der Entwurf nach den Beschlüssen der Redaktionskommission der 2. Kommission, in der *Gebhard* für den Allgemeinen Theil, *Jacubezky* für das Recht der Schuldverhältnisse, *Küntzel* für das Sachenrecht, *Mandry* für das Familienrecht und *Rüger* für das Erbrecht zuständig war.

---

381 *Jakobs/Schubert*, Sachenrecht, §§ 943, 944 S. 641.

382 *Jakobs/Schubert*, Sachenrecht, §§ 943, 944 S. 642.

383 *Jakobs/Schubert*, Sachenrecht, §§ 943, 944 S. 642.

384 *Jakobs/Schubert*, Sachenrecht, §§ 943, 944 S. 642.

§ 1. Besitz

Der Besitzbegriff beschränkt sich im E II auf den Besitzschutz. Er bezieht sich somit lediglich auf den Besitz als Voraussetzung des Besitzschutzes:

> „A. Den Anträgen 1 und 2 lag übereinstimmend der Gedanke zu Grunde, daß es sich im Interesse der Klarheit des Gesetzes empfehle, die Vorschriften dieses Abschnitts auf den Besitz als Voraussetzung des Besitzschutzes zu beschränken, [···]“[385]

Der Besitzschutz wird dabei an das äußere Herrschaftsverhältnis der Person zur Sache geknüpft:

> „[···], daß, wenn man sich an dieser Stelle auf die Regelung des Besitzschutzes beschränke, es sich empfehle, Vorschriften über die Entstehung und die Beendigung des nunmehr als „Besitz“ bezeichneten possessorisch geschützten Verhältnisses aufzunehmen. Man ging in grundsätzlicher Uebereinstimmung mit dem Entw. davon aus, daß der Besitzschutz an das äußere Herrschaftsverhältniß der Person zur Sache zu knüpfen sei, [···]“[386]

Während der Verhandlung über den Besitz wurde aus den folgenden Gründen vertreten, die tatsächliche Gewalt als „Inhabung“ zu bezeichnen: Der Ausdruck „thatsächliche Gewalt“ passe zwar auf viele, aber nicht auf sämtliche Verhältnisse. Es könnte Fälle geben, in denen Besitzschutzmittel nicht geltend gemacht werden können, weil ein Verhältnis nicht als tatsächliche Gewalt anerkannt werde. Dadurch entstehe die Gefahr, dass Besitzschutzmittel nicht ausgeübt werden, wenn der Erwerb der tatsächlichen Gewalt als gesetzliche Voraussetzung des Besitzerwerbs aufgestellt werde. Des Weiteren sei die Verwendung der Bezeichnung „Inhabung“ vorteilhaft, weil diese Bezeichnung unbestimmter und ungefährlicher sei. Letztlich sei der Ausdruck „thatsächliche Gewalt“ schon als Bezeichnung des römischen Begriffs der Detention bekannt und verständlich. Dagegen wird eingewandt, dass in den Fällen, in denen die Angemessenheit des Ausdrucks „thatsächliche Gewalt“ zweifelhaft ist, die Bezeichnung „Inhabung“ ebenfalls nicht zutreffe. Zudem führe der Ausdruck „thatsächliche Gewalt“ bei einsichtiger Anwendung des Gesetzes zu keinen bedenklichen Entscheidungen und bezeichne zugleich die Ausschließung eines Dritten aus dem Machtbereich des Besitzers. In allen Fällen sei zutreffend, dass die Erlangung der tatsächlichen Gewalt für den Besitzerwerb notwendig sei[387].

---

385 Prot. III, S. 28 = *Mugdan* III, S. 502.
386 Prot. III, S. 28.
387 Prot. III, S. 29.

Der Ausdruck „thatsächliche Gewalt" sei empfehlenswerter als der Vorschlag von *Jhering*, der die Bezeichnung „die Herstellung desjenigen Verhältnisses der Person zur Sache, welches durch den Zweck ihrer wirthschaftlichen Verwendung geboten sei" enthält, weil die Herstellung eines solchen Verhältnisses in manchen Fällen weder erforderlich noch genügend sei. Daneben wird der Ausdruck „Gewahrsam" nach dem Vorschlag von *Bekker* abgelehnt, weil er nur auf bewegliche Sachen und nicht auf Grundstücke anwendbar sei[388].

Bezüglich des Besitzwillens erkennt Antrag 1 dessen Notwendigkeit an. Er setzt voraus, dass die Erlangung der tatsächlichen Gewalt ohne einen darauf gerichteten Willen, den Besitzwillen, unmöglich sei. Stelle man die Erlangung der tatsächlichen Gewalt als einzige Voraussetzung des Besitzerwerbs auf, wäre allein das äußere Raumverhältnis für den Erwerb maßgeblich. Dies könnte zu dem Irrtum führen, dass auch für den Besitzschutz - entgegen seinem inneren Grund - das äußere Raumverhältnis entscheidend sei. Ferner sei ein possessorischer Schutz der willenslosen Inhabung dem geltenden Rechte, insbesondere dem gemeinen und dem preußischen Recht fremd[389].

Dagegen hält die Redaktionskommission einen Besitzwillen für nicht erforderlich. Das Erfordernis des Besitzwillens sei in den Fällen, in denen die Herstellung der tatsächlichen Gewalt ohne einen darauf gerichteten Willen nicht möglich sei, überflüssig. Zweifelhaft sei das Erfordernis, soweit der Besitzwille nur durch willkürliche Annahmen und Fiktionen zu konstruieren sei, wie wenn eine für jemand bestimmte Sache bei Abwesenheit der Person in der Wohnung niedergelegt wird. In einem solchen Fall könne die Person mangels Besitzwillens während ihres Auslandsaufenthalts keinen Besitzschutz genießen, wenn ihr die in ihre Wohnung verbrachte Sache entzogen wird. Würde das Gesetz ein Willenserfordernis aufstellen, führe dies in dem oben genannten Fall zu dem misslichen Ergebnis, dass mangels Kenntnisnahme bzw. Erwerbswillens ein possessorisch geschütztes Besitzverhältnis überhaupt nicht zur Entstehung gelangt. Dies sei mit dem Grundgedanken des Besitzschutzes, den Rechtsfrieden, durch Aufrechterhaltung der äußeren tatsächlichen Ordnung der Verhältnisse der Personen zu den Sachen zu bewahren, unvereinbar. Es sei nicht unbedenklich, dass ein Willensunfähiger den Besitz nicht erwerben könne und das Willenserfordernis führe im Prozess zu Beweisschwierigkeiten.[390] Daher verzichtete die Redaktionskommission sowohl auf eine Definition des Besitzes als auch auf ein Willenselement und bestimmte in § 797 Abs. 1 E I-ZustRedKom:

---

388 Prot. III, S. 29.
389 Prot. III, S. 30.
390 Prot. III, S. 30 f.

§ 797 Abs. 1 E I-Zust-RedKom — Der Besitz einer Sache wird durch die Erlangung der thatsächlichen Gewalt über die Sache erworben.[391]

§ 2. Schicksal des Besitzes beim Erbfall

Die Redaktionskommission der 2. Kommission geht davon aus, dass dann, wenn der Besitz eine reine Tatsache sei, er mit dem Tod des Erblassers nicht ohne Weiteres auf den Erben übergehe. Dagegen gehe der Besitz des Erblassers mit dessen Tod zweifellos auf den Erben über, wenn der Besitz ein Recht sei. Doch schweige der E II über die Natur des Besitzes und siehe von einer Definition des Besitzes ab. § 777 E II regle nur den Erwerb des Besitzes und § 779 Abs. 1 E II den Verlust des Besitzes, so dass es sehr schwierig sei, eine Entscheidung über den Übergang des Besitzes auf den Erben zu treffen, § 777 E II (= § 854 BGB) und § 779 Abs. 1 E II (= § 856 Abs. 1 BGB):

§ 777 E II — Der Besitz einer Sache wird durch die Erlangung der thatsächlichen Gewalt über die Sache erworben.

Die Einigung des bisherigen Besitzers und des Erwerbers genügt zum Erwerbe, wenn der Erwerber in der Lage ist, die Gewalt über die Sache auszuüben.

§ 779 Abs. 1 E II — Der Besitz wird dadurch beendigt, daß der Besitzer die thatsächliche Gewalt über die Sache aufgiebt oder in anderer Weise verliert.

Die Mitglieder der Redaktionskommission sahen im Besitz eine „Rechtsposition", um eine dogmatische Erklärung über die Vererblichkeit des Besitzes zu liefern: Angenommen, der Besitz sei eine Rechtsposition, deren Erlangung mit dem Erwerb der tatsächlichen Sachherrschaft zusammenhänge. In diesem Fall meinen sie, dass der Besitz mit dem Wegfall der tatsächlichen Sachgewalt seine Grundlage verliere. Doch erwähne keines der damaligen Rechte, damit sind offenbar auch ausländische Kodifikationen gemeint, dass der Tod des Besitzers zum Beendigungsgrund des Besitzes gehöre. Ein solcher Satz könne auch nicht bestehen. Denn zur Fortdauer des Besitzes sei nicht erforderlich, dass die tatsächliche Gewalt ununterbrochen fortbestehe, § 779 Abs. 2 E II (= § 856 Abs. 2 BGB):

---

391 *Jakobs/Schubert*, Sachenrecht, §§ 854, 855 S. 134.

§ 779 Abs. 2 E II — Durch eine ihrer Natur nach nur vorübergehende Behinderung in der Ausübung der Gewalt wird der Besitz nicht beendigt.

Der Eigenbesitz gehe auch nicht dadurch verloren, dass der Eigenbesitzer geisteskrank wird, den *animus rem sibi habendi* also nicht mehr haben kann. Auch habe man § 806 E I bereits gestrichen, weil er selbstverständlich, also überflüssig sei. Mithin sei die Rechtsposition des Besitzers von der Fortdauer der tatsächlichen Gewalt unabhängig. Es seien aber nicht nur Rechte, sondern auch Rechtspositionen vererblich. Daraus sei zu folgern, dass auch Rechtspositionen, die der Besitzer bei seinem Tod innehatte, auf den Erben übergehen, soweit nicht ein Dritter den Besitz erworben hat[392]. Die Fortdauer des Besitzes bleibt gem. § 779 Abs. 2 E II bei nur vorübergehender Behinderung der Ausübung der Gewalt von dem Fortbestand der tatsächlichen Gewalt unberührt. Die Schlussfolgerung der Redaktionskommission aus § 779 Abs. 2 E II verallgemeinert zu Unrecht eine auf vorübergehende Behinderung beschränkte Bestimmung und geht zu weit. Hätte sie den Tod des Besitzers bei der Paragraphierung ins Auge gefasst, würde nicht von einer vorübergehenden Behinderung die Rede sein.

Darüber hinaus erhalte das damalige Recht keineswegs die Unvererblichkeit des Besitzes streng aufrecht. Die römische *usucapio*, der Ersitzungsbesitz, sei vererblich und dies sollte auch nach § 858 E II so bleiben:

§ 858 Abs. 1 E II — Stirbt der Eigenbesitzer vor der Vollendung der Ersitzung, so wird die Zeit zwischen dem Erbfall und der Erlangung des Eigenbesitzes durch den Erben in die Ersitzungszeit eingerechnet. Ergreift ein Anderer als der Erbe den Eigenbesitz einer Erbschaftssache, so wird die Ersitzung unterbrochen; die Unterbrechung gilt als nicht erfolgt, wenn der Erbe den Eigenbesitz binnen Jahresfrist oder mittels einer innerhalb dieser Frist erhobenen Klage erlangt.

§ 858 Abs. 2 E II — Die Ersitzungszeit, welche zu Gunsten eines Erbschaftsbesitzers verstrichen ist, kommt dem Erben zu Statten.

Überdies habe der E I in § 2054, indem er dem Erben Besitzschutzmittel zubilligt, selbst seinen Ausgangspunkt der Unvererblichkeit des Besitzes tatsächlich aufgegeben[393]. Dazu erkenne der E I selbst an, dass der von ihm aufgestellte Satz in den §§ 885, 2053 E I den Bedürfnissen des Lebens nicht hinreichend Rechnung trage, zumal er dem Erben die vollen Besitzschutzmittel durch § 2054 E I gewährt.

---

392 Prot. V, S. 651 = *Mugdan* V, S. 422.

393 Prot. V, S. 651.

§ 885 E I Die Ersitzung wird durch den Verlust des Besitzes und im Falle des Todes des Besitzers dadurch unterbrochen, daß ein Anderer als der Erbe den Besitz der Sache ergreift.

Wird nach einer solchen Unterbrechung der Besitz von dem Ersitzenden wiedererlangt, so ist für die mit der Wiedererlangung des Besitzes beginnende neue Ersitzung die bis zu der Unterbrechung abgelaufene Zeit in die Ersitzungsfrist nicht einzurechnen.

Die Ersitzung gilt als nicht unterbrochen, wenn der Ersitzende den Besitz ohne seinen Willen verloren hat und entweder den Besitz binnen Jahresfrist wiedererlangt oder auf Herausgabe der Sache binnen Jahresfrist Klage erhebt und mittels der Klage den Besitz wiedererlangt; in beiden Fällen ist jedoch die Zeit von dem Verluste bis zu der Wiedererlangung des Besitzes in die Ersitzungsfrist nicht einzurechnen.

Damit gebe der E II den Ausganspunkt der Unvererblichkeit des Besitzes auf und entscheide sich gegenteilig dafür, dass der Besitz auf den Erben „rechtlich" übergehe. Von der im 1. Entwurf statuierten Unvererblichkeit des Besitzes bleibe angesichts der derart weitgehenden Ausnahmen als Folge nur noch die Bestimmung bestehen, dass Verbindlichkeiten, die den Besitz als solchen (auf der Passivseite) zur Voraussetzung haben, den Erben nur dann treffen, wenn der Erbe die tatsächliche Sachgewalt erworben habe. Diese Bestimmung werde nur im Zusammenhang mit der Eigentumsklage berücksichtigt. Wenn der Eigentümer gegen den Erben, der die tatsächliche Sachgewalt noch nicht erlangt hat, die Eigentumsklage geltend mache, beeinträchtige er nicht das Interesse des Erben, weil der Erbe die Möglichkeit der Restitution erlangen könne[394].

Des Weiteren erwähnt die Redaktionskommission den folgenden Fall im Zusammenhang mit den § 789 E II (= § 852 E II rev = § 851 E III = § 867 BGB) und § 917 E II (= § 990 E II rev = § 989 E III = § 1005 BGB):

§ 789 E II Ist eine Sache aus der Gewalt des Besitzers auf ein im Besitz eines Anderen befindliches Grundstück gelangt, so hat ihm der Besitzer des Grundstückes die Aufsuchung und die Wegschaffung zu gestatten, sofern nicht die Sache inzwischen in Besitz genommen worden ist. Der durch die Aufsuchung und die Wegschaffung entstehende Schaden ist dem Besitzer des Grundstücks zu ersetzen. Ist die Entstehung eines Schadens zu besorgen, so kann die Gestattung verweigert werden, bis für den Ersatz Sicherheit geleistet worden ist.

§ 917 E II Befindet sich eine Sache auf einem Grundstücke, das ein Anderer als der Eigenthümer der Sache besitzt, so steht diesem gegen den Besitzer des Grundstücks der im §. 789 bestimmte Anspruch zu.

394 Prot. V, S. 651.

Ein Dritter, dessen Kopfdeckung durch den Wind auf ein erbschaftliches Grundstück getragen worden ist, könnte vom Erben den Gegenstand nicht herausverlangen, bevor der Erbe die tatsächliche Sachherrschaft an dem Grundstück erlangt hätte. Deshalb werde der Erbe unmittelbar nach dem Tod des Erblassers als Besitzer passivlegitimiert.

Außerdem bejaht die Redaktionskommission, dass der Erbe sofort mit dem Tod des Erblassers als Eigenbesitzer an dessen Stelle trete, wenn der Besitz als vererblich erklärt werde. Eine solche Vererblichkeit setzt § 759 E II (= § 836 BGB) voraus.

§ 759 E II Wird durch den Einsturz eines Gebäudes oder eines sonstigen mit einem Grundstücke verbundenen Werkes oder durch die Ablösung von Theilen des Gebäudes oder des Werkes ein Mensch getödtet, der Körper oder die Gesundheit eines Menschen verletzt oder eine Sache beschädigt, so ist der Besitzer des Grundstücks, sofern der Einsturz oder die Ablösung die Folge fehlerhafter Einrichtung oder mangelhafter Unterhaltung ist, verpflichtet, dem Verletzten den entstandenen Schaden zu ersetzen, es sei denn, daß er zum Zwecke der Abwendung der Gefahr die im Verkehr erforderliche Sorgfalt beobachtet hat.

Ein früherer Besitzer des Grundstücks ist für den Schaden verantwortlich, wenn der Einsturz oder die Ablösung innerhalb eines Jahres nach der Beendigung seines Besitzes eintritt, es sei denn, daß er während seines Besitzes die im Verkehr erforderliche Sorgfalt beobachtet hat oder ein späterer Besitzer durch Beobachtung dieser Sorgfalt die Gefahr hätte abwenden können.

Besitzer im Sinne dieser Vorschriften ist der Eigenbesitzer.

In diesem Fall sei keine Ungerechtigkeit gegen den Erben zu erblicken. § 759 E II setze das Verschulden des Eigenbesitzers voraus, so dass sich der Eigenbesitzer durch einen Entlastungsbeweis von der Haftung des § 759 E II befreien könne. Der Erbe sei erst durch Besitzergreifung für den Schaden verantwortlich. Doch werde das Verschulden dem Erben zugerechnet, wenn dieser die Besitzergreifung verzögert habe. Im Gegensatz dazu würde der Erbe als Erbe des Vorbesitzers gem. § 759 Abs. 2 E II (= § 836 Abs. 2 BGB) haften. Die Behandlung des Erben als Besitzer vom Erbfall an entspreche der des Erben als Besitzer von der Erlangung der tatsächlichen Gewalt an.

Auch sei die Detention vererblich. Ob eine Sache zu den eigenen Gegenständen des Erblassers gehöre, werde dadurch entschieden, dass der Erbe des Detentors die Stelle des Beklagten erhalte. Der Erbe des Detentors sei verpflichtet, die Sache zu erhalten und herauszugeben. Für die Übernahme dieser Pflichten sei es erforderlich, dass er der Besitzer ist und er den Besitzschutz gegen Dritte genießt. Deshalb wird er durch die Anerkennung der Vererblichkeit der

Detention passivlegitimiert. Außerdem habe er auch das Retentionsrecht, das den sofortigen Besitz verlange[395].

Schließlich hält die Redaktionskommission unter Berücksichtigung der verschiedenen Konstellationen die Vererblichkeit des Besitzes für gerechtfertigt:

> „Maßgebend war für den Beschluß im Wesentlichen die Erwägung, daß im geltenden Rechte die Unvererblichkeit des Besitzes nirgends rein durchgeführt sei, das geltende Recht sich vielmehr immer mehr und mehr gegen sie gewendet habe. Nun frage sich, ob man ohne Bedenken das gegentheilige Prinzip, die Vererblichkeit, aussprechen dürfe. Die Frage sei zu bejahen; denn es sei leichter, die Ausnahmen von der Vererblichkeit als jene von der Unvererblichkeit aufzustellen. Ein Stillschweigen des B.G.B in dieser praktisch wichtigen Frage sei unthunlich."[396]

Mit der Entscheidung der Redaktionskommission für die Vererblichkeit des Besitzes wurden die §§ 2052-2054 E I gestrichen und durch § 779a E II ersetzt[397], der aus redaktionellen Gründen vom Erbrecht in das Sachenrecht versetzt wurde, § 779a E II (= § 857 BGB):

§ 779a E II   Der Besitz geht auf den Erben über.[398]

§ 3. *Successio in possessionem* und *accessio possessionis*

Die Redaktionskommission übernahm ohne jegliche Veränderung den Beschluss der 1. Kommission über die Anrechnung der Besitzzeit:

> „Der von der Anrechnung der Ersitzungszeit eines früheren Besitzers und der Zeit vor der Besitzergreifung des Erben handelnde §. 882 sowie der die Fortdauer des Besitzes regelnde §. 883 wurden ihrem sachlichen Inhalte nach nicht beanstandet."[399]

Die Redaktionskommission bestimmte in § 888a E I-ZustRedKom und §§ 857, 858 E II:

395 Prot. V, S. 651 f.

396 Prot. V, S. 652 f.

397 E II, S. 717 Nr. 37.

398 Prot. V, S. 650; *Jakobs/Schubert*, Sachenrecht, § 857 S. 165.

399 Prot. III, S. 230.

§ 888a E I-Zust-RedKom	Gelangt die Sache durch Rechtsnachfolge in den Eigenbesitz eines Dritten, so kommt die während des Besitzes des Rechtsvorgängers verstrichene Ersitzungszeit dem Dritten zu Statten. Im Falle der Erbfolge wird die Zeit zwischen dem Erbfall und der Erlangung des Eigenbesitzes durch den Erben in die Ersitzungszeit eingerechnet. Die Ersitzungszeit, welche zu Gunsten eines Erbschaftsbesitzers verstrichen ist, kommt dem Erben zu Statten.[400]
§ 857 E II	Gelangt die Sache durch Rechtsnachfolge in den Eigenbesitz eines Dritten, so kommt die während des Besitzes des Rechtsvorgängers verstrichene Ersitzungszeit dem Dritten zu Statten.
§ 858 E II	Stirbt der Eigenbesitzer vor der Vollendung der Ersitzung, so wird die Zeit zwischen dem Erbfall und der Erlangung des Eigenbesitzes durch den Erben in die Ersitzungszeit eingerechnet. Ergreift ein Anderer als der Erbe den Eigenbesitz einer Erbschaftssache, so wird die Ersitzung unterbrochen; die Unterbrechung gilt als nicht erfolgt, wenn der Erbe den Eigenbesitz binnen Jahresfrist oder mittels einer innerhalb dieser Frist erhobenen Klage erlangt. Die Ersitzungszeit, welche zu Gunsten eines Erbschaftsbesitzers verstrichen ist, kommt dem Erben zu Statten.

Die Redaktionskommission geht davon aus, dass § 888a Abs. 1 E I-ZustRedKom sowohl die Singularsukzession als auch die Universalsukzession erfasst. Bei der Regelung des § 888a E I-ZustRedKom war § 779a E II nicht vorhanden, so dass § 888a Abs. 2 S. 1 E I-ZustRedKom für die Anrechnung der Besitzzeit zwischen dem Erbfall und der Besitzergreifung des Erben im Fall der Ersitzung notwendig ist. Bei der Erlassung des 2. Entwurfs wurden § 888a Abs. 1 und Abs. 2 S. 2 E I-ZustRedKom jeweils zu § 857 E II (= § 928 E II rev = § 927 E III = § 943 BGB) und § 858 Abs. 2 E II (= § 929 E II rev = § 928 E III = § 944 BGB)[401]. § 858 Abs. 1 E II, der inhaltlich § 888a Abs. 2 S. 1 E I-ZustRedKom umfasst, wurde bei der Revision des E II zu keiner selbstständigen Vorschrift, weil die Redaktionskommission in § 779a E II die Vererblichkeit des Besitzes anordnete, so dass § 858 Abs. 1 E II als wiederholte Vorschrift überflüssig war[402]. Gem. § 779a E II erlangt der Erbe den Besitz des Erblassers unverändert, so dass die Besitzzeit des Erblassers seinem Erben mit dem Erwerb des Besitzes ohne Weiteres zukommt. Schließlich verlor § 857 E II seinen Anwendungsbereich für den Fall der Universalsukzession, weil § 779a E II diesen Fall erfasst. Deshalb kann unter der Bezeichnung „Rechtsvorgänger“ und „Rechtsnachfol-

400 *Jakobs/Schubert*, Sachenrecht, §§ 943, 944 S. 642.

401 *Jakobs/Schubert*, Sachenrecht, §§ 943, 944 S. 642.

402 E II, S. 718 Nr. 42; Prot. V, S. 653 f. = *Mugdan* III, S. 638 f.; *Jakobs/Schubert*, Sachenrecht, §§ 940, 942 S. 635.

ger“ im Sinne des § 857 E II jeweils nur „Rechtsvorgänger der Singularsukzession“ und „Singularsukzessor“ verstanden werden.

5. Kapitel: Der dritte Entwurf zum BGB und die Denkschrift

§ 1. Besitz

Der Erwerb des Besitzes in § 838 E III (= § 839 E II rev = § 854 BGB) folgt dem § 777 E II, und der Verlust des Besitzes in § 840 E III (= § 841 E II rev = § 856 BGB) fast unverändert dem § 779 E II:

§ 838 E III Der Besitz einer Sache wird durch die Erlangung der thatsächlichen Gewalt über die Sache erworben.

Die Einigung des bisherigen Besitzers und des Erwerbers genügt zum Erwerbe, wenn der Erwerber in der Lage ist, die Gewalt über die Sache auszuüben.

§ 840 E III Der Besitz wird dadurch beendigt, daß der Besitzer die thatsächliche Gewalt über die Sache aufgiebt oder in anderer Weise verliert.

Durch eine ihrer Natur nach vorübergehende Behinderung in der Ausübung der Gewalt wird der Besitz nicht beendigt.

§ 2. Schicksal des Besitzes beim Erbfall

Die Auseinandersetzungen über den Verlust des Besitzes und den Übergang des Besitzes des Erblassers auf den Erben verliefen im Wesentlichen wie die im Rahmen des E II. In der Denkschrift wird davon ausgegangen, dass der Besitz vererblich sei. Deshalb übernimmt der Erbe mit dem Tod des Erblassers dessen Besitz, obwohl der Erbe derzeit noch nicht den wirklichen Besitz des Erblassers erlangt hat. Der E III und dessen Denkschrift folgen somit Paul. D. 4,6,30 pr. Diese eindeutige Tatsache wird aber von der Denkschrift verkannt:

> „Die im geltenden Rechte verschieden beantwortete Frage, ob der Besitz vererblich ist, d. h. ob der Erbe den Besitz des Erblassers überkommt, auch wenn er selbst die thatsächliche Gewalt über die Sache noch nicht erlangt hat, entscheidet der Entwurf (§ 841, 857) im Anschluß an die Auffassung des deutschen Rechtes im bejahenden

Sinne. Nur durch die Anerkennung des deutschrechtlichen Grundsatzes wird eine einfache, den Bedürfnissen des Lebens und der Rechtssicherheit entsprechende Gestaltung des Besitzverhältnisses und des Besitzschutzes nach dem Tode des Besitzers erreicht. Insbesondere bedarf es dann keiner Sonderbestimmungen, um den Nachlaß in der Zeit zwischen dem Tode des Besitzers und der Besitzergreifung der zu dem Nachlasse gehörenden Sachen durch den Erben gegen Eingriffe Dritter sicherzustellen."[403]

Sie enthält die Aussage, dass lediglich die Anerkennung des deutschrechtlichen Grundsatzes es ermöglicht, das Besitzverhältnis und den Besitzschutz entsprechend den Bedürfnissen des Lebens und zugunsten der Rechtssicherheit zu gestalten, und von Sonderregelungen zur Sicherstellung der zu den Nachlassgegenständen gehörenden Sachen für den Zeitraum zwischen dem Tod des Erblassers und der Besitzergreifung des Erben abzusehen. Diese Behauptung ist bereits deshalb unzutreffend, weil nicht die deutsche Gewohnheit allein, sondern - wie oben ausgeführt - das römische Recht längst vor Entwicklung der Gewohnheit eine angemessene Lösung lieferte.

Der E III übernimmt den Wortlaut des § 779a E II in § 841 E III:

§ 841 E III Der Besitz geht auf den Erben über.

§ 3. *Successio in possessionem* und *accessio possessionis*

§ 927 E III sowie § 928 E III stimmen mit ihren Vorgängervorschriften im E II (§§ 857, 858 Abs. 2 E II) überein:

§ 927 E III Gelangt die Sache durch Rechtsnachfolge in den Eigenbesitz eines Dritten, so kommt die während des Besitzes des Rechtsvorgängers verstrichene Ersitzungszeit dem Dritten zu Statten.

§ 928 E III Die Ersitzungszeit, die zu Gunsten eines Erbschaftsbesitzers verstrichen ist, kommt dem Erben zu Statten.

403 Denkschrift, S. 117 = *Mugdan* III, S. 962.

Teil 3: Probleme des Erbenbesitzes nach § 857 BGB

1. Kapitel: Rechtsnatur des Erbenbesitzes

§ 1. Ausgangslage

Seit alters werden Versuche unternommen, das Wesen des Besitzes im Sinne des § 857 BGB (Erbenbesitz) zu untersuchen und ihn zu definieren. Doch führen sie größten Teils zu einem unbefriedigenden Ergebnis. Der Erbenbesitz erfüllt weder das Erfordernis der tatsächlichen Sachgewalt noch das des Besitzwillens. Denn häufig ist dem Erben entweder die Ausübung der tatsächlichen Sachgewalt unmöglich oder ihm fehlt die Kenntnis vom Erbfall oder sogar beides. In diesen Fällen kann er den Besitz im Sinne des § 854 Abs. 1 BGB nicht erwerben. Allerdings macht § 857 BGB ihn durch gesetzlichen Besitzübergang beim Erbfall zum Besitzer.

Wie schon im ersten und zweiten Teil erläutert wurde, beruht der heutige Besitz auf der römischen *possessio* und die römischen Rechtsquellen beantworten die Frage nach der Vererblichkeit des Besitzes. Dieses Ergebnis wurde im Gesetzgebungsverfahren zum BGB bestätigt. Ferner geht aus den Beschlüssen der 1. sowie 2. Kommission und den Ansichten der Redaktoren für das BGB hervor, dass sie den Besitz im Sinne des § 857 BGB von dem im Sinne des § 854 Abs. 1 BGB und ebenfalls ihre Eigenschaften unterscheiden. Trotz dieser eindeutigen Beschlüsse werden noch bis heute Diskussionen über den Erbenbesitz geführt, die zu keiner einheitlichen Antwort gelangen.

In diesem Kapitel werden die zahlreichen Auffassungen und deren Begründungen behandelt. Durch deren Vergleich ist das Wesen des Erbenbesitzes aufzuklären. Dies erfolgt vor allem unter Berücksichtigung der Intention des Gesetzgebers.

§ 2. Meinungsstand

I. Erbenbesitz als echter Besitz

Strohal ist der Ansicht, dass der Besitzerwerb des Erben ein derivativer sei, der kein fiktives Element enthalte. Er verdeutlicht in einem Beispiel, dass die besitzrechtliche Zugehörigkeit einer Villa und der in ihr befindlichen Sachen mit dem Tod des Erblassers auf den Erben übergehe, und dabei die Tatsächlichkeit der Zugehörigkeit keine Veränderung erfahren soll. Dieses Zugehörigkeitsverhältnis bestehe beim Erben in der Art und Weise, wie sie beim Erblasser bereits vorhanden war. Er hält das tatsächliche Element des Erbenbesitzes gem. § 857 BGB für erfüllt, so dass es sich um einen echten Besitz handle[404].

Sandtner geht davon aus, dass „Rechtsverhältnisse" in „Gebrauchsüberlassungsverhältnisse („Nutzungsrechte")", „Rechtsverhältnisse ohne typische Beziehung zu Dritten", „Sicherungsverhältnisse", u. a. untergliedert werden. Der „Besitz" gehöre zu „Rechtsverhältnisse ohne typische Beziehung zu Dritten", die durch Handlung, Gesetz, Rechtsverhältnis oder Staatsakt begründet werden. Der Besitz gehe als Recht bzw. Besitzverhältnis gem. § 857 BGB auf den Erben über, weil der Erbenbesitz durch Gesetz entsteht. Die Begründung des Besitzverhältnisses durch Gesetz sei im Vergleich zur gesetzlichen Begründung des Eigentums nicht etwas Besonderes. Der Besitz werde mit der Sachherrschaft gleichgesetzt und das durch Übereignung erworbene Eigentum weiche von dem durch Gesetz erworbenen nicht wesentlich ab. Schließlich ist er der Ansicht, dass kein Unterschied zwischen dem Erwerb des Besitzes durch Handlung und dem durch Gesetz bestehen kann und der gem. § 857 BGB erworbene Besitz ein echter Besitz im Sinne des § 854 BGB sei[405].

II. Erbenbesitz als vergeistigte Sachherrschaft

Heymann setzt voraus, dass fiktive Fälle dem Reichsrecht fremd seien und daher sei der fiktive Besitz mit dem damaligen Besitzrecht unvereinbar. Der Nachlass werde zugunsten des Erben respektiert und mit dem Erbfall stehe er stets tatsächlich dem Erben zur Verfügung, was zur Entstehung eines Machtverhältnisses führe. Dabei vertritt *Heymann*, dass es um keinen formalisierten Fall des fiktiven Besitzes gehe, sondern um die Ausstattung eines Machtverhältnisses mit dem *ius possessionis*. Der Übergang des Besitzes auf den Erben sei Folge dieses

404 *Strohal*, Jher. Jahrb. 38 (1898), S. 62 f.

405 *Sandtner*, S. 67 ff. - insbesondere S. 68, S. 74 und S. 108 f.

Machtverhältnisses. Das positive Recht könne bestimmen, an welche Machtverhältnisse es das *ius possessionis* knüpfe[406].

Weimar hält den Besitz im Sinne des § 854 Abs. 1 BGB für eine tatsächliche Sachherrschaft. Der Besitz im Sinne des § 857 BGB sei dagegen keine tatsächliche Sachherrschaft, sondern eine vererbliche Rechtsposition, die an eine „vergeistigte Sachherrschaft" knüpfe. Diese vergeistigte Sachherrschaft stehe der tatsächlichen Sachherrschaft im Sinne des § 2025 BGB gegenüber. Sie gehe beim Erbfall auf den Erben über, während der Gewahrsam im Sinne des § 242 StGB nicht vererblich sei. Wer dem Verstorbenen beispielsweise vorsätzlich und widerrechtlich eine Uhr, die der Verstorbene vor dessen Tod getragen hat, wegnehme, der begehe keinen Diebstahl im Sinne des § 242 StGB, sondern eine Unterschlagung im Sinne des § 246 StGB. Schließlich verneint *Weimar* die Vererblichkeit der tatsächlichen Sachherrschaft im Sinne des § 854 BGB und des Gewahrsams im Sinne des § 242 StGB. Er erkennt lediglich die Vererblichkeit des Besitzes als Rechtsposition im Sinne des § 857 BGB an. Ferner bedürfe es keiner Kenntnisnahme des Erben vom Erbfall für den Besitzübergang[407].

Stadler schließt sich der Theorie der vergeistigten Sachherrschaft an, nach der sich „die Rechtsfolgen der Besitzer-Eigenschaft des Erblassers auf den Erben erstrecken". Sie hält den Erbenbesitz zwar für eine Ausnahme des Besitzes im Sinne des § 854 Abs. 1 BGB, doch sei die Eigenschaft des Erbenbesitzes als Besitz nicht zu verneinen[408].

Baur/Stürner sehen § 857 BGB als eine Ausnahme des Besitzerwerbs von den §§ 854 Abs. 1, 868 BGB an. Aufgrund des Erbenschutzes sehe der § 857 BGB von der Publizität, wie im Fall von *longa manu traditio* nach § 854 Abs. 2 BGB, ab. Bei Berücksichtigung der Äußerung „[···], auch wenn er die tatsächliche Gewalt an der Sache noch nicht erlangt hat, sein „Besitz ohne Sachherrschaft", seine „vergeistigte Sachherrschaft" sich also noch nicht zu einer realen Sachherrschaft verdichtet hat." scheint der Besitz ohne Sachherrschaft mit der vergeistigten Sachherrschaft identisch zu sein[409]. Doch verwenden *Baur/Stürner* auch die Bezeichnung „Verlust des (fiktiven) Erbenbesitzes"[410], so dass ihr Standpunkt nicht ganz klar hervortritt.

---

406 *Heymann*, in: FG Dahn, S. 154 ff.

407 *Weimar*, MDR 1965, S. 109; *ders.*, MDR 1969, S. 282.

408 Soergel/*Stadler*, § 857 Rz. 1.

409 *Baur/Stürner*, S. 90.

410 *Baur/Stürner*, S. 681.

III. Erbenbesitz als Besitz ohne Sachherrschaft

Siebert hält daran fest, dass das Gesetz zwei verschiedene Gebilde des Besitzbegriffs, nämlich den Besitz als Tatbestand und den Besitz als Recht, kenne. Wer den Besitz als Tatbestand innehabe, der habe auch den Besitz als Recht inne. Weil die beiden Besitzarten trennbar seien, habe der Verlust des Besitzes als Tatbestand keinen Einfluss auf den Bestand des Besitzes als Recht. Im umgekehrten Fall, in dem ein Verlust des Besitzes als Recht vorliege, könne der Besitz als Tatbestand jedoch nicht erhalten bleiben. Also sei der Besitz als Tatbestand nicht allein vorhanden, sondern stets mit dem Besitz als Recht. *Siebert* geht davon aus, dass zwei Besitzarten existieren, der „Besitz mit Sachherrschaft (der Besitz als Tatbestand und der Besitz als Recht)" und der „Besitz ohne Sachherrschaft (Besitz als Recht)". Die tatsächliche Sachherrschaft gehe beim Erbfall gem. § 857 BGB nicht auf den Erben über, weil das Gesetz dies nicht von sich aus regeln könne. Gem. § 857 BGB gehe nicht der Besitz mit Sachherrschaft (der Besitz als Tatbestand und der Besitz als Recht) auf den Erben über, sondern nur der Besitz als Recht. Deshalb sei der Besitz im Sinne des § 857 BGB ein Besitz als Recht. Im Vergleich dazu beziehe sich der Besitz im Sinne der §§ 2025, 2027 BGB auf den Besitz als Tatbestand. Nach der Theorie des Besitzes ohne Sachherrschaft ordne § 857 BGB den unmittelbaren Übergang des Besitzrechts an und die Rechtsstellung des Besitzers gehe auf den Erben über. Der Erbe erlange gem. § 857 BGB den Erbenbesitz (Besitz ohne Sachherrschaft), ein bloßes Besitzrecht[411].

Westermann/Gursky behaupten, dass § 857 BGB die Besitzvererbung als Rechtsposition anordne. Deshalb würden alle Folgen der Besitzerstellung den Erben beim Erbfall treffen. Doch sei die Vererbung der tatsächlichen Gewalt unmöglich, so dass der Erbe den Besitz im Sinne des § 854 Abs. 1 BGB erst mit Besitzergreifung erlangen könne. Schließlich folge § 857 BGB der Theorie des Besitzes ohne Sachherrschaft und stehe § 854 Abs. 1 BGB gegenüber[412].

Fritzsche meint, § 857 BGB beruhe auf dem germanischen Recht. Er unterscheidet den Besitz im Sinne des § 857 BGB von dem des § 854 Abs. 1 BGB und des § 2027 Abs. 2 BGB. Dem Erbenbesitz liege keine tatsächliche Sachherrschaft im Sinne des § 854 Abs. 1 BGB zugrunde, sondern der Erbe trete in die Rechtsposition des Erblassers. Den Besitz im Sinne des § 854 Abs. 1 BGB erlange der Erbe erst nach seiner Besitzergreifung. Deshalb verlange der Erbenbesitz weder Besitzergreifung des Erben noch dessen Kenntnis vom Erbfall[413].

---

411 *Siebert*, ZHK 93 (1929), S. 9 ff.

412 *Westermann/Gursky*, S. 101 f.

413 Bamberger/Roth/*Fritzsche*, § 857 Rz. 1, 4 und 5.

Bund wendet sich gegen die Fiktionstheorie und nimmt an, dass zugunsten der Rechtsanwendung durch eine Fiktion eine im Widerspruch zur tatsächlichen Lage stehende Tatsache anerkannt werde. Würde das Gesetz ausdrücklich anordnen, „Die tatsächliche Gewalt gilt als in der Person des Erben bestehend.“, könnte § 857 BGB eine Fiktion darstellen. Unter der Berücksichtigung der Fassung des § 857 BGB hält er diesen für eine Rechtsfolgenzuordnung und einen Besitztatbestand ohne tatsächliche Gewalt[414].

IV. Erbenbesitz als Besitzrecht

Wolff/Raiser sind der Ansicht, dass das Gesetz durch § 857 BGB nicht den Übergang der Sachherrschaft anordne. Wenn ein Nichterbe die tatsächliche Sachherrschaft innehabe, könne der wahre Erbe sie nicht ausüben. Ferner werde die Herrschaftsmöglichkeit zur Sachherrschaft durch Besitzergreifung verdichtet. Außerdem gehen *Wolff/Raiser* davon aus, dass die Beziehung des Erben zur Sache nicht immer eine Sachherrschaft darstelle, aber stets einen Besitztatbestand, weil die Beziehung mit Besitzfolgen ausgestattet sei. Der Besitzübergang im Sinne des § 857 BGB sei der Übergang des Besitzrechts. Eine fiktive Sachherrschaft sei wertlos und unnötig[415].

V. Erbenbesitz als „Neuschöpfung“

Binder behauptet, dass sich die *possessio* im klassischen römischen Recht von der Gewere im altgermanischen Recht und sich der Besitz im Sinne des § 857 BGB vom Besitz im Sinne des § 854 BGB unterscheide. Ferner sei der Besitz nicht mit der tatsächlichen Sachherrschaft gleichzusetzen, sondern stelle eine Rechtsposition dar. Daneben hält er den Erbenbesitz für eine Neuschöpfung, die weder mit dem Besitz nach dem römischen noch nach dem altgermanischen Recht identisch ist. § 857 BGB sei anhand der Definition „der Besitz ist die tatsächliche Gewalt über die Sache“ nicht erklärbar, weil das Gesetzbuch zwar Rechte verleihen könne, doch keine Tatsachen. Daher handle es sich bei § 857 BGB nicht um eine Fiktion. Darüber hinaus ordne § 857 BGB die Sukzession in den Besitz an, durch die der Erbe in die besitzrechtliche Stellung des Erblassers

414 Staudinger/*Bund*, § 857 Rz. 4.
415 *Wolff/Raiser*, S. 42 f.

einrücke. Die Besitzereigenschaft des Erben beruhe nicht auf der tatsächlichen Sachherrschaft des Erben, sondern auf der des Erblassers[416].

VI. Erbenbesitz als Rechtsfolgenzuordnung

Rosenberg vertritt die Auffassung, dass das Gesetz den Übergang des Besitzes nicht anordnen könne, wenn der Besitz eine körperliche oder physische Gewalt darstelle. Daneben bezeichnet er den Besitz als „das vom Verkehr anerkannte Machtverhältnis, das dem Gemeinbewußtsein als tatsächliche Gewalt erscheint", und die „tatsächliche Zugehörigkeit einer Sache zu dem Vermögenskreise jemandes". Diese Zugehörigkeit gehe gem. § 1922 BGB durch die Gesamtnachfolge auf den Erben über[417].

Ebenroth/Frank verneinen die Theorie der Fiktion und der vergeistigten Sachherrschaft. Die tatsächliche Sachherrschaft als physisch-reales Verhältnis sei dem Erben beim Erbfall erst dann gesetzlich einzuräumen, wenn dieser die tatsächliche Sachherrschaft erlangt habe. Der Erbe könne durch die Besitzergreifung die tatsächliche Sachherrschaft an den Erbschaftsgegenständen erwerben und dadurch verdichte sich der Erbenbesitz im Sinne des § 857 BGB zum Verkehrsbesitz im Sinne des § 854 Abs. 1 BGB[418].

Ferner ist *Joost* der Ansicht, dass das Gesetz dem Erben keine tatsächliche Sachherrschaft verschaffen könne. Angesichts der Vererblichkeit des Besitzes kennt das Gesetz Ausnahmen dieses Rechtsprinzips sowie der entgegengesetzten Regel. Die Formulierung des § 857 BGB erfolge lediglich aus dem Grund, dass Ausnahmen vom Grundsatz der Vererblichkeit des Besitzes leichter aufzustellen seien. Dieser gesetzestechnische Grund führe nicht dazu, dass dem Erben eine reale oder fiktive Sachherrschaft zugesprochen wird. Ihm würden vielmehr die vom Besitztatbestand abhängigen Rechtsfolgen zugerechnet. Der Erbenbesitz sei eine bloße Rechtsfolgenzuordnung und unterscheide sich vom Besitz im Sinne des § 854 Abs. 1 BGB sowie dem Erbschaftsbesitz gem. §§ 2018 ff. BGB. Deshalb erwerbe der Erbe erst nach Besitzergreifung die tatsächliche Sachgewalt[419].

416 *Binder*, S. 46 ff.
417 *Rosenberg*, S. 54.
418 *Ebenroth/Frank*, JuS 1996, S. 796.
419 MüKo/*Joost*, § 857 Rz. 3 und 4.

VII. Erbenbesitz nach der Kontinuitätstheorie

Heck geht von einer ungewöhnlichen Definition des Besitzes aus, nach der der Besitz eine „tatsächliche Einfügung einer Sache in eine Herrschafts- und Interessensphäre“ ist[420]. Der Besitz bezwecke nicht den Schutz des öffentlichen Friedens, also des öffentlichen Interesses, sondern den der Kontinuität in den faktischen Beziehungen zu den Sachen, also des privaten Interesses[421]. Er hält Bereitschafts- und Ausdruckslage als rechtserhebliche Elemente bezüglich des Besitzerwerbs[422]. Diese beiden Elemente liegen beim Erben vor[423]. Er sieht den Besitztatbestand als „die Einfügung in die Nutzungs- oder Interessensphäre, in eine solche Lage, daß für den Interessenten nach der Anschauung des Lebens die Bereitschaftslage der Sache gegeben ist.“ an. Dabei sei der Besitzwille nicht erforderlich[424]. *Heck* meint, „Der Erbe und kein anderer hat objektiven Anlaß zu Vertrauen darauf, daß die für den Erblasser bisher bestehende Verwendungsmöglichkeit jetzt ihm, dem Erben, zugute kommt. Die Rechtswahrscheinlichkeit, die auf den Erblasser hinwies, weist nach dem Erbfall auf den Erben hin und auf niemand anderes.“ Bei Abwägung der Interessenlage sei selbstverständlich, dass der Besitz des Erblassers mit dessen Tod auf den Erben übergeht. Die damalige herrschende Meinung, nach der nur die Rechtsfolgen in einen andersgearteten Tatbestand angewendet werden, sei mit seiner Kontinuitätstheorie nicht vereinbar. Schließlich würden seine Kontinuitätstheorie und die Erkenntnis des historischen Besitzbegriffs die Einbeziehung des Erbenbesitzes gestatten. Darüber hinaus ergebe sich der Erbenbesitz aus der *ratio legis* und sei aus ihr zu begrenzen, weshalb der Erwerb des Erbenbesitzes von der Kenntnis des Erbfalls unabhängig sei[425].

Auch steht *Schmelzeisen* bezüglich der tatsächlichen Sachgewalt der herrschenden Ansicht kritisch gegenüber, nach der der Begriff der tatsächlichen Sachgewalt ein auf dem Tatbestand des menschlichen Zusammenlebens beruhender gesellschaftlicher Begriff ist und die Lücke zwischen der Wirklichkeit und der Norm durch den Begriff der tatsächlichen Sachherrschaft, der durch die allgemeine Lebensanschauung (Volksanschauung) entsteht, gefüllt wird. Er hält daran fest, dass das Vorhandensein der tatsächlichen Sachherrschaft nicht durch die Lebensanschauung, sondern durch Interessenabwägung nach dem Kriterium

420 *Heck*, S. 10.
421 *Heck*, S. 12 f.
422 *Heck*, S. 36.
423 *Heck*, S. 41.
424 *Heck*, S. 38.
425 *Heck*, S. 41.

der gesetzlichen Wertung entschieden werden soll. Ferner setze der Besitzbegriff mindestens ein tatsächliches und ein körperliches Erfordernis voraus. Deshalb weiche eine vergeistigte Sachgewalt vom Besitzbegriff ab. Der Erbenbesitz entspreche nicht dem Besitzbegriff, der sich auf die vergeistigte Sachgewalt, die Auffassung von le mort saisit le vif und das von *Wolff* vertretene Besitzrecht bezieht. Denn die sogenannten vergeistigten Besitzlagen unterfielen nicht der tatsächlichen Sachgewalt. Die Volksanschauung begründe bestenfalls ein körperliches, keineswegs ein vergeistigtes Lagenverhältnis. Im Vergleich dazu sei die Volksüberzeugung z. B. bei unkörperlichen Besitzlagen ein untaugliches Hilfsmittel. Zudem sei der Satz le mort saisit le vif anders als in der Vergangenheit zu verstehen, weil die gegenwärtige Lage mit der damaligen nicht vergleichbar sei. Sowohl der Sozialkreis als auch das sich auf die Sachherrschaft beziehende Gemeinbewusstsein verändere sich allmählich. Deshalb sei der Erbenbesitz unabhängig vom altgermanischen Rechtsprinzip le mort saisit le vif zu beurteilen. Gegen die Ansicht *Wolffs*, dass nicht der Besitz gleich mit dem Tod des Erblassers auf den Erben übergehe, sondern das Besitzrecht, das mit der Sachherrschaft des Erblassers verbunden sei, wendet *Schmelzeisen* ein, dass *Wolff* nicht nur die Begriffsstatik des Besitzes breche, sondern auch nicht über die Vorstellung eines statischen Lagenverhältnisses hinwegkomme. *Schmelzeisen* versucht die Lücke der Auffassung von *Heck* durch Interessenabwägung (Abwägung der Kontinuitätsinteressen) zu füllen. Er hält lediglich die Interessenabwägung für eine taugliche Grundlage, den Erbenbesitz zu erklären[426].

VIII. Erbenbesitz als Fiktion

Dernburg unterscheidet zwischen dogmatischen Fiktionen und gesetzlichen Fiktionen. Der Besitz des Erblassers gelte von dem Zeitpunkt dessen Todes, abgesehen von dem Zeitpunkt des Erbschaftsantritts, als auf den Erben übergegangen. Dies geschehe durch eine wissenschaftliche Fiktion. Der Universalsukzession in den Besitz liege der Gedanke zugrunde, dass die Beendigung des Rechts des einen und der Beginn des Rechts des anderen zusammenfallen müssen[427].

Kretzschmar behauptet, dass das römische Recht die Vererblichkeit des Besitzes nicht gekannt habe, anders die deutschrechtliche Auffassung. Der Besitz sei ein tatsächliches Verhältnis und er könne deshalb nur durch Besitzergreifung erworben werden. Daher gehe die von der tatsächlichen Gewalt unabhängige Rechtsposition mit dem Eintritt des Erbfalls auf den Erben über. Der Übergang

426 *Schmelzeisen*, AcP 136 (1932), S. 49 ff.
427 *Dernburg*, Pandekten 1^7, S. 84 m. Fn. 7.

dieser Rechtsposition bezwecke solange den Schutz des Erben, bis der Erbe durch Besitzergreifung den Besitz im Sinne der §§ 854, 2025, 2027 BGB erlangt habe, soweit ein Dritter nicht die Sache in Besitz genommen hat. Der Erbe werde deshalb geschützt, weil die tatsächliche Gewalt des Erblassers an den von diesem besessenen Sachen zugunsten des Erben als fortdauernd gelte[428].

Des Weiteren ist *Müller-Erzbach* der Auffassung, dass § 857 BGB auf eine Fiktion hinauslaufe. Die Fiktion beruhe auf dem Gedanken, nach dem die Besitzklage und die Beweiserleichterung im Prozess dem Besitzinteressenten eingeräumt werden[429].

Rohde vertritt den Standpunkt, dass nicht *corpus possessionis* fingiert wird, sondern der Besitzwille. Denn er hält den Willen, der auf die Gesamtheit der zu einer Erbschaft gehörigen Sachen gerichtet ist und somit einen Rechtsbegriff zum Gegenstand hat, nicht für einen Besitzwillen. Ferner werde der Erbe zu einem echten Erben, wenn er Kenntnis über den Erbfall erlange, die ihm zum Zeitpunkt des Erbfalls in der Regel fehle. Deshalb werde der Besitzwille durch § 857 BGB fingiert[430].

Leonhard meint, dass der Besitz im Sinne des § 857 BGB als unvollständiger Besitz vererblich sei. Er unterscheide sich von dem wirklichen Besitz im Sinne der §§ 2025, 2027 BGB, der tatsächlich ergriffen wurde. Deshalb sei der Besitz im Sinne des § 857 BGB ein fingierter Besitz[431].

Überdies geht *Sosnitza* davon aus, dass sich der Fall des § 857 BGB von dem Fall des § 854 Abs. 1 BGB unterscheide und dass gem. § 857 BGB kein Übergang der tatsächlichen Sachherrschaft auf den Erben stattfinde. Ein Verreister habe die tatsächliche Sachherrschaft und den Besitzwillen an seinen Wohnungen, Autos usw., obwohl er sich im Ausland befindet. Dagegen brauche der Erbe keine Kenntnis vom Erbfall, nämlich keinen Besitzwillen, zu haben. Außerdem richte sich der Zweck des § 857 BGB nach dem Schutz des Erben. Deshalb sollten die Besitzschutzansprüche dem Erben beim Erbfall eingeräumt werden. Das Gesetz erkenne durch die Fiktion als gesetzestechnische Verweisung an, dass die tatsächliche Sachherrschaft an den Nachlassgegenständen dem Erben zustehe, obwohl dieser sie noch nicht erworben habe. Durch die Fiktion würden zwei nicht identische Tatbestände gleichgestellt, damit eine bestimmte Rechtsfolge dem Erben zugerechnet werde. *Sosnitza* widerspricht jedoch der Ansicht, nach der das Gesetz keine Tatsache schaffen, sondern nur Rechte verleihen kann und daher die tatsächliche Sachherrschaft als „physisch-reales Ver-

---

428 *Kretzschmar*, S. 21.

429 *Müller-Erzbach*, Jher. Jahrb. 53 (1908), S. 367.

430 *Rohde* XVIII, S. 16 f.

431 *Leonhard*, S. 3 und S. 161.

hältnis" dem Erben, der diese Sachherrschaft nicht hat, nicht einzuräumen ist. Er wendet ein, dass die Fiktion sich darauf beziehe, dass eine bestimmte Tatsache geschaffen und angeordnet werde. Zwei nicht identische Tatbestände würden durch die Fiktion rechtlich gleichgestellt, damit den Erben, der die tatsächliche Sachherrschaft noch nicht ausübt, gleiche Rechtsfolgen träfen. Es sei auch nicht zwingend, bei einer Fiktion den Ausdruck „gilt als" zu verwenden. Die Gesetzestechnik der Fiktion sei von einer bestimmten Ausdrucksweise unabhängig. Darüber hinaus geht er davon aus, dass die herrschende Meinung grundsätzlich im Einklang mit der Annahme einer Fiktion steht. Die herrschende Ansicht halte den Erben für ein Zurechnungsobjekt der vom Tatbestand des Besitzes abhängigen Rechtsfolgen. Bei dessen Anerkennung bleibe auch die Annahme einer Fiktion der tatsächlichen Sachherrschaft zugunsten des Erben durch § 857 BGB möglich. Die Annahme einer Fiktion in § 857 BGB erübrige die Schaffung eines neuen Besitztatbestands, die ohne großen Begründungsaufwand kaum möglich erscheine[432].

Wieling behauptet, dem römischen Recht sei der Besitzübergang auf den Erben fremd[433]. Der Besitz stelle sowohl eine Tatsache als auch ein faktisches Verhältnis dar. Der Übergang der tatsächlichen Sachherrschaft *ipso iure* auf den Erben sei vom Gesetz anzuordnen. Der Besitz im Sinne des § 857 BGB sei eine Rechtsposition, die auf der tatsächlichen Sachgewalt beruhe, die der Erbe noch nicht erlangt habe. Dabei handle es sich um eine Fiktion, so dass der Besitz im Sinne des § 857 BGB einen fiktiven Besitz darstellt. Die tatsächliche Sachherrschaft im Sinne des § 854 Abs. 1 BGB erlange der Erbe dagegen erst mit Besitzergreifung an den Erbschaftsgegenständen[434].

§ 3. Stellungnahme

I. Kritik an den Lehrmeinungen

Strohal und *Sandtner* gehen davon aus, dass der gem. § 857 BGB erlangte Besitz dem Besitz im Sinne des § 854 Abs. 1 BGB gleichstehe. Doch gehen ihre Begründungen im folgenden Fall ins Leere:

432 *Sosnitza*, S. 13 f.

433 So auch *Muscheler* II, S. 1648 Rz. 3190.

434 *Wieling*, S. 179.

Fall: Vater V wohnt während des Auslandsaufenthalts seines Sohnes S in Deutschland. V stirbt an einem Herzinfarkt ohne ein Testament zu hinterlassen. Der Alleinerbe S erhält davon keine Kenntnis.

Mit dem Tod des V erwirbt S gem. § 857 BGB den Besitz an den Erbschaftsgegenständen. Es ist für S jedoch unmöglich, die tatsächliche Sachgewalt an den Erbschaftsgegenständen auszuüben. Die tatsächliche Sachherrschaft wird zwar nach der Verkehrsanschauung beurteilt, doch ist sehr zweifelhaft, dass der sich im Ausland befindende S die tatsächliche Sachgewalt an den in Deutschland befindlichen Erbschaftsgegenständen erwirbt. Zudem hat er überhaupt keine Kenntnis von dem Tod seines Vaters, so dass noch nicht einmal vom Vorhandensein seines Besitzwillens ausgegangen werden kann. Deshalb entspricht der nach § 857 BGB erworbene Erbenbesitz nicht dem „echten" Besitz im Sinne des § 854 Abs. 1 BGB.

Sandtner vertritt die Auffassung, dass der durch Übergabe bzw. eine Handlung erworbene mit dem kraft Gesetzes erworbenen Besitz identisch sei, so wie das durch Übereignung erworbene und das kraft Gesetzes erworbene Eigentum. Eine solche These vermengt zwei an sich zu unterscheidende Kategorien. Was ein Käufer beispielsweise gem. § 929 S. 1 BGB durch Einigung und Übergabe erlangt hat, ist das Eigentum als Vollrecht. Der Erbe erwirbt mit dem Eintritt des Erbfalls gem. § 1922 Abs. 1 BGB auch das Eigentum des Erblassers. Die Eigenschaft des Eigentums, das einerseits durch Übereignung und andererseits durch Gesetz erworben wird, weist keinen Unterschied auf. Im Vergleich dazu erlangt der Käufer durch Übergabe nach §§ 929 ff. BGB den Besitz, der den unmittelbaren Besitz im Sinne des § 854 Abs. 1 BGB, den Mitbesitz im Sinne des § 866 BGB und den mittelbaren Besitz im Sinne des § 868 BGB usw. umfasst. Der Besitz im BGB wird in diese oben genannten verschiedenen Besitzarten untergliedert und sie sind nicht völlig identisch. Die oben erwähnten Besitzarten beziehen sich in der Regel auf die Einzelnachfolge, während der Erbenbesitz gem. § 857 BGB mit der Gesamtnachfolge verbunden ist. Die Funktion des Erbenbesitzes ist es, die Besitzerstellung des Erben so lange aufrecht zu erhalten, bis dieser den Besitz im Sinne des § 854 Abs. 1 BGB erlangt. Im Hinblick auf den Erbenbesitz trifft die These von *Sandtner* somit nicht zu.

Dem Erbenbesitz fehlt in den meisten Fällen die tatsächliche Sachgewalt, bis der Erbe den Besitz an den Erbschaftsgegenständen ergreift. Daher bedarf der Erbenbesitz einer Voraussetzung, mit der die tatsächliche Sachgewalt zu ersetzen ist. Eine Lehre schafft den Begriff „vergeistigte Sachherrschaft", damit das Tatbestandsmerkmal des Besitzes erfüllt wird. Fraglich ist, was unter einer vergeistigten Sachherrschaft überhaupt zu verstehen ist. Die vergeistigte Sachherrschaft ist keine Form der tatsächlichen Sachgewalt und ist lediglich eine Neuschöpfung zur Begründung des Erbenbesitzes. Es besteht keine terminologische Gemeinsamkeit zwischen den Begriffen „tatsächliche“ und „vergeistigte“ Sachherrschaft. Vielmehr stehen sie sich als Gegenteil gegenüber. Im BGB besteht kein Anhaltspunkt für die Annahme einer „vergeistigten Sachherrschaft“, so dass nicht auf den undeutlichen Ausdruck „vergeistigte Sachherrschaft“ zurückzugreifen ist. Das Gleiche gilt auch für die Annahme eines Besitzes ohne Sachherrschaft.

Das tatsächliche Element prägt den Besitz. Daher kann nicht davon die Rede sein, dass der Besitz ein Recht sei. Das BGB definiert zwar nicht den Besitz, doch wird aus zahlreichen Regelungen deutlich, dass der Besitz kein Recht ist, beispielsweise durch § 268 Abs. 1 S. 1 BGB und § 268 Abs. 1 S. 2 BGB:

§ 268 Abs. 1 S. 1 BGB	Betreibt der Gläubiger die Zwangsvollstreckung in einen dem Schuldner gehörenden Gegenstand, so ist jeder, der Gefahr läuft, durch die Zwangsvollstreckung ein Recht an dem Gegenstand zu verlieren, berechtigt, den Gläubiger zu befriedigen.
§ 268 Abs. 1 S. 2 BGB	Das gleiche Recht steht dem Besitzer einer Sache zu, wenn er Gefahr läuft, durch die Zwangsvollstreckung den Besitz zu verlieren.

Wäre der Besitz ein Recht, wäre die Bestimmung des § 268 Abs. 1 S. 2 BGB überflüssig. Des Weiteren verdeutlichen § 1922 Abs. 1 BGB und die zusätzliche Regelung des § 857 BGB, dass der Besitz nach der Konzeption des BGB kein Recht darstellt. Deshalb kann der Besitz weder ein Recht sein noch in ein tatbestandliches und rechtliches Element aufgeteilt werden. Es kann folglich auch nicht das „Besitzrecht“, wie *Wolff/Raiser* vertreten, nach § 857 BGB auf den Erben übergehen.

Binder versteht unter dem Erbenbesitz eine Rechtsposition, die der Ansicht der Redaktionskommission zufolge vererblich ist, obwohl sie kein Recht ist. Wie die historische Untersuchung zeigt, geht die Rechtsposition ursprünglich auf die Rechtsquelle Paul. D. 4,6,30 pr. zurück, welche den Übergang des Ersitzungsbesitzes enthält und von der Redaktionskommission der 2. Kommission herangezogen wird, um den Erbenbesitz zu begründen[435]. Daraus geht hervor, dass das Ersitzungsverhältnis im römischen Recht eine vererbliche Rechtsposition darstellt, ohne als eine solche ausdrücklich bezeichnet zu werden. Deshalb liegt es

435 Siehe oben S. 119 f.

fern, die Rechtsposition als Neuschöpfung anzusehen. Ebenfalls trifft die These *Wielings*, das römische Recht kenne keinen Besitzübergang *ipso iure* auf den Erben, nicht zu.

§ 857 BGB bezieht sich ausdrücklich auf den Besitz. Die Rechtsfolgen des Besitzes stehen dem Erben selbstverständlich zu, soweit der Erbe Besitzer ist. Das Gesetz lässt dem Erben, der nicht Besitzer ist, grundsätzlich keine Rechtsfolgen zukommen, insbesondere deshalb, weil der Besitz des Erblassers nicht über seinen Tod hinaus fortdauern kann. § 857 BGB verhindert jedoch die Besitzunterbrechung zwischen dem Erbfall und der Besitzergreifung des Erben, indem er mit dem Eintritt des Erbfalls den Besitz des Erblassers auf den Erben übergehen lässt. Um dem Erben die Rechtsfolgen zuzuordnen, muss der Erbe als Besitzer angesehen werden, als hätte dieser den Besitz erworben, obwohl er den Besitz noch nicht tatsächlich ergriffen hat. Die Rechtsfolgen des Besitzes knüpfen an die Besitzerstellung des durch § 857 BGB zum Besitzer gewordenen Erben. Schließlich ist der Erbenbesitz keine Besitzfolgenzuordnung, sondern macht den Erben kraft Gesetzes zum Besitzer.

Im Hinblick auf die in § 857 BGB angeordnete Gesamtnachfolge in den Besitz erscheint die Kontinuitätstheorie von *Heck* für den Fall des Erbenbesitzes schlüssig. Doch ist der Ausgangspunkt dieser Besitzlehre nicht unproblematisch. Die Einfügung in eine Interessenspähre bedarf nach der Theorie *Hecks* keines Besitzwillens. Der Besitzwille wird zwar nicht ausdrücklich im BGB vorgeschrieben, doch wird generell vorausgesetzt, dass die Ausübung der tatsächlichen Sachgewalt ohne einen darauf gerichteten Willen kaum möglich sei[436]. Ohne Besitzwillen sind beispielsweise Mitbesitz (§ 866 BGB), mittelbarer Besitz (§ 868 BGB), Eigenbesitz (§ 872 BGB), *traditio brevi manu* (§ 929 S. 2 BGB) usw. keineswegs begründbar. Darüber hinaus steht diese Lehre dem klassischen Besitzbegriff entgegen, weil der Erbenbesitz sich nicht aus der *ratio legis* ergibt, sondern auf dem römischen Recht beruht.

436 Vgl. Staudinger/*Bund*, § 854 Rz. 14.

II. Erbenbesitz als Fiktion

1. § 857 BGB als unwiderlegliche Vermutung (*praesumptio iuris et de iure*)?

Neben einer Fiktion kommt in Betracht, dass durch § 857 BGB der Übergang des Besitzes auf den Erben unwiderleglich vermutet wird. Eine Vermutung[437] ermöglicht die Annahme der Erfüllung eines Tatbestands durch das tatsächliche Vorliegen eines anderen Tatbestands. Sie bezweckt hauptsächlich die Erleichterung der Beweislast. Die Vermutung wird in tatsächliche Vermutung (*praesumptio facti*) und Rechtsvermutung (*praesumptio iuris*) unterteilt. Die Rechtsvermutung besteht wiederum aus der widerleglichen und unwiderleglichen Vermutung (*praesumptio iuris et de iure*). Im Rahmen eines Prozesses lässt jene den Beweis des Gegenteils zu, diese dagegen nicht. Beispielsweise wird in § 1006 Abs. 1 S. 1 BGB der Besitzer einer beweglichen Sache als Eigentümer dieser Sache vermutet. Der Besitzer kann gegebenenfalls Eigentümer sein. Entspricht die Vermutung nicht der materiellen Rechtslage, so kann sie widerlegt werden. Im Gegensatz dazu wird gem. § 1566 Abs. 2 BGB unwiderleglich vermutet, dass die Ehe der seit drei Jahren getrennt lebenden Ehegatten gescheitert ist. Als weiteres Beispiel verlangt § 550 Abs. 1 BGB zum Abschluss eines Mietvertrags, dessen Vertragslaufzeit mehr als ein Jahr beträgt, die Einhaltung der gesetzlichen Schriftform. Liegt ein Fall des § 125 S. 1 BGB vor, wird vermutet, dass der Vertrag über eine unbestimmte Zeit abgeschlossen wurde, auch wenn das Gegenteil nachgewiesen wird.

---

437 *Creifelds*, S. 1265: „Vermutung. Wird kraft gesetzlicher Bestimmung ein Sachverhalt oder eine Rechtstatsache vermutet, so bedarf es zunächst keines Beweises. Als *praesumptio facti* wird eine im Gesetz festgelegte Vermutung bezeichnet, nach der eine Tatsache vermutet wird (z. B. vermutete Beiwohnung des Ehemannes, wenn das Kind während der Ehe geboren wird; § 1591 II 1 BGB a. F.). Eine *praesumptio iuris* liegt vor, wenn das Gesetz aus einer Tatsache eine Rechtsvermutung ableitet, die aber widerlegbar ist (nach § 1006 BGB wird vermutet, dass der Besitzer einer Sache auch ihr Eigentümer sei; die Vermutung kann durch Gegenbeweis ausgeräumt werden, § 292 ZPO). Ist die Rechtsvermutung unwiderlegbar, so handelt es sich um eine *praesumptio iuris et de iure* (§ 550 BGB: Miete eines Grundstücks für länger als 1 Jahr ohne die vorgeschriebene Schriftform gilt als für unbestimmte Zeit vereinbart). […]"; Lexikon/*Grüneberg*, S. 4521 f.: „Vermutung (Verfahrensrecht) […] Vermutung nennt man gesetzliche Beweislastregeln, die aus dem Vorliegen eines Tatbestandes auf einen weiteren Tatbestand schließen. […] Rechtsvermutung (*praesumtio iuris*), entweder als widerlegbare Vermutung (zB §§ 167 II, 437 I, 440 II ZPO) oder als unwiderlegbare Vermutung (*praesumtio iuris et de iure*) (zB §§ 39, 267, 551 ZPO)".

Die unwiderlegliche Vermutung unterscheidet sich von der Fiktion. Das Gesetz fingiert einen Sachverhalt, der in Wirklichkeit nicht besteht, als bestehend. Es wird aus dem nichts etwas durch Gesetz geschaffen. Durch § 1923 Abs. 2 BGB wird z. B. die Geburt des Kindes fingiert, so dass das gezeugte Kind bereits vor dem Erbfall als geboren gilt. Das Fingierte trifft in Wahrheit nicht zu und die Fiktion ist stets unwahr.

In manchen Fällen liegt die Abgrenzung der Fiktion von der unwiderleglichen Vermutung nicht auf der Hand und ist fließend. Beispielweise sind sich die Stimmen darüber uneinig, ob § 612 Abs. 1 BGB entweder als Fiktion oder als unwiderlegliche Vermutung zu verstehen ist:

§ 612 Abs. 1 BGB	Eine Vergütung gilt als stillschweigend vereinbart, wenn die Dienstleistung den Umständen nach nur gegen eine Vergütung zu erwarten ist.

Zum Teil wird § 612 Abs. 1 BGB für eine Fiktion gehalten[438]. *Larenz* vertritt die Auffassung, dass das Gesetz die Vereinbarung der Vergütung zwischen den Dienstvertragsparteien fingiere, als sei eine Vereinbarung getroffen worden, obwohl eine solche tatsächlich unterblieben ist[439]. Seine Argumentation entspricht der Definition der Fiktion. *Müller-Glöge* ist der Meinung, dass dem Ausdruck des § 612 Abs. 1 BGB „die Dienstleistung den Umständen nach nur gegen eine Vergütung zu erwarten ist." eine Fiktion der stillschweigenden Vergütungsvereinbarung zu entnehmen sei. Daher sei die Anfechtung des Dienstberechtigten wegen dessen Irrtum über die Vergütungspflicht unmöglich[440]. Dagegen geht *Weidenkaff* davon aus, dass § 612 Abs. 1 BGB eine unwiderlegliche Vermutung sei[441].

§ 857 BGB räumt dem Erben mit dem Eintritt des Erbfalls den Besitz des Erblassers ein. Er fingiert den Besitz, bei dem die tatsächliche Sachgewalt fehlt, als den Besitz, der die tatsächliche Sachgewalt voraussetzt, bis der Erbe durch Besitzergreifung die Erbschaftsgegenstände in Besitz nimmt. Das Vorliegen der tatsächlichen Sachgewalt beim Erben lässt sich dagegen nicht aus § 857 BGB folgern. Des Weiteren bezweckt § 857 BGB nicht als verfahrensrechtliche Regel die Erleichterung der Beweislage. Folglich ist der Erbenbesitz kein vermuteter, sondern ein fiktiver Besitz. Eine Fiktion ist nicht nur dann anzunehmen, wenn das Gesetz den Ausdruck „gilt als" verwendet. Die Verwendung bestimmter Worte mag zwar als Indiz dienen, sich jedoch auf diese Wortwahl zu beschrän-

438 MüKo/*Müller-Glöge*, § 612 Rz. 5; *Larenz*, S. 314; Staudinger/*Richardi/Fischinger*, § 612 Rz. 5: „Es handelt sich aber um keine Fiktion im eigentlichen Sinn; [···]."

439 *Larenz*, S. 314 f.

440 MüKo/*Müller-Glöge*, § 612 Rz. 5.

441 Palandt/*Weidenkaff*, § 612 Rz. 5.

ken wird der Sprachenvielfalt des BGB nicht gerecht. Wäre der Ausdruck „gilt als“ für die Annahme einer Fiktion notwendige Voraussetzung, wären Auseinandersetzungen darüber, ob es sich bei einer Bestimmung - wie beispielsweise § 612 Abs. 1 BGB - in der die Worte „gilt als“ vermisst werden, um eine Fiktion handelt, überflüssig. Die Auffassung von *Esser*, dass eine Fiktion nicht durch einen bestimmten Passus verdeutlicht werde[442], spricht auch für die Verschiedenheit der Ausdrucksweise der Fiktion.

2. Anwendbare Fiktion bei Bedarf

Die Fiktion des Besitzes im Sinne des § 857 BGB bezieht sich auf die Anerkennung der Besitzerstellung des Erben durch Gesetz. Für den Erwerb des Besitzes im Sinne des § 854 Abs. 1 BGB reicht der bloße Besitzwille allein nicht aus. Deshalb fußt die Annahme einer Fiktion nur des Besitzwillens nicht auf einer dem § 857 BGB zugrunde liegenden Vorstellung.

Fraglich ist, ob § 857 BGB bei sämtlichen Konstellationen in Bezug auf den Erbfall anzuwenden ist.

> Fall 1: Vater V und sein Sohn S wohnen zusammen in einem Haus. Im Haus befindet sich ein dem V gehörender Hund, an dem V und dessen Alleinerbe S Mitbesitz ausüben. V stirbt plötzlich ohne ein Testament errichtet zu haben.

Stirbt V plötzlich ohne Testament, wird S zum Alleinerben. Die Erbschaft geht mit dem Eintritt des Erbfalls gem. § 1922 Abs. 1 BGB auf den S über. Der Besitz geht in der Regel nach § 857 BGB auf den Erben über. Hier übt S jedoch bereits vor dem Tod des V gem. § 854 Abs. 1 BGB die tatsächliche Gewalt über den Hund aus. Es stellt sich somit die Frage, ob es in einer solchen Konstellation überhaupt der Anwendung des § 857 BGB bedarf. Der Zweck des § 857 BGB besteht darin, dass der Besitz des Erben bis zu dessen Erlangung der tatsächlichen Sachgewalt im Sinne des § 854 Abs. 1 BGB geschützt wird. Dieser Zweck geht im oben dargestellten Fall ins Leere und eine Anwendung des § 857 BGB auf diesen Fall ist widersinnig.

> Fall 2: Sohn S wohnt im Haus seines Vaters V, V ist mittelbarer Besitzer und S unmittelbarer Besitzer. V hat vor seinem Tod ein Testament errichtet, nach dem sein Neffe N Alleinerbe ist. S hält dieses Testament für gültig und besitzt für N das Haus. Später stellt sich die Ungültigkeit des Testaments heraus, wovon S keine Kenntnis erlangt. In diesem Zeitpunkt löst sich ein Ziegel vom Dach des Hauses und der Nachbar wird dadurch schwer verletzt.

442 *Esser*, S. 30 f.; vgl. auch *Sosnitza*, S. 15 m. Fn. 61; *Köhler*, S. 14.

Mit dem Erbfall geht der Besitz des V gem. § 857 BGB auf den S über. Dann ist fraglich, ob S Eigen- oder Fremdbesitzer ist. § 836 BGB verlangt den Eigenbesitz als Voraussetzung der Haftung des Grundstücksbesitzers. S könnte zwar behaupten, er besitze für N, und auf diese Weise versuchen, sich als Fremdbesitzer von der Haftung zu befreien. In diesem Fall gilt jedoch § 857 BGB, weshalb er Eigenbesitzer wird, indem durch den Erbfall das Besitzmittlungsverhältnis zwischen V und S erlischt[443].

§ 857 BGB ist folglich eine gesetzestechnische Fiktion, die insoweit gilt, als sie einerseits für den Besitzschutz des Erben und andererseits für die Sicherheit des Verkehrs vonnöten ist. Sie findet bis zur Besitzergreifung des Erben Anwendung, soweit nicht ein Dritter die Erbschaftsgegenstände in Besitz nimmt.

2. Kapitel: Probleme des § 857 BGB

Der Gesetzgeber des BGB regelte ausdrücklich verschiedene Besitzarten, den unmittelbaren Besitz (§ 854 BGB), fehlerhaften Besitz (§ 858 BGB), Mitbesitz (§ 866 BGB), mittelbaren Besitz (§ 868 BGB), Eigenbesitz (§ 872 BGB), gutgläubigen Besitz (§ 937 BGB) *etc.* Außer diesen im BGB vorgesehenen Besitzarten sind wegen des Rechtsbedürfnisses zahlreiche Besitzformen wie z. B. der rechtmäßige Besitz, Alleinbesitz, Fremdbesitz allgemein anerkannt. Es ist fraglich, ob jede Form des Besitzes des Erblassers beim Erbfall gem. § 857 BGB auf seinen Erben unverändert übergeht oder der Übergang von den jeweiligen Eigenschaften der Besitzarten unterschiedlich erfolgt. Dafür bedarf es des Verständnisses über die verschiedenen Besitzarten sowie deren Besonderheiten. Fraglich ist auch, was mit der beim Erblasser begonnenen Ersitzung bei dessen Tod geschieht. War der Erblasser bösgläubig, so dass die Ersitzung einer Sache ausgeschlossen war, ist der Frage nachzugehen, ob die Gutgläubigkeit des Erben ihm zur Ersitzung verhilft. Des Weiteren ist problematisch, ob und wie der Mitbesitz, der mittelbare Besitz und der Verwaltungsbesitz des Erblassers auf den Erben übergehen. Darüber hinaus muss aufgeklärt werden, ob die Vermutung im Sinne des § 1006 Abs. 1 S. 1 BGB beim Erbfall zugunsten des Erben Geltung erlangt und ob der Erbe gem. § 836 BGB nach Eintritt des Erbfalls haftet, und wenn ja, nach welchem Absatz des § 836 BGB dessen Haftung im Erbfall zu bejahen ist. Auch ist auf das Verhältnis zwischen dem Besitzübergang nach

443 Palandt/*Bassenge*, § 857 Rz. 2; Soergel/*Stadler*, § 857 Rz. 5.

§ 857 BGB und der gesellschaftsrechtlichen Anwachsungsregel beim Tod eines Gesellschafters einzugehen. Es ist problematisch, ob ein Scheinerbe verbotene Eigenmacht im Sinne des § 858 BGB begeht, wenn er vor seinem rückwirkenden Verlust der Erbenstellung durch Besitzergreifung den Besitz an den Erbschaftsgegenständen erworben hat. Darüber hinaus muss die Frage beantwortet werden, auf wen der beim Erbfall gem. § 857 BGB auf den Vorerben übergegangene Besitz vor oder nach dessen Besitzergreifung mit dem Eintritt des Nacherbfalls übergeht. Als letztes stellt sich die Frage, ob der Besitz des Erblassers zugleich mit dessen Tod sogar auf den Erbscheinerben übergehen kann.

§ 1. Erbenbesitz und Ersitzung (§§ 937, 943 BGB)

I. Problemerläuterung

Die Ersitzung setzt nach § 937 Abs. 1 BGB voraus, dass der Ersitzende eine bewegliche Sache zehn Jahre lang in Eigenbesitz hat. Hinzu kommt gem. § 937 Abs. 2 BGB dessen ununterbrochene Gutgläubigkeit vom Zeitpunkt des Erwerbs des Eigenbesitzes bis zur Vollendung der Ersitzung. Eine Ersitzung ist auch dann denkbar, wenn die Ersitzungsfrist bei einer Person zu laufen beginnt, die vor Ablauf der nach § 937 Abs. 1 BGB erforderlichen Zeit verstirbt, so dass dessen Erbe die Ersitzung fortsetzt. In einem solchen Fall erfolgt die Anwendung des § 943 BGB in der Regel ohne Unterscheidung zwischen der Einzel- und Gesamtrechtsnachfolge. Dementsprechend wird überwiegend angenommen, dass die Ersitzung auch dann möglich ist, wenn der Erblasser zwar bösgläubig war, der Erbe dagegen gutgläubig ist. Es geht hierbei zentral um die Frage, wie sich die Änderung der Willensrichtung des Rechtsnachfolgers auf die Ersitzung auswirkt.

Die Umwandlung eines berechtigten Fremdbesitzes in unberechtigten Eigenbesitz im Rahmen der §§ 990 Abs. 1 S. 1, 989 BGB angehend, hat der BGH bereits im Jahre 1959[444] über den folgenden Sachverhalt entschieden: Der Kläger war Eigentümer einer Lokomotive, die in die Stadt F verladen werden sollte. Sie wurde aber stattdessen in C entladen und auf einem Gerätefriedhof abgestellt, der von der D.T.U. Arbeitsgemeinschaft verwaltet wurde. Die Arbeitsgemeinschaft verlud den Zug anschließend als Dienstgut nach E unter Aufgabe einer

444 BGHZ 31, 129 ff. = BGH NJW 1960, 192 f. = BGH WM 1960, 21 ff. = BGH LM § 990 Nr. 8.

Versandanzeige, in der der Kläger als Eigentümer der betroffenen Lokomotive angegeben war und die unter anderem von der Bahnmeisterei in C unterzeichnet wurde. Nachdem die Lokomotive in E ankam, wurde sie von der Reichsbahn an die Baufirma M veräußert. Der Kläger nimmt die beklagte Bundesbahn auf Schadensersatz in Anspruch. Das erstinstanzliche Gericht wies die Klage ab, die Berufung des Klägers hatte dagegen Erfolg.

Der BGH setzte sich mit dem Anspruch des Klägers gem. §§ 990 Abs. 1 S. 1, 989 BGB auseinander, hauptsächlich mit der Frage, ob unter dem Besitzerwerb im Sinne des § 990 Abs. 1 S. 1 BGB nur die erstmalige Ergreifung der Sachgewalt zu verstehen ist oder auch - wie im zu entscheidenden Fall - die Umwandlung berechtigten Fremdbesitzes in unberechtigten Eigenbesitz. Nach dem Gesetzeswortlaut könnte ausschließlich die erstmalige Besitzergreifung, unabhängig von der Form des Besitzes, entscheidend sein. Das BGB kenne jedoch zwei nicht gleichzusetzende Besitzarten, den Fremd- und Eigenbesitz. Der Wortlaut „Erwerb des Besitzes“ könne daher auch so ausgelegt werden, dass nicht nur die erstmalige Besitzergreifung, sondern auch die Umwandlung von Fremd- in Eigenbesitz erfasst wird. Unter Einbeziehung anderer Argumente entschied der BGH, dass der berechtigte Fremdbesitzer, der unberechtigten Eigenbesitz an der Sache ergreift, nicht in gutem Glauben im Sinne des § 990 Abs. 1 S. 1 BGB ist, wenn er infolge grober Fahrlässigkeit nicht weiß, dass er dem Eigentümer gegenüber zur Umwandlung des Fremdbesitzes in Eigenbesitz nicht befugt ist.

Dieses Urteil könnte auf das obengenannte Problem im Rahmen der Ersitzung übertragbar sein. Gem. § 937 Abs. 2 Alt. 1 BGB ist bei der Ersitzung der Zeitpunkt des Erwerbs des Eigenbesitzes maßgeblich. In den zu behandelnden problematischen Fällen begründet zunächst der Erblasser den Eigenbesitz an einer Sache, ist aber zu diesem Zeitpunkt bösgläubig. Beim Erbfall geht dieser Besitz auf den Erben gem. § 857 BGB über. Es stellt sich aber die Frage, ob der Erbe durch Besitzergreifung im Sinne des § 854 Abs. 1 BGB einen vom Besitz des Erblassers unabhängigen eigenständigen Eigenbesitz begründen kann, so dass dem Erben eines bösgläubigen Erblassers durch seinen guten Glauben die Ersitzung möglich wird.

Über diese Frage hinaus bestehen im Hinblick auf die Entscheidung des OLG Bamberg vom 14. 2. 1966[445] über die Anwendung des § 943 BGB beim Erbfall erhebliche Bedenken.

F, S, L und KH waren als Mitglieder der Erbengemeinschaft im Grundbuch eingetragen. Von 1930 bis 1963 hat KH bis zu seinem Tod die angegebenen

445 OLG Bamberg NJW 1966, 1413 f.

Parzellen des Grundstücks allein bewirtschaftet. Nach dessen Tod wurden P, D, FH und WS als Erben des verstorbenen KH im Grundbuch eingetragen. Die Erbengemeinschaft besteht aus F, S, L, P, D, FH und WS. Die Erben des KH haben beantragt, die Eigentümer F, S und L, die im Grundbuch eingetragen sind, auszuschließen. Das Amtsgericht hat ihren Antrag mit der Begründung abgelehnt, dass die wesentliche Voraussetzung des § 927 Abs. 1 BGB „seit 30 Jahren im Eigenbesitz eines anderen“ in diesem Fall nicht erfüllt sei. Denn der Eigenbesitz (§ 872 BGB) des Erblassers von F, S, L und KH geht gem. § 857 BGB auf die aus ihnen bestehende Erbengemeinschaft über, so dass sowohl KH als auch F, S, und L Eigenbesitzer werden. Das Landgericht gab dem Antrag ebenfalls nicht statt. Es geht davon aus, dass die im Grundbuch eingetragenen Miterben der Erbengemeinschaft beim Erbfall gem. §§ 857, 872 BGB Eigenbesitzer der Parzellen seien und sie als Eigentümer nicht ausgeschlossen werden können, weil sich das Grundstück nicht seit 30 Jahren im Eigenbesitz eines anderen befunden habe. Das Amts- und Landgericht sind der Ansicht, dass der Eigenbesitz des KH die Voraussetzung des § 927 BGB „im Eigenbesitz eines anderen“ nicht erfüllen könne, wenn außer KH auch F, S und L noch Eigenbesitzer in der Erbengemeinschaft sind.

Das OLG Bamberg hält die Begründung der Entscheidung des Landgerichts für nicht tragfähig, nach der die Voraussetzung des § 927 Abs. 1 BGB nicht erfüllt ist, soweit die eingetragenen Miterben beim Erbfall durch den Übergang des Eigenbesitzes des KH gem. § 857 BGB Eigenbesitzer des Grundstücks werden. Das OLG Bamberg setzt voraus, dass P, D, FH und WS als Miterben des KH beim Erbfall gem. § 857 BGB Eigenbesitzer sind und sie die seit 33 Jahren laufende Ersitzungszeit des KH übernommen haben. Daneben vertritt das OLG Bamberg die Ansicht, dass P, D, FH und WS als Antragsteller das angegebene Grundstück ersitzen können, weil der Besitzübergang im Sinne des § 857 BGB nicht den Übergang der tatsächlichen Sachgewalt, sondern die Übernahme der an die Sachgewalt des Erblassers geknüpften Besitzstellung bedeute und eine bestimmte Person sowohl auf einer anderen als auch auf der gleichen Besitzstufe wie bei Mitbesitz, als Eigenbesitzer besitzen könne. Die Entscheidung stützt sich auf § 943 BGB als Grundlage der Anrechnung der Ersitzungsfrist des Vorbesitzers. Fraglich ist, ob diese Vorschrift ohne Weiteres auf die Gesamtnachfolge anwendbar ist. Über die Frage, ob der gutgläubige Erbe eines bösgläubigen Erblassers eine Erbschaftssache ersitzen kann, sind die Meinungen gespalten.

II. Meinungsstand

1. Herrschende Meinung

Die herrschende Meinung geht davon aus, dass der gutgläubige Erbe eines bösgläubigen Erblassers selbstständig die Ersitzung begründen könne[446].

Baldus sieht keinen Grund, den gutgläubigen Erben schlechter zu stellen als den nach den Regeln der *bona fides superveniens* in ein und derselben Person ersitzenden ursprünglichen Bösgläubigen. Es erfolge nach § 857 BGB keine Zurechnung von Gut- und Bösgläubigkeit, da § 857 BGB als Ausnahmevorschrift eng auszulegen sei. Nur dieses Ergebnis könne der Befriedigungsfunktion der Ersitzung Folge leisten[447].

Wieling ist der Auffassung, dass das Tatbestandsmerkmal „Rechtsnachfolge“ im Sinne des § 943 BGB sowohl die Einzel- als auch Gesamtrechtsnachfolge umfasse[448]. Dies folge daraus, dass das BGB nicht mehr wie im römischen und gemeinen Recht zwischen der *successio in possessionem* des Erben und der *accessio possessionis* des Einzelnachfolgers unterscheide. Bei der *successio in possessionem* setzt der Erbe den Besitz des Erblassers fort, so dass mit seinem Besitzerwerb auch die bereits begonnene Ersitzung fortgeführt wird. Dabei komme die Regel *mala fides supervenies non nocet* zur Geltung. Dagegen finde bei der *accessio possessionis* ein Besitzwechsel statt und es beginne eine neue Ersitzung für den Rechtsnachfolger. *Johow* spreche in seinem Entwurf (§ 140 Abs. 2 VorE SaR) von der „Zurechnung des Besitzes“. *Wieling* sieht in diesem Ausdruck lediglich die Anerkennung der *accessio possessionis*, dem die 1. Kommission sowie die 2. Kommission gefolgt seien[449]. Die Einführung des § 857 BGB führe zu keinem anderen Ergebnis, da er nicht die Ersitzung sondern nur den Besitzschutz betreffe[450].

---

446 *Boehmer*, S. 276 ff.; *Naendrup*, S. 60 m. Fn. 95; *Biermann*, § 943 S. 222; Erman/-*Lorenz*, § 857 Rz. 6; Erman/*Ebbing*, § 943 Rz. 4; MüKo/*Baldus*, § 943 Rz. 10; Palandt/-*Bassenge*, § 857 Rz. 2; *dies.*, § 943 Rz. 1; RGRK/*Kregel*, § 857 Rz. 8; Soergel/*Stadler*, § 857 Rz. 5; Staudinger/*Bund*, § 857 Rz. 13; Staudinger/*Wiegand*, § 943 Rz. 5; Staudinger/*Marotzke*, § 1922 Rz. 256; *Baur/Stürner*, S. 741; *Binder*, S. 42 m. Fn. 21; *Endemann*, S. 1184 m. Fn. 68; *Lange/Kuchinke*, S. 100; *Muscheler* I, S. 435 f. Rz. 805; *Rosenberg*, S. 59; *Strohal*, Erbrecht 2^3, S. 78; *Wieling*, S. 427, siehe auch S. 179; *Wolff/-Raiser*, S. 262; *Gursky*, JR 1986, S. 227.

447 MüKo/*Baldus*, § 943 Rz. 10.

448 So auch *Windscheid/Kipp*, Pandekten 1^9, S. 939; *Wolff/Raiser*, S. 262.

449 Vgl. dagegen oben S. 115 f.

450 *Wieling*, S. 426 f.

Gursky stellt die Möglichkeit einer Ersitzung des gutgläubigen Erben eines bösgläubigen Erblassers nicht in Frage. Der gutgläubige Erbe, der ohne grobes Verschulden von der Nachlasszugehörigkeit einer Sache und gleichzeitig von seinem Eigentumserwerb ausgeht, sei nicht schutzunwürdig[451].

Innerhalb der herrschenden Meinung ist jedoch umstritten, zu welchem Zeitpunkt die Gutgläubigkeit des Erben bestehen muss.

Wolff/Raiser und *Marotzke* sind der Ansicht, dass die Ersitzung trotz Bösgläubigkeit des Erblassers mit Besitzergreifung zugunsten des zu diesem Zeitpunkt gutgläubigen Erben beginne[452]. *Bassenge* zufolge erfolgt nach § 857 BGB kein Übergang der Gut- oder Bösgläubigkeit. Bei der Ersitzung sei die gesamte Besitzzeit von Bedeutung, so dass auf den Erben abzustellen sei[453]. Der Erbe müsse zum Zeitpunkt des Besitzerwerbs bzw. bei Besitzergreifung gutgläubig sein[454]. *Stadler* behauptet dagegen, dass § 857 BGB auch subjektive Elemente erfassen könne. Sie nimmt eine Unterscheidung danach vor, ob die Redlichkeit einmalig zum Zeitpunkt des Besitzerwerbs oder dauerhaft erforderlich ist. Bei der Ersitzung sei der gute Glaube ein Dauerelement, für das die Person des Erben maßgeblich sei[455].

Naendrup fordert im Fall des bösgläubigen Eigenbesitzes des Erblassers die Gutgläubigkeit des Erben zum Zeitpunkt der Kenntnisnahme vom Erbfall[456].

Binder hebt den Unterschied zwischen dem römischen Recht und dem BGB hervor. Das BGB erfordere anders als das römische Recht keinen Titel für die Ersitzung. Der Rechtssatz, wer *mala fide* besitzt zugleich keinen *titulus possessionis* hat, in den er sukzedieren kann, komme daher nicht zur Geltung. Der Erbe könne durch seinen guten Glauben zum Zeitpunkt des Erbfalls den Beginn der Ersitzung herbeiführen[457]. *Wiegand* fordert nach dem Sinn und Zweck der §§ 943, 857 BGB die Redlichkeit zum Zeitpunkt des gesetzlichen Besitzübergangs[458].

---

451 *Gursky*, JR 1986, S. 227.

452 Staudinger/*Marotzke*, § 1922 Rz. 256; *Wolff/Raiser*, S. 42 m. Fn. 2.

453 Palandt/*Bassenge*, § 857 Rz. 2.

454 Palandt/*Bassenge*, § 943 Rz. 1.

455 Soergel/*Stadler*, § 857 Rz. 5.

456 *Naendrup*, S. 60 m. Fn. 95; so auch *Wieling*, S. 427 f.; *Windscheid/Kipp*, Pandekten 1[9], S. 940.

457 *Binder*, S. 42 m. Fn. 21; so auch *Boehmer*, S. 276 f.; *Rosenberg*, S. 59; *Strohal*, Erbrecht 2[3], S. 78.

458 Staudinger/*Wiegand*, § 943 Rz. 5.

2. Gegenstimmen

Dagegen gehen andere[459] davon aus, dass die Bösgläubigkeit des Erblassers nach *successio in possessionem* auf den Erben übergehe und § 943 BGB nicht für den Fall der *successio in possessionem*, sondern nur für den der *accessio possessionis* gelte. Im Gegensatz zu der herrschenden Meinung ist die Gutgläubigkeit des Erben belanglos, weil der Besitzübergang als Gesamtnachfolge in den Besitz behandelt wird und § 943 BGB nicht zur Anwendung gelangt.

Jakobs zufolge ist es nicht hinzunehmen, dass ein Erbe aufgrund seines guten Glaubens an das Eigentum des fremdbesitzenden Erblassers die Ersitzung dem die Rückgabe Begehrenden entgegenhalten könne[460].

Des Weiteren meint *Knütel*, dass § 943 BGB den § 882 Abs. 1 E I wiedergebe, dem wiederum § 2052 E I zugrunde liegt, der für den Besitzerwerb des Erben die Besitzergreifung für unentbehrlich erklärt. Die Vorstellung, auf der § 943 BGB beruht, stimme daher nicht mit dem Regelungsgehalt des § 857 BGB überein. Vielmehr sei die Gesamtrechtsnachfolge vom Anwendungsbereich des § 943 BGB durch die 2. Kommission herausgenommen worden. Dieses Ergebnis werde durch die Streichung des § 882 Abs. 2 E I bestärkt. Einer solchen Fristanrechnung bedürfe es nicht mehr, da der Besitz des Erblassers auf den Erben kraft Gesetzes übergeht[461]. Die Möglichkeit der Ersitzung durch einen gutgläubigen Erben eines bösgläubigen Erblassers mit der Besitzergreifung sei im Hinblick auf § 858 Abs. 2 S. 2 BGB äußerst zweifelhaft. Die Ersitzung eines gutgläubigen Erben an Sachen, die der Erblasser bösgläubig oder nur als Fremdbesitzer in Besitz hatte, sei grundsätzlich ausgeschlossen. Eine solche komme nur dann in Betracht, soweit der Erbe sich vom Besitzmittlungsverhältnis gelöst hat oder ihm Umstände bekannt werden, die dem Erblasser zur Gutgläubigkeit verholfen hätten[462].

III. Stellungnahme

Der überwiegende Teil der Literatur ist sich darüber einig, dass der Erbe gem. § 857 BGB den Besitz des Erblassers unverändert erwirbt. Doch ändere sich die Eigenschaft dieses Besitzes mit der Besitzergreifung des Erben. Aufgrund dieser

---

459 *Jakobs*, in: FS Flume, S. 84; *Knütel*, in: FS Lange, S. 915 f.; *Crome*, S. 349 f.; *Dernburg*, Pandekten 1[7], S. 516; *ders.*, Sachenrecht[4], S. 360; *Eck*, S. 25 und S. 128; *Krämer*, NJW 1997, S. 2580.

460 *Jakobs*, in: FS Flume, S. 84.

461 *Knütel*, in: FS Lange, S. 915 f.

462 *Knütel*, in: FS Lange, S. 931 ff.

Änderung könne der gutgläubige Erbe eines bösgläubigen Erblassers mit tatsächlicher Besitzergreifung selbstständig eine neue Ersitzung beginnen. Der Erbe begründe durch seine Besitzergreifung einen neuen eigenen Besitz. Des Weiteren gebe das BGB die *successio in possessionem* auf und kenne nur noch die *accessio possessionis*. Es ist nicht unzweifelhaft, ob dies der heutigen Rechtslage tatsächlich entspricht.

1. BGHZ 31, 129 ff. und die Möglichkeit der Ersitzung des gutgläubigen Erben eines bösgläubigen Erblassers

BGHZ 31, 129 ff. erkennt die Umwandlung des rechtmäßigen Fremdbesitzes in den unrechtmäßigen Eigenbesitz als Besitzerwerb im Sinne des § 990 Abs. 1 S. 1 BGB an. Die Reichsbahn habe grob fahrlässig das Eigentum der Klägerin verkannt und unter dieser grob fahrlässigen Unkenntnis der Baufirma M die Lokomotive veräußert, so dass sie nach der verschärften Haftung aus § 990 Abs. 1 BGB haftet. Zur Begründung dieses Ergebnisses führt der BGH aus, dass das Gesetz den Unterschied zwischen Fremd- und Eigenbesitz im Sinne des § 872 BGB, die ihrem Wesen nach grundsätzlich voneinander unterschiedlich seien, anerkenne. Daher könne der Fremdbesitz nicht ohne Weiteres dem Eigenbesitz gleichstehen und diese Unterscheidung sei auch bei der Auslegung des § 990 BGB zu berücksichtigen. Der rechtmäßige Fremdbesitz unterscheide sich begrifflich von dem unrechtmäßigen Eigenbesitz. Deshalb stelle die Umwandlung des rechtmäßigen Fremdbesitzes in den unrechtmäßigen Eigenbesitz der Reichsbahn einen neuen Besitzerwerb dar[463].

Das Ergebnis dieser Entscheidung könnte auf den folgenden Fall der Ersitzung übertragbar sein:

> Der Erblasser nahm eine von einem Dritten geliehene Sache unter Kenntnis der Überschreitung seiner Befugnis in Eigenbesitz. Mit dem Tod des Erblassers erwarb dessen Erbe gem. § 857 BGB den Besitz. Drei Monate später ergriff der Erbe den Besitz an der Sache ohne Kenntnis über das Leihverhältnis zwischen dem Erblasser und dem Dritten, und er besitzt die Sache 10 Jahre lang als seine eigene.

In diesem Fall steht fest, dass der Erblasser aufgrund seiner Bösgläubigkeit die Sache nicht ersitzen konnte, § 937 Abs. 2 BGB. Gem. § 857 BGB geht der Eigenbesitz des Erblassers auf den Erben über, so dass auch die Ersitzung beim

463 Diese Auffassung ist nicht unumstritten. Näheres dazu bei Staudinger/*Gursky*, § 990 Rz. 29.

Erben ausgeschlossen scheint. Fraglich ist, ob die nachträgliche Gutgläubigkeit des Erben ihm zur Ersitzung verhelfen kann.

Dafür könnte sprechen, dass der Erbe durch Besitzergreifung - sowie im Fall der Umwandlung des rechtmäßigen Fremdbesitzes in den unrechtmäßigen Eigenbesitz - neuen Besitz erwirbt. Im Erbfall rückt der Gesamtnachfolger in die Rechtsposition seines Vorgängers aber ohne Änderung des rechtlichen Umstands, der beim Rechtsvorgänger vor dem Erbfall bestand, ein. In der Entscheidung BGHZ 31, 129 ff. geht es dagegen um die Differenzierung zwischen dem Fremd- und Eigenbesitz, also um zwei wesentlich verschiedene Besitzarten, die das Gesetz selbst unterscheidet. Die Gesamtnachfolge ist somit nicht mit der Umwandlung des rechtmäßigen Fremdbesitzes in den unrechtmäßigen Eigenbesitz vergleichbar. Im ersten Fall geht es um den Besitzübergang und im zweiten Fall um den Besitzerwerb.

Auch das Argument, dass der Erbe durch Besitzergreifung im Sinne des § 854 Abs. 1 BGB einen neuen Besitz erlange, geht ins Leere. § 858 Abs. 2 S. 2 BGB regelt, dass der Erbe (Rechtsnachfolger) des Besitzers (Rechtsvorgänger) beim Erbfall dessen Fehlerhaftigkeit gegen sich gelten lassen muss. Die Vorschrift geht davon aus, dass der Erbe sich nicht auf seine eigene Gutgläubigkeit berufen und deswegen nicht die Fehlerhaftigkeit seines Erblassers beseitigen kann. *Knütel* und *Baldus* kritisieren zu Recht die Auffassung, nach der der fehlerhafte Besitz des Erblassers zwar beim Erbfall gem. § 857 BGB ohne Änderung auf seinen Erben übergeht, aber der Erbe diese Fehlerhaftigkeit durch seine nachträgliche Gutgläubigkeit beseitigen kann[464]. *Baldus* meint, dass § 858 Abs. 2 S. 2 Alt. 1 BGB keine solche Ausnahme vorsehe, so dass der Makel des ererbten Besitzes auch bei erfolgter Besitzergreifung durch den Erben fortdauert[465]. *Knütel* zufolge ist § 858 Abs. 2 S. 2 BGB die Konsequenz der *successio in possessionem*. Die *successio in possessionem* führt zu keiner Änderung des Besitzes, so dass der gem. § 857 BGB auf den Erben übergegangene bösgläubige Besitz nicht durch Besitzergreifung zu einem gutgläubigen Besitz umgewandelt werden kann[466]. Schließlich bedeutet die Besitzergreifung des Erben nach § 854 Abs. 1 BGB keinen neuen Besitzerwerb, sondern die Realisierung des fiktiven Besitzes des Erben. Daher ändert sich nicht die rechtliche Eigenschaft des Besitzes durch Besitzergreifung wie im Fall der Umwandlung des rechtmäßigen Fremdbesitzes in den unrechtmäßigen Eigenbesitz.

464 RGRK/*Pikart*, § 990 Rz. 38.
465 MüKo/*Baldus*, § 990 Rz. 11.
466 *Knütel*, in: FS Lange, S. 931.

§ 2052 E I erfordert ausdrücklich die Besitzergreifung des Erben als Tatbestandsmerkmal für seinen Besitzerwerb. § 882 Abs. 2 E I und § 2052 E I gehen davon aus, dass das Verhältnis der Person zu der Sache mit dem Eintritt des Erbfalls endet und möglicherweise eine zeitliche Unterbrechung zwischen dem Erbfall und der Besitzergreifung des Erben eintreten kann. Der Besitz des Erblassers endet zugleich mit dessen Tod, so dass der Erbe gem. § 2052 E I in der Lage ist, durch Besitzergreifung einen eigenen neuen Besitz zu begründen. § 882 Abs. 2 E I regelt die Anrechnung der Zeit zwischen dem Erbfall und der Besitzergreifung des Erben in die Ersitzungszeit und verdeutlicht damit die Bedeutung und den Zweck des § 2052 E I. Daraus lässt sich folgern, dass der durch Ergreifung erworbene Besitz des Erben nicht die Fortdauer des Besitzes des Verstorbenen bedeutet. Es tritt in der Regel eine zeitliche Unterbrechung zwischen dem Erbfall und der Besitzergreifung des Erben ein. Es versteht sich von selbst, dass § 882 Abs. 2 E I zur Einrechnung der Ersitzungszeit notwendig ist, soweit die Regelung des § 2052 E I, der die Unvererblichkeit des Besitzes anerkennt, aufrechterhalten bleibt. Regelungsgegenstand des § 882 Abs. 1 E I ist die „Rechtsnachfolge in den Besitz". Diese Bestimmung erfasst - wie oben bereits festgestellt[467] - die Einzel- sowie Gesamtnachfolge in den Besitz[468].

§ 882 Abs. 2 E I (= § 858 Abs. 1 S. 1 E II) und § 2052 E I wurden durch die Entscheidung der Redaktionskommission der 2. Kommission gestrichen und § 779a E II wurde neu geschaffen. Der Besitz des Erblassers geht beim Erbfall gem. § 779a E II ohne Besitzergreifung auf den Erben über. Er geht genau in dem Zustand ohne jegliche Änderung auf den Erben über, wie er zum Zeitpunkt des Erbfalls beim Erblasser bestand. Der gem. § 779a E II vom Erben kraft Gesetzes erworbene Besitz ist mit dem Besitz des Erblassers völlig identisch. Der Zweck des § 779a E II besteht darin, diesen Besitz des Erben gegen verbotene Eigenmacht Dritter zu schützen. Mit der tatsächlichen Besitzergreifung des Erben endet dieser Zweck und der Erbe wird zum Besitzer im Sinne des § 777 Abs. 1 E II. Die Besitzergreifung des Erben ist keine Neubegründung des Besitzes, sondern die Wandlung des fiktiven Besitzes in wirklichen Besitz. Für den Erben ist es ausgeschlossen, seinen eigenen Besitz neu zu begründen. Er setzt vielmehr lediglich den Besitz des Erblassers fort. Die Streichung der §§ 882 Abs. 2, 2052 E I, 858 Abs. 1 S. 1 E II und die Neuregelung des § 779a E II zeigen, dass die Redaktoren im Rahmen des Gesetzgebungsverfahrens des BGB die Gesamtnachfolge in den Besitz regelten. Der Dogmatik der Gesamtnachfolge in

467 Siehe oben S. 115 f.

468 *Knütel*, in: FS Lange, S. 910 ff.

den Besitz zufolge steht die Ersitzungszeit des Erblassers mit dem Eintritt des Erbfalls gem. § 779a E II *ipso iure* auch dem Erben zu, der den Besitz des Erblassers fortsetzt. Die Anwendung des § 857 E II „Gelangt die Sache durch Rechtsnachfolge in den Eigenbesitz eines Dritten, so kommt die während des Besitzes des Rechtsvorgängers verstrichene Ersitzungszeit dem Dritten zu Statten." (= § 882 Abs. 1 E I, § 943 BGB) ist im Erbfall nicht mehr nötig, um dem Erben die Ersitzungszeit des Erblassers zuzurechnen. Schließlich gilt der § 943 BGB nur für den Fall der Einzelnachfolge in den Besitz[469].

Die herrschende Meinung setzt ferner den gutgläubigen Erben mit einem Einzelnachfolger in den Besitz gleich, obwohl kein Anlass besteht, sie gleichermaßen zu behandeln. Bei der Ersitzung kommt es auf die Gutgläubigkeit des Ersitzenden im Zeitpunkt des Erwerbs des Eigenbesitzes an (§ 937 Abs. 2 Alt. 1 BGB). Übertragen auf Erbfälle bedeutet dies, vorausgesetzt ein gutgläubiger Erbe könne eigenständig die Ersitzung begründen, dass der Erbe bei tatsächlicher Inbesitznahme eines Erbschaftsgegenstandes die Umstände zu prüfen hätte, die zum Zeitpunkt des Besitzerwerbs des Erblassers vorgelegen haben. Dies dürfte dem Erben kaum möglich sein. Deshalb begünstigt die herrschende Ansicht den gutgläubigen Gesamtnachfolger, indem sie der Prüfung, die der Erbe bei der tatsächlichen Ergreifung des Besitzes an einer Erbschaftssache vorzunehmen hat, andere Maßstäbe ansetzt als beim Erblasser. Anders hingegen im Fall des Einzelnachfolgers, bei dem dieselben Kriterien wie beim Erblasser gelten. Folglich ist die Gleichbehandlung des Erben und des Einzelnachfolgers in den Besitz ebenso wenig gerechtfertigt, wie die Überwindung der bereits beim Erblasser feststehenden Unersitzbarkeit durch einen abweichenden Beurteilungsmaßstab zum Vorteil des Erben[470].

Das OLG Bamberg legte in einem Beschluss zugrunde, dass der Eigenbesitz des Erblassers gem. § 857 BGB auf den Erben übergeht und die Ersitzungszeit des Erblassers in die Ersitzungszeit des Erben eingerechnet werde. An diesem Ergebnis bestehen keine Zweifel. Doch wird die Anrechnung der Ersitzungszeit auf § 943 BGB gestützt. § 943 BGB erfasst wie oben bereits erörtert nur die Einzelnachfolge in den Besitz. § 857 BGB regelt die Fortdauer des Besitzes des Erblassers, so dass die Ersitzungszeit des Erblassers *ipso iure* in die Ersitzungszeit des Erben eingerechnet wird. Nach dem Beschluss des OLG Bamberg wird § 943 BGB auch für den Fall des § 857 BGB angewendet. Daher erging der Beschluss auf Grundlage eines falschen Verständnisses der Gesamtnachfolge und des Anwendungsbereichs des § 943 BGB.

---

469 *Knütel*, in: FS Lange, S. 914 ff.; siehe oben S. 123 ff.

470 *Knütel*, in: FS Lange, S. 931 f.

§ 2. Erbenbesitz und Mitbesitz (§ 866 BGB)

I. Problemerläuterung

Der BGH traf im Jahre 1951 eine Entscheidung[471], nach der Miterben, die den Besitz gem. § 857 BGB erwerben, Mitbesitzer sind. Weil es sich bei Miterben um eine Gemeinschaft zur gesamten Hand handelt, könne in Betracht gezogen werden, dass keiner der Miterben eine selbstständige Sachherrschaft innehat, sondern der Besitz nur allen Erben zusammen zusteht. Ein gesamthänderisch gebundener Mitbesitz unter Miterben wird zwar in Erwägung gezogen; doch wird dem im Urteil nicht näher nachgegangen und das Ergebnis offengelassen.

Die Stimmen in der Literatur zu der Frage, in welcher Form Miterben der Besitz zusteht, sind sich uneinig.

II. Meinungsstand

1. Herrschende Meinung

Die herrschende Meinung geht ohne nähere Begründung davon aus, dass Miterben schlichte Mitbesitzer seien[472].

2. Vermittelnde Ansichten

Die vermittelnde Ansicht unterscheidet den Fall des unmittelbaren und mittelbaren Besitzes des Erblassers. Miterben werden zu schlichten Mitbesitzern, wenn der Erblasser unmittelbaren Besitz innehatte. War der Erblasser dagegen mittelbarer Besitzer, erwerben die Miterben qualifizierten Mitbesitz[473].

Beim unmittelbaren Erbenbesitz handelt es sich *Michel* zufolge um einen schlichten Mitbesitz ohne tatsächliche Sachherrschaft. Um von einem qualifizierten Mitbesitz ausgehen zu können, müsse zunächst ein Mitbesitzer nicht allein über einen Gegenstand verfügen dürfen. Ferner dürfe dem Mitbesitzer nicht die Möglichkeit der Ausübung der tatsächlichen Sachherrschaft zustehen, durch

471 BGH NJW 1952, 303 ff. - insbesondere S. 304.

472 Bamberger/Roth/*Fritzsche*, § 857 Rz. 9; MüKo/*Joost*, § 857 Rz. 8; Palandt/*Bassenge*, § 857 Rz. 2; *Wieling*, S. 179.

473 *Michel*, S. 143 f.; Staudinger/*Bund*, § 866 Rz. 20.

die er allein den Besitz an der Sache ergreifen kann. Ein Miterbe erwerbe mit dem Erbfall den Besitz als Rechtsposition. Er könne zwar rechtlich daran gehindert sein, den Besitz an der Sache zu ergreifen. Doch sei ihm die tatsächliche Sachherrschaft nicht derart entzogen, dass er sie nicht ergreifen kann[474].

3. Gegenstimmen

Lange betrachtet den unmittelbaren Besitz aller Miterben als einen gesamthänderischen Besitz. Mitbesitz sei anzunehmen, weil jeder den Willen hat, für alle zu besitzen. Zudem nehme erst die Erbengemeinschaft eine tatsächliche Aufteilung der Sachgewalt vor, so dass der Mitbesitz der Miterben in der Regel weder konkretisiert noch fassbar sei[475].

Beim Gesamthandsbesitz könne ein einzelner grundsätzlich nicht ohne Mitwirkung der anderen über seinen Anteil verfügen. § 2033 Abs. 1 BGB enthalte für Miterben jedoch eine Ausnahme. Mit der Verfügung über seinen Anteil gehe dessen Mitbesitz trotz der Eigenschaft als gesamthänderischer Besitz auf den Erwerber über[476].

Wolff stellt sich gegen die Unterscheidung von Mitbesitzarten nach dem zugrunde liegenden Rechtsverhältnis. Der Mitbesitz bedürfe zunächst keines Rechtsgrunds. Des Weiteren sei nach überwiegender Auffassung der Gesamthandsbesitz durch einen Mitbesitzer allein nicht übertragbar. Dies betreffe aber lediglich das rechtliche Dürfen und nicht das tatsächliche Können. Der Miterbe dürfe seinen Mitbesitz ohne Mitwirkung anderer Miterben nicht übertragen, desto trotz sei er selbst in der Lage dazu. Es handle sich nicht um einen Gesamthandsbesitz, sondern vielmehr um ein Gesamthandsrecht. Folglich sei dem zugrunde liegenden Rechtsverhältnis - im Fall der Miterben eine Gesamthandsgemeinschaft - keinerlei Bedeutung beizumessen[477].

III. Stellungnahme

Eine Erbengemeinschaft besteht aus Erben in Form einer Gesamthandsgemeinschaft, die kein selbstständiges Rechtssubjekt ist[478] und somit nicht eigenständig

474 *Michel*, S. 143 f.

475 *Lange*, in: FS Felgentraeger, S. 306.

476 *Strohal*, Jher. Jahrb. 38 (1898), S. 114.

477 *Wolff*, Jher. Jahrb. 44 (1902), S. 154 f.

478 Staudinger/*Werner*, § 2032 Rz. 1 und 5. Daran hat sich auch durch die Entscheidung des BGH zur Gesellschaft bürgerlichen Rechts (BGHZ 146, 341 ff.) nichts geändert.

den Besitz ausüben kann. Bemerkenswert ist, dass die 1. Kommission der gemeinrechtlichen Lösung gefolgt ist, nach der die Erbenmehrheit im Grunde eine Bruchteilsgemeinschaft ist[479]. Die 2. Kommission hat aber die Interessen der Nachlassgläubiger den Interessen der einzelnen Erben vorgezogen und die Grundzüge des preußischen Rechts übernommen, welche die Verfügungsrechte der Miterben einschränkt und die Erbengemeinschaft fester zusammenhält[480].

In welcher Form den Mitgliedern der Erbengemeinschaft der Besitz zusteht, ist in den verschiedenen Konstellationen differenziert zu untersuchen.

1. Unmittelbarer Besitz des Erblassers

a. Vor Besitzergreifung der Miterben

Der folgende Fall soll der Verdeutlichung der Problematik dienen:

> Fall 1: Der Erblasser E setzte vor seinem Tod seine drei Söhne (S_1, S_2 und S_3) zu gleichen Teilen als Miterben ein. Unmittelbar nach dem Tod des E, noch bevor einer der Miterben den Besitz an den Erbschaftsgegenständen begründet, kommt ein Kaufvertrag zwischen dem Miterben S_1 und einem Dritten über ein zum Nachlass gehörendes Fahrzeug zustande. Der Dritte hat keine Kenntnis davon, dass das Auto nicht seinem Vertragspartner allein, sondern den Mitgliedern der Erbengemeinschaft gehört.

Der unmittelbare Besitz des Erblassers geht mit dessen Tod gem. § 857 BGB auf die Miterben (S_1, S_2 und S_3) über. Grundsätzlich kann ein Miterbe zwar gem. § 2033 Abs. 1 S. 1 BGB über seinen Erbschaftsanteil, doch gem. § 2033 Abs. 2 BGB nicht über seinen Anteil an den einzelnen Nachlassgegenständen verfügen. Darüber hinaus kann der Miterbe gem. § 2040 Abs. 1 BGB nicht über einen Nachlassgegenstand ohne Mitwirkung der übrigen Miterben verfügen. Der Besitz ist kein Recht und fällt somit nicht unter den Begriff der Verfügung der §§ 2033, 2040 Abs. 1 BGB. Unter Berücksichtigung der gesetzlichen Wertung in den §§ 2032 ff. BGB und der rechtlichen Eigenschaft der Erbengemeinschaft als Gesamthandsgemeinschaft müsste der Besitz den Miterben, abgesehen von Erbschaftssachen, die ein Erbe tatsächlich in Besitz genommen hat, am gesamten Nachlass gesamthänderisch zustehen. § 857 BGB fingiert jedem einzelnen Miterben den Besitz in der Form, wie er beim Erblasser bestanden hat, so dass jeder Miterbe zum unmittelbaren Besitzer wird. Weil aber nicht eine Mehrheit

479 Mot. V, S. 527 ff.
480 Prot. V, S. 835 f.

von Personen den Alleinbesitz über ein und dieselbe Sache begründen kann, ist dies auch beim Erbenbesitz ausgeschlossen. Miterben werden daher gem. § 857 BGB zu unmittelbaren Mitbesitzern. Gesamthänderischer Mitbesitz ist anzunehmen, wenn beispielsweise zwei Personen jeweils einen Schlüssel eines Tresors haben und der Tresor nur mit beiden Schlüsseln zusammen geöffnet werden kann. Schlichter Mitbesitz liegt in dem genannten Beispiel dann vor, wenn jede einzelne Person in der Lage ist, mit ihrem Schlüssel den Tresor zu öffnen[481]. Bei einer Mehrheit von Erben ist es jedem Erben möglich, die tatsächliche Sachherrschaft über einen Erbschaftsgegenstand zu begründen. Die Übergabe einer Nachlasssache im Rahmen einer Verfügung dürfen die Erben hingegen nur gemeinschaftlich vornehmen. Die in der Regel davor erfolgende Inbesitznahme der Sache wird von § 2040 Abs. 1 BGB nicht erfasst. Vor Besitzergreifung unterliegen die Erben daher keiner besitzrechtlichen Einschränkung dahingehend, dass sie gesamthänderisch gebunden sind. Die Natur der Rechtsgemeinschaft mag für die Beurteilung der Besitzverhältnisse im Hinblick auf das Recht auf Besitz der einzelnen Mitglieder maßgeblich sein; dies gilt aber nicht zwingend für den Besitzstand[482]. Ein gesamthänderischer Mitbesitz der Miterben muss aus anderen Gründen gerechtfertigt sein. In Betracht kommt vor allem der von der 2. Kommission angeführte Schutz der Nachlassgläubiger durch den Zusammenhalt der Erbschaft. Ob dafür der gesamthänderische Mitbesitz der Erben nötig ist, ist näher zu untersuchen.

Eine Verfügung gem. § 2033 Abs. 1 BGB hat zur Folge, dass der Erwerber an die Stelle des bisherigen Mitberechtigten tritt[483]. Aufgrund dieser Wirkung der Verfügung wird vertreten, dass der Erwerber den Mitbesitz des veräußernden Miterben erwerbe[484]. Einer solchen Folgerung steht zunächst der Wortlaut des § 857 BGB entgegen. Durch die Verfügung wird der Erwerber nicht zum Erben des verstorbenen Erblassers. Anderenfalls hätte ein Miterbe es in der Hand, entgegen den Willen des Erblassers einen Dritten im Ergebnis als Erben einzusetzen. Hinzu kommt, dass der Erwerber, anders als ein Erbe, selbst über seine Stellung als Rechtsnachfolger entscheiden kann. Er ist in der Lage, sich selbst im Wege ordentlichen Besitzerwerbs vor Besitzverlusten zu schützen[485]. Es besteht für den Erwerber somit kein Schutzbedürfnis wie beim Erben[486].

---

481 Vgl. MüKo/*Joost*, § 866 Rz. 9.

482 Planck/*Brodmann*, § 866 Anm. 3.

483 Staudinger/*Werner*, § 2033 Rz. 23.

484 *Lange*, Denkschrift, S. 158 f.

485 *Brox*/*Walker*, S. 269 f. Rz. 475.

486 Erman/*Schlüter*, § 2033 Rz. 5; Soergel/*Wolf*, § 2033 Rz. 14; vgl. auch *Lange*/*Kuchinke*, S. 1093.

Die Lehre des schlichten Mitbesitzes der Miterben würde im Fall 1 dazu führen, dass S_1 ohne Mitwirkung der übrigen Miterben (S_2 und S_3) den Besitz ausüben kann. S_1 könnte dem Dritten aber solange den Alleinbesitz am Fahrzeug nicht übergeben, bis S_1 durch Besitzergreifung im Sinne des § 854 Abs. 1 BGB die tatsächliche Sachgewalt erlangt hat.

Die Lehre des gesamthänderischen Mitbesitzes der Miterben setzt voraus, dass S_1 nur unter Mitwirkung der übrigen Miterben (S_2 und S_3) den Besitz ausüben darf. Sie kommt ebenfalls zum Ergebnis, dass eine Übergabe vor Besitzergreifung des S_1 zu Alleinbesitz nach § 854 Abs. 1 BGB ausgeschlossen ist.

Legt man Fall 1 die Ansicht von *Strohal* zugrunde, kann S_1 dem Dritten durch die Überlassung der Sache den Alleinbesitz oder durch Begründung des Mitbesitzes dem Dritten den Mitbesitz am Auto verschaffen, soweit S_1 durch Besitzergreifung den Alleinbesitz am Auto erlangt hat. S_1 wäre aber nicht in der Lage, dem neuen Erwerber (Dritten) vor seiner Besitzergreifung im Sinne des § 854 Abs. 1 BGB gem. § 854 Abs. 2 BGB den Alleinbesitz oder Mitbesitz am Wagen zu übergeben. Er steht bezüglich des Alleinbesitzes nicht dem „bisherigen Besitzer" im Sinne des § 854 Abs. 2 BGB gleich, solange eine Einigung zwischen dem bisherigen Besitzer (S_1) und dem neuen Erwerber (Dritten) nach § 854 Abs. 2 BGB erforderlich ist. Deshalb kann dem Erwerber der Mitbesitz am Auto nicht gem. § 854 Abs. 2 BGB durch Einigung zwischen S_1 und dem Dritten eingeräumt werden. Dass S_1 nicht dazu befugt ist, dem Dritten den Mitbesitz zu verschaffen, stünde einer tatsächlichen Einräumung des Mitbesitzes allerdings nicht im Wege.

Sowohl die *ratio legis* des § 857 BGB als auch die Tatsache, dass der Erbe vor Kenntnisnahme des Erbfalls überhaupt keine Verfügung über die Erbschaft treffen kann und somit wenn überhaupt nur eine Übergabe nach § 854 Abs. 2 BGB denkbar ist, rechtfertigt das einheitliche Ergebnis, dass eine Übergabe an einen Dritten vor Besitzergreifung eines Miterben ausgeschlossen ist.

b. Nach Besitzergreifung der Miterben

Zunächst ist daran festzuhalten, dass die Ergreifung des unmittelbaren Besitzes am Nachlassgegenstand im Sinne des § 854 Abs. 1 BGB durch den Erben nach dem Erbfall keine Neubegründung des Besitzes zur Folge hat.

Abwandlung 1: So wie in Fall 1 sind die Erben S_1, S_2 und S_3 Mitbesitzer. Fall 1 ist dahingehend abzuwandeln, dass S_2 durch Besitzergreifung die tatsächliche Sachgewalt über das zum Nachlass gehörende Fahrzeug erlangt hat und es einem Dritten übergibt.

Die Lehre des schlichten Mitbesitzes der Miterben gelangt in der Abwandlung 1 zum Ergebnis, dass S_2 zwar dem Dritten den Alleinbesitz am Auto übergeben kann; doch begeht er durch die Übergabe verbotene Eigenmacht im Sinne des § 858 Abs. 1 BGB gegen S_1 und S_3.

Der Lehre des gesamthänderischen Mitbesitzes der Miterben zufolge bedarf die Übergabe des S_2 der Mitwirkung der Miterben S_1 und S_3. Der gesamthänderische Mitbesitz kann jedoch einen Mitbesitzer in einer solchen Konstellation wie in der Abwandlung 1 nicht daran hindern, selbst Alleinbesitz über einen Gegenstand zu begründen und einem Dritten den Alleinbesitz zu übergeben. Ein Dieb, der gegen den Willen des bisherigen Besitzers eine Sache in Besitz genommen hat, kann einem Dritten durch Übergabe den Besitz übertragen. Der fehlerhafte Besitz des Diebes gem. § 858 Abs. 2 S. 1 BGB hindert ihn nicht an der Übergabe der Sache. Dies muss erst Recht gelten, wenn ein Mitbesitzer unter Überschreitung seiner Befugnis einem Dritten den Besitz einer Sache verschafft. Auch im Fall des Gesamthandsbesitzes ist die Übergabe eines Miterben an einen Dritten an sich möglich. Der eigenmächtig übergebende S_2 begeht gegenüber S_1 und S_3 verbotene Eigenmacht gem. § 858 Abs. 1 BGB.

Übergibt ein Miterbe einem Dritten unter Überschreitung des ihm lediglich zustehenden Mitbesitzes den Alleinbesitz an einem Nachlassgegenstand, stellt die Übergabe verbotene Eigenmacht gegen die übrigen Mitbesitzer nach § 858 Abs. 1 BGB dar, so dass ein gutgläubiger Erwerb des Dritten gem. § 935 Abs. 1 S. 1 BGB ausgeschlossen ist. Dadurch wird dem Schutz der Miterben, gegen deren Willen die Übergabe erfolgt, hinreichend Rechnung getragen und die Erbschaft als Haftungsmasse zusammengehalten.

Die Annahme eines gesamthänderischen Mitbesitzes unter Miterben würde zu der komplizierten Gestaltung führen, dass die Besitzergreifung durch einen Miterben von vornherein durch die Zustimmung der übrigen Miterben eingeschränkt ist. Die Teilung der Sachherrschaft über die Erbschaft ist bei Miterben widersinnig. Die gesamthänderische Gebundenheit findet auf Rechte und Rechtsverhältnisse Anwendung; während sie für tatsächliche Verhältnisse untauglich ist[487]. Die Interessen der Nachlassgläubiger, welche durch die gesamthänderische Gebundenheit der Miterben gewahrt werden soll, werden durch den schlichten Mitbesitz der Miterben - wie auch das obige Ergebnis zeigt - nicht gefährdet. Daher bedarf es für den Zusammenhalt der Erbschaft bzw. den Schutz der Nachlassgläubiger, was durch die Vorschriften über die Erbengemeinschaft (§§ 2032 ff. BGB) hinlänglich gewährleistet ist, nicht des gesamthänderischen Besitzes der Miterben.

---

487 MüKo/*Joost*, § 854 Rz. 24.

2. Mittelbarer Besitz des Erblassers

Abwandlung 2: Es ist nun anzunehmen, dass E im Fall 1 den Wagen an eine andere Person vermietet hatte und mittelbarer Besitzer im Sinne des § 868 BGB war.

Der mittelbare Besitz des E im Sinne des § 868 BGB geht mit dessen Tod auf S_1, S_2 und S_3 über. Kann S_3 in der Abwandlung 2 dem Dritten ohne Mitwirkung der S_1 und S_2 den mittelbaren Mitbesitz am Auto übergeben? Der mittelbare Mitbesitz am Auto wird durch die Abtretung des Herausgabeanspruchs gem. § 870 BGB übertragen. S_3 kann dem Dritten nicht ein Drittel des Herausgabeanspruchs gegen den Mieter nach § 870 BGB abtreten. S_1, S_2 und S_3 können dem Dritten nur gemeinschaftlich durch Abtretung des Herausgabeanspruchs den mittelbaren Mitbesitz am Auto verschaffen.

3. Mitbesitz des Erblassers

War der Erblasser Mitbesitzer einer Sache, so geht dieser Mitbesitz unstreitig auf die Erben gem. § 857 BGB über und sie treten an die Stelle des Erblassers[488].

Fall 2: Erblasser E setzte vor seinem Tod seine drei Söhne (B_1, B_2 und B_3) zu gleichen Anteilen als Miterben ein. B_3, der seine drei Töchter (T_1, T_2 und T_3) zu gleichen Anteilen als Miterbinnen berief, stirbt noch bevor die Ausschlagungsfrist abgelaufen ist.

B_3 starb vor Ablauf der Ausschlagungsfrist, so dass T_1, T_2 und T_3 der Erbteil des B_3 an der Erbschaft des E zusteht. Mit dem Tod des Erblassers bilden B_1, B_2 und B_3 gem. §§ 1922 Abs. 1, 2032 Abs. 1 BGB als Miterben eine Erbengemeinschaft und werden gem. § 857 BGB Mitbesitzer an den Erbschaftsgegenständen. Mit dem Tod des B_3 werden T_1, T_2 und T_3 in gleicher Weise Miterbinnen und Mitbesitzerinnen an den Nachlassgegenständen. Die übrigen lebenden Brüder (B_1, B_2) des B_3 sowie seine Töchter T_1, T_2 und T_3 sind Mitbesitzer.

Fall 3: F_1, F_2 und F_3 sind Miteigentümer eines Tresors und haben jeweils einen Schlüssel. Sie können den Tresor nur mit den drei Schlüsseln gemeinsam öffnen. F_1 setzt testamentarisch S_1, S_2 und S_3 zu gleichen Anteilen als Miterben ein und verstirbt.

---

488 Bamberger/Roth/*Fritzsche*, § 857 Rz. 9; MüKo/*Joost*, § 857 Rz. 5; Palandt/*Bassenge*, § 857 Rz. 2; Soergel/*Stadler*, § 857 Rz. 2; Staudinger/*Bund*, § 857 Rz. 13.

Im Fall 3 besteht zwischen F_1, F_2 und F_3 gesamthänderischer Mitbesitz und S_1, S_2, und S_3 treten an die Stelle des verstorbenen F_1, so dass sie imVerhältnis zu F_2 und F_3 gesamthänderische Mitbesitzer sind. Dieser gesamthänderische Mitbesitz des Erblassers wirkt sich aber nicht auf das Verhältnis zwischen den Miterben aus, so dass S_1, S_2 und S_3 unter sich schlichte Mitbesitzer bleiben.

§ 3. Erbenbesitz und mittelbarer Besitz (§ 868 BGB)

I. Problemerläuterung

Es besteht Einigkeit darüber, dass der unmittelbare sowie der mittelbare Besitz des Erblassers auf den Erben übergehen. Der Übergang des unmittelbaren Besitzes erfolgt unumstritten nach § 857 BGB. Die Frage, ob der Besitz im Sinne des § 857 BGB auch den mittelbaren Besitz im Sinne des § 868 BGB umfasst, hat das Reichsgericht im Jahre 1913[489] bereits bejaht. Der Originalentscheidung liegt ein mit wörtlichen Zitaten geschilderter detaillierter Sachverhalt zugrunde. Er wird im Folgenden nur stark vereinfacht wiedergegeben: Pfarrer P war Eigentümer von Wertpapieren, die er vor dem 20. 8. 1910 dem D mit der Bitte überreicht, sie dem B-Verein zukommen zu lassen. Am 20. 8. 1910 errichtet P wirksam ein Testament, in dem er die Klägerin, seine Schwester K, als Alleinerbin einsetzt, und verstirbt am nächsten Tag. D überbringt dem Vertreter des B-Vereins am 25. 8. 1910 die ihm von P anvertrauten Wertpapiere. K verlangt vom B-Verein die Herausgabe der Wertpapiere.

Bei der Frage nach dem Eigentumsverlust der K an den Wertpapieren setzt sich das Reichsgericht damit auseinander, ob zwischen K als Veräußerer und B-Verein als Erwerber eine Übergabe im Sinne des § 929 S. 1 BGB stattgefunden hat. K bringt im Prozess vor, sie sei entgegen der Regel des § 857 BGB nicht einmal Besitzerin der Papiere geworden, weil D weder ihr Besitzdiener noch ihr Besitzmittler sein wollte. D wäre davon ausgegangen, dass die Schenkung unwiderruflich sei, und hätte sich an irgendwelche Weisungen der Erben von P nicht für gebunden erachtet; vielmehr hätte er den Besitz sorgfältig vor K verheimlicht. Das Reichsgericht folgt einer solchen Betrachtungsweise allerdings nicht, weil sie auf einer zu engen Auffassung von der Tragweite des § 857 BGB beruhe. Der Erbe trete kraft Gesetzes in die Besitzrechtsstellung seines Erblassers ein und dies gelte auch für den mittelbaren Besitz. D sei unmittelba-

489 RGZ 83, 223 ff.

rer Besitzer und die Klägerin sei mit dem Tod des Erblassers mittelbare Besitzerin geworden.

Das Reichsgericht ist der Ansicht, dass der mittelbare Besitz als eine Art des Besitzes dem Besitz im Sinne des § 857 BGB entspreche. Dieses Ergebnis ist nur dann akzeptabel, wenn der mittelbare Besitz im Sinne des § 868 BGB überhaupt als Besitz anerkannt werden kann. Wenn sich der mittelbare Besitz z. B. in einem Herausgabeanspruch erschöpft, geht er mit dem Tod des Erblassers nicht gem. § 857 BGB, sondern gem. § 1922 Abs. 1 BGB auf den Erben über. Nach welcher Vorschrift der Übergang des mittelbaren Besitzes erfolgt, wird in der Literatur kontrovers diskutiert.

II. Meinungsstand

1. Herrschende Meinung

Die herrschende Meinung geht davon aus, dass der mittelbare Besitz mit dem Eintritt des Erbfalls gem. § 857 BGB auf den Erben übergehe[490].

Stadler sieht in dem mittelbaren Besitz eine Form der gelockerten Sachherrschaft, so dass § 857 BGB auch im Fall des mittelbaren Besitzes zur Anwendung gelangt. Zudem sei § 857 BGB unabhängig von der Besitzart anwendbar und gewährleiste die Kontinuität des Besitzes[491].

Bund vertritt den Standpunkt, dass der mittelbare Besitz eine Doppelwirkung entfalte. Er ergebe sich einerseits aus einem Besitzmittlungsverhältnis, insbesondere werde er durch einen Herausgabeanspruch gekennzeichnet. Er erschöpfe sich jedoch nicht in diesem Rechtsverhältnis und stelle andererseits eine zwar gelockerte doch eine tatsächliche Sachherrschaft dar. Diese Doppelwirkung rechtfertige die Gleichbehandlung des mittelbaren mit dem unmittelbaren Besitz. Folglich sei es nicht inkonsequent, § 857 BGB auch auf den mittelbaren Besitz anzuwenden[492].

Hartung besagt, dass die Anwendung des an das Erbrecht orientierten § 857 BGB dasselbe Ergebnis herbeiführe wie die des § 1922 BGB. Für den Besitzer-

490 *Hartung*, S. 253 f.; Erman/*Lorenz*, § 857 Rz. 1; Planck/*Brodmann*, § 857 Anm. 3; RGRK/*Kregel*, § 857 Rz. 1; Soergel/*Stadler*, § 857 Rz. 2; Staudinger/*Bund*, § 857 Rz. 8; *Eichler*, S. 92; *Gierke*, DPR 2, S. 241 m. Fn. 61; *Strohal*, Erbrecht 2^3, S. 72; *Turnau/Förster*, S. 67 unter der Voraussetzung, dass der Anspruch auf Herausgabe (§ 870 BGB) auf den Erben übergeht; *Westermann/Gursky*, S. 102; *Strohal*, Jher. Jahrb. 38 (1898), S. 97.

491 Soergel/*Stadler*, § 857 Rz. 2.

492 Staudinger/*Bund*, § 857 Rz. 8.

werb stelle jedoch § 857 BGB eine Spezialregelung dar. § 857 BGB sollte daher aus gesetzessystematischen Gründen beim Übergang des mittelbaren Besitzes Anwendung finden[493].

2. Gegenstimmen

Rosenberg ist der Ansicht, dass § 857 BGB nur den unmittelbaren Besitz des Erblassers erfasse[494]. Den mittelbaren Besitz erlange der Erbe dagegen nach §§ 870, 412 BGB mit dem Übergang des Herausgabeanspruchs gem. § 1922 BGB. § 870 BGB erfasse nicht nur den Übergang des mittelbaren Besitzes durch rechtsgeschäftliche Abtretung des Herausgabeanspruchs, sondern über seinen Wortlaut hinaus auch den durch gesetzlichen Übergang des Herausgabeanspruchs[495].

Joost zufolge besteht der mittelbare Besitz nicht in einer tatsächlichen Sachherrschaft, sondern in einem Herausgabeanspruch aus dem Besitzmittlungsverhältnis. Diesen Anspruch erwerbe der Erbe nicht nach § 857 BGB, sondern mit dem Erbfall gem. § 1922 Abs. 1 BGB[496].

Kress betont die Abhängigkeit des mittelbaren Besitzes vom Herausgabeanspruch. Aufgrund dieses Abhängigkeitsverhältnisses gehe der mittelbare Besitz nur dann auf den Erben über, wenn der Erbe durch den Erbfall den Herausgabeanspruch erlange[497].

Rohde sieht in dem mittelbaren Besitz kein tatsächliches Gewaltverhältnis, so dass er nicht vom Besitz im Sinne des § 857 BGB erfasst wird. Die Unanwendbarkeit der §§ 854-867 BGB auf den mittelbaren Besitz verdeutliche, dass § 857 BGB eine ausnahmslose Bestimmung ist und sich nicht auf den mittelbaren Besitz bezieht[498].

Michel stellt sich zunächst die Frage nach der Rechtsnatur des mittelbaren Besitzes und kommt zum Ergebnis, dass es sich um einen Besitz ohne Sachherrschaft und damit um einen Besitz als Rechtsposition handelt[499]. § 857 BGB diene in erster Linie der Klarstellung, dass die Rechtsposition des Besitzes nicht wie der Besitz als Tatbestand mit dem Tod des Erblassers erlösche, sondern auf den Erben übergehe. Mit dem Abschluss eines Besitzmittlungsverhältnisses falle

493 *Hartung*, S. 253.
494 *Rosenberg*, S. 55; so auch *Wolff/Raiser*, S. 46 m. Fn. 5.
495 *Rosenberg*, S. 151 f.
496 MüKo/*Joost*, § 857 Rz. 6; so auch Bamberger/Roth/*Fritzsche*, § 857 Rz. 11.
497 *Kress*, S. 217.
498 *Rohde* I, S. 66.
499 *Michel*, S. 49 ff.

der Besitz als Rechtsposition und der als Tatbestand auseinander. Beim Tod des mittelbaren Besitzers bleibe der Besitz als Tatbestand ohne Weiteres in der Person des unmittelbaren Besitzers erhalten, so dass es der Klarstellungsfunktion des § 857 BGB nicht bedarf. Der Übergang des mittelbaren Besitzes erfolge daher nicht nach § 857 BGB. Der mittelbare Besitz erschöpfe sich nicht in einem Herausgabeanspruch, sondern stelle zugleich eine Rechtsposition dar, die nach § 1922 Abs. 1 BGB auf den Erben übergehe[500].

Der oben dargestellte Streitstand verdeutlicht, dass die Frage, ob sich der Übergang des mittelbaren Besitzes im Erbfall gem. § 857 BGB vollzieht, nicht getrennt von der Rechtsnatur des mittelbaren Besitzes beantwortet werden kann. Entscheidend ist, ob der mittelbare Besitz tatsächlich einen Besitz im Sinne des BGB darstellt.

III. Rechtsnatur des mittelbaren Besitzes

1. Mittelbarer Besitz als echter Besitz

Rosenberg geht davon aus, dass der mittelbare Besitz keine Fiktion, sondern ein echter Besitz sei. Eine Fiktion könne keinen mittelbaren Besitz mit dem Zweck, der Zurechnung der Wirkung des Besitzes, begründen. Allerdings beruhe der mittelbare Besitz nicht auf einer tatsächlichen Gewalt. Anderenfalls hätte der Gesetzgeber des BGB keine zusätzliche Regelung des § 868 BGB vorsehen müssen, weil der Besitz im Sinne des § 854 BGB den mittelbaren Besitz umfassen würde[501].

Kregel zufolge kommt die Stellung des mittelbaren Besitzers der des unmittelbaren Besitzers gleich. Der mittelbare Besitzer genieße Besitzschutz, sei Ansprüchen ausgesetzt, könne Eigentum übertragen und nach § 869 BGB unter Umständen die Herstellung des unmittelbaren Besitzes für sich selbst fordern[502].

V. Bruns vertritt die Auffassung, dass der mittelbare Besitz wahrer Besitz sei, soweit der unmittelbare Besitzer dem mittelbaren Besitzer die Herrschaft mittelt[503].

Stadler geht beim mittelbaren Besitzer von einem echten Besitzer mit gelockerter und entfernterer Sachherrschaft als der unmittelbare Besitzer aus[504].

---

500 *Michel*, S. 52 ff.

501 *Rosenberg*, S. 138 f.

502 RGRK/*Kregel*, § 868 Rz. 3.

503 *V. Bruns*, Besitzerwerb, S. 40.

504 Soergel/*Stadler*, § 868 Rz. 2.

2. Mittelbarer Besitz als Besitz mit vergeistigter Sachherrschaft

Die herrschende Meinung sieht den mittelbaren Besitz als einen Besitz mit vergeistigter Sachherrschaft an[505].

Wolff/Raiser erblicken in der Übergabe einer Sache vom mittelbaren Besitzer an den unmittelbaren Besitzer keine Herrschaftsaufgabe, sondern lediglich eine Herrschaftslockerung[506].

Lorenz ist der Meinung, dass der mittelbare Besitzer aufgrund eines tatsächlich oder vermeintlich bestehenden Besitzmittlungsverhältnisses die Möglichkeit habe, auf den Besitzmittler einzuwirken[507].

3. Mittelbarer Besitz als Besitz ohne Sachherrschaft

Dem mittelbaren Besitzer vergeistigte Sachherrschaft zukommen zu lassen, widerspricht *Siebert* zufolge der natürlichen Auffassung, die sich an der tatsächlichen Sachherrschaft orientiert. Nach der Theorie der vergeistigten Sachherrschaft verliert der mittelbare Besitzer sofort mit dem Verlust des unmittelbaren Besitzes seinen Besitz. Werde auf die Verkehrsanschauung abgestellt, erlösche der Besitz des mittelbaren Besitzers dagegen erst mit Kenntnisnahme des mittelbaren Besitzers und der Allgemeinheit. Die Verkehrsanschauung als Grundlage der genannten Theorie stimme folglich nicht mit dem Bestand der tatsächlichen Sachherrschaft überein. Darüber hinaus seien Fälle denkbar, in denen dem mittelbaren Besitzer die tatsächliche Sachherrschaft im gleichen Maße wie dem Besitzmittler zukomme. In solchen Fällen müsse der mittelbare Besitzer im gleichen Umfang wie der Besitzmittler geschützt werden, was jedoch nicht zutreffe. Daher sei die Gestaltung der Sachherrschaft nicht die rechtliche Grundlage für die Begründung des mittelbaren Besitzes. Daher stelle der mittelbare Besitz ein Besitzrecht ohne Sachherrschaft dar[508].

Aravantinos vertritt den Standpunkt, dass der mittelbare Besitzer keine Sachgewalt habe[509]. Als Surrogat komme jedoch das Verhältnis zwischen dem unmittelbaren und mittelbaren Besitzer in Betracht[510].

---

505 Erman/*Lorenz*, § 868 Rz. 2; *Westermann/Gursky*, S. 110; *Wolff/Raiser*, S. 31.

506 *Wolff/Raiser*, S. 31.

507 Erman/*Lorenz*, § 868 Rz. 2.

508 *Siebert*, ZHR 93 (1929), S. 18 ff.

509 So auch Planck/*Brodmann*, § 868 Anm. 1; *J. Gierke*, S. 13; *Bähr*, Krit. Vjschr. 30 (1888), S. 483 ff. - insbesondere S. 488.

510 *Aravantinos*, Jher. Jahrb. 48 (1904), S. 114.

4. Mittelbarer Besitz als Fiktion

Wendt geht davon aus, dass der mittelbare Besitz ein fiktiver Besitz sei, der dazu diene, dem Eigentümer ein subsidiäres Klagerecht zu verschaffen, mit possessorischer Klage den gegen den Besitzer verbotene Eigenmacht Ausübenden zu verfolgen[511].

Außerdem stützt *Müller-Erzbach* sich auf die Fassung des § 868 BGB und sieht darin bereits eine Fiktion. Der Gesetzgeber habe nicht die Befugnis über das Vorhandensein der tatsächlichen Gewalt zu bestimmen. Sein Versuch eine solche Anordnung zu treffen, könne nur in eine Fiktion deuten. Inhaltlich stempele eine rein rechtliche Beziehung zu dem unmittelbaren Besitzer den Besitzinteressenten zum Besitzer, was die Annahme einer Fiktion nur bestärken könne[512].

Biermann sieht den mittelbaren Besitz nicht als wirkliches Besitzverhältnis an. Die 2. Kommission habe zwar beschlossen, gewisse mittelbare Besitzer wie einen wirklichen Besitzer zu behandeln. Allein aus diesen rein positiven Vorschriften lasse sich aber nicht schließen, dass der mittelbare Besitz ein wirkliches Besitzverhältnis sei[513].

Auch *Wieling* geht davon aus, dass der mittelbare Besitzer weder tatsächliche noch vergeistigte Sachherrschaft ausübe. Anderenfalls würde der mittelbare Besitz der Regelung des § 854 BGB unterfallen, mittelbarer und unmittelbarer Besitzer wären Mitbesitzer nach § 866 BGB. Des Weiteren komme dem mittelbaren Besitzer kein umfassender Schutz zugute. Der mittelbare Besitz beruhe daher auf einer Fiktion, die den mittelbaren Besitz der tatsächlichen Sachgewalt gleichstelle[514].

Bartels behauptet, dass der mittelbare Besitzer nicht im Wege der Vindikation in Anspruch genommen werden könne, weil die Rechte des mittelbaren Besitzers auf einer Fiktion beruhen[515].

5. Sonstige Meinungen

Joost vertritt die Auffassung, dass der mittelbare Besitz ein Rechtsverhältnis darstelle, das sich von der Besitzdienerschaft unterscheide. Der Besitzmittler sei nicht wie ein Besitzdiener weisungsgebunden, so dass der mittelbare Besitzer

---

511 *Wendt*, AcP 87 (1897), S. 49.

512 *Müller-Erzbach*, Jher. Jahrb. 53 (1908), S. 364 f.

513 *Biermann*, § 868 S. 45.

514 *Wieling*, S. 228 f.; *ders.*, AcP 184 (1984), S. 439.

515 *Bartels*, Gruchots Beiträge 42 (1898), S. 652.

nicht durch ihn tatsächliche Sachherrschaft ausüben könne. Nur die Annahme eines Rechtsverhältnisses rechtfertige die Übertragung des mittelbaren Besitzes nach § 870 BGB (nicht nach § 854 Abs. 1 BGB) und die Gewährung von Ansprüchen nach § 869 BGB (keine Gewaltanwendung nach § 859 BGB). Zudem bestehe der mittelbare Besitz in seinem Kern aus einem Herausgabeanspruch. Die Ähnlichkeit zur Besitzdienerschaft und zum Erbenbesitz ergebe sich nicht aus derselben Rechtsnatur, sondern vielmehr aus einer Rechtsfolgenerstreckung, durch die eine Vielzahl von besitzrechtlichen Vorschriften auf den mittelbaren Besitz zur Anwendung gelangt[516].

Bömer bestimmt den mittelbaren Besitz als eine objektive Besitzfolgenzuordnung ohne jegliche subjektiven Elemente[517].

IV. Stellungnahme

Eine tiefdringende neuere Untersuchung zur Rechtsnatur des mittelbaren Besitzes[518] macht es erforderlich, zur Klärung der Frage, ob und gegebenenfalls was bei mittelbarem Besitz des Erblassers auf den Erben übergeht, weiter auszuholen.

1. Entwicklung des mittelbaren Besitzes

a. Römischrechtliches Konzept für den mittelbaren Besitz

Paul. D. 41,2,3,1[519] setzt die tatsächliche Sachgewalt und den Eigenbesitzwillen als zwei notwendige Tatbestandsmerkmale für den Erwerb der *possessio* nach *ius civile* voraus. Wer durch die Erfüllung dieses Tatbestands die *possessio* nach *ius civile* erworben hat, der wird als *possessor* nach *ius civile* possessorisch geschützt. Der *possessor* genießt grundsätzlich Besitzschutz, der Detentor dagegen nicht. Ausnahmsweise wurden einigen Fremdbesitzern, wie dem Erbpächter, Prekaristen, Pfandgläubiger und Sequester, als Interdiktenbesitzern der gleiche possessorische Schutz wie dem *possessor* nach *ius civile* gewährt. Diese Fremdbesitzer sind keine Possessoren nach *ius civile*. Ein Auftraggeber als *possessor* nach *ius civile* übt durch einen Beauftragten als *naturalis possessor* die tatsächliche Sachgewalt aus. Der Beauftragte ist Inhaber der tatsächlichen Sachgewalt

516 MüKo/*Joost*, § 868 Rz. 6.
517 *Bömer*, S. 223 ff.
518 Siehe *Bömer*.
519 Siehe oben S. 12.

und der Auftraggeber *possessor* nach *ius civile*. Außerdem hat der Beauftragte zwar die tatsächliche Sachgewalt, doch steht ihm der Interdiktenschutz nicht zu[520]. Dagegen wird er dem Auftraggeber als Besitzer eingeräumt. Das Rechtsverhältnis zwischen dem Auftraggeber und dem Beauftragten ist mit dem Besitzmittlungsverhältnis im Sinne des § 868 BGB vergleichbar. Die Folgen der *possessio* nach *ius civile* entstehen beim Auftraggeber als heutiger mittelbarer Besitzer. In der Tat enthält das Besitzmittlungsverhältnis auch diesen Faktor der Zurechnung der Folgen der *possessio* nach *ius civile*. Der Unterschied zwischen jenem römischen Rechtsverhältnis und dem Besitzmittlungsverhältnis im Sinne des § 868 BGB besteht darin, dass nur der Auftraggeber als Besitzer im römischen Recht anerkannt und possessorisch geschützt wird, während das BGB sowohl den Auftraggeber als auch den Beauftragten als Besitzer bestimmt, obwohl die Besitzarten verschieden sind. Der Begriff des mittelbaren Besitzes im Sinne des § 868 BGB war im römischen Recht nicht vorhanden. Doch stellt das Rechtsverhältnis zwischen dem Auftraggeber und dem Beauftragten ein ähnliches Rechtsverhältnis dar, soweit der Auftraggeber durch den Beauftragten die tatsächliche Sachgewalt ausübt. Der Ausgestaltung des Besitzmittlungsverhältnisses und dem Begriff des mittelbaren Besitzes liegt grundsätzlich das klassische römischrechtliche Konzept zugrunde. Der mittelbare Besitz entwickelte sich durch die Sentenzen des *Paulus* im gemeinen Recht fort.

b. Stellvertretung im Besitz nach *ius commune* und mittelbarer Besitz

aa. Grundlage der Stellvertretung im Besitz

Im gemeinen Recht war umstritten, ob die Anerkennung der *possessio* des Vertretenen im Besitz auf dessen eigener tatsächlicher Sachgewalt beruht[521]. Die herrschende gemeinrechtliche Ansicht[522] nimmt an, dass der Vertretene im Besitz den *animus domini*, während der Stellvertreter im Besitz nur den *animus alieno nomine possidendi* (den Willen, [für den anderen] im fremden Namen zu besitzen) habe, so dass jener mit *animus domini* Besitzer werde, dieser dagegen mangels *animus domini* nicht. Die *possessio* des Vertretenen im Besitz sei von dessen *animus domini* abhängig. Für diese Ansicht ist der Eigenbesitzwille maßgeblich. Die Gegenauffassung[523] besagt, dass der Vertretene im Besitz kraft seiner eigenen tatsächlichen Sachherrschaft Besitzer werde und diese tatsächli-

520 *Kaser/Knütel*, S. 111 (Rz. 19.17).
521 Nähere Darstellung bei *Bömer*, S. 77 ff.
522 *Savigny*, Besitz[6], S. 430 ff.
523 *Savigny*, Besitz[6], S. 432.

che Sachherrschaft durch den *animus alieno nomine possidendi* begründet werde. Die beiden Auffassungen gehen einheitlich davon aus, dass der Inhaber die tatsächliche Sachgewalt nicht für sich selbst, sondern für den anderen ausübt, und dass die Besitzfolgen den Vertretenen im Besitz treffen.

Die vom gemeinen Recht übernommenen Paulussentenzen stellen fest, dass der Besitzer auch durch einen anderen die tatsächliche Sachgewalt erwerben kann.

Pauli sententiae, 5,2,1	Sentenzen des Paulus, 5,2,1
Possessionem adquirimus et animo et corpore; animo utique nostro, corpore vel nostro vel alieno [···][524].	Wir erlangen durch die tatsächliche Sachgewalt und den Eigenbesitzwillen den Besitz; jedenfalls durch unseren Eigenbesitzwillen, entweder durch unsere tatsächliche Sachgewalt oder durch die tatsächliche Sachgewalt eines andern [···].

Diese römische Rechtsquelle geht davon aus, dass der Besitzer (Stellvertretener im Besitz) durch den Detentor (Stellvertreter im Besitz) die tatsächliche Sachgewalt erwirbt[525]. *Corpus alienum* wird als die tatsächliche Sachgewalt des Vertretenen im Besitz durch einen anderen angesehen, so dass der Vertretene im Besitz durch den Inhaber die tatsächliche Sachgewalt ausübt. Der Besitzer hat in diesem Fall den Eigenbesitzwillen (*animus domini*), während der Detentor nebst *corpus* nur den *animus alieno nomine possidendi* hat.

bb. Besitzschutz

Das gemeine Recht erhielt den Unterschied zwischen dem Ersitzungs- und Interdiktenbesitz aufrecht. Der Detentor wird nach dem gemeinen Recht prinzipiell nicht possessorisch geschützt, während einige Fremdbesitzer, so wie im klassischen römischen Recht, ausnahmsweise Besitzschutz genießen. Bei der Besitzentziehung oder -störung gegen den Stellvertreter im Besitz wird der Besitzschutz nicht dem Stellvertreter, sondern dem Stellvertretenen im Besitz eingeräumt.

---

524 *Gneist*, S. 367.

525 Vgl. *Bömer*, S. 76 m. Fn. 35; *Savigny*, Besitz^{6}, S. 350 ff.; *Windscheid/Kipp*, Pandekten 1^{9}, S. 771 f.

c. Mittelbarer Besitz im Gesetzgebungsverfahren zum BGB

Die gemeinrechtliche Rechtsdoktrin der Stellvertretung im Besitz entwickelte sich im Gesetzgebungsverfahren des BGB fort. Diese Entwicklung steht mit dem Verhältnis zwischen dem Besitz und der Inhabung sowie zwischen diesen beiden und dem Besitzschutz in einem sehr engen Zusammenhang.

aa. Stellvertretung im Besitz im VorE SaR und Antrag von *Planck*

Der VorE SaR von *Johow* folgt der gemeinrechtlichen Doktrin der Stellvertretung im Besitz. Der Besitzerwerb des Auftraggebers erfolge dann, wenn der Beauftragte für seinen Auftraggeber die tatsächliche Sachgewalt erlangt:

§ 55 VorE SaR	Willensunfähige können nicht durch eigene Handlungen Besitz erwerben. Die Erwerbung des Besitzes für sie durch ihre Vertreter wird nach deren Handlung und Willen beurtheilt.
§ 56 VorE SaR	Wer in dem besonderen Auftrage oder innerhalb der Grenzen eines allgemeinen Auftrages eines Anderen für denselben die thatsächliche Gewalt über eine Sache erlangt, erwirbt dadurch dem Auftraggeber den Besitz.

Die Besitzerwerbungshandlung des Beauftragten sei ferner kein Rechtsgeschäft, sondern ein Realakt. Dieses Ergebnis entspreche dem gemeinen Recht. Der Auftraggeber übt die tatsächliche Sachgewalt durch den Beauftragten mit dem eigenen Willen für sich selbst aus, während der Beauftragte bei der Ausübung seiner tatsächlichen Sachgewalt nur den Willen für den Auftraggeber hat[526].

In der 301. Sitzung vom 14. 3. 1884 stellte *Planck* den Antrag, § 78a VorE SaR hinter § 78 VorE SaR einzufügen:

§ 77 VorE SaR	Dem Verdrängten steht gegen denjenigen, welcher ihm gegenüber das Grundstück fehlerhaft besitzt, der Anspruch auf einstweilige Wiedereinräumung des Besitzes zu. Der Anspruch ist unbegründet, wenn der Erheber desselben dem Gegner gegenüber fehlerhaft besaß.
§ 78 VorE SaR	Gegen denjenigen, welcher den Besitz eines Anderen an einem Grundstücke durch eigenmächtige Handlungen stört, steht dem Besitzer, wenn weitere Störungen nach den Umständen zu befürchten sind, die Klage auf richterliches, unter Strafandrohung zu erlassendes Verbot weiterer Störungen zu. Die Klage ist unbegründet, wenn der Kläger dem Beklagten gegenüber feh-

526 VorE SaR I, S. 481 f. und S. 504 f.

lerhaft besitzt.

§ 78a VorE SaR Wenn der in den §§ 77 und 78 bezeichnete Anspruch für denjenigen, welcher die Inhabung verloren hat, oder darin gestört ist, entstanden ist und dieser für einen Anderen die Sache inne hatte, so steht dem Letzteren ein selbständiger Anspruch gegen den Verpflichteten auf Wiedereinräumung der Inhabung an den früheren Inhaber bezw. auf Beseitigung der Störung und Unterlassung weiterer Störungen zu. Er ist berechtigt, die Einräumung der Inhabung an sich selbst zu fordern, wenn der frühere Inhaber dieselbe nicht annehmen will oder kann.[527]

Im Laufe der Beratung der 1. Kommission wurde der Beschluss über den Besitzschutz des Besitzers (Stellvertretener im Besitz) gefasst. Die Anerkennung erfolgte aus den folgenden Gründen: Die Aberkennung des Besitzschutzes des Besitzers entspreche nicht dem praktischen Bedürfnis und weiche von dem geltenden Recht ab. Darüber hinaus habe der Besitzer unter Berücksichtigung des Rechtsverhältnisses zwischen dem Besitzer und Inhaber ein „berücksichtigungswerthes Interesse“[528]. Der Antrag erweitert den Bereich des Besitzschutzes auf den Detentor. Dieses Ergebnis weicht grundsätzlich von dem Besitzschutz im römischen Recht ab. Doch war es dem römischen Recht nicht völlig fremd, soweit Erbpächter, Prekarist, Pfandgläubiger und Sequester ausnahmsweise durch das prätorische Edikt geschützt wurden. Der von *Planck* vorgeschlagene § 78a VorE SaR bahnte den Weg für die nachfolgenden Regelungen § 821 E I und § 790 E II.

bb. „Aequivalent der eigenen Inhabung als Besitzerfordernis“ im E I

Der E I entwickelt die Rechtsdoktrin der Stellvertretung im Besitz des gemeinen Rechts weiter[529] und regelt sie in § 801 E I.

§ 801 E I Auf den Besitzerwerb durch Vertreter finden die Vorschriften über den Erwerb aus einem von dem Vertreter vorgenommenen Rechtsgeschäfte entsprechende Anwendung.

Die Mitglieder der 1. Kommission gehen in § 813 E I davon aus, dass nicht der Besitzer selbst, sondern der Inhaber die tatsächliche Sachgewalt ausübt.

527 *Jakobs/Schubert*, Sachenrecht, §§ 868-872 S. 203.
528 *Jakobs/Schubert*, Sachenrecht, §§ 868-872 S. 204.
529 VorE SaR I, S. 481 ff.

§ 813 E I Wird die thatsächliche Gewalt für den Besitzer durch einen Anderen ausgeübt, so wird der Besitz dadurch nicht beendigt, daß der Inhaber stirbt oder geschäftsunfähig wird.

Solange der Inhaber die thatsächliche Gewalt behält, wird durch eine Handlung desselben der Besitz nur dann beendigt, wenn der Inhaber gegenüber dem Besitzer den Willen erklärt, die thatsächliche Gewalt nicht mehr für den Besitzer, sondern für sich oder für einen Dritten auszuüben.

Die Stellvertretung im Besitz setzt voraus, dass der Inhaber (Stellvertreter) nicht für sich selbst, sondern für den Besitzer (Vertretener) die tatsächliche Sachgewalt ausübt. Es stellt sich dann die Frage, welche Form der tatsächlichen Sachgewalt der Besitzer (Vertretener) ausübt. Zunächst ist festzustellen, dass mit der Anerkennung der Sachgewalt des Inhabers der Besitzer selbst weder unmittelbare tatsächliche Sachgewalt noch mittelbare Sachgewalt ausübt[530]. Ferner übt er weder eigene tatsächliche Sachherrschaft noch mittelbare Sachherrschaft aus. Dies verdeutlichen die folgenden Äußerungen in den Motiven zum E I:

„[···] Es wird also ein Ersatz der eigenen Inhabung des Besitzers durch eine gleichwerthe fremde Inhabung zugelassen, ohne daß eine mittelbare Inhabung des Besitzers durch einen Anderen, qui alienae possessioni tantum ministerium praestat, angenommen wird. [···]“[531]

„[···] Das factum contrarium trifft nicht eine mittelbar ausgeübte thatsächliche Herrschaft des Vertretenen, sondern es trifft die geschehene Bestellung zum Vertreter. [···]“[532]

Der Inhaber wird bei der Inhabungsentziehung oder -störung durch verbotene Eigenmacht grundsätzlich gem. §§ 819, 820 E I geschützt.

§ 819 E I Derjenige, welchem die Inhabung durch verbotene Eigenmacht entzogen ist, hat gegen den Inhaber, welcher ihm gegenüber fehlerhaft innehat, den Anspruch auf Wiedereinräumung der Inhabung.

Der Anspruch ist ausgeschlossen, wenn der frühere Inhaber gegenüber dem gegenwärtigen Inhaber fehlerhaft innehatte.

530 So auch *Bömer*, S. 127: „Mit der ausdrücklichen Anerkennung der Sachgewalt des Inhabers als der für den Besitzschutz maßgeblichen Voraussetzung gehen Ausführungen in den *Motiven* und in den *Protokollen* der 1. Kommission einher, die betonen, dass der Besitzer im Fall einer „Stellvertretung“ im Besitz (also der heutige mittelbare Besitzer) weder eine (etwa mittelbar ausgeübte) tatsächliche Sachgewalt noch eine eigene tatsächliche Sachherrschaft hat.“

531 Mot. III, S. 88.

532 Mot. III, S. 108.

§ 820 E I Ist der Inhaber durch verbotene Eigenmacht in der Inhabung gestört, so hat er gegen den Störer den Anspruch auf Wiederaufhebung der Störung; sind weitere Störungen nach den Umständen zu besorgen, so kann er die Verurtheilung des Störers zur Unterlassung weiterer Störungen verlangen.

Die Vorschriften des ersten Absatzes finden keine Anwendung, wenn der Gestörte gegenüber dem Störer fehlerhaft innehat.

Über die tatsächliche Sachgewalt und den Besitzschutz enthalten die Motive zum E I folgende Ausführung:

> „[···] Die räumliche Herrschaft und unmittelbare thatsächliche Gewalt über die Sache ist aber nach dem Entwurfe nicht bei dem Besitzer als solchem, sondern bei dem Inhaber. Der possessorische Schutz dient also regelmäßig dem Besitzer nur mittelbar, indem er die Inhabung in der Hand des Inhabers festhält. [···]“[533]

Demnach habe grundsätzlich der Inhaber die tatsächliche Sachgewalt inne und werde possessorisch geschützt. Außerdem könne der Besitzer mittelbar den Besitzschutz genießen, soweit der Inhaber (Stellvertreter im Besitz) für den Besitzer (Stellvertretener im Besitz) die Inhabung ausübt. Die Mitglieder der 1. Kommission versuchten im Vergleich zu dem römischen Recht und dem gemeinen Recht den Besitzschutz auf die Inhabung auszudehnen. Desto trotz bedarf es für den Besitzschutz irgendeiner Form der Inhabung des Besitzers. Um diesem Erfordernis gerecht zu werden, räumt die 1. Kommission dem Besitzer ersatzweise ein Äquivalent der eigenen Inhabung ein, weil die tatsächliche Gewalt prinzipiell bei dem Besitzer fehlt:

> „Das Vertretensein durch einen Detentor in der Ausübung der thatsächlichen Gewalt ist nach dem Entwurfe nicht eine eigene, wenn auch nur mittelbare Inhabung, sondern nur ein Aequivalent der eigenen Inhabung als Besitzerforderniß. Die Vorschrift des § 821 macht jenes Vertretensein zum Aequivalente der eigenen Inhabung auch in Ansehung des Besitzschutzes, so daß die Besitzklagen auch dem Vertretenen zustehen. [···]“[534]

Das römische Recht und das gemeine Recht gehen davon aus, dass der Auftraggeber (Stellvertretener im Besitz) die tatsächliche Sachgewalt durch seinen Beauftragten (Stellvertreter im Besitz) mit Eigenbesitzwillen ausübt, während der Beauftragte die tatsächliche Sachgewalt mit dem Willen, die Sache für seinen Auftraggeber zu besitzen, innehat. Diese Doktrin erfuhr während der Ausarbeitung des E I eine Änderung. Die Redaktoren der 1. Kommission benötigten ir-

533 Mot. III, S. 109.
534 Mot. III, S. 127.

gendeine Form von tatsächlicher Sachgewalt des Auftraggebers, so dass sie als neues Besitzerfordernis das Äquivalent der eigenen Inhabung aufstellten. Dieser Begriff gewinnt für den Besitzschutz des Auftraggebers eine große Bedeutung.

Was ist dieses Äquivalent der eigenen Inhabung als Besitzerfordernis? Es entspricht nicht der tatsächlichen Sachgewalt, soweit nach den Motiven zum E I keine eigene tatsächliche Sachgewalt des Besitzers gegeben ist. Deshalb ist es widersprüchlich, dass sowohl der Stellvertreter als auch der Stellvertretene im Besitz außer im Fall des Mitbesitzes die tatsächliche Sachgewalt gleichzeitig ausüben. Gegen die Auffassung, nach der der mittelbare Besitz ein echter Besitz ist und der mittelbare Besitzer die tatsächliche Sachherrschaft ausübt, ist einzuwenden, dass weder eine mittelbar ausgeübte Inhabung des Stellvertretenen im Besitz noch dessen tatsächliche Sachherrschaft, noch dessen mittelbar ausgeübte tatsächliche Sachherrschaft anerkannt wird. Schließlich steht das Äquivalent der eigenen Inhabung als Besitzerfordernis dem Stellvertretenen im Besitz kraft Gesetzes unabhängig davon zu, ob dieser die tatsächliche Sachgewalt erlangt hat und ausübt. Die Ansicht, nach der der mittelbare Besitz einem Besitz ohne tatsächliche Sachherrschaft entspricht, ist der Kritik ausgesetzt, dass § 797 Abs. 1 E I für die Begründung des Besitzes tatsächliche Sachgewalt und Eigenbesitzwillen erfordert. Insbesondere räumt der E I dem Stellvertretenen im Besitz das Äquivalent der eigenen Inhabung als Besitzerfordernis als Surrogat der tatsächlichen Sachgewalt bzw. Sachherrschaft ein, so dass die Existenz des Besitzes ohne tatsächliche Sachherrschaft unmöglich ist. Darüber hinaus ist auch die Auffassung bedenklich, die den mittelbaren Besitz als Besitz mit vergeistigter Sachherrschaft ansieht. Die Anerkennung der vergeistigten Sachherrschaft ist unmittelbar mit der Billigung eines fremden Begriffes (z. B. Gewere) verbunden. Es besteht jedoch zwischen dem Besitz nach dem E I und der Gewere kein Zusammenhang[535].

Das Äquivalent der eigenen Inhabung als Besitzerfordernis ist Grundlage für den Besitzschutz.

§ 821 E I — Ist der Inhaber nicht zugleich der Besitzer, so stehen die nach den §§. 819, 820 für den Inhaber begründeten Rechte auch dem Besitzer zu. Will der frühere Inhaber in dem Falle der Entziehung der Inhabung diese nicht wieder übernehmen, so kann der Besitzer fordern, daß die Inhabung ihm selbst eingeräumt werde.

Hat der Inhaber die Inhabung für einen Anderen, welcher für den Besitzer die thatsächliche Gewalt über die Sache ausübt, so hat auch dieser Andere die nach dem ersten Absatze dem Besitzer zustehenden Rechte.

---

535 Siehe oben S. 72 f. und S. 102.

Der Besitzer im Sinne des § 821 E I hat keine eigene tatsächliche Sachgewalt, so dass er grundsätzlich keinen possessorischen Schutz erlangt. Trotzdem gewährt § 821 E I dem Besitzer ohne tatsächliche Sachgewalt durch das Äquivalent der eigenen Inhabung als Besitzerfordernis den gleichen Schutz wie dem Inhaber. Der Besitzschutz im Sinne des § 821 E I wird durch das Interesse des Besitzers gerechtfertigt:

> „[···] Dem Vertretenen wird ein Mittel gewährt, um, unabhängig von seinem vielleicht verhinderten oder nicht pflichtgetreuen Vertreter, die seinem rechtlichen Interesse entsprechende Restitution des früheren Besitzstandes herbeizuführen. Zugleich wird durch diese Ausdehnung des Besitzschutzes die Abweichung des Entwurfes vom geltenden Rechte gemindert. [···]“[536]

cc. Einführung des mittelbaren Besitzes in den E II

Die Redaktionskommission der 2. Kommission begann auf Grundlage der folgenden Gedanken die Diskussion über den mittelbaren Besitz und dessen Schutz:

> „[···] Einigkeit bestand darüber, daß der §. 821 mit Rücksicht auf die andere Gestaltung, welche die Besitzlehre durch die Beschlüsse der gegenwärtigen Berathung erfahren habe, einer Abänderung bedürfe, selbst wenn man den Grundgedanken der Vorschrift, den Besitzschutz auch solchen Personen zu gewähren, die, obwohl sie die thatsächliche Gewalt über die Sache nicht ausüben, dennoch vermöge eines zwischen ihnen und dem Inhaber der thatsächlichen Gewalt bestehenden Rechtsverhältnisses ihre thatsächlichen Beziehungen zur Sache nicht gänzlich aufgegeben haben, sachlich beibehalten wolle. [···]“[537]

Aus dem Zitat geht hervor, dass „solche Personen“, die später der Rechtsfigur des mittelbaren Besitzers im Sinne des § 868 BGB gleichstehen, weder die tatsächliche Sachgewalt noch die tatsächliche Sachherrschaft innehaben, so dass der Besitzschutz „solchen Personen“ grundsätzlich nicht zusteht. Der Redaktionskommission zufolge lässt dieses Ergebnis das Rechtsverhältnis zwischen „solchen Personen“ und dem Inhaber völlig unberücksichtigt. Einige Mitglieder der 2. Kommission versuchten aus diesem Grund, dem mittelbaren Besitzer ohne eigene tatsächliche Sachgewalt aufgrund des Besitzmittlungsverhältnisses zwischen ihm und dem unmittelbaren Besitzer im heutigen Sinne Besitzschutz zu gewähren. Dagegen wird eingewandt, dass es unter Berücksichtigung des

536 Mot. III, S. 127 f.
537 Prot. III, S. 221.

§ 797 E I und der Lebensanschauung widersprüchlich sei, dass der Besitz „solcher Personen“, die nicht die tatsächliche Sachgewalt ausüben, geschützt werde. Ein Pächter oder Mieter wolle beispielsweise diese tatsächliche Sachgewalt nicht nur für sich ausüben, sondern auch für den Verpächter oder Vermieter. Trotz dieses Einwands erkannten die Mitglieder der Redaktionskommission das praktische Bedürfnis des Schutzes „solcher Personen“ im Fall der Ersitzung an, deren Tatbestand sowohl den unmittelbaren Besitz als auch den mittelbaren Besitz umfasst[538].

Diese Auffassung wird wiederum von *Mandry* durch den Antrag 6 wie folgt widerlegt:

> „6. den §. 821 zu streichen und nach §. 816 der Vorl.Zus. eine Vorschrift folgenden Inhalts einzufügen: Uebt Jemand an einem im Besitz eines Dritten befindlichen Grundstücke nach einer bestimmten Richtung hin die thatsächliche Gewalt aus und wird er an dieser Ausübung verhindert oder in derselben gestört, so finden die Vorschriften der §§. 815, 815b, 818a, 819 der Vorl.Zus. entsprechende Anwendung.“[539]

Mandry ist der Ansicht, dass mehrere Personen zwar nicht jeweils die volle tatsächliche Gewalt über ein Grundstück ausüben könnten, sie seien jedoch in der Lage, ihre jeweilige partielle tatsächliche Gewalt über das Grundstück auszuüben. Beispielsweise könne der Vermieter mit dem Mieter das Grundstück gemeinsam nutzen und kraft gesetzlicher Bestimmung das Grundstück zur Reparatur betreten. In diesem Fall könne die tatsächliche Sachgewalt des Vermieters nicht bestritten werden. Übe ein Besteller die tatsächliche Sachgewalt über ein Servitut nach einer durch den Inhalt des Nutzungsrechts bestimmten Richtung hin aus, so stehe diese sowohl dem Servitutsberechtigten als auch dem Besteller zu. Die durch die Einräumung der tatsächlichen Sachgewalt erfolgte Gewährung des Besitzschutzes entspreche dem praktischen Bedürfnis. Die Aberkennung des Besitzschutzes bei dem mittelbaren Besitzer führe zu einer unvermeidlichen Kollision zwischen dem unmittelbaren und mittelbaren Besitzer. Der Antrag 6 von *Mandry* wurde im Ergebnis mehrheitlich abgelehnt, weil die Voraussetzungen des Antrags für zu unbestimmt und unklar gehalten wurden. Im oben von *Mandry* erwähnten Fall werde der Besitzschutz dem Vermieter durch § 816 E I ausreichend gewährt.

§ 816 E I	Die Vorschriften der §§. 814, 815 finden entsprechende Anwendung zu Gunsten desjenigen, welcher nur einen Theil einer Sache, insbesondere in baulichen Anlagen abgesonderte Wohnungsräume oder Wirthschaftsräume, innehat.

538 Prot. III, S. 222.

539 Prot. III, S. 221 = *Jakobs/Schubert*, Sachenrecht, §§ 868-872 S. 211.

Außerdem beziehe sich, was den Fall der Reparatur auf dem vermieteten Grundstück angeht, die Problematik auf einen obligatorischen Anspruch des Vermieters gegen den Mieter, so dass die Gewährung des Besitzschutzes für diese obligatorischen Befugnisse im Hinblick auf das Wesen des Besitzes widersprüchlich sei[540].

Die Mitglieder der Redaktionskommission waren sich über den folgenden Punkt einig:

> „Bezüglich der übrigen Anträge bestand Einigkeit darüber, daß eine gewisse Gruppe von Personen, welche die Ausübung der unmittelbaren thatsächlichen Gewalt über eine Sache einem Anderen überlassen haben, die aber in Folge des Rechtsverhältnisses, auf Grund dessen die Ueberlassung des Besitzes erfolgt ist, noch in einer gewissen Beziehung zu der Sache geblieben sind, possessorisch zu schützen sei. [···]“[541]

Wer durch einen anderen die tatsächliche Sachgewalt ausübe und eine gewisse Sachbeziehung zwischen ihm und dem anderen (Inhaber der tatsächlichen Sachgewalt) beibehalte, der genieße Besitzschutz. Über die Frage, ob die dem mittelbaren Besitzer im Sinne des § 868 BGB entsprechende Person die tatsächliche Sachgewalt oder sonstiges hat, waren sich die Mitglieder der Redaktionskommission uneinig.

Ein Teil der Mitglieder der 2. Kommission geht davon aus, dass der Vermieter oder Verpächter durch die Überlassung zum vertragsmäßigen Gebrauch eines Gegenstands nicht gänzlich seinen Besitz aufgebe. Daneben habe der Mieter oder Pächter den Besitz, der mit dem unvollständigen Besitz nach dem ALR vergleichbar ist, und neben diesem Besitz dauere der Besitz des Vermieters oder Verpächters in einer beschränkten Weise fort:

> „[···] neben seinem Besitze bestehe der des Vermiethers oder des Verpächters in der Beschränkung fort, welche der durch den Zweck des vertragsmäßigen Gebrauchs begrenzte Besitz des Miethers oder des Pächters mit sich bringe. Zur thatsächlichen Einwirkung auf das Grundstück lasse der vertragsmäßige Gebrauch des Miethers dem Vermiether allerdings wenig Spielraum. [···]“[542]

Außerdem führen die Mitglieder bezüglich der tatsächlichen Sachgewalt aus:

540 Prot. III, S. 223.
541 Prot. III, S. 223 f.
542 Prot. III, S. 224.

„[···] Die thatsächliche Gewalt über die Sache äußere sich aber nicht nur in Einwirkungen auf dieselbe, sondern auch in der Ausschließung Dritter von Einwirkungen auf die Sache. [···]“[543]

Demnach wirke der Eigentümer des Grundstücks zwar nicht auf das Grundstück ein, doch verteidige er es gegen verbotene Eigenmacht Dritter. Ferner könne ein besitzloser Zustand herbeigeführt werden, wenn der Mieter heimlich das Grundstück verlässt. Eine solche Folge verstoße gegen die Verkehrsanschauung. Deshalb gewinne die Anerkennung der tatsächlichen Sachgewalt des Vermieters an großer Bedeutung.

Dagegen spreche, dass der mittelbare Besitzer im heutigen Sinne nach § 868 BGB nicht Besitzer sei, sondern nur der unmittelbare Besitzer im Sinne des § 797 E I. Trotzdem liege nach der Gegenansicht ein schutzwürdiges Interesse des mittelbaren Besitzers vor:

„[···] aber daraus, daß dem unmittelbaren Besitzer die thatsächliche Gewalt nur auf Zeit und mit der Bestimmung überlassen sei, daß sie nach der Beendigung des zwischen ihm und dem mittelbaren Besitzer bestehenden Verhältnisses auf den letzteren übergehe, ergebe sich ein schutzwürdiges Interesse des mittelbaren Besitzers daran, daß die Besitzlage des Gewaltinhabers nicht durch verbotene Eigenmacht Dritter verändert, der Gewaltinhaber nicht aus der Lage verdrängt werde, welche nach der Beendigung des Verhältnisses dem mittelbaren Besitzer zu Theil werden solle. Deshalb sei anzuerkennen, daß der Vermiether jedenfalls solange, als der Miether auf Grund des Miethverhältnisses besitze, Dritten gegenüber einen gewissen Besitzschutz haben müsse.“[544]

Schließlich setzt diese Äußerung voraus, dass beispielsweise der Vermieter nicht die tatsächliche Sachgewalt innehat, sondern ein schutzwürdiges Interesse, solange der Mieter die tatsächliche Sachgewalt ausübt. Mangels tatsächlicher Sachgewalt wird der Vermieter grundsätzlich nicht possessorisch geschützt. Doch sieht die Redaktionskommission beim Vermieter ein schutzwürdiges Interesse, das den Mangel der tatsächlichen Sachgewalt überwindet, so dass er Besitzschutz genießt.

Während der Beratung der Redaktionskommission wurde der mittelbare Besitz überwiegend im Zusammenhang mit dem Besitzschutz behandelt. Die Redaktionskommission entschied sich mit der Schaffung des § 790 E II für eine Regelung über den mittelbaren Besitz und dessen Schutz.

---

543 Prot. III, S. 224.
544 Prot. III, S. 224.

§ 790 E II — Besitzt Jemand eine Sache als Nießbraucher, Pfandgläubiger, Pächter, Miether, Verwahrer oder in einem ähnlichen Verhältnisse, vermöge dessen er einem Anderen gegenüber auf Zeit zum Besitze berechtigt oder verpflichtet ist, so ist auch der Andere Besitzer (mittelbarer Besitz).

Wird gegen den Besitzer verbotene Eigenmacht verübt, so stehen die in den §§. 783, 784 bestimmten Ansprüche auch dem mittelbaren Besitzer zu. Im Falle der Entziehung des Besitzes ist, wenn der bisherige Besitzer den Besitz nicht wiederübernehmen will oder kann, der mittelbare Besitzer zu verlangen berechtigt, daß ihm der Besitz eingeräumt wird. Unter der gleichen Voraussetzung kann er im Falle des §. 789 verlangen, daß ihm die Aufsuchung und Wegschaffung der Sache gestattet wird.

Es ist fraglich, ob sich § 790 E II nur auf den Besitzschutz bezieht. In der Tat stand während den Beratungen über den § 790 E II der Besitzschutz im Mittelpunkt. Dies kann dahingehend missverstanden werden, dass § 790 E II nur den Schutz des mittelbaren Besitzes bezweckt, wenn nur der in den Protokollen aufgenommene Inhalt berücksichtigt wird. Hinzu kommt, dass § 790 E II die Nachfolgervorschrift des § 821 E I ist, der sich ausschließlich auf den Besitzschutz des mittelbaren Besitzers im Sinne des § 790 Abs. 1 E II bezieht.

§ 790 Abs. 2 E II fasst zwar nur den Besitzschutz ins Auge, doch bezieht sich § 790 Abs. 1 E II z. B. auch auf die Ersitzung und die Besitzübertragung. Diese Systematik ist nicht zu übersehen. *Bömer* geht davon aus, dass die 2. Kommission während den Beratungen den mittelbaren Besitz im Zusammenhang mit den Folgen des Eigenbesitzes in den § 790 Abs. 1 E II einführe, obwohl die Diskussion über die Voraussetzungen und das Wesen des mittelbaren Besitzes nicht ausdrücklich im Rahmen der Eigenbesitzfolgen erfolgte. Außerdem wurde der folgende Vorschlag von *Strohal* in der Beratung nicht einbezogen[545]:

> „[···] Ferner ergebe sich die Nothwendigkeit der Anerkennung eines gleichzeitigen mittelbaren Eigenbesitzes und unmittelbaren Nutz- oder Verwaltungsbesitzes daraus, daß letztere beiden dem Eigenbesitzer für die Ersitzung, unter Umständen auch für den Fruchterwerb zu Gute kommen, [···]“[546]

Schließlich beabsichtigt § 790 E II nicht nur den Besitzschutz, sondern auch die Folgen des Eigenbesitzes zu erfassen. In dieser Hinsicht ist die Ersitzung zu berücksichtigen. Die Ersitzung verlangt den gutgläubigen Eigenbesitz des Ersitzenden. Deshalb kann ein Fremdbesitzer keine Sache ersitzen. § 790 Abs. 1 E II regelt, dass eine Person, für die der unmittelbare Besitzer die tatsächliche Sach-

545 *Bömer*, S. 144 f.
546 Zst. III, S. 35.

gewalt ausübt, mittelbarer Besitzer ist. Obwohl der mittelbare Besitzer keine tatsächliche Sachgewalt ausübt, ist er Besitzer. Außerdem entspricht der unmittelbare Besitz im Sinne des § 777 Abs. 1 E II dem Fremdbesitz und der mittelbare Besitz im Sinne des § 790 Abs. 1 E II dem Eigenbesitz. Daher kann der mittelbare Besitzer als Eigenbesitzer die Sache ersitzen, wenn er gutgläubig ist. § 790 Abs. 1 E II bietet dem mittelbaren Besitzer sowohl die Grundlage für dessen Besitzschutz als auch die der Zuordnung der Ersitzungswirkung. § 790 Abs. 1 E II ordnet dem mittelbaren Besitzer im Fall der Ersitzung die Besitzfolgen zu[547].

Wie oben bereits erörtert, fehlt dem mittelbaren Besitzer im Sinne des § 790 E II die tatsächliche Sachgewalt, so dass er nicht dem unmittelbaren Besitzer im Sinne des § 777 Abs. 1 E II gleichsteht, obwohl der mittelbare Besitz als Besitz nach dem E II anerkannt wird. § 790 Abs. 2 E II räumt dem mittelbaren Besitzer zum Zwecke des Besitzschutzes die Besitzposition ein. In diesem Fall führt die Einräumung der Besitzposition nicht die Zuordnung der Besitzfolgen herbei, sondern fingiert vielmehr für den Besitzschutz den Besitz des mittelbaren Besitzers. Schließlich stellt der mittelbare Besitz im Sinne des § 790 Abs. 2 E II im Hinblick auf den Besitzschutz eine Fiktion dar.

dd. Rechtsnatur des mittelbaren Besitzes im BGB

§ 868 BGB beruht auf dem ersten Absatz des § 790 E II, so dass der mittelbare Besitz eine Besitzfolgenzuordnung darstellt. Die Zuordnung beruht nicht auf einem echten Besitz des mittelbaren Besitzers, sondern auf dem Gedanken, das Interesse des mittelbaren Besitzers zu schützen und ihm die Besitzfolgen des Besitzes zukommen zu lassen.

2. Übergang des mittelbaren Besitzes nach § 857 BGB

Die Auffassung von *Rosenberg*, nach der der mittelbare Besitz im Sinne des § 868 BGB gem. §§ 870, 412 BGB mit dem Übergang des Herausgabeanspruchs bei der Universalsukzession gem. § 1922 BGB auf den Erben übergeht, ist nicht unbedenklich. § 857 BGB bezweckt die Gesamtnachfolge in den Besitz, wie oben im Zusammenhang mit § 943 BGB erörtert wurde. Dagegen bezieht sich § 870 BGB auf die Einzelnachfolge in den Besitz, die durch rechtsgeschäftliche Abtretung begründet wird. § 870 BGB hat mit der Gesamtnachfolge in den Besitz nichts zu tun, weil § 857 BGB sie ausschließlich regelt. Gegen die Auffas-

547 Vgl. *Kaser/Knütel*, S. 111 (Rz. 19.18).

sungen von *Joost*, *Kress*, *Fritzsche* und *Michel* ist einzuwenden, dass § 1922 Abs. 1 BGB den Übergang der Erbschaft regelt, zu der nicht der Besitz gehört. Würde § 1922 Abs. 1 BGB den Besitz umfassen, so wäre § 857 BGB überflüssig.

Die Ansicht von *Bömer* ist überzeugend aus den Gesetzesmaterialien entwickelt und historisch gut abgesichert und sie führt mit der Konsequenz, dass der unmittelbare Besitzer nicht durch einseitige Erklärungen den mittelbaren Besitz beenden könne (was die herrschende Meinung jedoch behauptet), zu sachgerechten Ergebnissen, indem sie, wie bei dem Fräsmaschinen-Fällen[548] deutlich wird, Betrugsmanöver vereitelt.

Legt man diese Lehre zugrunde, so ist darauf abzustellen, dass § 857 BGB den Schutz des Erben bezweckt, ihm gerade die Vorteile des Besitzes sichern will (daher wurde § 857 BGB von der 2. Kommission als Sondervorschrift zu § 943 BGB geschaffen), und dass wegen dieses Sicherungszwecks der sofortige Übergang mit Erbfall nicht nur des unmittelbaren, sondern auch des mittelbaren Besitzes geboten ist, so dass keine Unterbrechung der Ersitzung erfolgt (selbst wenn ein Gutgläubiger als vermeintlicher Erbe Besitz ergreift) und bei Störung des Besitzes beim unmittelbaren Besitzer (z. B. Mieter), der Erbe sogleich klageberechtigt ist. Aber auch bei Zugrundelegung der herrschenden Meinung ist der Übergang des mittelbaren Besitzes nach § 857 BGB zu bejahen. Denn nach der herrschenden Ansicht werden der Besitz mit vergeistigter Sachherrschaft und der Besitz mit tatsächlicher Sachherrschaft gleich behandelt.

Das Urteil des Reichsgerichts[549], nach dem der Übergang des mittelbaren Besitzes nicht gem. § 1922 Abs. 1 BGB, sondern gem. § 857 BGB erfolgt, geht von einer zutreffenden Prämisse aus.

§ 4. Erbenbesitz und Verwaltungsbesitz

I. Einsetzung eines Verwalters durch den Erblasser

Der Erblasser ist z. B. gem. § 2197 Abs. 1 BGB berechtigt, testamentarisch einen Testamentsvollstrecker einzusetzen. Macht der Erblasser von seinem Recht Gebrauch und setzt einen Testamentsvollstrecker ein, stellt sich bei seinem Tod die Frage, ob der Besitz auf seinen Erben oder auf den Testamentsvollstrecker

548 BGHZ 50, 45 ff.; BGH LM § 1006 Nr. 11; vgl. dazu *Ernst*, S. 242 ff. - insbesondere S. 259.

549 RGZ 83, 223 ff.

übergeht. Der Wortlaut des § 857 BGB ist zwar auf den Erben beschränkt. Doch um der Tätigkeit des Verwalters Effizienz zu verschaffen, indem der Besitz unmittelbar auf ihn übergeht, könnte § 857 BGB zugunsten des Verwalters zur Anwendung gelangen. Diese Frage wird unterschiedlich betrachtet.

1. Meinungsstand

a. Herrschende Meinung

Der überwiegenden Meinung zufolge geht der Besitz des Erblassers mit dessen Tod auf den Erben über[550]. Der Testamentsvollstrecker erlange erst durch Besitzergreifung den Besitz des Erblassers, so dass der Erbe zum mittelbaren Besitzer im Sinne des § 868 BGB und der Testamentsvollstrecker zum unmittelbaren Besitzer im Sinne des § 854 Abs. 1 BGB werde. Ergreife weder der Erbe noch ein Dritter den Besitz an den Erbschaftsgegenständen, könne der Testamentsvollstrecker ohne Weiteres den Besitz ergreifen. Umgekehrt könne der Testamentsvollstrecker den Anspruch auf Einräumung des Besitzes gegen den Erben oder den Dritten geltend machen, wenn der Erbe oder Dritte die Erbschaft schon in Besitz genommen hat[551].

b. Gegenstimmen

Marcus behauptet, dass die Erbschaft mit dem Eintritt des Erbfalls nach § 1922 Abs. 1 BGB als Ganzes auf den oder die Erben übergehe und der Testamentsvollstrecker zugleich das Amt übernehme. Der Testamentsvollstrecker verwalte nach Gesetz und Testament statt der Erben den Nachlass. Doch gehe der unmittelbare Besitz an den Erbschaftsgegenständen in diesem Zeitpunkt auf den Testamentsvollstrecker über und der Erbe erlange vielmehr den mittelbaren Besitz im Sinne des § 868 BGB. Der Testamentsvollstrecker sei wie der Nießbraucher, Pächter, Mieter und Verwahrer kein Besitzdiener im Sinne des § 855 BGB, weil er die Weisungen des Erben nicht zu befolgen habe[552].

Leonhard zufolge geht der vererbliche Besitz im Sinne des § 857 BGB mit dem Amtsbeginn des Testamentsvollstreckers auf ihn über, so dass dieser bei der Besitzverletzung vor seiner Besitzergreifung Besitzschutzansprüche geltend

---

550 RGZ 83, 229; Erman/*Schmidt*, § 2205 Rz. 7; MüKo/*Zimmermann*, § 2205 Rz. 57; Staudinger/*Reimann*, § 2205 Rz. 29.

551 Staudinger/*Reimann*, § 2205 Rz. 29 ff.

552 *Marcus*, SächArchv 8 (1898), S. 64.

machen könne. Gem. § 2217 BGB müsse der Testamentsvollstrecker dem Erben auf Verlangen die Sachen zur freien Verfügung überlassen, der Erbe werde durch seine Besitzerlangung zum mittelbaren Besitzer im Sinne des § 868 BGB, nicht zum bloßen Besitzdiener oder gar Besitzvertreter[553].

Muscheler hält der herrschenden Meinung entgegen, dass der Besitz im Vererbungsvorgang zum Bestandteil des „Nachlasses" im Sinne des § 2205 S. 1 BGB werde. Dadurch mache sie die Nachlassverwaltung durch den Testamentsvollstrecker mühevoll. Außerdem bedürfe eine effiziente Verwaltung der Rechte aus dem Erbenbesitz der tatsächlichen Sachherrschaft des Testamentsvollstreckers[554].

2. Stellungnahme

Die Stellungnahme erfolgt am Beispiel des Nachlassverwalters, des Testamentsvollstreckers und des Insolvenzverwalters.

a. Besitz des Nachlassverwalters

Durch den Antrag eines Antragsberechtigten, wie z. B. des Erben (§ 1981 Abs. 1 BGB) und Nachlassgläubigers (§ 1981 Abs. 2 BGB), ordnet das Nachlassgericht gem. § 1981 Abs. 1 BGB die Nachlassverwaltung an und ernennt einen Nachlassverwalter. Der Erbe erlangt mit Eintritt des Erbfalls gem. § 857 BGB den Besitz an den Erbschaftsgegenständen, soweit er vor dem Tod des Erblassers nicht schon den Besitz an den Nachlassgegenständen erlangt hat. Die Nachlassverwaltung wird nicht vor dem Tod des Erblassers angeordnet. § 857 BGB kann daher nicht beim Erbfall zugunsten des Nachlassverwalters zur Anwendung kommen. Falls § 857 BGB bereits dem Erben den Besitz fingiert, kann er nicht doppelt angewendet werden, indem er anschließend dem Nachlassverwalter den Besitz fingiert.

Weder der Schutz des Erben noch der Nachlassgläubiger gebietet den Besitzübergang auf den Nachlassverwalter. Der Besitz an den Erbschaftsgegenständen geht weder mit dem Erbfall *ipso iure* auf den zu ernennenden Nachlassverwalter noch mit der Ernennung des Nachlassverwalters gem. § 1985 Abs. 1 BGB auf ihn über. Dieser erwirbt nur durch Besitzergreifung den unmittelbaren Besitz im Sinne des § 854 Abs. 1 BGB an den Nachlassgegenständen. Den mit-

553 *Leonhard*, S. 346.
554 *Muscheler* II, S. 1405 Rz. 2801.

telbaren Besitz im Sinne des § 868 BGB erlangt er nach § 870 BGB durch Abtretung des Herausgabeanspruchs vom Erben.

b. Besitz des Testamentsvollstreckers

Der Erblasser kann vor dessen Tod durch Testament (§ 2197 Abs. 1 BGB) einen Testamentsvollstrecker einsetzen. Einige Gegenstimmen besagen, dass der Besitz des Erblassers mit dem Eintritt des Erbfalls nicht auf seinen Erben, sondern unmittelbar auf den Testamentsvollstrecker übergehe. Insbesondere behauptet *Muscheler*, dass der Besitz zum „Nachlass“ im Sinne des § 2205 S. 1 BGB gehöre und die herrschende Meinung diese Zugehörigkeit des Besitzes zum Nachlass übersehe. Außerdem erschwere der Übergang des Besitzes auf den Erben die Tätigkeit des Testamentsvollstreckers. Doch entsteht dann die Frage, auf wen der Erbenbesitz zwischen dem Erbfall und dem Amtsbeginn des Testamentsvollstreckers durch dessen Annahme gem. § 2202 Abs. 1 BGB übergeht. Geht der Besitz nach § 857 BGB zunächst auf den Erben, anschließend mit dem Amtsbeginn des Testamentsvollstreckers auf ihn über?

Der Testamentsvollstrecker ist gem. § 2205 S. 2 BGB berechtigt, gegen den Erben die Einräumung des unmittelbaren Besitzes zu verlangen, so dass er nur durch Besitzergreifung den unmittelbaren Besitz an den Erbschaftsgegenständen erlangen kann. Den mittelbaren Besitz erlangt der Testamentsvollstrecker durch Abtretung des Herausgabeanspruchs vom Erben nach § 870 BGB. Mit dem Tod des Erblassers geht dessen Besitz gem. § 857 BGB nicht auf den Testamentsvollstrecker, sondern auf den Erben des Erblassers über.

c. Besitz des Insolvenzverwalters

Der vom Insolvenzgericht gem. § 27 Abs. 1 InsO ernannte Insolvenzverwalter ist nach Eröffnung des Insolvenzverfahrens verpflichtet, gem. § 148 Abs. 1 InsO das gesamte zur Insolvenzmasse gehörende Vermögen sofort in Besitz zu nehmen und zu verwalten. Wie auch beim Nachlassverwalter, geht der Besitz an der Insolvenzmasse folglich nicht *ipso iure* auf den Insolvenzverwalter über. Der Insolvenzverwalter erlangt durch Besitzergreifung den unmittelbaren Besitz im Sinne des § 854 Abs. 1 BGB und im Wege der Abtretung des Herausgabeanspruchs nach § 870 BGB durch den Erben den mittelbaren Besitz im Sinne des § 868 BGB.

II. Tod des Verwalters

Es ist nun der Frage nachzugehen, was mit dem Besitz eines Verwalters bei dessen Tod geschieht. Die strikte Anwendung des § 857 BGB führt zum Besitzübergang auf den Erben des Verwalters. Die Intention der Einsetzung eines Verwalters kann jedoch nicht unberücksichtigt bleiben. In der Literatur gehen die Antworten daher auseinander.

1. Meinungsstand

a. Herrschende Meinung

Hatte der Erblasser als Beauftragter (§ 673 BGB), Verwalter (Vormund, Testamentsvollstrecker, Insolvenz-, Nachlass-, Zwangsverwalter) usw. den sog. „Verwaltungsbesitz" inne, gehe ein solcher - unabhängig davon, ob der Erblasser ein Recht zum Besitz über seinen Tod hinaus besaß[555] - nach § 857 BGB auf seinen Erben über, der seinerseits zur Herausgabe verpflichtet ist[556].

Bund stützt den Übergang des Verwaltungsbesitzes gem. § 857 BGB auf den Erben des Verwalters auf die Kontinuität der Obhut und Passivlegitimation. Des Weiteren beschränke sich § 857 BGB nicht auf den Übergang des Eigenbesitzes des Erblassers[557].

Kregel zufolge ist § 857 BGB auch in den Fällen anwendbar, in denen der Besitz des Erblassers an eine unübertragbare Stellung des Erblassers knüpft, welche mit dem Tod des Erblassers erlischt. Der Erbe des Beauftragten trete in das Verhältnis zwischen dem Geschäftsherrn und dem Erblasser, so dass er unter Umständen verpflichtet ist, weiterhin die Geschäftsbesorgung vorzunehmen[558]. *Eichler* stützt sich auf diese vorläufige Pflicht der Erben des Verwalters zur Fürsorge für die Erbschaftsgegenstände, welche die Anwendung des § 857 BGB rechtfertige[559].

---

555 Bamberger/Roth/*Fritzsche*, § 857 Rz. 7.

556 Bamberger/Roth/*Fritzsche*, § 857 Rz. 7; Erman/*Lorenz*, § 857 Rz. 1; MüKo/*Joost*, § 857 Rz. 5; RGRK/*Kregel*, § 857 Rz. 4; Staudinger/*Bund*, § 857 Rz. 9; *Eichler*, S. 92 f.; *Westermann*/*Gursky*, S. 102; *Wieling*, S. 179.

557 Staudinger/*Bund*, § 857 Rz. 9.

558 RGRK/*Kregel*, § 857 Rz. 4.

559 *Eichler*, S. 93.

b. Vermittelnde Ansichten

Die vermittelnde Auffassung unterscheidet zwischen dem mittelbaren und unmittelbaren Besitz des Verwalters[560].

Im ersten Fall stehe der Anspruch aus dem Besitzmittlungsverhältnis nicht dem Verwalter selbst, sondern dem Geschäftsherrn zu. Daher gehe der mittelbare Besitz nicht auf die Erben des Verwalters über. Übe der Verwalter dagegen selbst die tatsächliche Sachherrschaft aus, unterscheide sich dieser „Vertretungsbesitz" nicht von dessen „Selbstbesitz", so dass nach § 857 BGB der unmittelbare Besitz auf seine Erben übergehe[561].

Biermann und *Binder* vertreten die Auffassung, dass im Fall des mittelbaren Besitzes dem Erben des Verwalters von vornherein die Möglichkeit der Ausübung der tatsächlichen Sachherrschaft entzogen sei. Mit dem Tod des Verwalters gehe daher sein Rückforderungsrecht und damit sein mittelbarer Besitz unter. Nur der unmittelbare Besitz des Verwalters bezüglich seines Verkehrsbesitzes gehe gem. § 857 BGB auf seine Erben über[562].

Michel zufolge greift beim Verwaltungsbesitz die Vorschrift des § 857 BGB grundsätzlich so ein, dass der unmittelbare Besitz des Verwalters auf seinen Erben übergeht. Dies habe seinen Grund in der Kontinuität der Passivlegitimation und der Fürsorgepflicht des Erben des Verwalters, wie z. B. in §§ 2218 Abs. 1, 673 S. 2 BGB. Dem Erben eines Verwalters müsse zudem die Geltendmachung eines Zurückbehaltungsrechts gewährt werden. Dies setze wiederum den unmittelbaren Besitz des Erben voraus[563]. Eine Ausnahme bestehe lediglich in dem Fall, in dem der Verwalter durch Besitzdiener den Besitz innehatte. Die Weisungsbefugnis eines Insolvenzverwalters ergebe sich aus seiner Amtsstellung, die nicht gem. § 1922 Abs. 1 BGB auf dessen Erben übergehe, sondern mit seinem Tod erlösche. Mangels dieser Weisungsbefugnis stehe dem Erben des Verwalters keine Möglichkeit der Ausübung der tatsächlichen Sachgewalt zu. Es bedürfe in einer solchen Konstellation auch nicht der Passivlegitimation des Erben, da ansonsten etwas von Anfang an unmögliches von ihm verlangt werde. Der Besitz des Verwalters gehe in diesem Ausnahmefall nach § 856 Abs. 1 BGB

---

560 *Biermann*, § 857 S. 21; *Binder*, S. 54 und S. 57 f.; Palandt/*Bassenge*, § 857 Rz. 2; Planck/*Brodmann*, § 857 Anm. 3; *Rosenberg*, S. 58 f.; Soergel/*Stadler*, § 857 Rz. 2; *Kress*, S. 189.

561 Planck/*Brodmann*, § 857 Anm. 3.

562 *Biermann*, § 857 S. 21; *Binder*, S. 54 und S. 57 f.; so auch Palandt/*Bassenge*, § 857 Rz. 2; *Rosenberg*, S. 58 f.; Soergel/*Stadler*, § 857 Rz. 2; *Kress*, S. 189.

563 *Michel*, S. 59 f.

unter. Beim mittelbaren Verwaltungsbesitz schließt er sich der Ansicht von *Binder* an[564].

c. Gegenstimmen

Wolff/Raiser vertreten die Auffassung, dass im Fall des Verwaltungsbesitzes § 857 BGB zugunsten des Amtsnachfolgers des Verwalters oder des vollberechtigten Vermögensträgers anzuwenden sei, soweit der verstorbene Verwalter den Besitz an dem Sondervermögen nicht tatsächlich ergriffen hat oder das zu verwaltende Vermögen vom Eigenvermögen des Verwalters äußerlich unterscheidbar ist[565].

Strohal nimmt aus denselben Gründen wie *Binder* und *Biermann* an, dass der Übergang des mittelbaren Verwaltungsbesitzes unmöglich ist[566]. Zudem steht er auch dem Übergang des unmittelbaren Besitzes auf den Erben des Verwalters kritisch gegenüber. Würden Besitzdiener im Sinne des § 855 BGB die tatsächliche Gewalt für den Verwalter ausüben, sei kaum anzunehmen, dass sie für den Verwalter in seiner Person den Besitz ausüben. Dies erfolge vielmehr für das Organ, das für die Verwaltung zuständig ist. Folglich sei davon auszugehen, dass mit dem Tod des Verwalters der ihm zustehende Besitz auf dessen Nachfolger übergehe[567].

2. Stellungnahme

a. Unmittelbarer Besitz des Verwalters

Der Nachfolger eines verstorbenen Testamentsvollstreckers hat gem. § 2205 S. 2 BGB einen Anspruch auf Einräumung des unmittelbaren Besitzes an den Erbschaftssachen. Daraus lässt sich schließen, dass der Besitz seines Vorgängers nicht mit dessen Tod *ipso iure* auf ihn übergeht. Darüber hinaus mittelte der Verwalter dem Erben den Besitz. Dieses Besitzmittlungsverhältnis geht mit dem Tod des Verwalters auf dessen Erben gem. § 857 BGB über. Mit dem Erbfall wird der Erbe des Verwalters unmittelbarer Besitzer und der Erbe bleibt unverändert mittelbarer Besitzer. Fraglich ist, ob ein besonderer Grund besteht, im Fall des Verwaltungsbesitzes als Unterfall des § 868 BGB die Anwendung des

---

564 *Michel*, S. 63 ff.

565 *Wolff/Raiser*, S. 44.

566 *Strohal*, Jher. Jahrb. 38 (1898), S. 98 f.

567 *Strohal*, Jher. Jahrb. 29 (1890), S. 370 f.; *ders.*, Jher. Jahrb. 38 (1898), S. 99.

§ 857 BGB zu beschränken. Der Nachlass- und Insolvenzverwalter werden vom zuständigen Gericht, der Testamentsvollstrecker vom Erblasser selbst ernannt. Sie üben den Besitz nicht für ein bestimmtes Organ aus, sondern sind selbst Besitzer. *Strohal* geht folglich von einer unzutreffenden Prämisse aus. Es ist kein nennenswerter Grund ersichtlich, der den Übergang des unmittelbaren Besitzes des Verwalters entgegen § 857 BGB auf den Amtsnachfolger rechtfertigt. § 857 BGB ist daher nicht in der Weise auszulegen, dass in einem solchen Fall der Amtsnachfolger des verstorbenen Verwalters als „Erbe" anzusehen ist.

b. Mittelbarer Besitz des Verwalters

Die oben aufgeworfene Frage stellt sich gleichermaßen im Fall des mittelbaren Besitzes des Verwalters. Der Herausgabeanspruch stellt zwar das Wesentliche des mittelbaren Besitzes dar, doch erschöpft sich der mittelbare Besitz nicht in ihm. Die Verfügungsbefugnis, also das Recht den Herausgabeanspruch geltend zu machen, geht mit der Eröffnung der Nachlassverwaltung sowie des Insolvenzverfahrens auf den Verwalter über, so dass der Erbe nicht in der Lage ist, von seinem Recht Gebrauch zu machen. Der Übergang des mittelbaren Besitzes nach § 857 BGB erfolgt unabhängig davon, ob dem Erben die Möglichkeit der Ausübung der tatsächlichen Sachherrschaft zusteht, weil ihm § 868 BGB die Rechtsfolgen zuordnet. Eine unterschiedliche Behandlung des mittelbaren vom unmittelbaren Besitz des Verwalters ist nicht geboten.

§ 5. Erbenbesitz und Eigentumsvermutung (§ 1006 Abs. 1 S. 1 BGB)

I. Problemerläuterung

Über die Anwendung der Eigentumsvermutung gem. § 1006 Abs. 1 S. 1 BGB beim Besitzübergang durch Erbfall nach § 857 BGB entschied der BGH in dem Urteil vom 14. 1. 1993[568], in dem die Klägerin die Zwangsvollstreckung des Beklagten für unzulässig zu erklären begehrt. Diesem Begehren liegt der folgende Sachverhalt zugrunde: Der Ehemann der Klägerin wurde im Jahre 1985 unter anderem wegen Untreue zum Nachteil des Beklagten verurteilt. Während des Ermittlungsverfahrens wurden aufgrund des Verdachts des Erwerbs mit verun-

568 BGH NJW 1993, 935 ff.

treuten Geldern Goldbarren und -münzen bei dem Zeugen W. D. beschlagnahmt. Die Beschlagnahme wurde später aufgehoben. Daraufhin erfolgten die Pfändung und Überweisung der Herausgabeansprüche des Ehemannes der Klägerin und des Zeugen W. D. zugunsten des Beklagten. Die Klägerin macht ihr Eigentum an der Sammlung, die sich beim Obergerichtsvollzieher befindet, geltend und beruft sich dabei auf eine von ihrem Vater erstellte Liste, in der die einzelnen Goldstücke teilweise aufgeführt sind.

Der Vater der Klägerin (Erblasser) war zu seinen Lebzeiten Eigenbesitzer an den Goldbarren und -münzen. Nach dem Tod des Vaters beerbte die Klägerin zunächst mit ihrer Mutter ihren Vater und anschließend als Alleinerbin ihre Mutter. Aus dem Urteil geht hervor, dass die Klägerin schließlich Eigenbesitzerin an den auf der von ihrem Vater erstellten Liste aufgeführten Goldbarren und -münzen ist, weil der Eigenbesitz ihres Vaters *ipso iure* gem. § 857 BGB unverändert auf sie übergeht. Bezüglich der Anwendung des § 1006 BGB beim Besitzübergang durch Erbfall nach § 857 BGB geht der Bundesgerichtshof davon aus, dass der Besitz mit dem Tod des Erblassers gem. § 857 BGB auf den Erben übergehe und deshalb auch im Fall des § 857 BGB die Eigentumsvermutung des § 1006 BGB gelte. Der zweite Leitsatz des Urteils lautet: „Die für einen Erblasser sprechende Vermutung des § 1006 BGB gilt zugunsten des Erben auch dann fort, wenn dieser im Zeitpunkt des Erbfalls verheiratet ist.“ Der erste Halbsatz bringt zum Ausdruck, dass die Anwendung des § 1006 BGB zugunsten des Erblassers auf den Erben fortwirkt. Dieser Aussage ist zu entnehmen, dass nicht der fiktive Erbenbesitz gem. § 857 BGB des Erben, sondern der Besitz des verstorbenen Erblassers die Grundlage der Anwendung des § 1006 BGB bildet. Einige Autoren wenden sich dagegen und meinen, dass der Erbenbesitz selbst einen hinreichenden Boden für die Eigentumsvermutung bilde. Zu prüfen ist, auf welchem Besitz die Anwendung des § 1006 BGB beruht.

II. Meinungsstand

1. Eigentumsvermutung auf Grundlage des Erbenbesitzes

Wolf ist der Ansicht, dass der Erbenbesitz nach § 857 BGB allein für die Anwendung der Rechtsvermutung gem. § 1006 BGB genüge. Der Eigenbesitzer brauche nicht immer den Eigentumserwerb voll nachzuweisen, sondern allein der Nachweis einer Einigung mit dem Eigenbesitzer nach § 854 Abs. 2 BGB oder des Besitzerwerbs des Erben gem. § 857 BGB reiche aus[569].

569 *Wolf*, JuS 1985, S. 942.

Michel stellt auf den Erbenbesitz ab, den der Erbe beim Erbfall als Rechtsposition erlangt. Diese Rechtsposition rechtfertige die Erzeugung der Vermutungswirkung[570].

2. Eigentumsvermutung auf Grundlage des Besitzes des Erblassers

Gursky geht davon aus, dass der Eigenbesitz, den der Erblasser vor dessen Tod innehatte, der Rechtsvermutung nach § 1006 BGB zugrunde liege. Im Streitfall müsse der Erbe den Nachweis des eigenen Erbrechts erbringen[571].

III. Stellungnahme

§ 1006 Abs. 1 S. 1 BGB fasst hauptsächlich - wie aus der Regelung des § 1006 Abs. 1 S. 2 BGB deutlich wird - den derivativen Eigentumserwerb von Mobilien ins Auge. Der Eigentumswerb nach §§ 929 ff. BGB setzt grundsätzlich eine Übertragung des Besitzes voraus. Diese Übertragung entfaltet Publizitätswirkung und lässt den Rechtsverkehr erkennen, dass eine Änderung der Rechtslage stattgefunden hat. Durch den in seinem Wortlaut ungenau gefassten § 1006 Abs. 1 S. 1 BGB wird lediglich vermutet, dass der gegenwärtige Eigenbesitzer beim Besitzerwerb auch das Eigentum erworben hat[572].

Der Besitzübergang beim Erbfall gem. § 857 BGB ist kein originärer Besitzerwerb, sondern eine Gesamtnachfolge in den Besitz und von derivativer Natur. Bereits aus diesem Grund kann nicht der Besitzübergang nach § 857 BGB für die Vermutung des § 1006 Abs. 1 S. 1 BGB entscheidend sein. Überdies ist der Besitzübergang mit Eintritt des Erbfalls für Dritte nicht ohne Weiteres erkennbar. Der Erbenbesitz, der vor Besitzergreifung des Erben einen fingierten Besitz darstellt, kann keinen Rechtsschein bilden, der seinerseits wiederum die Vertrauensgrundlage Dritter begründet. Der fingierte Besitz bildet keine ausreichende Grundlage, auf die die Teilnehmer des Rechtsverkehrs ihr Vertrauen stützen können. *Knütel* vertritt die Auffassung, dass die Vermutung aus § 1006 BGB dem Erben im Wege der Gesamtnachfolge in den Besitz nicht zugutekommen könne, soweit der Erbe nur in den Besitz des Erblassers eintrete[573]. Der Erbenbesitz allein rechtfertigt folglich nicht die Anwendung der Eigentumsver-

570 *Michel*, S. 87.
571 Staudinger/*Gursky*, § 1006 Rz. 10.
572 MüKo/*Baldus*, § 1006 Rz. 25; Staudinger/*Gursky*, § 1006 Rz. 7.
573 *Knütel*, in: FS Lange, S. 936.

mutung, solange der Rechtsschein wie etwa durch Besitzergreifung des Erben begründet wird.

Für die Beurteilung des Besitzerwerbs ist auf den Erwerbszeitpunkt des Erblassers abzustellen. Da der Erbe aber in den Besitz des Erblassers einrückt, wird er zum gegenwärtigen Besitzer, der zu Lebzeiten des Erblassers, der Erblasser selbst war. Nach § 1006 Abs. 1 S. 1 BGB wird also vermutet, dass der Erblasser, der Eigenbesitzer war, beim Besitzerwerb auch das Eigentum erworben hat. Diese Vermutungswirkung gilt beim Erbfall aufgrund des Besitzübergangs gem. § 857 BGB auch für den Erben fort.

Die oben aufgeführte Entscheidung des BGH legt der Anwendung des § 1006 BGB zutreffend den Besitz des Erblassers zugrunde. Wäre in dem Fall anzunehmen, dass der Vater der Klägerin vor seinem Tod mittelbarer Besitzer war, käme § 1006 Abs. 1 S. 2, Abs. 3 BGB zur Anwendung, weil der mittelbare Besitz als Besitzfolgenzuordnung der Anwendung der Eigentumsvermutung nicht entgegensteht.

§ 6. Erbenbesitz und Gläubiger-/Verkehrsschutz nach § 836 BGB

I. Problemerläuterung

Der BGH hat im Jahre 1953[574] über den folgenden Sachverhalt entschieden: Die sich im Ausland befindenden Beklagten sind als Miterben des verstorbenen M Eigentümer eines im Krieg beschädigten Hauses in B. Es wurde ein Abwesenheitspfleger für sie eingesetzt. Die Klägerin verlangt Schadensersatz aufgrund einer Verletzung, die durch ein vom Haus herunterfallendes Stück Putz verursacht wurde. Der BGH hat das abweisende Urteil aufgehoben und die Sache an das Berufungsgericht zurückverwiesen.

Im Zusammenhang mit § 857 BGB geht der Bundesgerichtshof davon aus, dass der Erbe unabhängig von seiner Kenntnis über den Erbfall sowie den Eigenbesitz des Erblassers den Erbenbesitz an den Nachlassgegenständen erlange. Gem. § 836 BGB sei nur der Eigenbesitzer verpflichtet, dem Verletzten dessen Schaden zu ersetzen. Die Beklagten seien für den entstandenen Schaden verantwortlich, weil der Eigenbesitz des M zugleich mit dessen Tod gem. § 857 BGB auf die Beklagten übergegangen sei.

574 BGH JZ 1953, 706.

Aus dem Verhältnis zwischen § 857 BGB und § 836 BGB ergeben sich die Fragen, wer in der Zeit zwischen dem Tod des Erblassers und der Besitzergreifung des Erben als Anspruchsgegner aus § 836 Abs. 1 BGB passivlegitimiert wird und für den Schaden im Sinne des § 836 Abs. 1 BGB haftet, und ob der Erbe als „späterer Besitzer" und wenn ja, unter welchen Voraussetzungen nach § 836 Abs. 2 BGB haftet.

II. Passivlegitimation

Der Eigenbesitz des M geht beim Erbfall gem. § 857 BGB auf die Beklagten (Miterben) über, so dass sie Eigen- und Erbenbesitzer werden. Fraglich ist, ob die Besitzergreifung der Beklagten im Sinne des § 854 Abs. 1 BGB für ihre Passivlegitimation erforderlich ist. Der BGH verlangt von den Beklagten weder die Kenntnis vom Erbfall noch vom Eigenbesitz des Erblassers. Der nach § 857 BGB auf den Erben übergegangene Eigenbesitz genüge für § 836 Abs. 1 BGB. Das führt zum Ergebnis, dass § 836 BGB als Voraussetzung der Haftung keine Besitzergreifung des Erben verlangt, ebenfalls wie im Fall des § 985 BGB. Der Besitzer im Sinne des § 985 BGB braucht nicht stets Besitzer im Sinne des § 854 Abs. 1 BGB zu sein, es kann vielmehr auch beispielsweise seine Stellung als Erbenbesitzer im Sinne des § 857 BGB genügen. Daher braucht der Besitzer im Sinne des § 985 BGB beim Erbfall nicht notwendigerweise durch Besitzergreifung die tatsächliche Sachherrschaft an der zum Nachlass gehörenden Sache zu erlangen[575]. Der Erbe wird daher sofort mit dem Eintritt des Erbfalls, unabhängig von seiner Kenntnis und der Begründung der tatsächlichen Sachherrschaft, zum Anspruchsgegner des Geschädigten im Sinne des § 836 BGB.

III. Zurechnung der Haftung

1. § 836 Abs. 1 BGB

Besitzer im Sinne des § 836 Abs. 1 BGB ist der gegenwärtige Besitzer, der im Zeitpunkt des Eintritts der Schädigung Eigenbesitzer ist[576]. Der Eigenbesitz des Erblassers geht beim Erbfall gem. § 857 BGB auf seinen Erben über. Der Übergang des Eigenbesitzes setzt weder die Kenntnisnahme des Erben über den Erb-

575 Staudinger/*Gursky*, § 985 Rz. 43.
576 MüKo/*Wagner*, § 836 Rz. 28.

fall noch über den Eigenbesitz des Erblassers voraus[577], so wie der 1. Leitsatz in der oben aufgeführten Entscheidung des BGH es bestätigt: „Der Erbe erlangt auch dann Eigenbesitz an den Nachlaßgegenständen, wenn er weder von dem Erbfalle noch dem Eigenbesitz des Erblassers Kenntnis hatte.“ Wie oben bereits aufgeführt, ist auch nicht einzuwenden, dass es der Besitzergreifung des Erben bedarf, ferner ist es gleichgültig, ob der Eigenbesitz im Sinne des § 836 BGB unmittelbarer oder mittelbarer Eigenbesitz ist[578].

Kommt eine Person vor dem Tod des Erblassers als Eigenbesitzer durch einen Unfall im Sinne des § 836 Abs. 1 BGB zu Schaden, haftet der Erblasser gem. § 836 Abs. 1 BGB, soweit er nicht nachweist, dass ihm kein Verschulden vorzuwerfen ist (§ 836 Abs. 1 S. 1 BGB). Tritt in einer solchen Situation der Erbfall ein, haftet der Erbe für die bereits begründete Verbindlichkeit des Erblassers gem. § 1967 Abs. 1 BGB.

Tritt der Schaden erst nach dem Tod des Erblassers aber vor der Besitzergreifung des Erben ein, kann nicht von einer Haftung nach § 1967 Abs. 1 BGB die Rede sein. *Michel* nimmt einen Vergleich zwischen der Haftung gem. § 836 Abs. 1 BGB und der nach § 823 Abs. 1 BGB im Zusammenhang mit einem Erbfall vor. Er stellt fest, dass es sich im ersten Fall um eine „pflichtenbelastete Situation“ handelt, die auch im Erbfall als dauerhafter gefährlicher Zustand fortbestehe. Anders sei dagegen der Fall des § 823 Abs. 1 BGB, bei dem nicht die Situation sondern die Nachlassverbindlichkeit beim Erbfall auf den Erben übergehe, wenn die Delikthandlung des Erblassers vor seinem Tod vollendet wurde und eine Person nach seinem Tod zu Schaden komme, wie *Boehmer*[579] bereits behauptet habe. Der Haftungsgrund des § 836 Abs. 1 BGB sei die durch eine Dauerhandlung oder -unterlassung geschaffene Gefahrenlage. Für diesen Zustand könne nur derjenige verantwortlich sein, der zum Zeitpunkt des Schadenseintritts die Verantwortung für die Gefahrenquelle trägt. Dies sei der Erbe, auf dessen Verschulden es letztlich ankomme. Der Erbe trete somit nicht in eine pflichtenbelastete Situation des Erblassers ein, so dass die Haftung des Erben nach § 836 Abs. 1 BGB von dessen Verschulden abhänge[580].

577 RGRK/*Kreft*, § 836 Rz. 32; Soergel/*Krause*, § 836 Rz. 22; Staudinger/*Belling*, § 836 Rz. 63.

578 Palandt/*Sprau*, § 836 Rz. 12.

579 *Boehmer*, JW 1938, S. 2638.

580 *Michel*, S. 122 f.

2. § 836 Abs. 2 BGB

In dem Verhältnis zwischen § 857 BGB und § 836 Abs. 2 BGB, bei dem es um den früheren und späteren Besitzer geht, stellt sich die Frage, ob der § 857 BGB im Fall des § 836 Abs. 2 BGB Anwendung findet.

Das OLG Kassel[581] entschied, dass der Erbe nach dem Wortlaut des § 857 BGB kein Gesamtnachfolger des Erblassers in den Besitz ist und der Erbenbesitz des Erben mit dem des Erblassers kein einheitliches Ganzes bildet. Infolgedessen unterscheidet das Gericht nicht zwischen der mit dem Erbfall beginnenden Gesamtnachfolge und der vor dem Tod des Erblassers erfolgten Einzelnachfolge in den Besitz. Der Erblasser wird als Besitzvorgänger im Verhältnis zum Erben als früherer Besitzer im Sinne des § 836 Abs. 2 BGB angesehen[582] und der Erbe als dessen Nachfolger hafte nicht gem. § 836 Abs. 2 BGB, in der Zeit zwischen dem Erbfall und seiner Besitzergreifung, weil ihm der Entlastungsnachweis für die Besitzzeit des Erblassers unmöglich sei.

Es bestehen keine Zweifel daran, dass der Erblasser als früherer Besitzer im Sinne des § 836 Abs. 2 BGB angesehen wird, wenn der Besitz des Erblassers vor dessen Tod durch Übertragung auf einen Dritten endete und eine andere Person nach dem Tod des Erblassers innerhalb eines Jahres nach der Beendigung des Besitzes zu Schaden kommt. Der Erbe rückt mit dem Eintritt des Erbfalls ohne Weiteres in die Rechtsstellung des Erblassers ein, so dass er als Erbe des früheren Besitzers gem. § 836 Abs. 2 BGB haftet. Kann man jedoch auch nach dem Tod des Erblassers diesen für den früheren Besitzer halten, wenn der Erblasser schon vor dessen Tod seinem Erben den Besitz übertragen hat und eine Person nach dem Erbfall zu Schaden kommt? Wie im oben aufgeführten Fall, hat der Erbe zunächst durch Einzelnachfolge von dem Erblasser dessen Besitz erlangt, so dass er für den Schaden im Sinne des § 836 Abs. 2 BGB haftet. *Michel* vertritt die Auffassung, dass der Erbe bei der Einzelnachfolge als unmittelbarer Besitzer nach § 836 Abs. 1 BGB und wenn der Schadensfall innerhalb eines Jahres nach der Besitzübertragung eintritt, als Erbe des früheren Besitzers nach § 836 Abs. 2 BGB verpflichtet sei, Schadensersatz zu leisten[583].

---

581 OLG Kassel OLGZ 28, 311 f.

582 So auch RGRK/*Kreft*, § 836 Rz. 34; Staudinger/*Belling*, § 836 Rz. 67.

583 *Michel*, S. 126.

IV. Stellungnahme

Dem Protokoll der Redaktionskommission der 2. Kommission ist folgendes zu entnehmen:

> „[···] Nun sei im §. 779 vorgeschrieben, der Besitz werde dadurch beendet, daß der Besitzer die thatsächliche Gewalt über die Sache aufgebe oder in anderer Weise verliere. Die Frage sei also die, ob unter „dem Verlieren in anderer Weise" der Tod zu verstehen sei. Gehe man davon aus, daß der Besitz eine Rechtsposition sei, deren Erlangung an die Erwerbung der thatsächlichen Gewalt gebunden sei, so liege es nahe zu sagen, daß, wenn die Gewalt wegfalle, dann auch der Besitz seine Grundlage verloren habe. Allein keines der geltenden Rechte habe einen solchen Satz und könne ihn auch nicht haben. Auch der Entw. II lasse diesen Satz nicht zu. Denn zur Fortdauer des Besitzes sei nicht erforderlich, daß die thatsächliche Gewalt keine Unterbrechung erfahre (§. 779 Abs. 2), und der Eigenbesitz gehe nicht dadurch verloren, daß der Eigenbesitzer geisteskrank werde, den animus rem sibi habendi also gar nicht mehr haben könne; auch habe man den §. 806 als selbstverständlich gestrichen (III S. 34). Sei hiernach die Rechtsposition des Besitzers nicht durch die Fortdauer der thatsächlichen Gewalt bedingt und seien andererseits nicht nur Rechte, sondern auch Rechtspositionen vererblich, so werde man auch logisch richtig sagen dürfen, daß die Rechtsposition, welche der Besitzer bei seinem Tode gehabt hat, nach seinem Tode auf den Erben übergehe, sofern nicht ein Anderer den Besitz erworben hat. [···]"[584]

Die Redaktionskommission bringt deutlich zum Ausdruck, dass der Besitz nicht durch den Tod des Besitzers endet. Wie bereits im 2. Teil dargestellt wurde, hält sie den Besitz im Sinne des § 779a E II (= § 857 BGB) für eine Rechtsposition, die der Erblasser bis zum Zeitpunkt des Erbfalls innehatte und mit dem Erbfall auf seinen Erben übergeht, solange ein Dritter nicht durch Besitzergreifung den Besitz erlangt hat. Es ist fraglich, ob dieser Standpunkt der Redaktionskommission über die Vererblichkeit des Besitzes bei der Abfassung der §§ 759, 779a E II (= §§ 836, 857 BGB) konsequent durchgehalten wurde.

§ 759 Abs. 2 E II	Ein früherer Besitzer des Grundstücks ist für den Schaden verantwortlich, wenn der Einsturz oder die Ablösung innerhalb eines Jahres nach der Beendigung seines Besitzes eintritt, es sei denn, daß er während seines Besitzes die im Verkehr erforderliche Sorgfalt beobachtet hat oder ein späterer Besitzer durch Beobachtung dieser Sorgfalt die Gefahr hätte abwenden können.

§ 759 Abs. 2 E II regelt, dass z. B. ein Verkäufer (Veräußerer) verpflichtet ist, einem Dritten (Erwerber) den Schaden zu ersetzen, wenn der Dritte innerhalb

584 Prot. V, S. 650 f.

eines Jahres nach der Beendigung des Besitzes des Verkäufers zu Schaden kommt. Unter dem Ausdruck „nach der Beendigung seines Besitzes“ ist zu verstehen, dass der Besitz des Veräußerers durch Übertragung auf den Erwerber beendet wird. Der Besitzübergang des Erblassers auf seinen Erben im Sinne des § 779a E II (= § 857 BGB) gehört nach Auffassung der Redaktionskommission nicht zu den Gründen des Besitzverlustes.

Im Protokoll wird weiter ausgeführt:

> „[···] Zu berücksichtigen sei ferner die Vorschrift des §. 759 des Entw. II. Werde der Besitz als vererblich erklärt, so trete der Erbe sofort an die Stelle des Eigenbesitzers. Auch hierin liege keine Ungerechtigkeit gegen den Erben. Der §. 759 stelle auf ein Verschulden des Eigenbesitzers ab, freilich so, daß dieser den Entlastungsbeweis führen müsse. Nun werde dem Erben solange, als er die Sache nicht thatsächlich in Besitz bekommen habe, ein Verschulden nicht vorgeworfen werden können, er müßte denn die Besitzergreifung ungebührlich verzögert haben. Abgesehen davon aber werde der Erbe zufolge des Abs. 2 des §. 759 schon als Erbe des Vorbesitzers haften, so daß seine Behandlung als Besitzer schon vom Erbfall an thatsächlich mit der Behandlung des Erben als Besitzer erst von der Erlangung der thatsächlichen Gewalt an zusammenfalle. Deshalb müsse jedenfalls der Entw. abgeändert werden, da er dem Wesen nach selbst die Fortdauer des Besitzes nach dem Tode des Besitzers anerkannt habe. [···]“[585]

Diese Aussage der Redaktionskommission deutet darauf hin, dass der Erbe zwischen dem Tod des Erblassers und seiner Besitzergreifung nicht gem. § 759 Abs. 1 E II (= § 836 Abs. 1 BGB) für den in diesem Zeitpunkt entstandenen Schaden eines Dritten haftet. Erst nach seiner Besitzergreifung sei er für diesen Schaden verantwortlich. Wie oben bereits dargestellt wurde, geht der Eigenbesitz des Erblassers im Sinne des § 759 E II (= § 836 BGB) mit dem Eintritt des Erbfalls auf seinen Erben über, so dass der Erbe nicht erst nach seiner Besitzergreifung, sondern bereits mit dem Erbfall Eigenbesitzer im Sinne § 759 E II (= § 836 BGB) ist. Der Wortlaut des § 759 E II (= § 836 BGB) geht nicht vom Eigenbesitz des Erben aus, den er durch Besitzergreifung begründen muss. Die Redaktionskommission nimmt an, dass einerseits der Besitz, der beim Erbfall gem. § 779a E II (= § 857 BGB) auf den Erben übergeht, einer Rechtsposition, die keiner Besitzergreifung bedürfe, entspreche, und andererseits der Eigenbesitz des Erben im Sinne des § 759 Abs. 1 E II (= § 836 Abs. 1 BGB) der Besitzergreifung bedürfe. § 759 E II (= § 836 BGB) sieht keine zusätzliche Voraussetzung wie in der Fassung der §§ 1899 S. 2, 1901 Abs. 2 E II (= §§ 2025 S. 2, 2027 Abs. 2 BGB) vor.

---

585 Prot. V, S. 651 f.

Der Erbe sei darüber hinaus als Erbe des früheren Besitzers innerhalb eines Jahres nach der Beendigung des Besitzes des Erblassers gem. § 759 Abs. 2 E II (= § 836 Abs. 2 BGB) für den Schaden verantwortlich. § 759 Abs. 2 E II (= § 836 Abs. 2 BGB) geht von dem Fall aus, dass z. B. der Erblasser einem Dritten 6 Monate vor seinem Tod eine Sache übergibt und eine andere Person 3 Monate nach dem Tod des Erblassers zu Schaden kommt. Der Besitz des Erblassers endete durch die Übertragung des Besitzes auf den Dritten im Wege der Übergabe und eine andere Person wurde innerhalb eines Jahres nach der Beendigung des Besitzes des Erblassers verletzt, so dass der Erbe als „Erbe des Vorbesitzers", also als Erbe des früheren Besitzers, verpflichtet ist, den eingetretenen Schaden zu ersetzen. Doch die Auslegung der Redaktionskommission geht dahin, dass unter „der Beendigung seines Besitzes" im Sinne des § 759 Abs. 2 E II (= § 836 Abs. 2 BGB) die Beendigung des Besitzes des Erblassers durch dessen Tod zu verstehen sei. An keiner Stelle wird klargestellt, dass sich der Ausdruck „nach der Beendigung des Besitzes" nur auf die Einzelnachfolge bezieht. Das Verhältnis zwischen dem Tod des Besitzers (Erblasser) und der Haftung des Erben als „Erbe des früheren Besitzers" nach § 759 Abs. 2 E II (= § 836 Abs. 2 BGB) wird weitergehend erläutert:

> „Damit nun aber der Besitzer sich nicht durch Aufgabe des Besitzes der ihm drohenden Verantwortlichkeit entziehen könne, erscheine es erforderlich, in gewissen Grenzen auch den früheren Besitzer für einen nach Aufgabe seines Besitzes eingetretenen Unfall haftbar zu machen."[586]

Die Redaktionskommission stellt den Ausdruck „nach Aufgabe seines Besitzes" mit dem „nach der Beendigung seines Besitzes" gem. § 759 Abs. 2 E II (= § 836 Abs. 2 BGB) gleich. Im 2. Band des Protokolls bezieht sich der Ausdruck „nach der Beendigung seines Besitzes" im Sinne des § 759 Abs. 2 E II (= § 836 Abs. 2 BGB) auf den Fall der Einzelnachfolge, im 5. Band des Protokolls dagegen unzutreffend auf den Fall der Gesamtnachfolge in den Besitz.

Die Widersprüche der Redaktionskommission der 2. Kommission sind zu beseitigen. Der Klarstellung ist dabei die Vererblichkeit des Besitzes zugrundezulegen, weil dieser Grundsatz das Recht des Besitzes im Entwurf beherrscht. Folglich wird der Besitz durch den Tod weder beendet noch aufgegeben. Wendet man den Grundsatz der Vererblichkeit des Besitzes auf § 836 BGB an, ergeben sich folgende Ergebnisse: Kommt eine Person vor dem Tod des Erblassers zu Schaden, haftet der Erblasser gem. § 836 Abs. 1 BGB dafür. Mit Eintritt des Erbfalls haftet der Erbe gem. § 1967 Abs. 1 BGB für die bereits begründete Verbindlichkeit des Erblassers.

---

586 Prot. II, S. 656 = *Mugdan* II, S. 1151.

Außerdem haftet der Erblasser als „früherer Besitzer“ gem. § 836 Abs. 2 BGB für den Schaden, wenn der Erblasser dem Erben oder einem Dritten vor seinem Tod durch Einzelnachfolge den Besitz übertragen hat und eine Person vor dem Tod des Erblassers innerhalb eines Jahres nach der Beendigung des Besitzes einen Schaden erleidet. Dagegen haftet der Erbe nach dem Tod des Erblassers als „Erbe des früheren Besitzers“ nach § 836 Abs. 2 BGB. In diesem Fall bedarf es keiner Anwendung des § 857 BGB.

Darüber hinaus stellt der Tod des Erblassers keinen Beendigungsgrund des Besitzes dar und der Übergang der Rechtsstellung des Erblassers auf den Erben durch Gesamtnachfolge verursacht keine Trennung zwischen dem Besitz des Erblassers und des Erben, sondern ist als einheitlicher Besitz zu betrachten. Daher kann der Erblasser nicht als „früherer Besitzer“ und der Erbe nicht als „gegenwärtiger Besitzer“ im Fall des § 836 Abs. 2 BGB angesehen werden, wenn der Besitz des Erblassers beim Erbfall durch Gesamtnachfolge auf den Erben übergeht.

Der Erbe, der noch nicht durch Besitzergreifung den Besitz an den Erbschaftsgegenständen erlangt hat, wird gem. § 857 BGB als Eigenbesitzer passivlegitimiert. Vom Zeitpunkt des Erbfalls ab wird der Erbe ohne Weiteres zum Anspruchsgegner nach § 836 Abs. 1 BGB, so dass der Geschädigte als Gläubiger nach dem Tod des Erblassers mindestens einen sicheren Schuldner in Anspruch nehmen kann.

§ 857 BGB bezweckt sowohl den Schutz des Erben als auch den der Verkehrssicherheit. Der Verkehrsschutz wird im Fall des § 836 Abs. 1 BGB abgeschwächt, wenn der Erbe als Schuldner aus dieser Vorschrift von der Haftung nach § 836 BGB befreit wird, soweit ihm der Entlastungsbeweis dadurch gelingt, indem er seine Unkenntnis vom Erbfall nachweist. Einer solchen Entlastungsmöglichkeit zugunsten des Erben steht der Zweck des § 836 Abs. 1 BGB in Verbindung mit dem § 857 BGB entgegen. Der Verkehrsschutz wird dadurch verstärkt, indem der Erbe als Erbenbesitzer mit dem Eintritt des Erbfalls - vor seiner Besitzergreifung - die Verantwortung nach § 836 BGB unabhängig von seiner Kenntnis vom Erbfall trägt.

Die Entscheidung des BGH steht mit dem Standpunkt der Redaktionskommission der 2. Kommission im Einklang, nach dem der Besitz mit dem Tod des Erblassers *ipso iure* ohne Änderung der Besitzform auf den Erben übergeht und § 857 BGB dem Schutz des allgemeinen Verkehrs dienen soll. Die Unkenntnis der Beklagten von dem Erbfall, hat daher zu Recht keinen Einfluss auf den Besitzübergang nach § 857 BGB sowie auf die Haftung nach § 836 Abs. 1 BGB.

§ 7. Erbenbesitz und gesellschaftsrechtliche Anwachsung (§ 738 Abs. 1 S. 1 BGB)

I. Problemerläuterung

Stirbt ein Gesellschafter einer Gesellschaft bürgerlichen Rechts (GbR), wird die Gesellschaft grundsätzlich aufgelöst, sofern nicht aus dem Gesellschaftsvertrag sich ein anderes ergibt (§ 727 Abs. 1 BGB). Ergibt sich aus dem Gesellschaftsvertrag, dass die Gesellschaft nicht durch den Tod eines Gesellschafters aufgelöst wird, sondern fortdauert, wächst der Anteil des ausgeschiedenen Gesellschafters den übrigen Gesellschaftern an (§ 738 Abs. 1 S. 1 BGB). Fraglich ist, ob die Anwachsung gem. § 738 Abs. 1 S. 1 BGB auch den Besitz des verstorbenen Gesellschafters erfasst und den Besitzübergang nach § 857 BGB auf dessen Erben verdrängt.

II. Meinungsstand

1. Herrschende Meinung

Der überwiegende Teil der Literatur vertritt die Ansicht, dass der gesellschaftsrechtlichen Anwachsungsregel vor den Erbfolgevorschriften der Vorrang gebühre. Um die Kontinuität des Besitzes zu gewährleisten, gehe der Mitbesitz am Gesellschaftsvermögen des verstorbenen Gesellschafters nicht nach § 857 BGB auf dessen Erben über, sondern wachse den übrigen Gesellschaftern nach § 738 Abs. 1 S. 1 BGB an[587]. Im Fall des Alleinbesitzes komme jedoch § 857 BGB aus Gründen der Kontinuität in Obhut und Passivlegitimation zur Anwendung, so dass er auf die Erben des verstorbenen Gesellschafters übergeht[588].

Es besteht *Stadler* zufolge keine Gefahr der Besitzlosigkeit, wenn der verstorbene Gesellschafter lediglich Mitbesitz am Gesellschaftsvermögen hatte. Zudem gebiete § 738 Abs. 1 S. 1 BGB als unmittelbar das Gesellschaftsvermögen betreffende Vorschrift nicht die Vererblichkeit des Besitzes[589].

---

587 Staudinger/*Bund*, § 857 Rz. 20.

588 Bamberger/Roth/*Fritzsche*, § 857 Rz. 9; Soergel/*Stadler*, § 857 Rz. 2; Staudinger/*Bund*, § 857 Rz. 20 und 9; *Rohde* XVIII, S. 12; *Rosenberg*, S. 58; *Strohal*, Erbrecht 2^3, S. 71 f.; *Ebenroth/Frank*, JuS 1996, S. 799.

589 Soergel/*Stadler*, § 857 Rz. 2.

Ebenroth/Frank behaupten, dass mangels tatsächlicher Sachgewalt der nicht rechtsfähigen Gesellschaft der Alleinbesitz des verstorbenen Gesellschafters nicht in das Gesellschaftsvermögen gehöre. Die daraus entstehende Rechtsposition könne daher nicht der Gesellschaft zustehen. Es gelte jedoch etwas anderes für rechtsfähige Gesellschaften, die den Besitz durch ihre Organe selbst ausüben[590].

Rosenberg stellt auf die tatsächliche Zugehörigkeit der zum Gesellschaftsvermögen gehörenden Sache ab. Habe die Sache im unmittelbaren Besitz des Gesellschafters gestanden, komme § 857 BGB zur Anwendung. Hatte er dagegen lediglich Mitbesitz, erfolge kein Besitzübergang auf seine Erben. Dies folge weder aus der Zugehörigkeit der Sache zum Gesellschaftsvermögen noch aus § 854 Abs. 2 BGB, sondern vielmehr daraus, dass der Erbe des verstorbenen Gesellschafters keine Zugriffsmöglichkeit auf die Sache habe, die die übrigen Gesellschafter gemeinschaftlich besitzen[591].

Rohde bejaht den Besitzübergang auf den Erben des ausgeschiedenen Gesellschafters nur dann, wenn die Voraussetzungen des Besitzes beim Erben vorliegen. Der Mitbesitz des Gesellschafters gehe in der Regel nicht über, da die verbliebenen Gesellschafter, denen nach §§ 736, 738 BGB der Anteil des Verstorbenen anwächst, den Zugriff auf die Sache durch den Erben nicht dulden werden[592].

2. Gegenstimmen

Joost unterscheidet nicht zwischen dem Allein- und Mitbesitz des verstorbenen Gesellschafters, sondern behandelt beide Fälle gleichermaßen. Bestand Mitbesitz unter den Gesellschaftern, bleibe die Gesellschaft beim Todesfall eines Gesellschafters Besitzerin. Übte der verstorbene Gesellschafter Alleinbesitz aus, sei dem Rechtsgedanken des § 856 Abs. 2 BGB zu entnehmen, dass der Gesellschaft der Besitz zustehe. Nach der Anerkennung der Teilrechtsfähigkeit der GbR sei § 857 BGB nicht mehr anwendbar, da nicht der verstorbene Gesellschafter, sondern die Gesellschaft selbst Besitzerin sei[593].

Brodmann bejaht eine Ausnahme von § 857 BGB - unabhängig von der Besitzart des verstorbenen Gesellschafters - nur dann, wenn der Besitz der Gesellschaft in irgendeiner Weise, beispielsweise nach §§ 855, 868 BGB, gemittelt wurde. Es bestehe kein Grund zwischen dem Mit- und Alleinbesitz des Gesell-

590 *Ebenroth/Frank*, JuS 1996, S. 799 m. Fn. 79.
591 *Rosenberg*, S. 58.
592 *Rohde* XVIII, S. 11 f.
593 MüKo/*Joost*, § 857 Rz. 5.

schafters zu unterscheiden. Darüber hinaus nimmt er von seiner früher vertretenen Auffassung Abstand, nach der der Besitz durch eine im Gesellschaftsvertrag vorweggenommene bedingte Einigung gem. § 854 Abs. 2 BGB übergeht. Diese sei eine juristische Konstruktion, die dem praktischen Bedürfnis nicht gerecht werde[594].

Binder zufolge geht sowohl der Alleinbesitz als auch der Mitbesitz des verstorbenen Gesellschafters auf dessen Erben gem. § 857 BGB über. Der Besitz eines Gesellschafters sei unabhängig von seiner Form zu bejahen, soweit der Gesellschafter die tatsächliche Gewalt über eine bestimmte Sache ausübe. Diese einmal begründete Sachgewalt werde nicht mit dem Ausscheiden des Gesellschafters ohne Weiteres aufgehoben. Dagegen könne auch nicht § 738 BGB eingewendet werden[595].

Kress geht davon aus, dass trotz der Regelung der §§ 736, 738 BGB der Mitbesitz (Verkehrsbesitz) des Gesellschafters an einem Gesellschaftsgegenstand mit seinem Tod auf dessen Erben übergehe. Er misst dem Umstand, dass das Recht zum Besitz des Erblassers mit seinem Tod endet, keine Bedeutung bei. Das rechtliche Verhältnis zur Sache habe keinerlei Einfluss auf den Erwerb des Verkehrsbesitzes[596].

Biermann spricht das Problem der gesellschaftsrechtlichen Anwachsung beim Todesfall eines Gesellschafters nicht unmittelbar an. Aus seinen Ausführungen zum Nießbrauchrecht lässt sich jedoch ein Schluss für das genannte Problem ziehen. Das Nießbrauchrecht erlischt gem. § 1061 BGB mit dem Tod des Nießbrauchers. Der Besitz des Nießbrauchers gehe dagegen auf dessen Erbe über[597]. Daraus folgt, dass der Besitzübergang unabhängig vom Verlust der Gesellschafterstellung des Erblassers auf dessen Erben erfolgt.

Michel befürwortet eine teleologische Reduktion des § 857 BGB dahingehend, dass der Mitbesitz des verstorbenen Gesellschafters nicht auf seine Erben übergeht und auch keine Anwachsung gem. § 738 Abs. 1 S. 1 BGB erfolgt. Der Besitz als Rechtsposition sei durch die tatsächliche Sachherrschaft des Erblassers entstanden und sei daher nicht dem Gesellschaftsvermögen zuzuordnen. Die Rechtsposition des Besitzes stehe nur demjenigen zu, der die Sachgewalt tatsächlich ausübt. Das sich aus dem Gesellschaftsvertrag ergebende Recht zum Besitz der übrigen Gesellschafter führe zu keinem anderen Ergebnis. Der Mitbesitz des verstorbenen Gesellschafters falle ersatzlos weg. Im Fall einer rechtsfähigen Gesellschaft übe sie durch ihre Gesellschafter die tatsächliche Sachgewalt

594 Planck/*Brodmann*, § 857 Anm. 3.

595 *Binder*, S. 53.

596 *Kress*, S. 189.

597 *Biermann*, § 857 S. 20.

aus, so dass die Gesellschaft selbst Inhaberin der Rechtsposition sei. Beim Tod eines Gesellschafters einer nichtrechtsfähigen Gesellschaft könne die gesellschaftsrechtliche Anwachsung die Erbfolge somit grundsätzlich nicht verdrängen. *Michel* sieht jedoch unter bestimmten Voraussetzungen Ausnahmen von diesem Grundsatz vor. Ausnahmen seien nur gerechtfertigt, wenn sie dem Regelungszweck des § 857 BGB, der den Gläubiger- und Erbenschutz umfasst, nicht widersprechen. Würde der Mitbesitz des Gesellschafters an einem zum Gesellschaftsvermögen gehörenden Gegenstand mit seinem Tod ersatzlos wegfallen, könne ein Dritter seinen Anspruch gegen die übrigen Gesellschafter richten, die ebenfalls Mitbesitz an der Sache ausüben. Die Anspruchsdurchsetzung würde nicht an der fehlenden Passivlegitimation scheitern. Die Erben des Erblassers seien nicht schutzwürdig, weil sie aufgrund der Anwachsung nach § 738 Abs. 1 S. 1 BGB verpflichtet sind, den Mitbesitz an die anderen Gesellschafter herauszugeben. Mithin stehe der teleologischen Reduktion des § 857 BGB nichts im Wege. Der Alleinbesitz eines Gesellschafters sei ebenfalls nicht Bestandteil des Gesellschaftsvermögens. Zudem siehe § 738 Abs. 1 S. 1 BGB im Gegensatz zu § 857 BGB keine Trennung des Besitzes als Rechtsposition vom Besitz als Tatbestand vor, so dass eine solche getrennte Betrachtung unzulässig sei. Für eine analoge Anwendung des § 857 BGB bestehe beim Todesfall eines Gesellschafters mangels Eintritts der Besitzlosigkeit kein Raum[598].

III. Stellungnahme

Die BGB-Gesellschaft nach §§ 705 ff. BGB kann in die BGB-Innengesellschaft (Innen-GbR) und BGB-Außengesellschaft (Außen-GbR) unterteilt werden. Die BGB-Innengesellschaft ist nicht rechtsfähig, während die Teilrechtsfähigkeit der BGB-Außengesellschaft durch die Rechtsprechung anerkannt wurde[599].

1. GbR ohne Rechtsfähigkeit

Eine nichtrechtsfähige Gesellschaft ist kein Rechtssubjekt, so dass sie nicht selbst Besitzerin einer Sache sein kann. In einer GbR steht der Besitz an den der Gesellschaft gehörenden Sachen grundsätzlich allen Gesellschaftern gemeinschaftlich zu.

Stirbt ein Gesellschafter einer nichtrechtsfähigen GbR, geht sein Anteil am Gesellschaftsvermögen nicht gem. § 1922 Abs. 1 BGB auf seinen Erben über.

598 *Michel*, S. 162 ff.
599 BGHZ 146, 341 ff.

Vielmehr wächst sein Anteil am Gesellschaftsvermögen gem. § 738 Abs. 1 S. 1 BGB den übrigen Gesellschaftern an. Der Übergang des Besitzes nach § 857 BGB wird von dieser Anwachsung des Anteils am Gesellschaftsvermögen nicht erfasst, da der Besitz nicht unter das Gesellschaftsvermögen im Sinne des § 738 Abs. 1 S. 1 BGB fällt. Die Funktion des § 857 BGB besteht hauptsächlich darin, den wahren Erben bis zur Ergreifung des Besitzes zu schützen. Der Erbe des verstorbenen Gesellschafters ist schutzwürdig, soweit die Gesellschaft mit dem Erben fortgeführt wird. Eine Fortführung der Gesellschaft bedarf aufgrund der Besonderheit von Personengesellschaften, deren Bestand grundsätzlich von den einzelnen Gesellschaftern abhängig ist, einer Fortsetzungsklausel im Gesellschaftsvertrag. Ist eine solche Vereinbarung unter den Gründungsmitgliedern unterblieben, besteht die Gesellschaft bei entsprechender vertraglicher Bestimmung unter den übrigen Gesellschaftern fort. In diesem Fall tritt die Schutzbedürftigkeit des Erben hinter die der Gesellschaft und deren Gläubiger zurück. Das Interesse am Erhalt des Gesellschaftsvermögens als Einheit überwiegt das des Erben am gesetzlichen Besitzerwerb. Daher ist ein Auseinanderfallen des Besitzes vom Eigentum der Gesellschafter von vornherein zu verhindern. Ferner wird durch den Fortbestand der Gesellschaft auch die Kontinuität des Besitzes gewährleistet, so dass der Anwendungsbereich des § 857 BGB in einem solchen Fall einzuschränken ist. Der unmittelbare und mittelbare Mitbesitz des verstorbenen Gesellschafters gehen deshalb nicht auf seinen Erben über, sondern stehen den übrigen Gesellschaftern zu.

Übt ein Gesellschafter einer GbR ohne Rechtsfähigkeit allein den Besitz an einer der Gesellschaft gehörenden Sache aus, haben die übrigen Gesellschafter keinerlei Zugriffsmöglichkeiten auf die Sache. Die alleinige Sachherrschaft des verstorbenen Gesellschafters hebt die Zugehörigkeit der Sache zur Gesellschaft auf. Um beim Todesfall die Besitzlosigkeit zu vermeiden, bedarf es der Anwendung des § 857 BGB, wodurch auf die Erben des alleinbesitzenden Gesellschafters der Besitz übergeht.

Beim Tod eines Alleingesellschafters kommt eine Anwachsung gem. § 738 Abs. 1 S. 1 BGB ohnehin nicht in Betracht, so dass es bei der Geltung des § 857 BGB zugunsten des Erben des Alleingesellschafters bleibt.

2. GbR mit Teilrechtsfähigkeit

Durch das Urteil des BGH im Jahre 2001[600] wurde die Teilrechtsfähigkeit der Außen-GbR anerkannt. Daher steht das Besitzverhältnis in einer Außen-GbR mit Teilrechtsfähigkeit unter Umständen dem in einer juristischen Person gleich.

600 BGHZ 146, 341 ff.

Bei einer juristischen Person üben die Organe den Besitz an den Gesellschaftsgegenständen für die juristische Person aus. Besitzerin ist somit nur die juristische Person selbst. Dasselbe muss auch für die Außen-GbR mit Teilrechtsfähigkeit gelten. Auch beim Tod eines Gesellschafters dauert der Besitz der Außen-GbR mit Teilrechtsfähigkeit fort. Die übrigen Gesellschafter üben genauso wie bei dem Organ der juristischen Person für die Außen-GbR mit Teilrechtsfähigkeit die tatsächliche Sachgewalt aus. Schließlich ist und bleibt nur die Außen-GbR mit Teilrechtsfähigkeit Besitzerin[601].

§ 8. Erbenbesitz und rückwirkender Verlust der Erbenstellung

I. Problemerläuterung

Bei der Entscheidung des Bundesgerichtshofs vom 16. 5. 1969[602], die das Verhältnis zwischen der Rückwirkung durch Ausschlagung und dem Besitz des Scheinerben sowie des endgültigen Erben verdeutlicht, geht es um den folgenden Sachverhalt: Die Scheinerbin M hatte nach dem Tod des Erblassers vor der Eröffnung des Nachlasskonkurses einem Nachlassgläubiger zur Sicherung eine Grundschuld bestellt. Danach hatte sie die Erbschaft ausgeschlagen. Der endgültige Erbe verlangt von dem Nachlassgläubiger, die Bestellung der Grundschuld rückgängig zu machen.

Das LG, Berufungsgericht und der BGH gehen davon aus, dass der Erbanfall an den Ausschlagenden zwar gem. § 1953 Abs. 1 BGB durch Ausschlagung der Erbschaft grundsätzlich als nicht erfolgt gelte, doch bestehe eine Ausnahme in diesem Fall. Darüber hinaus gelten Ausnahmen für Fälle im Zusammenhang mit dem Schutz des guten Glaubens (§§ 892, 893, 2366, 2367 BGB), der unaufschiebbaren dinglichen Verfügung (§ 1959 Abs. 2 BGB) und der Übergabe der Nachlassgegenstände. Der BGH vertritt die Ansicht, dass sich der endgültige Erbe unter Berücksichtigung des § 857 BGB nicht auf unfreiwilligen Besitzverlust berufen könne, obwohl er gem. § 857 BGB den Besitz an den Erbschaftsgegenständen erworben habe. Wenn die Scheinerbin M einem Dritten vor ihrer Ausschlagung der Erbschaft den Besitz an einem Nachlassgegenstand übergeben habe (§ 929 S. 1 BGB), erlange der Dritte den Besitz. Die Übergabe sei nicht

601 *Baur/Stürner*, S. 85 f. und S. 91.
602 BGH NJW 1969, 1349 f.

rechtlicher, sondern tatsächlicher Natur, so dass die tatsächlich erfolgte Übergabe nicht von der Ausübung des Rechts aus § 1953 Abs. 1 BGB berührt wird.

Die Scheinerbin M verliert durch Ausschlagung ihre Erbenstellung rückwirkend, als wäre sie nie Erbin gewesen (§ 1953 Abs. 1 BGB). Durch die Ausschlagung gilt der Erbschaftsanfall an den Ausschlagenden gem. § 1953 Abs. 1 BGB als nicht erfolgt. Der Erbschaftsanfall erfolgt gem. § 1953 Abs. 2 BGB an den endgültigen Erben. Hat die Scheinerbin M vor der Ausschlagung den Besitz tatsächlich ergriffen, stellt sich die Frage, ob die Besitzergreifung der Scheinerbin vor der Ausschlagung gegenüber dem endgültigen Erben als verbotene Eigenmacht im Sinne des § 858 Abs. 1 BGB anzusehen ist und ob die Erbschaftsgegenstände durch die Besitzergreifung abhanden gekommen sind. Der BGH hält die Besitzergreifung vor der Ausschlagung für keine verbotene Eigenmacht im Sinne des § 858 BGB und verneint das Abhandenkommen der Nachlassgegenstände.

Ob die Begründung des BGH bezüglich des rückwirkenden Wegfalls der Erbenstellung tatsächlich zutrifft, wird in der Literatur anhand der Fälle der Ausschlagung gem. § 1953 Abs. 1 BGB, Anfechtung gem. §§ 1953 Abs. 1, 1957 Abs. 1, 2078, 2079 S. 1 BGB und Erbunwürdigkeitserklärung gem. § 2344 Abs. 1 BGB diskutiert.

II. Meinungsstand

1. Herrschende Meinung

Der gem. § 857 BGB auf den Scheinerben übergegangene Besitz gehe nach der Ausschlagung auf den endgültigen Erben über, als wäre dieser Besitz schon mit dem Eintritt des Erbfalls auf den endgültigen Erben übergegangen. Die Ausschlagung, Anfechtung oder Erbunwürdigkeitserklärung führe jedoch nicht dazu, dass der Scheinerbe durch die Inbesitznahme - vor der die Rückwirkung auslösenden Handlung - verbotene Eigenmacht begeht oder die Sache dem endgültigen Erben abhandenkommt. Dies ergebe sich aus der gesetzlichen Wertung, nach der das Handeln des ausschlagenden Erben rechtmäßig ist[603].

---

603 *Lange*, in: FS Felgentraeger, S. 300 ff.; Bamberger/Roth/*Siegmann*/*Höger*, § 1953 Rz. 3; Erman/*Schlüter*, § 1953 Rz. 2; MüKo/*Joost*, § 857 Rz. 12; Palandt/*Weidlich*, § 1953 Rz. 4; Soergel/*Stein*, § 1953 Rz. 4; Staudinger/*Bund*, § 857 Rz. 22; Staudinger/-*Otte*, § 1953 Rz. 4; *Kipp*/*Coing*, S. 497 - insbesondere Fn. 8; *Muscheler* II, S. 1547 Rz. 3002 und S. 1549 Rz. 3004; *Strohal*, Erbrecht 2^3, S. 71 m. Fn. 15; *Wolff*/*Raiser*, S. 42 m. Fn. 4; *Ebenroth*/*Frank*, JuS 1996, S. 798.

Strohal vertritt die Ansicht, dass die Ausschlagung keinerlei Auswirkung auf den bereits vom Erben ergriffenen Besitz habe. Durch die Besitzergreifung habe der Scheinerbe den dem endgültigen Erben nach § 857 BGB zustehenden Besitz wieder entzogen[604]. Grundsätzlich stehe dem endgültigen Erben gegen den Scheinerben ein Besitzschutzanspruch zu. Habe der Scheinerbe Maßnahmen zur Fürsorge des Nachlasses vorgenommen, die zu Besitzveränderungen führen, handle es sich insoweit jedoch nicht um verbotene Eigenmacht[605].

Auch *Lange* sieht in der Ergreifung der Erbschaftssachen durch den Scheinerben vor der Ausschlagung keine verbotene Eigenmacht. Dies ergebe sich nicht allein aus der Wertung des § 1959 Abs. 1 BGB, der nur eine Regelung bezüglich des schuldrechtlichen Ausgleichs treffe. Vielmehr sei der Scheinerbe bis zum Zeitpunkt der Ausschlagung berechtigt, den Besitz an den Nachlasssachen zu ergreifen. Verbotene Eigenmacht sei erst zu bejahen, falls der Scheinerbe nach Ausschlagung den Besitz ergreift oder die Herausgabe der Sache an den endgültigen Erben verweigert. Zudem erstrecke sich die Rückwirkung der Ausschlagung auf den gesamten Nachlass unabhängig davon, ob dieser sich im Besitz des Scheinerben befindet[606]. Im Fall der Anfechtung sei der vom anfechtungsbedrohten Erben ergriffene Eigenbesitz nicht von der Rückwirkung betroffen. Die Besitzergreifung nehme „seine Kraft aus dem umfassenden und berechtigten Aufzehren der Schutzwirkung des § 857 [BGB]“. Sie begründe vor der Anfechtung keine verbotene Eigenmacht, weil bei deren Beurteilung auf den Zeitpunkt ihrer Vornahme abzustellen sei, zu der der anfechtungsbedrohte Erbe Berechtigter war[607].

Ebenroth/Frank befürworten die teleologische Reduktion des § 1953 Abs. 1 BGB hinsichtlich des Erbenbesitzes gem. § 857 BGB, wodurch die Annahme der Ausübung verbotener Eigenmacht durch die Inbesitznahme des Scheinerben beschnitten werde. Eine solche Einschränkung sei aus Gründen der gesetzgeberischen Wertung des § 1959 BGB, des Verkehrsschutzes und des Schutzinteresses des Scheinerben geboten. § 1959 BGB gehe davon aus, dass der Scheinerbe dem endgültigen Erben gegenüber als Geschäftsführer ohne Auftrag hafte und diese Geschäftsführung ohne Auftrag trotz der Rückwirkung fortdauere. Ferner sei die altgermanische Gewohnheit le mort saisit le vif schwer verständlich und inhaltslos, wenn der Scheinerbe nach dessen Ausschlagung als „ein eigenmächtiger Eindringling“ angesehen werde[608].

---

604 *Strohal*, Erbrecht 2^3, S. 70 f.; *ders*., Jher. Jahrb. 38 (1898), S. 102 f.
605 *Strohal*, Erbrecht 2^3, S. 71 m. Fn. 15.
606 *Lange*, in: FS Felgentraeger, S. 302 ff.
607 *Lange*, in: FS Felgentraeger, S. 300 ff.
608 *Ebenroth/Frank*, JuS 1996, S. 798.

Flad behandelt § 1953 Abs. 1 BGB als eine Fiktion, die den durch den Scheinerben tatsächlich ergriffenen Besitz an den Nachlassgegenständen unberührt lässt. Nur der Erbenbesitz nach § 857 BGB gelte gem. § 1953 Abs. 1 BGB als nicht erworben[609].

Schlüter meint, dass durch die Ausschlagung des Scheinerben der Besitz an der Erbschaft zum Zeitpunkt des Erbfalls auf den endgültigen Erben gem. § 857 BGB übergeht. Dieser Übergang trete jedoch nicht ein, soweit der Scheinerbe vor der Ausschlagung den Besitz an einer Nachlasssache ergriffen habe. Der Erbenbesitz des endgültigen Erben werde durch die Inbesitznahme des Scheinerben vernichtet. Dies erfolge ohne Begehung verbotener Eigenmacht und begründe kein Abhandenkommen der Sache, weil sie gesetzlich - wie §§ 1959 Abs. 1, 677 ff. BGB verdeutlichen - gestattet sei[610].

Darüber hinaus unterteilt *Kress* den Besitz in den Verkehrsbesitz und den juristischen Besitz[611]. Im Fall der Erbschaftsausschlagung oder -anfechtung durch den Scheinerben erlange der endgültige Erbe den Verkehrsbesitz, sobald er den Besitzwillen fasst. Von der Rückwirkung des § 1953 Abs. 1 BGB bleibe der Verkehrsbesitz jedoch unberührt, weil er „als ein auf der natürlichen Auffassung beruhender Begriff einer solchen künstlichen Zurückdatierung nicht fähig“[612] ist. Daraus ergebe sich, dass die Annahme der verbotenen Eigenmacht durch den Scheinerben gegenüber dem endgültigen Erben ausgeschlossen sei[613]. Beim juristischen Besitz sei dagegen die Rückwirkung zu bejahen. Durch die Ausschlagung erwerbe der endgültige Erbe den juristischen Besitz mit dem Erbfall, soweit nicht die tatsächliche Zugehörigkeit der Sache zur Erbschaft bereits aufgehoben und der juristische Besitz untergegangen sei. Für die Aufhebung reiche es nicht aus, dass der Scheinerbe lediglich den Willen zur Ergreifung des Verkehrsbesitzes gefasst habe[614].

2. Gegenstimmen

Michel geht davon aus, dass der Erbenbesitz als Rechtsposition der Fiktion des § 1953 Abs. 1 BGB unterliege. Da der Scheinerbe jedoch nicht jeglichen Besitz

---

609 Planck/*Flad*, § 1953 Anm. 1.

610 Erman/*Schlüter*, § 1953 Rz. 2; so auch Bamberger/Roth/*Siegmann*/*Höger*, § 1953 Rz. 3; Palandt/*Weidlich*, § 1953 Rz. 4; Soergel/*Stein*, § 1953 Rz. 4; Staudinger/*Bund*, § 857 Rz. 22.

611 *Kress*, S. 5 ff.

612 *Kress*, S. 187.

613 *Kress*, S. 187 m. Fn. 553.

614 *Kress*, S. 191 m. Fn. 566.

verlieren soll, sei die Rückwirkung zu verneinen, soweit er die tatsächliche Sachherrschaft begründet habe. Die Frage, ob die Rückwirkung zu einer verbotenen Eigenmacht oder zum Abhandenkommen führt, sei anhand einer Interessenabwägung zu entscheiden. Das Wertungsmodell des § 1959 Abs. 1 BGB zeige, dass unter den Voraussetzungen des §§ 677 ff. BGB (Geschäftsführung ohne Auftrag) die Inbesitznahme des Scheinerben weder die verbotene Eigenmacht noch das Abhandenkommen der Nachlassgegenstände begründet[615]. Darüber hinaus sei der anfechtungsbedrohte Erbe von dem Scheinerben zu unterscheiden. Jener halte sich im Gegensatz zum ausschlagenden Erben von vornherein als den endgültigen Erben, so dass er hemmungslos mit dem Nachlass umgehen wird. Desto trotz entfalle der vom anfechtungsbedrohten Erben vor Anfechtung ergriffene Besitz rückwirkend gem. § 142 Abs. 1 BGB. Es sei nicht davon auszugehen, dass der Erbenbesitz durch die Besitzergreifung des anfechtungsbedrohten Erben ersatzlos konsumiert wird. Anderenfalls würde es dem Schutzzweck des § 857 BGB zuwiderlaufen, der auf den Schutz des endgültigen Erben abzielt. Aus diesem Grund sei der anfechtungsbedrohte Erbe nach der Anfechtung als Erbschaftsbesitzer nach §§ 2018 ff. BGB zu behandeln. Im Hinblick auf § 2025 BGB begehe jedoch nur der bösgläubige anfechtungsbedrohte Erbe verbotene Eigenmacht gegen den endgültigen Erben[616].

Rosenberg ist der Auffassung, dass der Besitz des Scheinerben nach Ausschlagung, Anfechtung oder Erbunwürdigkeitserklärung gegenüber dem endgültigen Erben fehlerhaft sei. Der Scheinerbe verliere nicht durch Ausschlagung seinen bereits erworbenen Besitz im Sinne des § 854 BGB. Die Rückwirkung des § 1953 Abs. 1 BGB bewirke zwar, dass der endgültige Erbe nach § 857 BGB mit dem Erbfall den Besitz an den Erbschaftsgegenständen erlangt. Doch verliere er diesen durch die verbotene Eigenmacht des Scheinerben. Ihm stehe gegen den fehlerhaften Besitzer ein Anspruch gem. § 861 Abs. 1 BGB zu[617].

III. Stellungnahme

1. Vor Besitzergreifung des Scheinerben

Mit dem Erbfall geht die Erbschaft gem. § 1922 Abs. 1 BGB und der Besitz des Erblassers gem. § 857 BGB auf seinen Erben über. Verliert der Erbe vor der Besitzergreifung durch Anfechtung gem. §§ 1953 Abs. 1, 1957 Abs. 1, 2078, 2079

615 *Michel*, S. 177 ff.
616 *Michel*, S. 183 ff.
617 *Rosenberg*, S. 56.

S. 1 BGB, Ausschlagung gem. § 1953 Abs. 1 BGB und Erbunwürdigkeitserklärung gem. § 2344 Abs. 1 BGB seine Erbenstellung rückwirkend, geht der Besitz des Erblassers gem. § 857 BGB auf den endgültigen Erben über. Mit dem Verlust der Erbenstellung des Scheinerben entfällt für ihn der Zweck des § 857 BGB und dieser Schutz kommt dem endgültigen Erben zugute.

2. Nach Besitzergreifung des Scheinerben

Beim Verlust der Erbenstellung des Scheinerben nach Besitzergreifung an den Erbschaftsgegenständen stellt sich die Frage, ob durch die Rückwirkung die von ihm in Besitz genommenen Sachen dem endgültigen Erben abhanden gekommen sind. Zur Vereinfachung der Darstellung beschränkt sich die folgende Auseinandersetzung auf den Fall der Ausschlagung.

§ 2042 E I geht davon aus, dass die Wirkung des Anfalls der Erbschaft an den Ausschlagenden grundsätzlich *ex tunc* entfällt.

§ 2042 E I — Wird die Erbschaft ausgeschlagen, so gilt der Anfall an den Ausschlagenden als nicht erfolgt.

Die ausgeschlagene Erbschaft fällt demjenigen an, welcher berufen gewesen wäre, wenn der Ausschlagende den Erblasser nicht überlebt hätte. Der Anfall an den an Stelle des Ausschlagenden Berufenen gilt als mit dem Erbfalle erfolgt. Das Nachlaßgericht soll die Ausschlagung denjenigen Personen mittheilen, welchen die Erbschaft in Folge der Ausschlagung anfällt.

Im Gegensatz zur 1. Kommission gewährte die Redaktionskommission der 2. Kommission dem Scheinerben vor seiner Ausschlagung ein Recht zur Verwaltung des Nachlasses:

> „Der Entw. (vergl. Mot. V S. 536, 538) steht auf dem Standpunkte, daß der Erbe auch während der Ausschlagungsfrist das Recht habe, den Nachlaß zu verwalten und daß die von ihm in Ausübung dieses Rechtes Dritten gegenüber vorgenommenen oder seitens dritter Personen ihm gegenüber erfolgten Rechtshandlungen dem Grundsatze des §. 2042 entgegen des praktischen Bedürfnisses wegen aufrechtzuerhalten seien. […]“[618]

Die Redaktionskommission der 2. Kommission nahm an, dass der Scheinerbe vor der Erklärung der Ausschlagung berechtigt ist, die Erbschaft zu verwalten, obwohl der endgültige Erbe ihn nicht mit der Verwaltung des Nachlasses beauftragt hat. Das Interesse des Geschäftsherrn mit Rücksicht auf dessen wirklichen

618 Prot. V, S. 658.

oder mutmaßlichen Willen im Sinne des § 677 BGB (= § 608 E II) steht der Verwaltung der Erbschaft durch den Scheinerben vor Ablauf der Ausschlagungsfrist nicht von vornherein entgegen. Auf derselben Wertung basiert § 1959 BGB. Dem § 1959 Abs. 1 BGB liegt die Vorstellung zugrunde, dass der Scheinerbe gegen den endgültigen Erben keine verbotene Eigenmacht im Sinne des § 858 BGB begeht, wenn er vor der Ausschlagung durch Inbesitznahme von Nachlassgegenständen erbschaftliche Geschäfte besorgt. Es wäre widersprüchlich dem Scheinerben einerseits eine Befugnis zur Verwaltung einzuräumen, und andererseits die Inbesitznahme eines Erbschaftsgegenstands als verbotene Eigenmacht im Sinne des § 858 BGB zu qualifizieren.

§ 9. Erbenbesitz und Vor-/Nacherbe (§§ 2100, 2139 BGB)

I. Problemerläuterung

Der folgende Fall soll der Verdeutlichung des zu behandelnden Problems dienen.

> Fall: Erblasser E errichtete vor seinem Tod ein Testament, in dem er seinen Bruder B zum Alleinerben und seinen minderjährigen Sohn S zum Nacherben einsetzt (§§ 2100, 2106 Abs. 1 BGB). Nach dem Tod des E nimmt B ein zum Nachlass gehörendes Fahrzeug in Gebrauch. Zum Nachlass des E gehörte auch eine Antiquität, die E vor seinem Tod anderweitig verwahrt hatte, welche B nach dem Erbfall nicht an sich genommen hat.

Es stellt sich bei beiden Gegenständen zunächst die Frage, ob S als Nacherbe nach Eintritt des Nacherbfalls den Besitz an ihnen erlangt hat. Dabei ist zu berücksichtigen, dass B am Fahrzeug die tatsächliche Sachgewalt begründet hatte und an der Antiquität dagegen nicht. Fraglich ist auch, nach welcher Vorschrift der Besitzübergang auf den Nacherben S erfolgt.

II. Meinungsstand

1. Nacherbfall zu Lebzeiten des Vorerben und Besitzübergang

a. Herrschende Meinung

Die herrschende Meinung geht davon aus, dass der Erbenbesitz, den der Vorerbe noch nicht ergriffen hat, mit dem Eintritt des Nacherbfalls (§ 2139 BGB) zu dessen Lebzeiten *ipso iure* gem. § 857 BGB auf den Nacherben übergehe. Dagegen verbleibe der Besitz, den der Vorerbe ergriffen hat, weiterhin im Vermögen des Vorerben[619]. Anderenfalls werde der Anwendungsbereich des § 857 BGB zu weit ausgedehnt[620]. Der Erbenbesitz gehöre zu dem der Nacherbfolge unterliegenden Vermögen, so dass er beim Nacherbfall auf den Nacherben übergehe. Es ist jedoch unklar, welche Vorschrift dem Übergang des Erbenbesitzes auf den Nacherben zugrunde liegt[621].

b. Gegenstimmen

Biermann ist dagegen der Ansicht, dass der Fall der Nacherbfolge grundsätzlich dem Erbfall entsprechend behandelt werden sollte. Deshalb gehe jede Form des Besitzes an den Erbschaftsgegenständen mit dem Eintritt des Nacherbfalls *ipso iure* auf den Nacherben über, soweit ihm die Möglichkeit zur Ausübung der Sachgewalt zustehe[622].

Michel geht davon aus, dass beim Nacherbfall der Nacherbe die volle Stellung eines Universalnachfolgers des Erblassers übernehme. Der Erbenbesitz, der durch den Vorerben nicht zum Verkehrsbesitz verdichtet wurde, gehe gem. § 1922 Abs. 1 BGB auf den Nacherben über. Denn dem Übergang des Erbenbesitzes liege nicht § 857 BGB, sondern § 1922 Abs. 1 BGB zugrunde. Des Weiteren erschöpfe sich die Funktion des Erbenbesitzes im Rahmen des Sachenrechts darin, beim Untergang des Tatbestandes sicherzustellen, dass die Rechtsposition fortbestehe. Verdichtet der Vorerbe den Erbenbesitz in realen unmittelbaren Besitz, entstehe eine völlig neue Rechtsposition, die gleichzeitig den Untergang des Erbenbesitzes nach sich ziehe. Der Erbenbesitz gehe in dem ergriffenen Besitz auf und werde von ihm konsumiert. Diese neu begründete Rechtsposition gehöre zum Vermögen des Vorerben, so dass im Nacherbfall kein Besitzübergang auf den Nacherben stattfinde[623].

Rosenberg vertritt die Auffassung, dass der Besitz des Vorerben dann auf den Nacherben übergehen könne, wenn der Vorerbe sofort mit dem Eintritt des

---

619 *Lange*, in: FS Felgentraeger, S. 297 f.; *Lange/Kuchinke*, S. 616; *Strohal*, Erbrecht 2^3, S. 75; *ders*., Jher. Jahrb. 38 (1898), S. 104 f.

620 *Lange/Kuchinke*, S. 616.

621 *Lange* (in: FS Felgentraeger, S. 298 Nr. 3) meint wahrscheinlich, dass der Übergang des Erbenbesitzes auf den Nacherben gem. § 857 BGB erfolge; *Strohal* (Erbrecht 2^3, S. 75) schweigt, ob der auf § 857 BGB beruhende Erbenbesitz des Vorerben an den Erbschaftsgegenständen gem. § 857 BGB, § 1922 Abs. 1 BGB oder § 2139 BGB auf den Nacherben übergeht.

622 *Biermann*, § 857 S. 21 f.

623 *Michel*, S. 169 f.

Nacherbfalls den Besitz verliert. Zu Lebzeiten des Vorerben könne davon nicht die Rede sein. Denn der Besitz des Vorerben gehe in dieser Zeit nicht mit dem Eintritt des Nacherbfalls unter, sondern verbleibe weiterhin beim Vorerben. Der Wegfall des Rechts zum Besitz des Vorerben habe nicht den Untergang seines Besitzes zur Folge. Dies sei unabhängig von der tatsächlichen Besitzergreifung des Vorerben anzunehmen[624].

Binder setzt voraus, dass der Besitz nicht zur Erbschaft gehöre. Demnach erfolge der Besitzübergang vom Vorerben auf den Nacherben nicht gem. § 2106 BGB. Der Nacherbe erhalte daher mit Eintritt des Nacherbfalls zu Lebzeiten des Vorerben überhaupt keinen Besitz. Der Besitz gehe vielmehr erst mit der Herausgabe des Nachlasses auf den Nacherben über, weil der Vorerbe gem. § 2130 Abs. 1 BGB verpflichtet sei, dem Nacherben die Erbschaft herauszugeben[625].

2. Nacherbfall durch den Tod des Vorerben und Besitzübergang

a. Erbenbesitz des Vorerben

aa. Herrschende Meinung

Der vom Vorerben noch nicht tatsächlich ergriffene Besitz geht nach herrschender Meinung mit dem Eintritt des Nacherbfalls durch den Tod des Vorerben auf den Nacherben über[626]. Damit sei dem Interesse der Kontinuität des Besitzes Genüge getan[627].

Der Erbenbesitz des Vorerben bildet *Michel* zufolge einen Bestandteil des der Nacherbfolge unterliegenden Vermögens. Die Rechtsposition des Erbenbesitzes gehe mit dem Tod des Vorerben nach § 1922 Abs. 1 BGB in Verbindung mit § 2139 BGB auf den Nacherben über[628].

---

624 *Rosenberg*, S. 57.

625 *Binder*, S. 60.

626 *Lange*, in: FS Felgentraeger, S. 297 f.; *Michel*, S. 171; Bamberger/Roth/*Fritzsche*, § 857 Rz. 15; Bamberger/Roth/*Litzenburger*, § 2139 Rz. 3; Erman/*Schmidt*, § 2139 Rz. 1; MüKo/*Joost*, § 857 Rz. 11; Palandt/*Bassenge*, § 857 Rz. 5; Soergel/*Harder*/*Wegmann*, § 2139 Rz. 3; Staudinger/*Bund*, § 857 Rz. 21; Staudinger/*Avenarius*, § 2139 Rz. 6; *Kress*, S. 192 m. Fn. 567; *Strohal*, Erbrecht 2^3, S. 75; *Ebenroth*/*Frank*, JuS 1996, S. 797.

627 Staudinger/*Bund*, § 857 Rz. 21.

628 *Michel*, S. 171; so auch *Ebenroth*/*Frank*, JuS 1996, S. 797.

bb. Gegenstimmen

Binder, *Lange/Kuchinke* und *Rosenberg* sind der Ansicht, dass der Vorerbe, der nach § 857 BGB den Besitz erworben hat, nicht in der Lage sei, erneut (etwa durch Ergreifung) Besitz zu erwerben. Deshalb sei die Unterscheidung der herrschenden Auffassung zwischen dem Erbenbesitz des Vorerben und dessen tatsächlich ergriffenen Besitz unbegründet. Die Erbschaft im Sinne des § 2106 Abs. 1 BGB umfasse nicht den Besitz, so dass der Nacherbe überhaupt keinen Besitz erlange. Nach § 857 BGB gehe der Besitz des Vorerben vielmehr auf die Erben des Vorerben über[629].

b. Tatsächlich ergriffener Besitz des Vorerben

In dem Fall, in dem der Vorerbe bereits vor dem Eintritt des Nacherbfalles den Besitz ergriffen hat, wird vertreten, dass der Besitz des Vorerben mit dessen Tod gem. § 857 BGB auf dessen Erben übergehe[630].

Michel betrachtet den Erwerb des Verkehrsbesitzes des Vorerben als Begründung neuen und eigenen Besitzes. Dieser gehe daher nicht auf den Nacherben, sondern auf die Erben des Vorerben gem. § 857 BGB über[631].

Strohal geht davon aus, dass der vom Vorerben ergriffene Besitz sich in keiner Weise von seinem nicht der Nacherbfolge unterliegenden Besitz differenziert. In einem solchen Fall erfolge der Besitzübergang nicht auf den Nacherben, sondern auf die Erben des Vorerben. Nur dieses Ergebnis sei mit den §§ 2130 ff. BGB und den §§ 2124, 2125 in Verbindung mit § 273 BGB vereinbar[632].

Lange zufolge realisiert der Vorerbe durch Besitzergreifung seinen Erbenbesitz. Es stehe zweifellos fest, dass die Erben des Vorerben mit dem Tod des Vorerben den Besitz gem. § 857 BGB erlangen. Dabei stützt er sich auf das Schutzziel des § 857 BGB, der in der Verhinderung der Herrenlosigkeit der Erbschaft liege. Mit der realen Besitzergreifung des Vorerben sei der Zweck des

---

629 *Binder*, S. 60; *Lange/Kuchinke*, S. 616; *Rosenberg*, S. 57.

630 *Lange*, in: FS Felgentraeger, S. 297; *Michel*, S. 171; Bamberger/Roth/*Fritzsche*, § 857 Rz. 15; Bamberger/Roth/*Litzenburger*, § 2139 Rz. 3; MüKo/*Joost*, § 857 Rz. 11; Palandt/*Weidlich*, § 2139 Rz. 3; Soergel/*Harder/Wegmann*, § 2139 Rz. 3; Staudinger/-*Bund*, § 857 Rz. 21; Staudinger/*Avenarius*, § 2139 Rz. 6; *Kress*, S. 188; *Lange/-Kuchinke*, S. 616; *Strohal*, Erbrecht 2^3, S. 75; *Ebenroth/Frank*, JuS 1996, S. 797.

631 *Michel*, S. 171.

632 *Strohal*, Erbrecht 2^3, S. 75.

§ 857 BGB bereits erfüllt. Der Erbenbesitz gehe im Eigenbesitz auf und könne nicht wieder aufleben[633].

Kress sieht in der Besitzergreifung des Vorerben die Aufhebung der tatsächlichen Zugehörigkeit der Sache zum Nachlass. Dabei sei unter Besitzergreifung nicht die tatsächliche Apprehension im römischrechtlichen Sinne, sondern die Begründung des Verkehrsbesitzes zu verstehen. Hat der Vorerbe Besitz an einem Nachlassgegenstand ergriffen, könne der Nacherbe nur nach den allgemeinen Vorschriften den Verkehrsbesitz an ihm erlangen[634].

III. Stellungnahme

1. Vor Besitzergreifung des Vorerben

a. Zu Lebzeiten des Vorerben

Der Erblasser kann gem. § 2100 BGB einen Erben in der Weise einsetzen, dass dieser erst Erbe wird, nachdem zunächst ein anderer Erbe geworden ist. Der in dieser Weise eingesetzte Nacherbe ist nicht Erbe des Vorerben, sondern des Erblassers. Stirbt der Erblasser, erlangt der Vorerbe gem. § 1922 Abs. 1 BGB die Erbschaft und gem. § 857 BGB den Besitz an den Erbschaftsgegenständen. Mit dem Nacherbfall fällt die Erbschaft dem Nacherben an und der Vorerbe hört auf, Erbe zu sein (§ 2139 BGB). Der Erbenbesitz steht nun dem einzig übrigen Erben, dem Nacherben zu.

Michel, demzufolge der Besitz des Vorerben im Sinne des § 857 BGB gem. § 1922 Abs. 1 BGB auf den Nacherben übergeht, ist nicht zuzustimmen, weil der Besitz nicht zu der Erbschaft gehört. Dagegen geht *Binder* zwar zutreffend davon aus, dass der Besitz nicht zu der Erbschaft gehört. Dies kann jedoch nicht zur Folge haben, dass der Besitz trotz Eintritts des Nacherbfalls beim Vorerben verbleibt. Vor- und Nacherben sind Erben desselben Erblassers bezüglich desselben Erbfalls. Der Nachlass ein und desselben Erblassers wird zweimal zum Gegenstand einer Gesamtrechtsnachfolge[635]. Somit zieht der Eintritt des Nacherbfalls den Besitzübergang gem. § 857 BGB ein zweites Mal nach sich.

Mit dem Eintritt des Nacherbfalls geht der vom Vorerben noch nicht tatsächlich ergriffene Besitz an den Nachlassgegenständen gem. § 857 BGB auf den Nacherben über.

---

633 *Lange*, in: FS Felgentraeger, S. 297 f.

634 *Kress*, S. 188 m. Fn. 557.

635 *Muscheler* II, S. 1236 Rz. 2473.

b. Beim Tod des Vorerben

Hat der Erblasser einen Nacherben eingesetzt, ohne den Zeitpunkt oder das Ereignis zu bestimmen, mit dem die Nacherbfolge eintreten soll, so fällt die Erbschaft dem Nacherben gem. § 2106 Abs. 1 BGB mit dem Tod des Vorerben an. Der Tod des Vorerben entspricht in diesem Fall dem Nacherbfall, so dass kein Grund zur unterschiedlichen Behandlung der beiden Fälle besteht. *Strohal* stimmt diesem Ergebnis zu, jedoch über die Vorschrift des § 2139 BGB. Der vom Vorerben nach § 857 BGB erworbene Besitz gehöre zu dem der Nacherbfolge unterliegenden Vermögen. Der fingierte Erbenbesitz ist zwar keine Tatsache, doch auch kein Vermögen im rechtlichen Sinne. Diese Rechtsposition gehört, so wie aus der zusätzlichen Regelung des § 857 BGB neben § 1922 Abs. 1 BGB deutlich wird, nicht zur Erbschaft im Sinne des § 2139 BGB.

Mit dem Tod des Vorerben geht der Besitz an den Erbschaftsgegenständen, den er noch nicht tatsächlich ergriffen hat, gem. § 857 BGB nicht auf den Erben des Vorerben, sondern auf den Nacherben über.

2. Nach Besitzergreifung des Vorerben

a. Zu Lebzeiten des Vorerben

Durch Besitzergreifung wird der gem. § 857 BGB fingierte Besitz des Vorerben zum Besitz im Sinne des § 854 Abs. 1 BGB. Wie bereits festgestellt, begründet der Vorerbe durch Ergreifung keinen neuen Besitz, sondern realisiert die ihm zustehende Rechtsposition und erlangt die tatsächliche Sachgewalt über einen Gegenstand. Mit Eintritt des Nacherbfalls tritt nun der Nacherbe an die Stelle des Erblassers. Daraus könnte geschlossen werden, dass mit dem Eintritt der Nacherbfolge, unabhängig von der Besitzergreifung des Vorerben, die Regelung des § 857 BGB zugunsten des Nacherben zur Anwendung gelangt. Allerdings wird durch die Besitzergreifung des Vorerben der fiktive Besitz realisiert und die besitzrechtliche Zugehörigkeit zum Nachlass des Erblassers aufgehoben. Dies folgt auch aus § 2130 Abs. 1 S. 1 BGB, der den Nacherben zur Herausgabe der Erbschaft nach Eintritt des Nacherbfalls verpflichtet[636]. Durch den Herausgabeanspruch wird der Zusammenhalt der Erbschaft des Erblassers nicht gefährdet. Dass der Besitz nicht gesetzlich auf den Nacherben übergeht, bestärkt zudem § 2140 S. 1 BGB. Würde ein automatischer Besitzübergang stattfinden, so wären Verfügungen des Vorerben entgegen § 2140 S. 1 BGB nach dem Ein-

636 Vgl. Palandt/*Weidlich*, § 2193 Rz. 3.

tritt der Nacherbfolge von vornherein wegen § 935 Abs. 1 BGB ausgeschlossen[637].

Bei Eintritt des Nacherbfalls zu Lebzeiten des Vorerben, greift § 857 BGB nicht ein, wenn der Vorerbe den tatsächlichen Besitz an den Nachlassgegenständen begründet hat.

b. Beim Tod des Vorerben

Tritt der Nacherbfall durch den Tod des Vorerben ein und hat der Vorerbe den Besitz ergriffen, so besteht kein Anlass, von dem Nacherbfall zu Lebzeiten des Vorerben abweichend § 857 BGB zugunsten des Nacherben anzuwenden. Vielmehr wird der Erbe des Vorerben durch § 857 BGB begünstigt. Statt des Vorerben ist der Erbe des Vorerben Anspruchsgegner des Herausgabeanspruchs gem. § 2130 Abs. 1 S. 1 BGB. Durch den Besitzübergang auf den Erben des Vorerben wird ferner die Besitzlosigkeit der Erbschaft, die § 857 BGB zu verhindern sucht, vermieden.

Mit dem Eintritt des Nacherbfalls durch den Tod des Vorerben geht der Besitz an den Erbschaftsgegenständen, den er durch Besitzergreifung verwirklicht hat, gem. § 857 BGB auf den Erben des Vorerben über.

§ 10. Erbenbesitz und Erbscheinerbe

I. Problemerläuterung

Der sog. Erbscheinerbe wird vom Nachlassgericht durch den Erbschein, das ein Zeugnis über die erbrechtlichen Verhältnisse ist (§ 2353 BGB) und öffentlichen Glauben begründet (§ 2366 BGB), als Erbe ausgewiesen. Das Ergebnis des amtlichen Ermittlungsverfahrens kann sich jedoch als unrichtig erweisen, indem beispielsweise ein später errichtetes Testament entdeckt wird. Hat ein Erbscheinerbe nach Eintritt des Erbfalls einen Nachlassgegenstand in Besitz genommen und erweist sich der Erbscheinerbe als nicht wahrer Erbe, stellt sich die Frage, ob der Erbscheinerbe dadurch gegen den wahren Erben verbotene Eigenmacht im Sinne des § 858 Abs. 1 BGB begeht und der Erbschaftsgegenstand dem wahren Erben nach § 935 Abs. 1 BGB abhanden gekommen ist.

---

637 *Brox/Walker*, S. 217 Rz. 371.

II. Meinungsstand

1. Herrschende Meinung

Die herrschende Ansicht besagt, dass der Erbscheinerbe zu keinem Zeitpunkt die Rechtsstellung eines wahren Erben erlange, so dass der noch so gutgläubige Erbscheinerbe nicht als Erbe angesehen werden könne. Auch der gutgläubige Erbscheinerbe sei niemals in eine rückwirkend wegfallende wahre Erbenposition getreten. Daher entspreche die von dem gutgläubigen Erbscheinerben erworbene bewegliche Sache einer abhanden gekommenen Sache im Sinne des § 935 Abs. 1 BGB und der Besitz an dieser Sache sei fehlerhaft nach § 858 Abs. 2 BGB. Ein gutgläubiger Erwerb durch einen Dritten sei aber aufgrund des öffentlichen Glaubens des Erbscheins möglich[638].

Insbesondere ist *Lange* der Meinung, dass der Besitz des Erblassers beim Erbfall gem. § 857 BGB auf den wahren Erben übergehe und der Erbscheinerbe mit dem Eintritt des Erbfalls weder das vorläufige noch das endgültige Erbrecht erlangt habe. Daher dauere die Schutzwirkung des § 857 BGB beim wahren Erben fort, auch wenn der gutgläubige Erbscheinerbe den Eigenbesitz an einer Nachlasssache ergreife. Außerdem müsse der Erbe des Erbscheinerben die verbotene Eigenmacht nach § 858 Abs. 2 BGB gegen sich gelten lassen, falls er nach dem Tod des Erbscheinerben gem. § 857 BGB dessen Erbschaftsbesitz erlangt[639].

Auch *Michel* verneint eine teleologische Reduktion des § 857 BGB zugunsten des Erbscheinerben. Der Rechtsverkehr und der Scheinerbe vor seiner Ausschlagung oder Anfechtung seien aufgrund der durch die Ausschlagung und Anfechtung bewirkten *ex tunc* Wirkung schutzbedürftig. Ein Erbscheinerbe rücke jedoch nicht in die Stellung des wahren Erben ein, so dass dessen Position nicht mit der des Scheinerben vergleichbar sei[640].

638 *Lange*, in: FS Felgentraeger, S. 305; *Michel*, S. 191 f.; Erman/*Lorenz*, § 857 Rz. 6; Erman/*Schlüter*, § 2366 Rz. 7; MüKo/*Joost*, § 857 Rz. 12; MüKo/*Mayer*, § 2366 Rz. 16; Palandt/*Bassenge*, § 857 Rz. 5; Palandt/*Weidlich*, § 2366 Rz. 6; Soergel/*Stadler*, § 857 Rz. 4 und 7; Staudinger/*Bund*, § 857 Rz. 26; *Baur/Stürner*, S. 681; *Kipp/Coing*, S. 574; *Ebenroth/Frank*, JuS 1996, S. 799.

639 *Lange*, in: FS Felgentraeger, S. 305.

640 *Michel*, S. 192.

2. Gegenstimme

Mansfeld/Moselle erheben den Einwand, dass die herrschende Meinung die Interessen des gutgläubigen Dritten im Vergleich zum Schutz des Erben vernachlässige. Es könne nicht angenommen werden, dass der Zweck des § 857 BGB darin liege, einem gutgläubigen Erbscheinerben, der durch einen amtlichen Erbschein als Erbe ausgewiesen wurde, das Risiko einer Verfügung aufzuerlegen. Schließlich bejahen *Mansfeld/Moselle* eine teleologische Reduktion des § 857 BGB zugunsten des gutgläubigen Erbscheinerben, so dass der gutgläubige Erbscheinerbe keine verbotene Eigenmacht gegen den wahren Erben begeht[641].

III. Stellungnahme

Der Scheinerbe ist in der Zeit zwischen dem Erbfall und seiner Ausschlagung oder Anfechtung des Erbrechts ein wahrer Erbe. Seine Erbenstellung erlischt durch die Ausschlagung oder Anfechtung *ex tunc*. Der Vorerbe ist bis zum Eintritt des Erbfalls ein wahrer Erbe, seine Erbenstellung geht dagegen vom Nacherbfall ab *ex nunc* verloren; zugleich wird der Nacherbe zum wahren Erben.

§ 857 BGB bezweckt durch die Fiktion des Besitzes in erster Linie den Besitzschutz des Erben. Nur dem wahren Erben kommt dieser Schutz zugute. Im Gegensatz zum Scheinerben und Vorerben rückt der Erbscheinerbe zu keinem Zeitpunkt in die Rechtsstellung eines wahren Erben. Deshalb ist seine Schutzbedürftigkeit erheblich geringer, solange ihn der Gesetzgeber nicht ausnahmsweise durch eine Sondervorschrift begünstigt. Mit dem Eintritt des Erbfalls soll nur der wahre Erbe bis zu seiner Besitzergreifung die Schutzwirkung des § 857 BGB genießen und § 857 BGB ist nur für diesen wahren Erben bestimmt. Dessen Schutzwirkung endet somit erst mit der tatsächlichen Inbesitznahme durch den wahren Erben. Der Besitz des Erbscheinerben ist gegenüber dem wahren Erben vom Zeitpunkt des Erbfalls ab fehlerhaft im Sinne des § 858 Abs. 2 BGB, so dass es sich bei einer vom Erbscheinerben in Besitz genommenen Erbschaftssache um eine abhanden gekommene Sache im Sinne des § 935 Abs. 1 BGB handelt.

Der Schutzwirkung des § 857 BGB steht bei der Veräußerung einer zur Erbschaft gehörenden Sache die Verkehrssicherheit, die bei der Erbscheinerteilung in den Vordergrund tritt, gegenüber. Nach § 2365 BGB wird die Richtigkeit des Erbscheins vermutet, gem. § 2366 BGB genießt der Erbschein öffentlichen Glauben und es kann sogar nach § 2367 BGB an den Erbscheinerben mit Til-

641 *Mansfeld/Moselle*, JuS 1979, S. 427.

gungswirkung geleistet werden. Wird ein Nichterbe als Erbe im Erbschein ausgewiesen und erwirbt ein gutgläubiger Dritter vom Erbscheinerben eine zum Nachlass gehörende Sache, so ist auf die Sicht des Dritten abzustellen und § 935 Abs. 1 BGB hat hinter § 2366 BGB zurückzutreten. Der mit öffentlichen Glauben ausgestattete Erschein überwindet das Hindernis des § 935 Abs. 1 BGB und ein gutgläubiger Erwerb vom Erbscheinerben bleibt möglich.

Schluss

Die klassischen römischen Juristen unterschieden die *possessio* streng von der *proprietas*, Ulp. D. 41,2,12,1. Die klassische *possessio* ist kein Recht, sondern eine Tatsache, Paul. D. 41,2,1,3, die aus der tatsächlichen Sachgewalt (*corpus*) und dem Eigenbesitzwillen (*animus*) besteht. Die klassischen Juristen halten die beiden Elemente für keine selbstständigen Voraussetzungen, sondern für einen einheitlichen Tatbestand. Die klassische *possessio* (im Sinne des *ius civile* und *ius honorarium*) endet mit dem Tod des Possessors, weil der verstorbene Possessor weder tatsächliche Sachgewalt ausüben, noch die geistige Fähigkeit haben kann, eine Sache als eigene zu besitzen, Paul. D. 41,2,3,1. Der Tod des Possessors zieht grundsätzlich den Verlust der *possessio* nach sich. Iav. D. 41,2,23 pr. geht neben Paul. D. 41,2,30,5 und Ulp. D. 47,4,1,15 davon aus, dass bei einem Erbfall der Erbe nur durch Besitzergreifung die *possessio civilis* an den Erbschaftsgegenständen erlangen kann. Paul. D. 4,6,30 pr. ist hingegen zu entnehmen, dass die *possessio civilis* des Erblassers bei dessen Tod ohne Unterbrechung auf den Erben übergeht. Die Fortsetzung der *possessio* bezieht sich aber nur auf den Fall des Ersitzungsbesitzes, wie auch Gai. inst. 3,201, und sie ist dadurch gerechtfertigt, dass der Eintritt des Erblassers in die Ersitzungslage eine Rechtsposition begründet. Die Fiktion fortwährenden Ersitzungsbesitzes kann daher nicht als Grundlage für den automatischen Übergang jeglichen Besitzes auf den Erben im Erbfall herangezogen werden. Insbesondere deshalb, weil die römischen Juristen den Besitz streng vom Recht trennten, wird die Natur des Besitzes als Faktum durch keinen anderen Umstand in der Weise überlagert, dass der Besitz wie ein Recht den Erben anfällt. Ner. D. 41,3,40 ermöglicht im Fall der Außenerbfolge, in der die Erbschaft, und damit auch der Ersitzungsbesitz, erst durch Anritt erworben wird, die ununterbrochene Ersitzung, indem dem Erben die Besitzzeit des Erblassers und die Zeit zwischen dem Erbfall und dem Erbschaftsantritt angerechnet wird.

Haus- sowie Außenerben erwarben im klassischen römischen Recht grundsätzlich nur durch Besitzergreifung die *possessio civilis* an den Erbschaftsgegenständen; lediglich im Fall des Ersitzungsbesitzes geht dieser mit dem Tod des Erblassers *ipso iure* auf den Erben über. Die *possessio civilis* im Sinne der Iav. D. 41,2,23 pr. entspricht dem heutigen tatsächlichen (wirklichen) Besitz im Sinne des § 854 Abs. 1 BGB. Der Erbenbesitz gem. § 857 BGB wurzelt im Übergang des Ersitzungsbesitzes durch Fiktion.

Die Regeln des klassischen römischen Rechts zum Besitzerwerb sowie Besitzübergang im Erbfall setzen sich im Grunde in den Kodifikationen des 18. und 19. Jahrhunderts und im gemeinen Recht fort.

Die *possessio* ist nach CMBC ein Faktum und endet mit dem Tod des Possessors, soweit nicht ein anderer die *possessio* durch Besitzergreifung erworben hat. Die Besitzzeit des Vorgängers wird dem Gesamtnachfolger und dem Einzelnachfolger zur Vollendung der Ersitzung angerechnet. Das ALR schweigt über die umstrittene Frage, ob der Besitz mit dem Tod des Erblassers endet. Das preußische königliche Ober-Tribunal und die herrschende Ansicht bejahen dies und nehmen an, dass der Erbe nur durch Besitzergreifung den Besitz an den Erbschaftsgegenständen erlangen kann und dem Erben erst mit Besitzergreifung die Besitzschutzmittel zustehen. Jedem redlichen Nachfolger im Besitz, dem Erben sowie dem Einzelnachfolger, ist die Fortsetzung der Ersitzung des Vorgängers möglich. Der Cc erkennt den Besitzübergang *ipso iure* auf den Erben und wenn keine Erben vorhanden sind, auf den Universallegatar an. Die *successio in possessionem* wird zwar ausdrücklich angeordnet, weshalb es an sich keiner Anrechnungsregelung der Ersitzungszeit für den Universalsukzessor bedarf; doch findet die Anrechnungsvorschrift nicht nur zugunsten des Einzelnachfolgers, sondern auch des Gesamtnachfolgers Anwendung. Nach dem ABGB wird die mit dem Tod einer Person entstehende ruhende Erbschaft, welche nach heutiger herrschender Ansicht im österreichischen Recht eine juristische Person darstellt, zur Herrin des Nachlasses. Erst durch den Beschluss des Verlassenschaftsgerichts, der Einantwortung (gerichtliche Übergabe in den rechtlichen Besitz), wird die Erbschaft dem Erben überlassen. Die gerichtliche Einantwortung führt nicht zum Besitzübergang, so dass der Erbe die Nachlassgegenstände nur durch Ergreifung in Besitz nehmen kann. Die zwischen dem Erbfall und der Inbesitznahme verstrichene Ersitzungszeit wird dem Erben angerechnet.

Die Besitzlehre von *Savigny* liegt der herrschenden Meinung des gemeinen Rechts über den Besitz zugrunde. Seine Besitzlehre beruht darauf, dass der Besitz kein Recht, sondern ein bloßes Faktum ist, an das rechtliche Folgen geknüpft werden. Der Tod des Besitzers gehöre selbstverständlich zu den Beendigungsgründen des Besitzes. Die geschichtliche Entwicklung zeigt, dass nicht der gewohnheitlich anerkannte Grundsatz le mort saisit le vif (Der Tote erbt den Lebendigen) die Grundlage des Besitzübergangs *ipso iure* bildet, sondern die römischen Rechtsquellen. Es ist daher *Savigny* zuzustimmen, dass zahlreiche neue Partikulargesetze, die nach der altgermanischen Gewohnheit le mort saisit le vif den Übergang des Besitzes *ipso iure* vorschreiben, auf einem Missverständnis des römischen Rechts aufbauen. Auch ist im gemeinen Recht für den Besitzerwerb des Erben im Erbfall dessen Besitzergreifung an dem Nachlass, so wie im römischen Recht, erforderlich. Außerdem erhielt das gemeine Recht die *succes-*

sio in possessionem im Fall der Ersitzung wie im römischen Recht aufrecht. Bemerkenswert ist, dass der Besitzschutz zugunsten des Erben erweitert wurde, indem die *actiones* aus Delikt, die dem Erblasser zu dessen Lebzeiten zustanden, auf den Erben übergingen. Dies ist darauf zurückzuführen, dass im gemeinen Recht die Interdikte als *actiones* angesehen wurden.

Durch die Vorentwürfe von *Johow* zum Sachenrecht und von *Schmitt* zum Erbrecht finden die Grundsätze der Besitzlehre des gemeinen Rechts und damit die Grundzüge des römischen Besitzrechts Eingang in den 1. Entwurf zum BGB. *Johow* und *Schmitt* legen der Ausarbeitung ihrer Teilentwürfe das gemeine Recht zugrunde und berücksichtigen zugleich das deutsche Rechtsleben. Der Besitz endet mit dem Tod des Besitzers und der Erbe erwirbt durch Erbschaftsanfall die Erbschaft, aber nur durch Besitzergreifung den Besitz an den Erbschaftsgegenständen, soweit kein Dritter sie eigenmächtig in Besitz genommen hat. Nach Eintritt des Erbfalls werden dem Erben, dem das Erbrecht zusteht, die Besitzschutzmittel generell gewährt, was in erster Linie dem Erbenschutz dient. Als Pendant wird einem Dritten, der vor dem Eintritt des Erbfalls gegen den Erblasser einen Anspruch hatte, die Besitzklage gegen den Erben eingeräumt und dadurch der Schutz der Gläubiger gewährleistet. Im Fall der Ersitzung wird die *successio in possessionem* vorgesehen.

Die 1. Kommission übernahm den Standpunkt von *Johow* und *Schmitt* fast unverändert.

Der 2. Entwurf geht von der Prämisse aus, dass der Tod des Besitzers nicht zum Beendigungsgrund des Besitzes gehört. Die Redaktionskommission der 2. Kommission betrachtet den Besitz als eine „Rechtsposition“, um eine dogmatische Erklärung über die Vererblichkeit des Besitzes zu liefern. Die Rechtsposition eines Besitzers sei unabhängig von der Fortdauer seiner tatsächlichen Gewalt vererblich. Die Redaktionskommission hält unter Berücksichtigung der verschiedenen Konstellationen, z. B. der Haftung des Grundstücksbesitzers nach § 836 BGB, des Besitzschutzes, der Ersitzung, des Verfolgungsrechts nach § 1005 BGB, die Vererblichkeit des Besitzes für gerechtfertigt und regelt den Besitzübergang *ipso iure* auf den Erben mit dem Tod des Erblassers. So wie der Eintritt des Erblassers in die Ersitzungslage eine Rechtsposition begründet, die als solche auf den Erben übergehen kann, wird nun der Besitz an sich als eine solche Rechtsposition betrachtet. Der Besitzübergang *ipso iure*, der im römischen Recht nur im Fall der Ersitzung Anwendung fand, wird hierdurch zur allgemeinen Regel im Erbfall.

Die Vorschrift, die im 1. Entwurf zur Anrechnung der Besitzzeit für jeden Ersitzungserwerb vorgesehen war, verliert ihren Anwendungsbereich für den

Fall der Universalsukzession, weil § 857 BGB diesen Fall erfasst. § 943 BGB gilt deshalb entgegen der heute herrschenden Meinung nur für die Einzelnachfolge.

Die rechtshistorische Untersuchung zeigt, dass § 857 BGB eine gesetzestechnische Fiktion ist, die bis zur Besitzergreifung des Erben Anwendung findet, soweit nicht ein Dritter die Erbschaftsgegenstände in Besitz nimmt. Durch eine Fiktion fingiert das Gesetz einen Sachverhalt, der in Wirklichkeit nicht besteht, als bestehend. Eine Fiktion ist nicht nur dann anzunehmen, wenn das Gesetz den Ausdruck „gilt als" verwendet. Durch § 857 BGB wird der Besitz als auf den Erben übergegangen angesehen. Es bedarf aber nicht in jedem Fall der Anwendung dieser Fiktion. § 857 BGB gilt dann nicht, wenn der Erbe sich zum Zeitpunkt des Erbfalls schon im Eigenbesitz der Sache befindet. § 857 BGB ist folglich eine Fiktion, die insoweit gilt, als sie für den Besitzschutz des Erben sowie für den Verkehrsschutz, wie beispielsweise im Fall des § 836 BGB, erforderlich ist.

Zu den konkreten Einzelproblemen, die im Zusammenhang mit § 857 BGB im geltenden Recht diskutiert werden, ergibt sich Folgendes:

War der Erblasser zu Lebzeiten bösgläubig, kann sein Erbe nach der herrschenden Ansicht die Ersitzung beginnen, wenn er selbst gutgläubig ist. Bei der *successio in possessionem* tritt der Erbe in den Besitz des Erblassers ohne jegliche Änderung und übernimmt die Position des Erblassers. Die Besitzergreifung durch den Erben nach dem Erbfall kann daher nur die Realisierung des Erbenbesitzes gem. § 857 BGB in den Besitz gem. § 854 Abs. 1 BGB darstellen. Der Erwerb eines neuen Besitzes durch die Besitzergreifung des Erben ist mit der historischen Grundlage der *successio in possessionem*, nicht in Einklang zu bringen. Daher kann ein gutgläubiger Erbe mit Ergreifung des Besitzes keine neue Ersitzung beginnen, soweit der Erblasser bösgläubig war. Schließlich bleibt festzuhalten, dass die Besitzergreifung des Erben nach Eintritt des Erbfalls gem. § 854 Abs. 1 BGB kein neuer Besitzerwerb ist, sondern die Realisierung des ihm nach § 857 BGB zustehenden fiktiven Besitzes.

Bestehen mehrere Erben, so erwerben sie als Erbengemeinschaft keinen gesamthänderischen, sondern schlichten Mitbesitz.

Die Fiktion des Erbenbesitzes umfasst den mittelbaren Besitz, der zum Schutz des mittelbaren Besitzers ihm die Besitzfolgen zukommen lässt.

Wird ein Verwalter, wie etwa ein Nachlassverwalter oder ein Testamentsvollstrecker eingesetzt, kann er nur durch Besitzergreifung den Besitz an den Erbschaftsgegenständen erlangen. Der Besitzübergang findet auch bei der Einsetzung eines Verwalters auf den Erben des Erblassers statt. Stirbt der Verwalter, so geht mit seinem Tod der unmittelbare Besitz, den der Verwalter innehatte, auf seinen Erben über, nicht auf seinen Nachfolger im Amt.

Die Eigentumsvermutung knüpft an den Eigenbesitz des Erblassers an und es wird vermutet, dass der Erblasser beim Besitzerwerb das Eigentum erworben hat. Diese Vermutungswirkung kommt dem Erben über § 857 BGB zugute.

Der Eigenbesitz des Erblassers im Sinne des § 836 BGB geht gem. § 857 BGB auf seinen Erben über, so dass der Erbe als Anspruchsgegner nach § 836 Abs. 1 BGB passivlegitimiert wird. Diese Passivlegitmation dient in erster Liner dem Schutz des verletzten Gläubigers und darüber hinausgehend der Verkehrssicherheit. § 836 Abs. 2 BGB gilt für den Fall der Einzelnachfolge und der Erbe haftet nach dem Tod des Erblassers nur als Erbe des früheren Besitzers für den Schaden.

Mit dem Tod eines mitbesitzenden Gesellschafters einer GbR ohne Rechtsfähigkeit geht dessen Besitz nicht auf seinen Erben über, sondern steht den übrigen Gesellschaftern zu. Im Fall eines alleinbesitzenden Gesellschafters sowie Alleingesellschafters bleibt es bei der Geltung des § 857 BGB. Bei einer GbR mit Teilrechtsfähigkeit bleibt deren Besitz vom Tod eines Gesellschafters unberührt.

Verliert der Erbe vor oder nach seiner Besitzergreifung an den Erbschaftsgegenständen durch Anfechtung, Ausschlagung oder Erbunwürdigkeitserklärung rückwirkend seine Rechtsstellung, geht der vom Erblasser hinterlassene Besitz auf den endgültigen Erben über, als wäre der Besitz des Erblassers unmittelbar nach dem Erbfall auf ihn übergegangen. Die bereits erfolgte Inbesitznahme von Nachlassgegenständen begründet aber aufgrund der gesetzlichen Wertung weder verbotene Eigenmacht des Scheinerben gegenüber dem wahren Erben noch das Abhandenkommen der Sachen.

Sowohl beim Nacherbfall zu Lebzeiten des Vorerben als auch mit dessen Tod geht der Erbenbesitz an den Erbschaftsgegenständen auf den Nacherben über. Hat der Vorerbe die Nachlasssachen in Besitz genommen, so geht bei seinem Tod der Besitz des Vorerben auf den Erben des Vorerben über.

Der Erbscheinerbe ist kein wahrer Erbe, so dass der Besitz des Erblassers bei dessen Tod auf den wahren Erben übergeht. Aufgrund des öffentlichen Glaubens des Erbscheins bleibt ein gutgläubiger Dritterwerb trotz des fehlerhaften Besitzes des Erbscheinerben gegenüber dem wahren Erben möglich.

Literaturverzeichnis

Albert, Carl: Ueber das interdictum uti possidetis der Römer, als die Grundlage zur richtigen Erkenntniß des heutigen, sogenannten possessorium summariissimum und possessorium ordinarium, Halle 1824 [zitiert: *Albert*]

Albrecht, Wilhelm Eduard: Die Gewere, als Grundlage des ältern deutschen Sachenrechts, Königsberg 1828 [zitiert: *Albrecht*]

Aravantinos, P. J.: Die Anfechtbarkeit der Besitzübertragung im deutschen bürgerlichen Recht, in: Jherings Jahrbücher für die Dogmatik des bürgerlichen Rechts, 48. Bd., S. 101 ff.
[zitiert: *Aravantinos*, Jher. Jahrb. 48 (1904)]

Arndts von Arnesberg, Karl Ludwig: Lehrbuch der Pandekten, 11. Aufl., Stuttgart 1883 [zitiert: *Arndts*]

Bähr, Otto: Entwurf eines bürgerlichen Gesetzbuchs für das Deutsche Reich. Erste Lesung. Ausgearbeitet durch die von dem Bundesrathe berufene Commission. Amtliche Ausgabe. Berlin und Leipzig, J. Guttentag. 1888. (Schluß.), in: Kritische Vierteljahresschrift für Gesetzgebung und Rechtswissenschaft, 30. Bd., S. 481 ff. [zitiert: *Bähr*, Krit. Vjschr. 30 (1888)]

Ders.: Zum Erbrecht des bürgerlichen Gesetzbuchs, in: Archiv für Bürgerliches Recht, 3. Bd., S. 141 ff. [zitiert: *Bähr*, ArchBürgR 3 (1890)]

Bamberger, Heinz Georg/*Roth, Herbert* (Hrsg.): Kommentar zum Bürgerlichen Gesetzbuch,
2. Bd.: §§ 611-1296, 2. Aufl., München 2008
3. Bd.: §§ 1297-2385, 2. Aufl., München 2008
[zitiert: Bamberger/Roth/*Bearbeiter*]

Baron, Julius: Das Erbrecht in dem Entwurf eines bürgerlichen Gesetzbuchs für das Deutsche Reich, in: Archiv für die Civilistische Praxis, 75. Bd., S. 177 ff. [zitiert: *Baron*, AcP 75 (1889)]

Ders.: Pandekten, 9. Aufl., Leipzig 1896 [zitiert: *Baron*, Pandekten^{9}]

Bartels (Vorname unbenannt): Ausführungen zur Besitzlehre des B.G.B., in: Beiträge zur Erläuterung des Deutschen Rechts, 42. Jg., S. 645 ff.
[zitiert: *Bartels*, Gruchots Beiträge 42 (1898)]

Baur, Fritz/*Stürner, Rolf*: Sachenrecht, 18. Aufl., München 2009
[zitiert: *Baur*/*Stürner*]

Behrends, Okko/*Knütel, Rolf*/*Kupisch, Berthold*/*Seiler, Hans Hermann* (Hrsg.): Corpus Iuris Civilis - Die Institutionen - Text und Übersetzung, 3. Aufl., Heidelberg 2007 [zitiert: *Behrends*/*Knütel*/*Kupisch*/*Seiler*, Institutionen^{3}]

Dies.: Corpus Iuris Civilis - Text und Übersetzung, auf der Grundlage der von Theodor Mommsen und Paul Krüger besorgten Textausgaben,

2. Bd.: Digesten 1-10, Heidelberg 1995
[zitiert: *Behrends/Knütel/Kupisch/Seiler*, CIC 2]

Bekker, *Ernst Immanuel*: Das Recht des Besitzes bei den Römern, Festgabe an Johann Caspar Bluntschli zum Doktorjubiläum, Leipzig 1880
[zitiert: *Bekker*]

Ders.: Zur Reform des Besitzrechts, in: Jahrbücher für die Dogmatik des heutigen römischen und deutschen Privatrechts, 30. Bd., S. 235 ff.
[zitiert: *Bekker*, Jher. Jahrb. 30 (1891)]

Benöhr, *Hans-Peter*: Die Grundlage des BGB - Das Gutachten der Vorkommission von 1874, in: Juristische Schulung 1977, S. 79 ff.
[zitiert: *Benöhr*, JuS 1977]

Beseler, *Georg*: System des gemeinen deutschen Privatrechts, 1. Abtheilung: Allgemeiner Theil - Das gemeine Landrecht, 3. Aufl., Berlin 1873
[zitiert: *Beseler*, LR]

Ders.: System des gemeinen deutschen Privatrechts, 1. Abtheilung: Allgemeiner Theil - Das allgemeine bürgerliche Recht, 4. Aufl., Berlin 1885
[zitiert: *Beseler*, BR]

Biermann, *Johannes*: Kommentar zum Bürgerlichen Gesetzbuch und seinen Nebengesetzen, Bürgerliches Gesetzbuch, 3. Buch: Sachenrecht, 3. Aufl., Berlin 1914 [zitiert: *Biermann*]

Binder, *Julius*: Die Rechtsstellung des Erben nach dem deutschen bürgerlichen Gesetzbuch, 1. Teil, Leipzig 1901 [zitiert: *Binder*]

Boehmer, *Gustav*: Eintritt des Erben in pflichtbelastete Rechtslagen des Erblassers, in: Juristische Wochenschrift 1938, S. 2634 ff.
[zitiert: *Boehmer*, JW 1938]

Ders.: Der Übergang des Pflichtlebens des Erblassers auf den Erben, in: Die Reichsgerichtspraxis im deutschen Rechtsleben, Festgabe der juristischen Fakultäten zum 50jährigen Bestehen des Reichsgerichts (1. Oktober 1929) in 6 Bänden, hrsg. v. Otto Schreiber, 3. Bd.: Zivil- und Handelsrecht (Fortsetzung), Berlin und Leipzig 1929, S. 216 ff. [zitiert: *Boehmer*]

Bömer, *Guido*: Besitzmittlungswille und mittelbarer Besitz, Tübingen 2009
[zitiert: *Bömer*]

Brauer, *Johann Nikolaus Friedrich*: Erläuterungen über den Code Napoléon und die Großherzoglich Badische bürgerliche Gesetzgebung, 2. Bd., Karlsruhe 1809 [zitiert: *Brauer*]

Brinz, *Alois*: Lehrbuch der Pandekten, 1. Bd., 2. Aufl., Erlangen 1873
[zitiert: *Brinz*]

Brox, *Hans*/*Walker*, *Wolf-Dietrich*: Erbrecht, 25. Aufl., München 2012
[zitiert: *Brox/Walker*]

Bruns, *Carl Georg*: Das Recht des Besitzes im Mittelalter und in der Gegenwart, Tübingen 1848 [zitiert: *Bruns*]

Bruns, *Viktor*: Besitzerwerb durch Interessenvertreter - Ein Beitrag zur Besitzlehre des Bürgerlichen Gesetzbuchs, Tübingen 1910
[zitiert: *V. Bruns*, Besitzerwerb]

Burchardi (Vorname unbenannt): Klage und Einrede nach preußischem Rechte, in: Kritische Vierteljahrsschrift für Gesetzgebung und Rechtswissenschaft, 1. Bd., S. 597 ff. [zitiert: *Burchardi*, Krit. Vjschr. 1 (1859)]

Coing, *Helmut*: Europäisches Privatrecht,
1. Bd.: Älteres Gemeines Recht (1500 bis 1800), München 1985
[zitiert: *Coing*, EuPR^1]
2. Bd.: 19. Jahrhundert - Überblick über die Entwicklung des Privatrechts in den ehemals gemeinrechtlichen Ländern, München 1989
[zitiert: *Coing*, EuPR^2]

Cosack, *Konrad*: Der Besitz des Erben, Weimar 1877 [zitiert: *Cosack*]

Creifelds, *Carl* (Begründer)/*Weber*, *Klaus* (Hrsg.): Creifelds Rechtswörterbuch, 19. Aufl., München 2007 [zitiert: *Creifelds*]

Crome, *Carl*: System des Deutschen Bürgerlichen Rechts, 3. Bd.: Rechte an Sachen und Rechten, Tübingen 1905 [zitiert: *Crome*]

Danzer, *Max* (Hrsg.): Das Bayerische Landrecht (Codex Maximilianeus Bavaricus civilis) vom Jahre 1756 in seiner heutigen Geltung, München 1894 [zitiert: *Danzer*]

Dernburg, *Heinrich*: Lehrbuch des Preußischen Privatrechts und der Privatrechtsnormen des Reichs, 1. Bd., 5. Aufl., Halle a. S. 1894
[zitiert: *Dernburg*, PPR 1^5]

Ders.: Pandekten, 1. Bd.: Allgemeiner Teil und Sachenrecht, 7. Aufl., Berlin 1902 [zitiert: *Dernburg*, Pandekten 1^7]

Ders.: Das Sachenrecht des Deutschen Reichs und Preußens, 4. Aufl., Halle a. S. 1908 [zitiert: *Dernburg*, Sachenrecht^4]

Düll, Rudolf: Das Zwölftafelgesetz - Texte, Übersetzungen und Erläuterungen, 7. Aufl., Zürich 1995 [zitiert: *Düll*]

Duncker, *Ludwig*: Geht der von dem Erblasser ausgeübte Besitz durch die Erbschaftsantretung auf den Erben über?, in: Zeitschrift für Civilrecht und Prozeß, 12. Bd., S. 105 ff. [zitiert: *Duncker*, ZCP 12 (1839)]

Ebenroth, *Carsten Thomas*/*Frank*, *Michael*: Die Übertragung des Besitzes vom Erblasser auf den Erben, in: Juristische Schulung 1996, S. 794 ff.
[zitiert: *Ebenroth*/*Frank*, JuS 1996]

Eck, *Ernst*: Vorträge über das Recht des Bürgerlichen Gesetzbuchs, 2. Bd., 1. und 2. Aufl., Berlin 1904 [zitiert: *Eck*]

Ehrenzweig, Armin: System des österreichischen allgemeinen Privatrechts, 1. Bd., 2. Hälfte: Das Sachenrecht, 2. Aufl., Wien 1957 [zitiert: *Ehrenzweig*, ÖPR I/2]

Eichhorn, Karl Friedrich: Einleitung in das deutsche Privatrecht mit Einschluß des Lehenrechts, 5. Ausgabe, Göttingen 1845 [zitiert: *Eichhorn*]

Eichler, Hermann: Institutionen des Sachenrechts, 2. Bd., 1. Halbbd.: Eigentum und Besitz, Berlin 1957 [zitiert: *Eichler*]

Endemann, Friedrich: Lehrbuch des Bürgerlichen Rechts, 3. Bd.: Erbrecht, 2. Hälfte, 8. und 9. Aufl., Berlin 1920 [zitiert: *Endemann*]

Enneccerus, Ludwig/Nipperdey, Hans Carl: Allgemeiner Teil des Bürgerlichen Rechts, 1. Halbbd.: Allgemeine Lehren, Personen, Rechtsobjekte, 15. Aufl., Tübingen 1959 [zitiert: *Enneccerus/Nipperdey*]

Erhard, Christian Daniel (Hrsg.): Napoleons I - Kaisers der Franzosen, Königs von Italien und Protectors des Rheinbundes - bürgerliches Gesetzbuch, Dessau und Leipzig 1808, Nachdruck, Goldbach 2001 [zitiert: *Erhard*]

Erler, Adalbert/Kaufmann, Ekkehard (Hrsg.): Handwörterbuch zur deutschen Rechtsgeschichte,
1. Bd.: Aachen-Haussuchung, Berlin 1971 [zitiert: *Bearbeiter*, in: HRG 1]
2. Bd.: Haustür-Lippe, Berlin 1978 [zitiert: *Bearbeiter*, in: HRG 2]

Erman, Walter: Erman Bürgerliches Gesetzbuch, 2. Bd.: §§ 759-2385, 13. Aufl., Köln 2011 [zitiert: Erman/*Bearbeiter*]

Ernst, Wolfgang: Eigenbesitz und Mobiliarerwerb, Tübingen 1992 [zitiert: *Ernst*]

Esser, Josef: Wert und Bedeutung der Rechtsfiktionen, Kritisches zur Technik der Gesetzgebung und zur bisherigen Dogmatik des Privatrechts, Frankfurt am Main 1940 [zitiert: *Esser*]

Ferid, Murad: Das Französische Zivilrecht,
2. Bd.: Schuldrecht: Die einzelnen Schuldverhältnisse - Sachenrecht, 2. Aufl., Heidelberg 1986 [zitiert: *Ferid/Sonnenberger* II]
3. Bd.: Familienrecht · Erbrecht, 2. Aufl., Heidelberg 1987 [zitiert: *Ferid/Ferid* III]

Flach, Dieter (Hrsg.): Das Zwölftafelgesetz - Leges XII Tabularum, Darmstadt 2004 [zitiert: *Flach*]

Förster, Franz/Eccius, Max Ernst: Preußisches Privatrecht,
3. Bd.: Das Sachenrecht, 6. Aufl., Berlin 1892 [zitiert: *Förster/Eccius*, PPR 3^6]
4. Bd.: Familienrecht - Erbrecht - Recht der juristischen Personen, 6. Aufl., Berlin 1893 [zitiert: *Förster/Eccius*, PPR 4^6]

Gengler, Heinrich Gottfried: Das Deutsche Privatrecht in seinen Grundzügen für Studierende, 3. Aufl., Erlangen 1876 [zitiert: *Gengler*]

Gerber, *Carl Friedrich von*/*Cosack*, *Konrad*: System des Deutschen Privatrechts - auf der Grundlage des Entwurfs eines bürgerlichen Gesetzbuchs für das Deutsche Reich, 17. Aufl., Jena 1895 [zitiert: *Gerber*/*Cosack*]
Gierke, *Otto*: Der Entwurf eines bürgerlichen Gesetzbuchs und das deutsche Recht, Leipzig 1889 [zitiert: *Gierke*, Entwurf]
Ders.: Deutsches Privatrecht, 2. Bd.: Sachenrecht, Leipzig 1905 [zitiert: *Gierke*, DPR 2]
Gierke, *Julius von*: Das Sachenrecht des bürgerlichen Rechts, 4. Aufl., Berlin und Frankfurt a. M. 1959 [zitiert: *J. Gierke*]
Gneist, *Rudolphus*: Institutionum et Regularum Iuris Romani Syntagma, Editio altera aucta emendata, Lipsiae 1880 [zitiert: *Gneist*]
Gruchot, *Julius Albert*: Preußisches Erbrecht, in Glossen zum Allgemeinen Landrecht auf römischer und germanischer Grundlage, unter Berücksichtigung der neueren Gesetzgebungen, 1. Bd., Berlin 1865 [zitiert: *Gruchot*]
Gursky, *Karl-Heinz*: Nachträglicher guter Glaube, in: Juristische Rundschau 1986, S. 225 ff. [zitiert: *Gursky*, JR 1986]
Hartung, *Frank*: Besitz und Sachherrschaft, Berlin 2001 [zitiert: *Hartung*]
Hattenhauer, *Hans*: Allgemeines Landrecht für die Preußischen Staaten von 1794 - Textausgabe - Mit einer Einführung von Hans Hattenhauer und einer Bibliographie von Günther Bernert, Frankfurt am Main·Berlin 1970 [zitiert: *Hattenhauer*]
Heck, *Philipp*: Grundriß des Sachenrechts, Tübingen 1930, 2. Nachdruck, Aalen 1970 [zitiert: *Heck*]
Heimbach, *Carl Wilhelm Ernst*: Lehrbuch des particulären Privatrechts, Jena 1848 [zitiert: *Heimbach*]
Heusler, *Andreas*: Die Gewere, Weimar 1872 [zitiert: *Heusler*]
Heymann, *Ernst*: Die dingliche Wirkung der handelsrechtlichen Traditionspapiere (Konnossement, Ladeschein, Lagerschein), in: Festgabe für Felix Dahn zu seinem fünfzigjährigen Doktorjubiläum, 3. Teil: Recht der Gegenwart, Breslan 1905, S. 133 ff. [zitiert: *Heymann*, in: FG Dahn]
Jakobs, *Horst Heinrich*: Error falsae causae, in: Festschrift für Werner Flume zum 70. Geburtstag, 12. September 1978, hrsg. v. Horst Heinrich Jakobs, Brigitte Knobbe-Keuk, Eduard Picker und Jan Wilhelm, 1. Bd., Köln 1978, S. 43 ff. [zitiert: *Jakobs*, in: FS Flume]
Ders./*Schubert*, *Werner* (Hrsg.): Die Beratung des Bürgerlichen Gesetzbuchs in systematischer Zusammenstellung der unveröffentlichten Quellen,
Materialien zur Entstehungsgeschichte des BGB - Einführung, Biographien, Materialien, Berlin·New York 1978
[zitiert: *Jakobs*/*Schubert*, Materialien]
Sachenrecht I, §§ 854-1017, Berlin·New York 1985

[zitiert: *Jakobs/Schubert*, Sachenrecht]

Jhering, *Rudolf*: Beiträge zur Lehre vom Besitz, in: Jahrbücher für die Dogmatik des heutigen römischen und deutschen Privatrechts, 9. Bd., S. 1 ff. = Beiträge zur Lehre vom Besitz, Jena 1868 = Ueber den Grund des Besitzesschutzes - Eine Revision der Lehre vom Besitz, 2. Aufl., Jena 1869 [zitiert: *Jhering*, Besitzschutz^2]

Jhering, *Rudolf von*: Der Besitzwille - zugleich eine Kritik der herrschenden juristischen Methode, Jena 1889, Nachdruck, Aalen 1968 [zitiert: *Jhering*, Besitzwille]

Kaser, *Max*: Die Typen der römischen Bodenrechte in der späteren Republik, in: Zeitschrift der Savigny-Stiftung für Rechtsgeschichte, Romanistische Abteilung, 62. Bd., S. 1 ff. [zitiert: *Kaser*, SZ 62 (1942)]

Ders.: Eigentum und Besitz im älteren römischen Recht, 2. Aufl., Köln·Graz 1956 [zitiert: *Kaser*, Eigentum und Besitz]

Ders.: Das Römische Privatrecht,
1. Abschnitt: Das altrömische, das vorklassische und klassische Recht, 2. Aufl., München 1971 [zitiert: *Kaser*, RP 1^2];
2. Abschnitt: Die nachklassischen Entwicklungen, 2. Aufl., München 1975 [zitiert: *Kaser*, RP 2^2]

Ders.: Römische Rechtsgeschichte, 2. Aufl., Göttingen 1967, 4. Nachdruck, Göttingen 1986 [zitiert: *Kaser*, RRG^2]

Ders./Knütel, *Rolf*: Römisches Privatrecht, 19. Aufl., München 2008 [zitiert: *Kaser/Knütel*]

Kipp, *Theodor/Coing*, *Helmut*: Erbrecht, 14. Bearbeitung, Tübingen 1990 [zitiert: *Kipp/Coing*]

Klang, *Heinrich* (Hrsg.): Kommentar zum Allgemeinen bürgerlichen Gesetzbuch, 6. Bd.: §§ 1293-1502, 2. Aufl., Wien 1951 [zitiert: Klang/*Bearbeiter*]

Knütel, *Rolf*: Bösgläubiger Erblasser - gutgläubiger Erbe, in: Festschrift für Hermann Lange zum 70. Geburtstag am 24. Januar 1992, hrsg. v. Dieter Medicus, Hans-Joachim Mertens, Knut Wolfgang Nörr und Wolfgang Zöllner, Stuttgart Berlin Köln 1992, S. 903 ff. [zitiert: *Knütel*, in: FS Lange]

Ders.: Spaziergänge im römischen Recht, Schriften der europäischen Rechtswissenschaften, 1. Bd., Seoul 2006 (mit koreanischer Übersetzung von Yu-Cheol Shin) [zitiert: *Knütel*]

Ders./Kupisch, *Berthold/Rüfner*, *Thomas/Seiler*, *Hans Hermann* (Hrsg.): Corpus Iuris Civilis - Text und Übersetzung, auf der Grundlage der von Theodor Mommsen und Paul Krüger besorgten Textausgaben, 5. Bd.: Digesten 28 bis 34, Heidelberg 2012 [zitiert: *Knütel/Kupisch/Rüfner/Seiler*, CIC 5]

Koch, *Christian Friedrich*: Das Preußische Erbrecht aus dem gemeinen deutschen Rechte, Berlin, 1866 [zitiert: *Koch*, PE]
Ders.: Allgemeines Landrecht für die Preußischen Staaten, 1. Bd., 7. Ausgabe, Berlin 1878 [zitiert: *Koch*, ALR[7]]
Koeppen, *Carl Friedrich Albert*: System des heutigen römischen Erbrechts, Jena 1862 [zitiert: *Koeppen*]
Köhler, *Helmut*: BGB Allgemeiner Teil, 36. Aufl., München 2012 [zitiert: *Köhler*]
Koziol, *Helmut*/*Bydlinski*, *Peter*/*Bollenberger*, *Raimund* (Hrsg.): Kurzkommentar zum ABGB, 2. Aufl., Wien·New York 2007 [zitiert: KBB/*Bearbeiter*]
Koziol, *Helmut*/*Welser*, *Rudolf*: Grundriss des bürgerlichen Rechts,
1. Bd.: Allgemeiner Teil, Sachenrecht, Familienrecht, 13. Aufl., Wien 2006 [zitiert: *Koziol*/*Welser* I]
2. Bd.: Schuldrecht Allgemeiner Teil, Schuldrecht Besonderer Teil, Erbrecht, 13. Aufl., Wien 2007 [zitiert: *Koziol*/*Welser* II]
Krämer, *Gerd*: Bernsteinzimmer-Mosaik: Ersitzung durch den gutgläubigen Erben des bösgläubigen Besitzers?, in: Neue Juristische Wochenschrift 1997, S. 2580 ff. [zitiert: *Krämer*, NJW 1997]
Kreittmayr, *Wiguleus Xaverius Aloysius von*: Anmerkungen über den Codicem Maximilianeum bavaricum civilem, worin derselbe sowohl mit dem gemein- als ehemalig Baierischen Land-Rechte genau kollationirt, Neue unveränderte Aufl.,
II. Theil, München 1821 [zitiert: *Kreittmayr*, Anmerkungen 2]
III. Theil, München 1821 [zitiert: *Kreittmayr*, Anmerkungen 3]
Kress, *Hugo*: Besitz und Recht - Eine civilrechtliche Abhandlung, Nürnberg und Leipzig 1909 [zitiert: *Kress*]
Kretzschmar, *Ferdinand*: Das Sachenrecht des Bürgerlichen Gesetzbuchs, Leipzig 1906 [zitiert: *Kretzschmar*]
Krueger, *Paulus*: Corpus Iuris Civilis, Volumen Secundum: Codex Iustinianus, 12. Aufl., Berolini 1959 [zitiert: *Krueger*, CIC 2]
Kunkel, *Wolfgang*/*Schermaier*, *Martin Josef*: Römische Rechtsgeschichte, 14. Aufl., Köln Weimar Wien 2005 [zitiert: *Kunkel*/*Schermaier*]
Lange, *Heinrich* (vorgelegt von): Erwerb, Sicherung und Abwicklung der Erbschaft - 4. Denkschrift des Erbrechtsausschusses der Akademie für Deutsches Recht, Tübingen 1940 [zitiert: *Lange*, Denkschrift]
Ders.: Besondere Fälle des § 857 BGB, in: Festschrift für Wilhelm Felgentraeger zum 70. Geburtstag, überreicht von Max Kaser, Werner Weber, Werner Thieme und Franz Wieacker, Göttingen 1969, S. 295 ff. [zitiert: *Lange*, in: FS Felgentraeger]
Ders./*Kuchinke*, *Kurt*: Erbrecht, 5. Aufl., München 2001

[zitiert: *Lange/Kuchinke*]
Lange, Hermann: Römisches Recht im Mittelalter, 1. Bd.: Die Glossatoren, München 1997 [zitiert: *Lange*, RR 1]
Ders./Kriechbaum, Maximiliane: Römisches Recht im Mittelalter, 2. Bd.: Die Kommentatoren, München 2007 [zitiert: *Lange/Kriechbaum*, RR 2]
Larenz, Karl: Lehrbuch des Schuldrechts, 2. Bd.: Besonderer Teil, 1. Halbbd., 13. Aufl., München 1986 [zitiert: *Larenz*]
Laufs, Adolf: Die Begründung der Reichskompetenz für das gesamte bürgerliche Recht - Ein Beitrag zur Geschichte der deutschen Rechtseinheit, in: Juristische Schulung 1973, S. 740 ff. [zitiert: *Laufs*, JuS 1973]
Leonhard, Franz: Kommentar zum Bürgerlichen Gesetzbuche und seinen Nebengesetzen, Bürgerliches Gesetzbuch, 5. Buch: Erbrecht, 2. Aufl., Berlin 1912 [zitiert: *Leonhard*]
Mansfeld, Birgit/Moselle, Karl: Der praktische Fall, in: Juristische Schulung 1979, S. 426 ff. [zitiert: *Mansfeld/Moselle*, JuS 1979]
Manthe, Ulrich: Gaius Institutiones - Die Institutionen des Gaius, 2. Aufl., Darmstadt 2010 [zitiert: *Manthe*]
Marcus (Vorname unbenannt): Die Testamentsvollstreckung nach dem Bürgerlichen Gesetzbuch, in: Sächsisches Archiv für Bürgerliches Recht und Prozeß, 8. Bd., S. 53 ff. [zitiert: *Marcus*, SächArchv 8 (1898)]
Michel, Erich: Probleme des Erbenbesitzes nach § 857 BGB, Bochum 1990 [zitiert: *Michel*]
Mitteis, Heinrich/Lieberich, Heinz: Deutsches Privatrecht, 9. Aufl., München 1981 [zitiert: *Mitteis/Lieberich*]
Mittermaier, Carl Joseph Anton: Grundsätze des gemeinen deutschen Privatrechts mit Einschluß des Handels-, Wechsel- und Seerechts,
1. Bd., 6. Ausgabe, Regensburg 1842 [zitiert: *Mittermaier*, GDPR 1^6]
2. Bd., 6. Ausgabe, Regensburg 1843 [zitiert: *Mittermaier*, GDPR 2^6]
Mommsen, Friedrich: Entwurf eines Deutschen Reichsgesetzes über das Erbrecht nebst Motiven, Braunschweig 1876 [zitiert: *Fr. Mommsen*]
Mommsen, Theodorus/Krueger, Paulus: Corpus Iuris Civilis, Volumen Primum: Institutiones (Paulus Krueger) und Digesta (Theodorus Mommsen), 16. Aufl., Berolini 1954 [zitiert: *Mommsen/Krueger*, CIC 1]
Mommsen, Theodor/Meyer, Paulus M.: Theodosiani Libri XVI cum Constitutionibus Sirmondianis et Leges Novellae ad Theodosianum Pertinentes, Volumen II, Berolini 1905 [zitiert: *Mommsen/Meyer*]
Mugdan, Benno (Hrsg.): Die gesammten Materialien zum Bürgerlichen Gesetzbuch für das Deutsche Reich,
2. Bd.: Recht der Schuldverhältnisse, Berlin 1899 [zitiert: *Mugdan* II]
3. Bd.: Sachenrecht, Berlin 1899 [zitiert: *Mugdan* III]

5. Bd.: Erbrecht, Berlin 1899 [zitiert: *Mugdan* V]
Müller-Erzbach, Rudolf: Der Durchbruch des Interessentenrechts durch allgemeine Rechtsprinzipien, in: Jherings Jahrbücher für die Dogmatik des bürgerlichen Rechts, 53. Bd., S. 331 ff.
[zitiert: *Müller-Erzbach*, Jher. Jahrb. 53 (1908)]
Muscheler, Karlheinz: Erbrecht,
1. Bd., Tübingen 2010 [zitiert: *Muscheler* I]
2. Bd., Tübingen 2010 [zitiert: *Muscheler* II]
Naendrup, Hubert: Die Ersitzung als Rechtscheinswirkung, in: Die Reichsgerichtspraxis im deutschen Rechtsleben, Festgabe der juristischen Fakultäten zum 50jährigen Bestehen des Reichsgerichts (1. Oktober 1929) in 6 Bänden, hrsg. v. Otto Schreiber, 3. Bd.: Zivil- und Handelsrecht (Fortsetzung), Berlin und Leipzig 1929, S. 35 ff. [zitiert: *Naendrup*]
Nelson, Hein L. W./Manthe, Ulrich: Gai Institutiones III 182-225 - Die Deliktsobligationen, Text und Kommentar, Berlin 2007 [zitiert: *Nelson/Manthe*]
Otto, Carl Ed./Schilling, Bruno/Sintenis, Carl Friedrich Ferdinand (Hrsg.): Das Corpus Juris Civilis in's Deutsche übersetzt von einem Vereine Rechtsgelehrter,
4. Bd., Leipzig 1832 [zitiert: *Otto/Schilling/Sintenis*, CIC 4]
5. Bd., Leipzig 1832 [zitiert: *Otto/Schilling/Sintenis*, CIC 5]
Palandt, Otto: Palandt Bürgerliches Gesetzbuch mit Nebengesetzen, 71. Aufl., München 2012 [zitiert: Palandt/*Bearbeiter*]
Pfeiffer, Burkhard Wilhelm: Practische Ausführungen aus allen Theilen der Rechtswissenschaft - Mit Erkenntnissen des Oberappellationsgerichts zu Cassel, 1. Bd., Hannover 1825 [zitiert: *Pfeiffer*]
Phillips (Vorname unbenannt): Ueber das Rechtssprüchwort: „der Todte erbt den Lebendigen.“, in: Zeitschrift für geschichtliche Rechtswissenschaft, 7. Bd., S. 1 ff. [zitiert: *Phillips*, ZGRW 7 (1831)]
Phillips, Georg: Grundsätze des gemeinen Deutschen Privatrechts mit Einschluß des Lehnrechts, 2. Bd., 3. Aufl., Berlin 1846 [zitiert: *Phillips*]
Planck, Gottlieb: Planck´s Kommentar zum Bürgerlichen Gesetzbuch nebst Einführungsgesetz,
3. Bd.: Sachenrecht, 1. Hälfte: §§ 854-1112, 5. Aufl., Berlin und Leipzig 1933
3. Bd.: Sachenrecht, 2. Hälfte: §§ 1113-1296, 5. Aufl., Berlin und Leipzig 1938
5. Bd.: Erbrecht, 4. Aufl., Berlin und Leipzig 1930
[zitiert: Planck/*Bearbeiter*]
Puchta, Friedrich Georg: Pandekten, 12. Aufl., Leipzig 1877 [zitiert: *Puchta*]

Randa, Anton: Der Besitz nach österreichischem Rechte, 4. Aufl., Leipzig 1895 [zitiert: *Randa*]

Renaud (Vorname unbenannt): Die französische Rechtsregel „le mort saisit le vif", aus ihrer romanischen Grundlage und dem droit coutumier erläutert, und deren Anwendung im Civilcodex, in: Kritische Zeitschrift für Rechtswissenschaft und Gesetzgebung des Auslandes, 19. Bd., S. 99 ff., S. 279 ff. und S. 376 ff.
[zitiert: *Renaud*, Krit.Zs.Rechtsw.Ausland 19 (1847)]

Reyscher (Vorname unbenannt): Die Ueberlieferung der Rechte durch Sprichwörter, in: Zeitschrift für deutsches Recht und deutsche Rechtswissenschaft, 5. Bd., S. 189 ff. [zitiert: *Reyscher*, ZfdeuR.deuRW. 5 (1841)]

Reyscher, August Ludwig: Das gesammte württembergische Privatrecht, 1. Bd., 2. Aufl., Tübingen 1846 [zitiert: *Reyscher*]

RGRK: Das Bürgerliche Gesetzbuch mit besonderer Berücksichtigung der Rechtsprechung des Reichsgerichts und des Bundesgerichtshofes, hrsg. v. Mitgliedern des Bundesgerichtshofes,
2. Bd., 6. Teil: §§ 832-853, 12. Aufl., Berlin·New York 1989
3. Bd., 1. Teil: §§ 854-1011, 12. Aufl., Berlin·New York 1979
[zitiert: RGRK/*Bearbeiter*]

Rohde, Ernst: Studien im Besitzrecht,
1. Abschnitt: Begriff und Wesen des Besitzes, Düsseldorf 1909
[zitiert: *Rohde* I]
18. Abschnitt: Der Erbenbesitz des BGB, Düsseldorf 1911
[zitiert: *Rohde* XVIII]

Roland, Henri/Boyer, Laurent: Adages du droit français, quatrième édition, Paris 1999 [zitiert: *Roland/Boyer*]

Rosenberg, Leo: Sachenrecht, 1. Halbbd.: Besitz (§§ 854-872). Allgemeine Vorschriften über Rechte an Grundstücken (§§ 873-902), München 1919
[zitiert: *Rosenberg*]

Roth, Paul: Bayrisches Civilrecht,
2. Theil, Tübingen 1872 [zitiert: *Roth*, BCR 2]
3. Theil, Tübingen 1875 [zitiert: *Roth*, BCR 3]

Rummel, Peter (Hrsg.): Kommentar zum Allgemeinen bürgerlichen Gesetzbuch,
1. Bd.: §§ 1 bis 1174 ABGB, 3. Aufl., Wien 2000
2. Bd.: §§ 1175 bis 1502 ABGB; Nebengesetze, 3. Teil: §§ 1342 bis 1502 ABGB, 3. Aufl., Wien 2002 [zitiert: Rummel/*Bearbeiter*]

Säcker, Franz Jürgen/Rixecker, Roland (Hrsg.): Münchener Kommentar zum Bürgerlichen Gesetzbuch,
4. Bd.: Schuldrecht·Besonderer Teil II - §§ 611-704, 5. Aufl., München 2009

5. Bd.: Schuldrecht·Besonderer Teil III - §§ 705-853, 5. Aufl., München 2009
6. Bd.: Sachenrecht - §§ 854-1296, 5. Aufl., München 2009
9. Bd.: Erbrecht - §§ 1922-2385, 5. Aufl., München 2010
[zitiert: MüKo/*Bearbeiter*]

Sandhaas, Georg: Germanistische Abhandlungen, Gießen 1852
[zitiert: *Sandhaas*]

Sandtner, Walter: Kritik der Besitzlehre, München 1968 [zitiert: *Sandtner*]

Savigny, Friedrich Carl von: Das Recht des Besitzes, 6. Aufl., Giessen 1837
[zitiert: Savigny, Besitz[6]]

Ders.: Vom Beruf unsrer Zeit für Gesetzgebung und Rechtswissenschaft, Heidelberg 1814, Nachdruck in: Thibaut und Savigny - Ihre programmatischen Schriften, hrsg. v. Hans Hattenhauer, 2. Aufl., München 2002, S. 61 ff. [zitiert: *Savigny*, Beruf (= Ausgabe Hattenhauer)]

Ders.: System des heutigen Römischen Rechts, 2. Bd., Berlin 1840
[zitiert: *Savigny*, System II]

Schmelzeisen, G. K.: Die Relativität des Besitzbegriffs, in: Archiv für die civilistische Praxis, 136. Bd., S. 38 ff. [zitiert: *Schmelzeisen*, AcP 136 (1932)]

Schubert, Werner: Die Entstehung der Vorschriften des BGB über Besitz und Eigentumsübertragung - Ein Beitrag zur Entstehungsgeschichte des BGB, Berlin 1966 [zitiert: *Schubert*]

Ders. (Hrsg.): Die Vorlagen der Redaktoren für die erste Kommission zur Ausarbeitung des Entwurfs eines Bürgerlichen Gesetzbuches,
Sachenrecht, Teil 1: Allgemeine Bestimmungen, Besitz und Eigentum, Verfasser: Reinhold Johow, Berlin·New York 1982 [zitiert: VorE SaR I]
Erbrecht, Teil 1: Testament, Erbeinsetzungsvertrag, Gesetzeserben, Pflichtteilsberechtigte, Verfasser: Gottfried von Schmitt, Berlin·New York 1984 [zitiert: VorE ErbR I]
Erbrecht, Teil 2: Vertragsmäßiger Erbverzicht, Erwerbung der Erbschaft, Rechtsverhältnis des Erben. Änderungsvorschläge von 1886. Vorlagen von 1876 und 1877., Verfasser: Gottfried von Schmitt, Berlin·New York 1984 [zitiert: VorE ErbR II]

Schwimann, Michael (Hrsg.): Praxiskommentar zum ABGB samt Nebengesetzen,
2. Bd.: §§ 285-530 ABGB, 2. Aufl., Wien 1998
7. Bd.: §§ 1293-1502 ABGB, 2. Aufl.,Wien 1997
[zitiert: Schwimann/*Bearbeiter*]

Seckel, Emil/*Kuebler, Bernhard* (Hrsg.): Gai Institutiones, octavam editionem, Lipsiae 1939 [zitiert: *Seckel*/*Kuebler*]

Seuffert, *Johann Adam*: Praktisches Pandektenrecht, 3. Bd., 3. Aufl., Würzburg 1852 [zitiert: *Seuffert*]

Siebert, *Wolfgang*: Die besitzrechtliche Grundlage der dinglichen Wirkung der Traditionspapiere, in: Zeitschrift für das Gesamte Handelsrecht und Konkursrecht, 93. Bd., S. 1 ff. [zitiert: *Siebert*, ZHR 93 (1929)]

Soergel, *Hans Theodor*: Soergel Kommentar zum Bürgerlichen Gesetzbuch, Bürgerliches Gesetzbuch mit Einführungsgesetz und Nebengesetzen,
12. Bd.: Schuldrecht 10 - §§ 823-853, 13. Aufl., Stuttgart 2005
14. Bd.: Sachenrecht 1 - §§ 854-984, 13. Aufl., Stuttgart 2002
21. Bd.: Erbrecht 1 - §§ 1922-2063, 13. Aufl., Stuttgart 2002
22. Bd.: Erbrecht 2 - §§ 2064-2273, 13. Aufl., Stuttgart 2002/2003
[zitiert: Soergel/*Bearbeiter*]

Sohm, *Rudolph*/*Mitteis*, *Ludwig* (Bearbeiter)/*Wenger*, *Leopold* (Hrsg.): Institutionen - Geschichte und System des römischen Privatrechts, 17. Aufl., München und Leipzig 1923 [zitiert: *Sohm*/*Mitteis*/*Wenger*]

Sosnitza, *Olaf*: Besitz und Besitzschutz - Sachherrschaft zwischen faktischem Verhältnis, schuldrechtlicher Befugnis und dinglichem Recht, Tübingen 2003 [zitiert: *Sosnitza*]

Stammler, *Rudolf*: Deutsches Rechtsleben in alter und neuer Zeit, 1. Bd.: Im alten Reich, München 1932 [zitiert: *Stammler*]

Staudinger, *Julius von*: J. von Staudingers Kommentar zum Bürgerlichen Gesetzbuch mit Einführungsgesetz und Nebengesetzen,
2. Buch: §§ 611-613, 16. Aufl., Berlin 2011
2. Buch: §§ 830-838, 15. Aufl., Berlin 2008
3. Buch: §§ 854-882, 15. Aufl., Berlin 2007
3. Buch: §§ 925-984, 16. Aufl., Berlin 2011
3. Buch: §§ 985-1011, 15. Aufl., Berlin 2006
5. Buch: §§ 1922-1966, 15. Aufl., Berlin 2008
5. Buch: §§ 1967-2063, 16. Aufl., Berlin 2010
5. Buch: §§ 2064-2196, 15. Aufl., Berlin 2003
5. Buch: §§ 2197-2228, 16. Aufl., Berlin 2012
[zitiert: Staudinger/*Bearbeiter*]

Stobbe, *Otto* (Bearbeiter): Geschichte der Deutschen Rechtsquellen, 1. Bd., 2. Abtheilung, Braunschweig 1864 [zitiert: *Stobbe*]

Ders.: Handbuch des Deutschen Privatrechts,
2. Bd., 1. Halbbd., 3. Aufl., Berlin 1896 [zitiert: *Stobbe*, DPR II/1]
5. Bd., 1. und 2. Aufl., Berlin 1885 [zitiert: *Stobbe*, DPR V]

Strohal (Vorname unbenannt): Zum Besitzrecht des Entwurfs eines bürgerlichen Gesetzbuchs für das Deutsche Reich, in: Jahrbücher für die Dogmatik des heutigen römischen und deutschen Privatrechts, 29. Bd., S. 336 ff.

[zitiert: *Strohal*, Jher. Jahrb. 29 (1890)]
Strohal, Emil: Der Sachbesitz nach dem B.G.B., in: Jherings Jahrbücher für die Dogmatik des bürgerlichen Rechts, 38. Bd., S. 1 ff.
[zitiert: *Strohal*, Jher. Jahrb. 38 (1898)]
Ders.: Das deutsche Erbrecht auf Grundlage des Bürgerlichen Gesetzbuchs, 2. Bd., 3. Aufl., Berlin 1904 [zitiert: *Strohal*, Erbrecht 2^3]
Stubenrauch, Moriz von: Commentar zum österreichischen allgemeinen bürgerlichen Gesetzbuche,
1. Bd., 8. Aufl., Wien 1902 [zitiert: *Stubenrauch*, Commentar 1^8]
2. Bd., 8. Aufl., Wien 1903 [zitiert: *Stubenrauch*, Commentar 2^8]
Thibaut, Anton Friedrich Justus: Ueber die Nothwendigkeit eines allgemeinen bürgerlichen Rechts für Deutschland, Heidelberg 1814, Nachdruck in: Thibaut und Savigny - Ihre programmatischen Schriften, hrsg. v. Hans Hattenhauer, 2. Aufl., München 2002, S. 37 ff.
[zitiert: *Thibaut*, Notwendigkeit (= Ausgabe Hattenhauer)]
Tilch, Horst/Arloth, Frank (Hrsg.): Deutsches Rechts-Lexikon, 3. Bd.: Q-Z, 3. Aufl., Müchen 2001 [zitiert: Lexikon/*Bearbeiter*]
Turnau, Wilhelm Franz August/Förster, Konrad: Das Liegenschaftsrecht nach den deutschen Reichsgesetzen und den preußischen Ausführungsbestimmungen, 1. Bd.: Das Sachenrecht des Bürgerlichen Gesetzbuchs, 3. Aufl., Paderborn 1906 [zitiert: *Turnau/Förster*]
Vangerow, Karl Adolph von: Lehrbuch der Pandekten, 1. Bd., 7. Aufl., Marburg und Leipzig 1863 [zitiert: *Vangerow*]
Waldstein, Wolfgang/Rainer, J. Michael: Römische Rechtsgeschichte, 10. Aufl., München 2005 [zitiert: *Waldstein/Rainer*]
Walter, Ferdinand: System des gemeinen deutschen Privatrechts, Bonn 1855 [zitiert: *Walter*]
Weimar, Wilhelm: Die Vererblichkeit des Besitzes, in: Monatsschrift für Deutsches Recht 1965, S. 109 f. [zitiert: *Weimar*, MDR 1965]
Ders.: Zur Vererblichkeit des Besitzes, in: Monatsschrift für Deutsches Recht 1969, S. 282 f. [zitiert: *Weimar*, MDR 1969]
Wendt, Otto: Besitz und Inhabung. Entwurf eines bürgerlichen Gesetzbuches für das deutsche Reich. Drittes Buch. Zweiter Abschnitt., in: Archiv für die Civilistische Praxis, 74. Bd., S. 135 ff. [zitiert: *Wendt*, AcP 74 (1889)]
Wendt (Vorname unbenannt): Der mittelbare Besitz des bürgerlichen Gesetzbuches, in: Archiv für die Civilistische Praxis, 87. Bd., S. 40 ff.
[zitiert: *Wendt*, AcP 87 (1897)]
Wesel, Uwe: Geschichte des Rechts - Von den Frühformen bis zur Gegenwart, 3. Aufl., München 2006 [zitiert: *Wesel*]
Westermann, Harry: Sachenrecht, 7. Aufl., Heidelberg 1998

[zitiert: *Westermann/Bearbeiter*]

Wieacker, Franz: Privatrechtsgeschichte der Neuzeit unter besonderer Berücksichtigung der deutschen Entwicklung, 2. Aufl., Göttingen 1967
[zitiert: *Wieacker*]

Ders.: Römische Rechtsgeschichte - Quellenkunde, Rechtsbildung, Jurisprudenz und Rechtsliteratur,
1. Abschnitt: Einleitung · Quellenkunde, Frühzeit und Republik, München 1988 [zitiert: *Wieacker*, RRG 1]
2. Abschnitt: Die Jurisprudenz vom frühen Prinzipat bis zum Ausgang der Antike im weströmischen Reich und die oströmische Rechtswissenschaft bis zur Justinianischen Gesetzgebung, hrsg. v. Joseph Georg Wolf, München 2006 [zitiert: *Wieacker*, RRG 2]

Wieling, Hans Josef: Sachenrecht, 1. Bd.: Sachen, Besitz und Rechte an beweglichen Sachen, 2. Aufl., Berlin·Heidelberg 2006 [zitiert: *Wieling*]

Wieling, Hans: Voraussetzungen, Übertragung und Schutz des mittelbaren Besitzes, in: Archiv für die civilistische Praxis, 184. Bd., S. 439 ff.
[zitiert: *Wieling*, AcP 184 (1984)]

Windscheid, Bernhard/Kipp, Theodor: Lehrbuch des Pandektenrechts,
1. Bd., 9. Aufl., Frankfurt am Main 1906
[zitiert: *Windscheid/Kipp*, Pandekten 1^9]
3. Bd., 9. Aufl., Frankfurt am Main 1906
[zitiert: *Windscheid/Kipp*, Pandekten 3^9]

Wolf, Manfred: Die Eigentumsvermutung des § 1006 BGB - BGH, NJW 1984, 1456, in: Juristische Schulung 1985, S. 941 ff. [zitiert: *Wolf*, JuS 1985]

Wolff, Martin: Der Mitbesitz nach dem Rechte des Bürgerlichen Gesetzbuches für das Deutsche Reich, in: Jherings Jahrbücher für die Dogmatik des bürgerlichen Rechts, 44. Bd., S. 143 ff.
[zitiert: *Wolff*, Jher. Jahrb. 44 (1902)]

Ders./Raiser, Ludwig: Sachenrecht, 10. Bearbeitung, Tübingen 1957
[zitiert: *Wolff/Raiser*]

Zachariä von Lingenthal, Carl Salomo: Handbuch des Französischen Civilrechts, 4. Bd., 6. Aufl., Heidelberg 1875 [zitiert: *Zachariä*]

Ders./Crome, Carl (Bearbeiter): Handbuch des Französischen Civilrechts, 1. Bd., 8. Aufl., Freiburg i. B. 1894 [zitiert: *Zachariä/Crome*]

Zeiller, Franz von: Commentar über das allgemeine bürgerliche Gesetzbuch für die gesammten Deutschen Erbländer der Oesterreichischen Monarchie,
1. Bd., Wien und Triest 1811 [zitiert: *Zeiller* I]
2. Bd., 2. Abtheilung, Wien und Triest 1812 [zitiert: *Zeiller* II/2]

RECHTSHISTORISCHE REIHE

Die nachfolgende Liste führt die Titel der "Rechtshistorischen Reihe" ab Band 300 auf.
Eine vollständige Übersicht aller bisher in der Reihe erschienenen Bücher
finden Sie auf www.peterlang.de.

Band 300 Jan Kohlmann: Der Marsch zu den Gräbern von Karl und Rosa. Geschichte eines Gedenktages. 2004.

Band 301 Christian Rainer Schlicht: Die kumulative Schuldübernahme in der Rechtsprechung des Reichsgerichts und in der zeitgenössischen Literatur. 2004.

Band 302 Hans Peter Glöckner: Positive Vertragsverletzung. Die Geburt eines Rechtsinstituts. 2006.

Band 303 João Manuel Azevedo Alexandrino Fernandes: Die Theorie der Interpretation des Gesetzes bei Francisco Suárez. 2005.

Band 304 René Funk: Die Wahlprüfung der volksgewählten Abgeordneten der Volksvertretungen im Frühkonstitutionalismus. Eine Untersuchung der Wahlprüfung in den Kammern der Abgeordneten des Großherzogtums Baden, des Königreichs Württemberg und des Großherzogtums Hessen. 2005.

Band 305 Carolin O'Sullivan. Die Ahndung von Rechtsbrüchen der Seeleute im mittelalterlichen hamburgischen und hansischen Seerecht (1301-1482). 2005.

Band 306 Martin Jürgens: Staat und Reich bei Ernst Rudolf Huber. Sein Leben und Werk bis 1945 aus rechtsgeschichtlicher Sicht. 2005.

Band 307 Florian G. Dürselen: Franz Beyerle (1885-1977). Leben, Ära und Werk eines Rechtshistorikers. 2005.

Band 308 Kai Bandilla: Urheberrecht im Kaiserreich. Der Weg zum Gesetz betreffend das Urheberrecht an Werken der Literatur und Tonkunst vom 19. Juni 1901. 2005.

Band 309 Stefan Mieth: Die Entwicklung des Denkmalrechts in Preußen 1701-1947. 2005.

Band 310 Catharina Lodemann: Die Geschichte des französischen *acte de gouvernement*. 2005.

Band 311 Christina Wicke: Kodifikationsbestrebungen und Wissenschaft in Hessen-Darmstadt im vorkonstitutionellen Zeitalter. Zu der Beteiligung der Gießener Rechtsprofessoren an den Gesetzgebungsarbeiten in Hessen-Darmstadt in der Zeit zwischen 1769 und 1820. 2005.

Band 312 Christiane Chlosta: Nur dem Gesetz unterworfen? Eine rechtsgeschichtliche Untersuchung zu Idee und Wirklichkeit richterlicher Gesetzestreue unter besonderer Berücksichtigung der Aufwertungsrechtsprechung und des richterlichen Prüfungsrechts. 2005.

Band 313 Kathrin Dirr: Hoheitsrechtliche Streitigkeiten zwischen den Kölner Erzbischöfen und der Stadt Köln auf Grundlage reichskammergerichtlicher Verfahren des 16. und 17. Jahrhunderts. 2005.

Band 314 Michael Racky: Die Diskussion über Gewaltenteilung und Gewaltentrennung im Vormärz. 2005.

Band 315 Petra Thiemrodt: Die Entstehung des Staatshaftungsgesetzes der DDR. Eine Untersuchung auf der Grundlage von Materialien der DDR-Gesetzgebungsorgane mit zeitgeschichtlichen Bezügen. 2005.

Band 316 Julius F. Reiter: Entstehung und staatsrechtliche Theorie der italienischen *Carta del Lavoro*. 2005.

Band 317 André Book: Die Justizreform in der Frühzeit der Bundesrepublik. Die Beratungen der Kommission zur Vorbereitung einer Reform der Zivilgerichtsbarkeit in den Jahren 1955 bis 1961. 2005.

Band 318 Frank Zentz: Das amerikanische Strafverfahren als Element der Besatzungspolitik in Deutschland. Erziehung zur Demokratie durch den *Court of Appeals* 1948-1955. 2005.

Band 319 Friederike Quaisser: Mietrecht im 19. Jahrhundert. Ein Vergleich der mietrechtlichen Konzeptionen im Allgemeinen Landrecht für die Preußischen Staaten von 1794 und dem gemeinen Recht. 2005.

Band 320 Stefan Burghard: Professor Dr. Wilhelm Kahl – Leben zwischen Wissenschaft und Politik. 2005.

Band 321 Günter Baranowski: Die *Russkaja Pravda* – ein mittelalterliches Rechtsdenkmal. 2005.

Band 322 Christina Schneider: Die SS und das „Recht". Eine Untersuchung anhand ausgewählter Beispiele. 2005.

Band 323 Werner Schubert (Hrsg.): Zivilprozessreform in der Weimarer Zeit. Quellen zur Emminger-Zivilprozessverordnung vom 13.2.1924 und zu den Arbeiten der Zivilprozesskommission des Reichsjustizministeriums (1922-1930). Eingeleitet und herausgegeben von Werner Schubert. 2005.

Band 324 Felix Gaul: Der Jurist Rudolf Isay (1886-1956). Ein verantwortungsbewusster Vermittler im Spannungsfeld zwischen dynamischer Rechtsschöpfung, ökonomischem Wandel und technischem Fortschritt. 2005.

Band 325 Konstanze Braun: Dr. Otto Georg Thierack (1889-1946). 2005.

Band 326 Eckart Klein / Stefan Chr. Saar / Carola Schulze (Hrsg.): Zwischen Rechtsstaat und Diktatur. Deutsche Juristen im 20. Jahrhundert. 2006.

Band 327 Stefan Botor: Das *Berliner Sühneverfahren* – Die letzte Phase der Entnazifizierung. 2006.

Band 328 Andreas Köhler: Die Sorgerechtsregelungen bei Ehescheidung seit 1945. Scheidungsstrafe und verordnete Gemeinsamkeit. 2006

Band 329 Lars Düwel: Die Nichtigkeit und Anfechtbarkeit der Ehe in der Rechtsprechung des Reichsgerichts zwischen 1900 und 1945. 2006.

Band 330 Katalin Polgar: Das Oberappellationsgericht der vier freien Städte Deutschlands (1820-1879) und seine Richterpersönlichkeiten. 2007.

Band 331 Julia Schweitzer: Schiffer und Schiffsmann in den Rôles d'Oléron und im Llibre del Consolat de Mar. Ein Vergleich zweier mittelalterlicher Seerechtsquellen. 2007.

Band 332 Diana-Catharina Kurtz: Das Institut der Adoption im preußischen Allgemeinen Landrecht und im französischen Code civil zwischen Rezeption römisch-rechtlicher Prinzipien und verändertem Familienverständnis. 2006.

Band 333 Dino Joakim Duderstadt: Spiel, Wette und Differenzgeschäft (§§ 762-764 BGB) in der Rechtsprechung des Reichsgerichts und in der zeitgenössischen Literatur. 2007.

Band 334 Ronald Hoffmann: Die Domänenfrage in Thüringen. Über die vermögensrechtlichen Auseinandersetzungen mit den ehemaligen Landesherren in Thüringen nach dem Ersten Weltkrieg. 2006.

Band 335 Joachim Windmüller: *Ohne Zwang kann der Humanismus nicht existieren...* – „Asoziale" in der DDR. 2006.

Band 336 Sven Christian Gläser: Die Mediatisierung der Grafschaft Wertheim. Der juristische Kampf eines kleinen Reichsstandes gegen den Verlust der Landesherrschaft und seine Folgen. 2006.

Band 337 Benjamin Schleyer: Friedrich Wilhelm Bornemann (1798-1864). Eine Juristenkarriere im Preußen des 19. Jahrhunderts. 2006.

Band 338 Die Reform des Ehescheidungsrechts von 1976. Quellen zum Ersten Gesetz vom 14.6.1976 zur Reform des Ehe- und Familienrechts (Parlamentarische Ausschussprotokolle – Anglikanische Denkschrift von 1966 zur Scheidungsrechtsreform – Schlussabstimmung 1969 in der Eherechtskommission des Bundesministeriums der Justiz). Eingeleitet und herausgegeben von Werner Schubert. 2006.

Band 339 Andreas Feld: Das Bayerische Gesetz zum Schutz des Eigentums an Erzeugnissen der Literatur und Kunst gegen Nachdruck vom 15.04.1840. Vorgeschichte und Zustandekommen. 2007.

Band 340 Bernd Wörner: Adelbert Düringers Einfluß als Richter am Reichsgericht in Leipzig auf dem Gebiet des Personengesellschaftsrechts. 2007.

Band 341 Jan Jelle Kähler: Französisches Zivilrecht und französische Justizverfassung in den Hansestädten Hamburg, Lübeck und Bremen (1806-1815). 2007.

Band 342 Jörn Eckert / Pia Letto-Vanamo / Kjell Modéer (Hrsg.): Juristen im Ostseeraum. Dritter Rechtshistorikertag im Ostseeraum 20.-22. Mai 2004. 2007.

Band 343 Ferdinand von Weyhe: A.E. Wassermann. Eine rechtshistorische Fallstudie zur „Arisierung" zweier Privatbanken. 2007.

Band 344 Martin Klaus Römermann: Kündigungen und Kündigungsschutz im Franquismus. 2007.

Band 345 Thomas Hoffmann: Der Landrechtsentwurf David Hilchens von 1599. Ein livländisches Rechtszeugnis polnischer Herrschaft. 2007.

Band 346 Ingo Ullmann: Die rechtliche Behandlung holsteinischer Leibeigener um die Mitte des 18. Jahrhunderts. Dargestellt unter besonderer Berücksichtigung der Schmoeler Leibeigenschaftsprozesse von 1738 bis 1743 sowie von 1767 bis 1777. 2007.

Band 347 Petra Fischer-Langosch: Die Entstehungsgeschichte des Familiengesetzbuches der DDR von 1965. 2007.

Band 348 Lasse O. Johannsen: Die rechtliche Behandlung ausreisewilliger Staatsbürger in der DDR. 2007.

Band 349 Ralf Schlottau: Deutsche Kolonialrechtspflege. Strafrecht und Strafmacht in den deutschen Schutzgebieten 1884 bis 1914. 2007.

Band 350 Hartwig Brandt / Ewald Grothe (Hrsg.): Rheinbündischer Konstitutionalismus. 2007.

Band 351 Nora Lutze: Der Verwandtenunterhalt nach den §§ 1601 bis 1603 und §§ 1610 bis 1612 BGB in der Rechtsprechung des Reichsgerichts. Unter Berücksichtigung der Entstehung des BGB. 2007.

Band 352 Frank Thiäner: Das Verhältnis von Aufsichtsrat und Abschlussprüfern in der rechtshistorischen Entwicklung bis 1937. 2007.

Band 353 Britta Heymann: Ernst Melsheimer (1897-1960). Eine juristische Karriere in verschiedenen staatlichen Systemen. Mitarbeiter im Preußischen Justizministerium in der Weimarer Republik, im Justizministerium Preußens und des Reiches sowie Richter am Kammergericht in der NS-Zeit und Erster Generalstaatsanwalt der Deutschen Demokratischen Republik. 2007.

Band 354 Susanne Adlberger: Wilhelm Kisch – Leben und Wirken (1874-1952). Von der Kaiser-Wilhelms-Universität Straßburg bis zur nationalsozialistischen Akademie für Deutsches Recht. 2007.

Band 355 Moritz Waibel: Josef Berchtold (1833-1894). Ein Leben gegen den Ultramontanismus. 2007.

Band 356 Aline Levin: Erinnerung? Verantwortung? Zukunft? Die Beweggründe für die gemeinsame Entschädigung durch den deutschen Staat und die deutsche Industrie für historisches Unrecht. 2007.

Band 357 Ferdinand Krause: Die hergebrachten Grundsätze des Berufsbeamtentums. Eine rechtshistorische Analyse. 2008.

Band 358 André Tiebel: Die Entstehung der Schutztruppengesetze für die deutschen Schutzgebiete Deutsch-Ostafrika, Deutsch-Südwestafrika und Kamerun (1884-1898). 2008.

Band 359 Holger Ruff: Sittenwidrige Rechtsgeschäfte in der späten Kaiserzeit. Die Entwicklung der reichsgerichtlichen Rechtsprechung zu § 138 BGB von 1900 bis 1914. 2007.

Band 360 Frank Rohrer: Strafjustiz im Dritten Reich und in der SBZ/DDR. Die personelle und organisatorische Neuordnung des Justizapparates in den totalitären Diktaturen (1933-1955) mit ihren Auswirkungen auf die Rechtsprechung zum politischen Strafrecht. 2007.

Band 361 Hans-Georg Knothe / Marc Liebmann (Hrsg.): Gerichtskultur im Ostseeraum. Vierter Rechtshistorikertag im Ostseeraum. 18.-20. Mai 2006 in Greifswald. 2007.

Band 362 Christina Meß: Das Vertragsrecht bei Adam Smith. 2008.

Band 363 Quellen zur dänischen Rechts- und Verfassungsgeschichte (12.-20. Jahrhundert). Herausgegeben von Ditlev Tamm, Werner Schubert und Jens Ulf Jørgensen. 2008.

Band 364 Günter Baranowski: Die Gerichtsurkunde von Pskov. 2008.

Band 365 Mark Spengler: Die Entstehung des Scheckgesetzes vom 11. März 1908. 2008.

Band 366 Ivan Biliarsky / Radu G. Păun (eds./éds.): The Biblical Models of Power and Law. Les modèles bibliques du pouvoir et du droit. Papers of the International Conference, Bucharest, New Europe College 2005. Actes du colloque international, Bucarest, New Europe College 2005. 2008.

Band 367 Thomas A. Roth: Ausgestaltungen der Rechtsfähigkeit im 19. und 20. Jahrhundert. Zur Rechtspersönlichkeit natürlicher Personen in den bedeutenden deutschen Zivilrechtsordnungen. 2008.

Band 368 Björn Alexander Rautenberg: Der Fiskal am Reichskammergericht. Überblick und exemplarische Untersuchungen vorwiegend zum 16. Jahrhundert. 2008.

Band 369 Thorsten Miederhoff: *Man erspare es mir, mein Juristenherz auszuschütten*. Dr. iur. Kurt Tucholsky (1890-1935). Sein juristischer Werdegang und seine Auseinandersetzung mit der Weimarer Strafrechtsreformdebatte am Beispiel der Rechtsprechung durch Laienrichter. 2008.

Band 370 Philipp Nordloh: Kölner Zunftprozesse vor dem Reichskammergericht. 2008.

Band 371 Judith Freund: Die Wechselverpflichtung im 19. Jahrhundert. 2008.

Band 372 Hans-Michael Empell: Gutenberg vor Gericht. Der Mainzer Prozess um die erste gedruckte Bibel. 2008.

Band 373 Rainer Schröder: Die DDR-Ziviljustiz im Gespräch – 26 Zeitzeugeninterviews. 2008.

Band 374 Christian Neschwara: Ein österreichischer Jurist im Vormärz. „Selbstbiographische Skizzen" des Freiherrn Karl Josef Pratobevera (1769-1853). 2009.

Band 375 Stefan Ullrich: Untersuchungen zum Einfluss des lübischen Rechts auf die Rechte von Bergen, Stockholm und Visby. 2008.

Band 376 Johanna Gertrude Schmitzberger: Das nationalsozialistische Nebenstrafrecht 1933 bis 1945. 2008.

Band 377 Christian Brom: Urteilsbegründungen im „Hoge Raad van Holland, Zeeland en West-Friesland" am Beispiel des Kaufrechts im Zeitraum 1704-1787. 2008.

Band 378 Christian Böse: Die Entstehung und Fortbildung des Reichserbhofgesetzes. 2008.

Band 379 Tobias Röhnelt: Timm Kröger. Leben und Werk. 2009.

Band 380 Andrea Elisabeth Sebald: Der Kriminalbiologe Franz Exner (1881-1947). Gratwanderung eines Wissenschaftlers durch die Zeit des Nationalsozialismus. 2008.

Band 381 Angela Kriebisch: Die Spruchkörper Juristenfakultät und Schöppenstuhl zu Jena. Strukturen, Tätigkeit, Bedeutung und eine Analyse ausgewählter Spruchakten. 2008.

Band 382 Nana Ozawa: Louis Adolphe Bridel – Ein Schweizer Professor an der juristischen Fakultät der Tokyo Imperial University. Die geschichtliche Bedeutung der Yatoi zur späten Meijizeit. 2010.

Band 383 Christian Weißhuhn: Alfred Hueck 1889-1975. Sein Leben, sein Wirken, seine Zeit. 2009.

Band 384 Andreas Hunkel: Eduard Dietz (1866-1940) – Richter, Rechtsanwalt und Verfassungsschöpfer. 2009.

Band 385 Meike Guskow: Entstehung und Geschichte der Europäischen Charta der Regional- oder Minderheitensprachen. 2009.

Band 386 Markus J. Jahnel: Das Bodenrecht in „Neudeutschland über See". Erwerb, Vergabe und Nutzung von Land in der Kolonie Deutsch-Südwestafrika 1884-1915. 2009.

Band 387 Matthias Günter Steiner: Die Klöster und ihr Wirken – eine der Wurzeln des Stiftungswesens? 2009.

Band 388 Cornelia Staats: Die Entstehung des Bundes-Immissionsschutzgesetzes vom 15. März 1974. 2009.

Band 389 Cai Niklaas E. Harders: Das Bundesjagdgesetz von 1952 sowie die Novellen von 1961 und 1976. Vorgeschichte, Entstehung des Gesetzes sowie Problemfelder. 2009.

Band 390 Matthias Pohlkamp: Die Entstehung des modernen Wucherrechts und die Wucherrechtsprechung des Reichsgerichts zwischen 1880 und 1933. 2009.

Band 391 Sebastian Baur: *Vor vier Höllenrichtern...* Die Lizentiats- und Doktorpromotionen an der Juristischen Fakultät der Universität Heidelberg. 2009.

Band 392 Christoph Salmen-Everinghoff: Zur *cautio damni infecti*: Die Rückkehr eines römischrechtlichen Rechtsinstituts in das moderne Zivilrecht. 2009.

Band 393 Till Meno Sellschopp: Der Weg zum Revokationsrecht der Ehegatten nach § 1368 BGB. Zugleich ein Beitrag zur Geschichte des ehelichen Güterrechts. 2009.

Band 394 Marc Biermann: Das Staatseigentum an öffentlichen Sachen im Gemeingebrauch in der ersten Hälfte des 19. Jahrhunderts. Die Theorie des reinen Hoheitsrechts an den öffentlichen Sachen von Rudolph von Jhering und Friedrich Ludwig Keller im Zusammenhang mit dem Baseler Schanzenstreit von 1859/62. 2009.

Band 395 Markus Tüxen: Kollegialprinzip oder Einzelrichter. Die Entwicklung des zivilrechtlichen Spruchkörpers bei den Landgerichten sowie den Oberlandesgerichten seit 1879 unter besonderer Berücksichtigung der Reformen von 1974 und 1976. 2009.

Band 396 Adam Polkowski: Die polnische Zivilprozessordnung von 1930/33. Unter Berücksichtigung des deutschen, österreichischen, russischen und französischen Rechts. 2009.

Band 397 Barbara Riedi: Die Porten der Unteren Strasse, ihr Ladungsrecht und der Strassenunterhalt. Rechtshistorische Betrachtungen zur Verkehrs- und Wirtschaftsgeschichte Graubündens. 2009.

Band 398 Stefanie Jessica Loroch: Zeitungsrubrik: Gerichtssaal. Strafprozessberichterstattung in Münster im 19. Jahrhundert (1848-1890). 2009.

Band 399 Dirk Henning Hofer: Karl Konrad Werner Wedemeyer (1870-1934). Ein Juristen- und Gelehrtenleben in drei Reichen. Eine Biographie. 2010.

Band 400 Thomas Simon (Hrsg.): Hundert Jahre allgemeines und gleiches Wahlrecht in Österreich. Modernes Wahlrecht unter den Bedingungen eines Vielvölkerstaates. 2010.

Band 401 Dörte Mentz: Die Beweislastumkehr in der Rechtsprechung des Reichsgerichts. 2010.

Band 402 Werner Schubert (Hrsg.): Oberster Gerichtshof für die Britische Zone (1948-1950). Nachschlagewerk Strafsachen – Nachschlagewerk Zivilsachen. Präjudizienbuch der Zivilsenate. Eingeleitet und herausgegeben von Werner Schubert. 2010.

Band 403 Yong Lei: Auf der Suche nach dem modernen Staat. Die Einflüsse der allgemeinen Staatslehre Johann Caspar Bluntschlis auf das Staatsdenken Liang Qichaos. 2010.

Band 404 Andreas Schwenk: Die Formbestimmung des § 313 BGB a. F. (§ 311 b Abs. 1 BGB n. F.) bei Verträgen über Grundstücke in der Rechtsprechung des Reichsgerichts. 2010

Band 405 René Schorsch: Eberhard Georg Otto Freiherr von Künßberg (1881-1941). Vom Wirken eines Rechtshistorikers. 2010.

Band 406 Ulrike Köbler: Werden, Wandel und Wesen des deutschen Privatrechtswortschatzes. 2010.

Band 407 Björn Florian Faulenbach: Rolle und Bedeutung der Lehre in der Rechtsprechung der Internationalen Gerichtshöfe im zwanzigsten Jahrhundert. 2010.

Band 408 Guangyu Fu: Das Causaproblem im deutschen Bereicherungsrecht. Eine rechtshistorische Untersuchung. 2010.

Band 409 Andreas Kimmelmann: Die Folter im Beweisverfahren der Leges Visigothorum. Chindasvinths Gesetzgebung im Spiegel der westgotischen Rechtsentwicklung. 2010.

Band 410 Jacqueline Schmaltz: Die Entwicklung der Industrie- und Handelskammern. Zwischen Pflicht und Kür. 2010.

Band 411 Hermann Nehlsen: Bayerische Rechtsgeschichte vom frühen Mittelalter bis zum 20. Jahrhundert. 2011.

Band 412 Kathrin Spoerr: Recht und Revolution. Deutsche Ökonomen und ihr Einfluss auf das Recht der Weimarer Republik – eine Zeitschriftenschau 1917-1920. 2011.

Band 413 Moritz von Köckritz: Die deutschen Oberlandesgerichtspräsidenten im Nationalsozialismus (1933-1945). 2011.

Band 414 Annika Lillemor Lara Rabaa: Die Ehe als Rechtsinstitut im Badischen Landrecht von 1810. Unter besonderer Berücksichtigung der gesellschaftlichen Entwicklungen im 19. Jahrhundert. 2011.

Band 415 Christian Hattenhauer / Klaus-Peter Schroeder (Hrsg.): 200 Jahre Badisches Landrecht von 1809/1810. Jubiläumssymposium des Instituts für geschichtliche Rechtswissenschaft der Ruprechts-Karls-Universität Heidelberg und der Heidelberger Rechtshistorischen Gesellschaft vom 23. bis 26. September 2009. 2011.

Band 416 Tobias Alexander Krammerbauer: Die Ministerverantwortlichkeit und die Vorformen sonstiger Verfassungsgerichtsbarkeit in Württemberg zwischen 1815 und 1918. 2011.

Band 417 Werner Schubert (Hrsg.): Quellen zur GmbH-Reform von 1958 bis zum GmbH-Änderungsgesetz von 1980. Eingeleitet und herausgegeben von Werner Schubert. 2011.

Band 418 Gisela Emling: Johannes Heckel. Leben und Wirken (1889-1963). 2011.

Band 419 Jochen Kirschbaum: Die Etablierung der Historischen Rechtsschule an der Ludoviciana (1814-1824). 2011.

Band 420 Sören Koch: Unaufgeforderte Hilfeleistung in Notsituationen. Eine rechtshistorische und rechtsvergleichende Studie zu den zivilrechtlichen Aspekten der Nothilfe mit besonderer Berücksichtigung des Rechts der Geschäftsführung ohne Auftrag. 2011.

Band 421 Friedrich Carl von Savigny: Die Prinzipienfragen in Beziehung auf eine neue Strafprozeß-Ordnung. Ausgearbeitet im Justizministerium für die Gesetzrevision. Eingeleitet und herausgeben von Werner Schubert. 2011.

Band 422 Stephan Faulwetter: Von der Zunft zur Handelskammer. Zur Entwicklung des Gewerberechts in thüringischen Staaten. 2011.

Band 423 Moritz Eisenhardt: Sanierung statt Liquidation. Die Geschichte des Vergleichs zur Abwendung des Konkurses unter besonderer Berücksichtigung der Vergleichsordnung von 1927 und 1935. 2011.

Band 424 Gerd Kleinheyer: Beiträge zur Strafrechtsgeschichte. Herausgeben von Franz Dorn, Mathias Schmoeckel und Jan Schröder. 2011.

Band 425 Ralf Maertens: Das Landgericht Altona (1879-1937) und die Anfänge des Landgerichts Itzehoe (1937-1945). Unter besonderer Berücksichtigung ihrer Tätigkeitsberichte und rechtspolitischen Stellungnahmen. 2011.

Band 426 Mark Friedrich: Ferdinand von Martitz (1839-1921). Rechtshistoriker, Staatsrechtler und Völkerrechtler zwischen dem Ende des Deutschen Bundes und dem Beginn der Weimarer Republik. 2012.

Band 427 Sebastian Krusche: Die Bundesrechtsanwaltsordnung vom 1. August 1959. Vorgeschichte und Entstehung. 2012.

Band 428 Marju Luts-Sootak / Sanita Osipova / Frank L. Schäfer (Hrsg./eds.): Einheit und Vielfalt in der Rechtsgeschichte im Ostseeraum. Unity and Plurality in the Legal History of the Baltic Sea Area. Sechster Rechtshistorikertag im Ostseeraum, 3.-5. Juni 2010 in Tartu (Estland) / Riga (Lettland). 6th Conference in Legal History in the Baltic Sea Area, 3rd-5rd June 2010 Tartu (Estonia) / Riga (Latvia). 2012.

Band 429 Margret R. I. Bootz: Die Hamburger Rechtsprechung zum Arbeitsrecht im Nationalsozialismus bis zum Beginn des 2. Weltkriegs. 2012.

Band 430 Heiko Zech: Die soziale Frage im Konkursrecht 1879-1900. 2012.

Band 431 Jan C. Lorenzen: Das Bundesnaturschutzgesetz vom 20. Dezember 1976. Die Entwicklung des Naturschutzrechtes in Deutschland von den Anfängen bis zur Neukodifikation des Bundesnaturschutzgesetzes von 1976. 2012.

Band 432 Ulrike Ingrid Bernhardt: Geschichte des Weinrechts im Deutschen Kaiserreich (1871-1918). Mit einem Überblick zur Vorgeschichte und Weiterentwicklung bis zur Gegenwart. 2012.

Band 433 Elisabeth Otto: Das Verwaltungsrecht in der SBZ / DDR bis zur Verwaltungsneugliederung im Jahr 1952. 2012.

Band 434 Werner Schubert: Zur Geschichte der Justizverfassung in Schleswig-Holstein im 19. und 20. Jahrhundert. Quellen und Studien. 2012.

Band 435 Stefan Ellenberg: Herrschaft und Reform. Zur Diskussion um die Aktienrechtsreform und den Konzern in der Weimarer Zeit. 2012.

Band 436 Jasmin Sonntag: Gesetzgebung und Verwaltung im Dalbergstaat 1802-1810. 2012.

Band 437 Martin Komusiewicz: Die Diskussion um das Verhältnis von Rechtsanwaltschaft und Notariat seit dem Ende des 18. Jahrhunderts bis zum Erlass der Bundesnotarordnung. 2012.

Band 438 Henriette von Breitenbuch: Karl Neumeyer – Leben und Werk (1869-1941). 2013.

Band 439 Günter Baranowski: Russische Rechtsgeschichte: Texte und Erläuterungen. Teil 1: Von den Anfängen bis 1612/13. 2013.

Band 440 Werner Schubert (Hrsg.): Staatsanwaltschaftsrecht (1934-1982). Quellen zu den Reformprojekten (Organisation – Innerer Dienstbetrieb – Ermittlungsverfahren – Verhältnis der Staatsanwaltschaft zur Polizei) und zur Anordnung über Organisation und Dienstbetrieb der Staatsanwaltschaft (OrgStA). Eingeleitet und herausgegeben von Werner Schubert. 2013.

Band 441 York Zieren: Das Schiedsverfahrensrecht der ZPO (1877-1933) unter Berücksichtigung der Genfer Übereinkommen von 1923 und 1927 sowie der Rechtsprechung des Reichsgerichts. 2013.

Band 442 Stefan Wolf: Das Jenaer Studium der Rechte im Dritten Reich. Zwischen Tradition und nationalsozialistischer Ideologie. 2013.

Band 443 Bernhard Klose: Das Verblassen eines Makels. Das Nichtehelichenrecht der DDR als Teil der gesamtdeutschen Entwicklung. 2013.

Band 444 Peter Opitz-von Bardeleben: Das Generalgouvernement Niederrhein. 2013.

Band 445 Nadine Göppner: Vorgeschichte und Entstehung des Atomgesetzes vom 23.12.1959. 2013.

Band 446 Frank L. Schäfer / Werner Schubert (Hrsg./eds.): Justiz und Justizverfassung / Judiciary and Judical System. Siebter Rechtshistorikertag im Ostseeraum, 3.-5. Mai 2012 Schleswig-Holstein / 7th Conference in Legal History in the Baltic Sea Area, 3rd-5th May 2012 Schleswig-Holstein. 2013.

Band 447 Sandy Schenker: Gegen Täuschungen und Gesundheitsgefährdungen durch schlechte Nahrung. Zur Entwicklung des Nahrungsmittelrechts durch Rechtsprechung und Gesetzgebung zwischen 1871 und 1927. 2013.

Band 448 Youn Seok Choi: Der Besitzerwerb des Erben. Historische Entwicklungen, die Lösung des § 857 BGB und ihre Anwendungsprobleme. 2013.

www.peterlang.de

www.ingramcontent.com/pod-product-compliance
Ingram Content Group UK Ltd.
Pitfield, Milton Keynes, MK11 3LW, UK
UKHW021843290926
8980IPUK00005B/622

9 783631 645628